21世纪高等院校金融学教材新系

证券投资学

（第四版）

Securities Investment

贺学会　主编

东北财经大学出版社　大连
Dongbei University of Finance & Economics Press

图书在版编目（CIP）数据

证券投资学 / 贺学会主编．—4版．—大连：东北财经大学出版社，2024.1

（21世纪高等院校金融学教材新系）

ISBN 978-7-5654-5090-7

Ⅰ. 证… Ⅱ. 贺… Ⅲ. 证券投资-高等学校-教材 Ⅳ. F830.91

中国国家版本馆CIP数据核字（2024）第015128号

东北财经大学出版社出版

（大连市黑石礁尖山街217号 邮政编码 116025）

网 址：http://www.dufep.cn

读者信箱：dufep@dufe.edu.cn

大连东泰彩印技术开发有限公司印刷 东北财经大学出版社发行

幅面尺寸：170mm×240mm 字数：482千字 印张：23 插页：1

2024年1月第4版 2024年1月第1次印刷

责任编辑：田玉海 李 丹 责任校对：一 心

封面设计：张智波 版式设计：原 皓

定价：49.00元

教学支持 售后服务 联系电话：（0411）84710309

第四版前言

党的二十大报告明确提出："健全资本市场功能，提高直接融资比重。"

随着时间的推进，中国的资本市场继续成长，理论和实践都有新的发展。基于此，我们对本书进行了修订。本次修订，更新了大部分经济与证券市场的数据。同时，跟随证券市场的发展变化，对中小板、创业板的有关内容进行了调整，补充了科创板、注册制的内容，并介绍了证券法律法规的修订变化。

课程教材不仅是知识的载体，更蕴含着社会规范和价值导向。高等教育承担着办好人民满意教育的重任，我们在介绍专业知识的同时，还要全面提高人才质量，培育德才兼备的人才。因此，本次修订特别进行了思政建设，最突出的就是各章开辟了思政课堂栏目，以增强教材的育人属性，同时帮助授课教师进行思政教学。

本次修订由贺学会教授和曲春青博士主持完成，曲春青撰写了思政课堂栏目，贺学会总纂定稿。因为全书的主要内容仍以初版为基础，所以全书的版权理应由陈之大、曹晓东、刘轶和伍伟等初版作者共享。

为帮助教师授课，本书配有课件，授课教师请登录东北财经大学出版社网站（www.dufep.cn）免费下载。

衷心希望广大教师和读者继续支持本书，并积极提供反馈。让我们共同打造一本证券投资学的精品教材！

贺学会

2024年元月

第三版前言

自2009年本书初版问世以来，一转眼已历经10年，承蒙一些高校同行和读者朋友厚爱，本书得以长销不衰。在这10年间，中国资本市场也已走过万水千山。今天，中国资本市场无论是从规模还是内涵上，都已与10年前不可同日而语，已成长为全球最重要的金融市场之一。

因全书的逻辑结构受到读者认可，本次再版时，我们对教材成熟的基本逻辑和框架结构予以保持，我们主要结合当前资本市场的发展情况对一些内容进行了修改完善，并对书中涉及的数据和资料进行了更新。

本次修订由贺学会教授主持完成，但由于全书的主要内容仍以初版为基础，所以全书的版权理应由陈之大、曹晓东、刘轶和伍伟等初版作者共享。在修订过程中，秦建西、王乐、李琛、刘扬、李彤彤、卞忆琳等同学贡献了自己的时间和精力，在此一并致谢。

我衷心希望广大教师和读者继续支持本书，并积极提供反馈，也希望我在新工作岗位的实践能为理论的探讨提供有益的帮助。让我们共同打造一本证券投资学的精品教材！

贺学会

2018年夏

第二版前言

时间赋予我们真知。

本书初版问世已有数年。在这几年间，不仅中国证券市场继续飞速发展，而且作者本人对证券市场的认识也在不断地变化。曾几何时，我们以为找到了金融的真谛，据此去闯荡金融市场，却不断碰壁。好在，这些经历已沉淀为一种财富，它帮助我们不断进步！

这里面，不可替代的作用来自我们在金融领域的教学相长。当然，本书的读者和使用者对我们的支持在其中扮演着极为重要的角色。广大教师使用本书作为教科书，对我们提出了新的挑战和要求。广大学生和从业人员阅读该书，让我们不能有丝毫懈怠。衷心感谢读者和出版社给予我机会，让本书有改进和再版的机会。

我们珍惜这个机会，因此，根据第一版使用中的反馈和我们的理解，我们对该书进行了较大范围的修订。

本次修订主要的变动有以下几个方面：第一，将原书第6章“证券交易机制”提前到第2章，这主要是因为我们将交易机制看成投资环境的一部分，先行讲解有利于读者在理解金融工具的细节之前，就能对证券市场的交易机制和环境有一个较为全面的理解。第二，原书第7章“证券估值”作为一个章节被删除，其内容分别纳入债券、股票、金融衍生工具等具体章节中。这样的设计应该会更加便利于教学，使读者在理解金融工具特征的基础上，对定价和估值问题一气呵成，就地解决。第三，投资基金部分在初版中被作为投资工具，放在工具板块，现被作为一种投资管理机制，置于投资管理的理论和方法之后。这样一来全书被压缩为12章，且章节编排能较好地满足中国教师的教学习惯，也适合中国学生学习。

我衷心希望广大教师和读者继续支持本书，并积极提供反馈。对于该书的后续再版，我已有一些初步的想法，但显然需要更多的时间和读者有益的意见。我希望通过我们的共同努力，能够打造一本投资学的精品教材！

贺学会

2015年元月于上海

第一版前言

金融是现代经济的核心，而金融的核心又在于金融市场，这已是不争的事实。金融体系的发展给现代经济结构带来了深刻的变化，而金融体系的崩溃同样也会给实体经济带来极大的伤害。在金融危机肆虐的形势下，如何驾驭金融市场这匹烈马，不仅是各国政府和中央银行的大事，也是每一个企业和家庭所必须直面的问题。

对微观主体来说，驾驭金融市场的核心要领就在于有效的投资行为，既要获取合理的收益以抵御通货膨胀和获得财富增值，又要控制风险以防灭顶之灾，而金融市场的复杂性和急剧变迁使得有效的投资行为对企业和家庭来说越来越重要。不仅在宏观层面上，金融体系会出现严重的危机，在微观层面，因金融投资行为不当而引致的财务危机也比比皆是。对微观主体来说，不仅投机和对赌行为可以引发企业内部的财务地震，而且以往认为保守的套期保值也可能要了企业的命。因此，理解投资的真谛，理性地驾驭自己的投资行为，就成为每一个企业和家庭的必修课。

本书即是以金融投资作为主题，旨在对现代投资的理论、原理与内在机制进行全面的阐述与介绍。作为一门显学，证券投资类的著作、教材和畅销书已是汗牛充栋，如果我们只是无谓地往书架上增添一本，那没有任何意义。因此，为了使本书具有一些个性化特征，从而将其与市场上已有的类似教材和著作区别开来，我们还是动了一些脑筋。

我们认为，本书在以下几个方面具有一些新意：其一，除了对已有投资工具的系统介绍之外，我们还下了不少笔墨来帮助读者理解这些金融工具背后的金融机理。我们认为，只有理解了工具背后的机理，这些工具才能为我所用，而不是给我们带来伤害。为此，我们除了对每一种金融工具写得尽量通俗易懂之外，还设专章论述证券的交易机制，试图帮助读者理解金融市场运行的逻辑。其二，我们不是生硬地介绍理论，而是对理论进行了应用导向的介绍，甚至直接给出对立理论。如果直接介绍理论，读者往往无所适从。例如，在资产定价过程中，如果直接给出CAPM和APT，则读者显然无法理解二者之间的区别与联系，也不知道理论是如何进展的，其合理性何在。再如，如果仅介绍经典的有效市场理论，而忽视最近20多年来行为金融学的进展，则本书就完全没有将读者带入金融学科前沿，从而成为一件先天有明显缺陷的产品。其三，我们在写作中始终贯穿理论联系实际的思想。投资学显然不应该局限在书斋之中，它本身就是一门应用性极强的学科。基于这一认识，我们不仅在各章内容的写作过程中紧密联系操作实务，还设置专栏介绍一些与我国证券市场发展和实务操作相关的内容，以帮助读者早日实现从理论到实践的跨越。

基于本书适用性的考虑，本书写作过程中兼顾了深度和广度的要求。对于有些较为艰深的内容，我们作了一些技术处理。确有较大学习难度的，我们还加注了星号标志，教师可根据教学的实际需要进行取舍。

本书是集体智慧的结晶，从大纲到文稿，都是反复讨论和交叉审阅的结果。全书由贺学会教授担任主编，由贺学会、陈之大、曹晓东、刘轶和伍伟等几位老师分头完成初稿。文章成稿后，作者进行了交叉审阅，最后由贺学会教授总纂定稿。

我们希望本书可作为读者进入金融投资领域学术殿堂的一把钥匙，也希望本书能为培育未来的投资银行家充当引路人的角色。同时，我们也深知，一本教材要担此重任，无疑是难于上青天。作为我们的底线，如果通过阅读此书，你能确立对金融投资的兴趣，进而去寻找其他的钥匙或者引路人，我们也算心满意足了！

贺学会　谨识

2009年9月

目录

第1章

证券市场

导读

证券市场是股票、债券、投资基金等各种有价证券及其衍生产品发行和买卖的场所，证券市场通过证券的买卖引导资金流动，能有效合理地配置社会资源，支持和推动经济发展。本章介绍证券市场的相关概念和功能。

关键概念

证券市场　资产　金融资产　证券投资　证券　IPO　一级市场　私募　二级市场　证券交易所　上市　股票指数

党的二十大报告指出："健全资本市场功能，提高直接融资比重。"**证券市场（security market）是金融市场（financial market）的重要组成部分，是股票、债券、投资基金等有价证券及其衍生品发行和交易的场所。**证券市场实现了投资需求和筹资需求的对接，从而有效地化解了资本的供求矛盾，同时通过证券信用的方式融通资金，通过证券的买卖活动引导资金流动，能合理地配置社会资源，支持和推动经济发展。

§1.1 投资环境

1.1.1 金融市场与经济

市场经济条件下，市场执行着分配资源、生产商品与提供服务这一复杂的任务，决定着商品与服务的种类与数量。通过市场，买卖双方交换商品、服务与资源。这种交换是通过市场上提供的商品与服务的价格的变化而实现的。在经济体系中运作的市场主要有三种类型：①要素市场；②产品市场；③金融市场。如图1-1所示，在要素市场上，消费单位向生产单位销售他们的劳动力与其他资源。要素市场分配着生产要素——土地、劳动力与资本，并向生产资源的所有者分配收入——工资、租金等。消费单位将把从要素市场上获得的一部分收入用于在产品市场上购买生产单位提供的商品与服务，另一部分投资于金融市场，金融市场在经济系统中引导资金流向，使其从盈余部门转移到短缺部门。

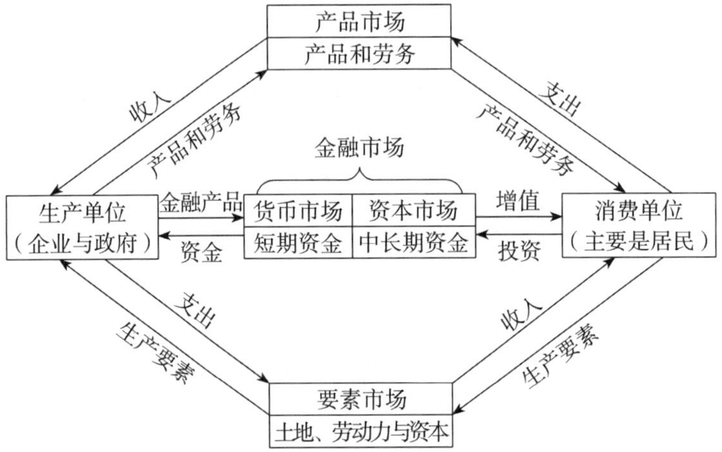

图1-1 三大市场的运行

金融市场在现代经济中扮演着主导和枢纽的角色，发挥着极为关键的作用。金融市场作为货币资金交易的渠道，以其特有的运作机制使千百万居民、企业和政府部门的储蓄汇成巨大的资金流润滑和推动着商品经济这个巨大的经济机器持续地运转。金融市场还以其完整而又灵敏的信号系统和灵活有力的调控机制引导着经济资源向着合理的方向流动，优化资源的配置。

1.1.2 金融资产

1.金融资产与实物资产

资产（assets）可以定义为在交换中有价值的任何要求权，拥有这个要求权就是拥有资产。资产可以分为有形资产和无形资产。有形资产也称作实物资产（real assets），它是指具有特定物质形态的有价值的要求权。例如，住宅、厂房、各种建筑物、各种生活必需品、耐用消费品以及各种生产资料、机器设备都是有形资产。它们是社会财富的代表，或者可以直接用于消费，或者可以直接用于生产。金融资产（financial assets）是对收入或财富的索取权，通常以凭证、收据或其他法律文件表示，大家较熟悉的例子有股票、债券、保险单和银行存款。金融资产是无形资产，但应该注意的是，并不是所有无形资产都是金融资产。例如，商誉、商标、知识产权、计算机软件、技术诀窍等都是无形资产，但它们不是金融资产。金融资产是建立在债权债务或所有权关系基础上一方对另一方在将来提供回报的索取权，它们的产生、转让通常与金融机构有关（之所以说通常，是因为私人间的货币借据也可以被认为是金融资产，虽然它们的产生与金融机构无关）。由于金融资产对实物资产所创造的利润有要求权，因此金融资产能够为持有它们的公司或个人带来财富。当公司最终利用实物资产创造收入之后，就依据投资者持有的公司发行的股票或其他金融资产的所有权比例，将收入分配给投资者。例如，债券持有者基于利率和债券的面值来确定获得的收入流。股票持有者或股东对股份公司支付债券持有者及其他债权人以后的剩余收入享有要求权。因此，金融资产的价值源于并依赖于公司相关的实物资产的价值。

个人可以选择今天消费所拥有的财富，也可以把它们用于投资，以便将来可以获得财富增值。如果他们选择投资，他们就可能选择持有金融资产。企业通过发行证券（将它们卖给投资者）获得用于购买实物资产的资金，那么，最终金融资产的回报来自于用发行证券所得的资金购买的实物资产所创造的收入。在发达的市场经济中，个人通过持有金融资产的方法拥有对实物资产的要求权是十分有益的。例如，绝大多数人不可能亲自拥有油田，但是，他们可以持有石油股份公司的股份，从而分享石油生产所创造的收入。在实际操作中，实物资产和金融资产可以在个人及公司的资产负债表中区分开来。实物资产只在资产负债表的一侧出现，而金融资产通常在资产负债表的两侧都出现，当我们对资产负债表进行总计时，金融资产往往会相互抵销，只剩下实物资产作为净资产。

2.金融资产的特征

金融资产不像实物资产那样，能为它们的所有者提供使用价值。持有金融资产是因为它们能给其所有者带来未来收益，并作为价值（购买力）的贮存手段。金融资产的许多特征都是独一无二的。它们不会被折旧，因为它们的价值不像实物商品那样会被磨损。而且，它们的物质条件或形式与其市场价值的决定无关。例如，一张股票凭证是不会因打印它的纸的规格或质量，或它边沿是否磨损，而改变它代表的价值。它们是可替代的，它们能够轻易地改变形式，或者被其他形式的资产所替代。例如，一张债券或一股股票通常能够很快地转换成持有者希望的任何其他资产。

3.金融资产的种类

虽然金融资产的种类数以千计，但它们通常分为三类：货币、股权凭证和债务凭证。在购买商品和服务进行支付时，通常被接受的金融资产就是货币。支票账户、通货、铸币和电子货币作为支付媒介，是货币的不同形式。股权（一般叫作股票）代表一家企业所有权的份额，它是对企业未来收益的剩余索取权。债务凭证包括像债券、票据、应付账款和储蓄存款等大家熟悉的表明债权债务关系的金融资产。

1.1.3 证券投资及其要素

威廉·夏普将投资（investment）定义为“为获取未来可能的不确定的收益而牺牲确定的现值”。投资可分为广义投资和狭义投资。广义投资是指为了获得未来的收入而在现阶段支付一定成本的行为，这种收入是以等待的时间和承担的风险为代价的，如开办工厂、上大学、购买股票等。[①]**狭义的投资即证券投资，是指经济主体用货币购买股票、债券等有价证券，借以获得收益的行为。**本书研究的投资是证券投资，证券投资的要素包括以下四个方面：

1.证券投资主体

证券投资主体是指进入证券市场进行买卖的投资者，包括个人投资者和机构投资者。个人投资者（individual investors）是以个人名义将自己的合法收入进行证券投资的投资者。机构投资者（institutional investors）主要由政府、企事业单位和金融机构组成。机构投资者的资金量大、规避风险能力强、对市场的影响较大。不同的机构投资者参与市场的目的也不同，政府参与投资主要是为了更有效地实现宏观调控，如利用公开市场业务调控货币供应量；企业主要是将自己暂时闲置的资金进行不同期限的投资，以提高资金的使用效率，获得更多的利润；而金融机构参与投资主要是赚取利润和维护证券市场的正常运行。

如果按照投资者的行为分类，证券投资的主体又可以分为投资者和投机者。首先，从经济学意义上看，投机是指经济主体甘冒较大的风险以图获取特殊收益的经济行为。在证券市场上，投机行为表现为投资者在短期内企图通过低买高卖以获取短线差价的行为。证券投机者通常被称为“炒家”或“炒手”。投资者是希望在较长时期内获得正常合理的回报。因此，对待风险的态度不同是投资者和投机者的区别之一。投资者是风险回避者，他们购买证券一般希望获取稳定收益，本金相对安全，而投机者刚好相反。其次，从投资的时间长短来看，投资者着眼于长远利益，

① 将上大学看成一种投资行为，是一种广义上的理解。实际上，在经济学中，这通常被认为是一种人力资本投资。在一些经济学家看来，人类的各种行为，甚至包括生育子女的行为，都可以被看成一种投资行为。

买入证券往往长期持有，以收取稳定的股息和资本增值，而投机者买卖极其活跃，以期在短期的股价变动中获取价差收益。最后，从分析方法看，投资者注重证券内在价值，常用基本分析法，而投机者更关心市场价格的短期波动，多用技术分析法。

需要指出的是，在实际生活中，证券投资与投机往往难以区分，这是由以下两个方面的因素促成的：一是行为的相同性。无论是证券投资还是投机都是通过在证券市场上购买证券表现出来的。在这一点上，两者并无分别。二是主体的同一性。尽管购买证券的行为可以由投资和投机动机分别引起，但是一个经济主体往往集投机与投资动机于一身，他们针对不同的形势斟酌处理，当证券市场比较稳定、证券价格比较平缓时，投资动机起主导作用，而当证券市场波动频繁、价格变动幅度较大时，投机动机起主导作用。因此，很难把买卖证券的人简单地划分成投资者和投机者。

2.证券投资客体

证券投资的客体即为投资对象，包括债券、股票和投资基金等有价证券。**有价证券简称证券(securities)，是指具有一定面值，用来证明其持有人（投资者）享有的所有权或债权的一种书面凭证。**从证券的来源来看，它是证券市场上资金的需求者和供应者融通资金时所出具的书面证明，是具有法律效力的契约。有价证券本身没有价值，因为它不是劳动产品，但是由于它能给其持有者带来一定的收益，所以它有价格，可以在证券市场上自由买卖。

有价证券的类型较多，按证券所体现的内容不同，可分为货币证券、资本证券和商品证券。货币证券指的是可以用来代替货币使用的有价证券，其主要的表现形式是商业信用工具，如本票、支票、汇票等。商品证券主要包括栈单、运货证书、提货单等。本书所指的证券是资本证券，它包括债券、股票及其衍生品种如基金证券、期货合约等，是由金融投资或与金融投资有直接联系的活动而产生的。

3.证券中介机构

证券中介机构是在证券市场上为市场参与者提供服务的机构。它包括证券经营机构（在我国，主要是证券公司）和证券服务机构两类。

证券公司是指依照公司法和证券法设立的经营证券业务的有限责任公司或者股份有限公司。世界各国对证券公司的划分和称呼不尽相同，美国的通俗称谓是投资银行，英国则称为商人银行。德国等一些国家实行银行业与证券业的混业经营，通常由银行设立公司从事证券业务经营。日本等一些国家和我国一样，把专营证券业务的金融机构称为证券公司。《中华人民共和国证券法》（以下简称《证券法》）2019年修订后对证券公司的业务范围规定为：证券经纪；证券投资咨询；与证券交易、证券投资活动有关的财务顾问；证券承销与保荐；证券融资融券；证券做市交易；证券自营等其他业务。

证券服务机构包括专业的证券服务机构和其他证券服务机构。专业的证券服务机构包括证券投资咨询机构、资信评估机构。其他证券服务机构主要是指经批准可以兼营证券投资咨询服务的资产评估机构、会计师事务所以及律师事务所。

4.证券管理机构

各国的证券管理机构的设置，因各国证券管理体制和类型的差异而不同，大致可分为两种：一种是专门性证券管理机构，指政府设有专业性证券市场管理机构，独立行使管理职能，对证券发行、证券交易、券商、投资公司等依法进行全面的监督与管理，如中国的证监会、美国的证券交易委员会、日本的大藏省证券局都是专职的证券管理机构；另一种是无专门性证券管理机构，由证券交易所和行业自律机构行使证券监管的职能，英国是这一模式的典型代表。证券监管机构的职能是对证券的发行、买卖等交易行为以及与这些行为有关的人员和组织机构进行管理，本身并不参与证券的发行和交易。

§1.2 证券市场

1.2.1 证券市场的产生与发展

1.证券市场的产生

证券市场形成于自由资本主义时期。股份公司的出现、信用制度的发展和虚拟资本证券的形成是证券市场产生的基础。

商品经济发展初期，生产力水平和社会分工处于较低的层次，与此相适应，企业的组织形态表现为个体独资和封建家族形式。随着资本主义生产关系的出现和生产力的发展，生产组织不断扩充，个体独资和封建家族形式的经营不能胜任大规模生产对资本的需求，取而代之的是以2人以上共同出资、共负盈亏的合伙经营组织形式并逐步演变为股份公司。17世纪初，股份公司作为企业组织的新形式开始出现在英国和荷兰。1600年，英国设立了股份制的英国东印度公司，1602年，荷兰也设立了一家股份公司——荷兰东印度公司。之后，法国、普鲁士、瑞典、丹麦等欧洲国家纷纷设立了股份公司，继而普及到美国和日本。17世纪后期，股份公司显著发展，它通过发行股票向社会公众募集资金，建立起规模庞大的企业。股票在社会上的发行和流通，为证券市场的诞生、发育和发展奠定了基础。

随着股票、债券等虚拟资本证券的出现和发展，产生了证券买卖，证券市场也就应运而生了。最初的证券发行和交易活动并没有公开和专门化的市场。中间人和买卖证券的商人聚集在一定的场所，交换信息，进行买卖活动。这些中间人即是早期的证券经纪人，而中间人和买卖证券的商人时常聚集的场所即是证券交易所的前身。证券经纪商的出现和证券交易所的出现，标志着证券市场的形成。据有文献记载，早在1611年已有一些商人在荷兰进行东印度公司股票交易，1680年，荷兰的阿姆斯特丹出现了世界上第一家正式的证券交易所。

1773年，英国第一家证券交易所（即现在伦敦证券交易所的前身）在新乔纳森咖啡馆成立，1802年获得英国政府的正式批准。到19世纪中叶，一些非正式的地方性证券市场在英国也逐步走向规范化，铁路股、矿山股盛行，伦敦证券交易所成为当时世界证券市场的中心。

1792年5月17日，纽约24名经纪人在华尔街的一棵梧桐树下签订了著名的《梧桐树协定》，规定了委托交易手续费的最低标准和经纪人之间进行交易的规则等。1817年，这些经纪人共同组织成立了纽约证券交易会，1863年改为纽约证券交易所。

2.证券市场的发展

产生于17世纪晚期的证券市场，到19世纪末在一些主要资本主义国家已初具规模，20世纪初，资本主义由自由竞争阶段开始过渡到垄断阶段，证券市场由大银行垄断。20世纪前30年，证券市场处于高度发展阶段，不但证券发行量剧增，而且证券结构也发生了重大变化，股票和公司债券逐步替代了政府公债而占主导地位。1929—1933年，资本主义爆发了严重的经济危机，股市狂跌。之后，整个资本主义又经历了近9年的大萧条，严重影响了证券市场的发展。第二次世界大战（以下简称“二战”）后，随着欧美国家、日本及其他各国经济的恢复和发展，证券市场也获得了复苏和发展的机会。特别是20世纪70年代以后，证券市场在西方主要工业国家高速发展，出现了高度繁荣的局面，证券融资在整个融资体系中所占的比例大幅上升，依靠发行证券融资已成为企业筹措长期资金的主要渠道，银行信用资金也大量投入证券市场，证券市场呈现出高度活跃和繁荣景象。这一时期证券市场的发展变化主要表现在以下方面：

（1）证券市场交易内容多样化。

首先，其表现为证券交易品种多元化。证券发行者不断创新证券品种，如推出了浮动利率债券、可转换公司债券、欧洲美元债券等。其次，其表现为证券交易方式多元化。除了现货交易外，还产生了信用交易、期权交易、期货交易和股指期货交易等新的方式。最后，证券交易内容多样化还表现在证券投资主体的多元化。认购证券的投资者已不仅限于社会公众投资者，机构投资者也越来越活跃，所占比重日益提升，投资主体机构化对于稳定证券市场发挥了重要作用。

（2）证券市场交易手段现代化。

交易手段现代化突出体现为电子计算机在证券业务处理中的普及应用。目前世界上主要的金融中心都已用电脑、卫星通信和电信网络为交易设施，手工操作已被现代化手段所代替。现在，投资者仅需在有网络接口的任何地方，即可自如地进行证券交易。可见，证券交易手段的现代化确实大大提高了证券交易数量、范围、速度和准确性。

（3）证券市场活动自由化。

20世纪以后，世界范围掀起了金融自由化浪潮，各国政府纷纷取消对证券市场的一些限制性措施，如银行业与证券业合业经营、证券交易佣金自由化等，更多地强调证券组织的自律管理而弱化行政干预等。不过，在2008年金融危机以后，金融市场的监管存在着回归的倾向。[①]

（4）证券市场国际化。

现代科学技术的应用加速了证券市场国际化的趋势。证券市场国际化主要表现在：①筹资的国际化。发行者既可在国内市场也可在国外市场上发行证券，筹集资金。②证券投资和交易的国际化。公司股票既可在国内也可在国外证券交易所挂牌上市，投资者在本国可买卖外国公司的股票。③各国证券制度的国际化。各国证券市场的制度、原则、交易方式、惯例等逐步同质化。④国际证券市场中心的出现。伦敦、纽约和东京已成为全球性的三大证券市场中心，把世界各大金融中心的证券市场连成一体，构成了一个全球性的、昼夜不间断连续交易的世界证券市场体系。

3.中国的证券市场

我国的证券业最初出现于清代晚期。1871年，轮船招商局在上海开业，发行股票筹资，是中国最早的股份公司。此后不少的洋务派官员办的公司效仿轮船招商局发行股票，股份制企业逐渐增多。1894年，清政府为了应付甲午战争军费，发行了中国最初的政府公债。不断增多的股票和政府公债的存在形成了证券交易的需求。证券买卖由最初茶馆聚会的不规则交易方式逐步发展到有组织的证券交易所。1918年，北洋政府开设了北京证券交易所，这是中国最早创立的专门经营证券业务的交易所。随后在上海、哈尔滨和大连都出现了证券交易所。新中国成立后，我国于1952年停止了股票交易，并在不久之后关闭了证券交易所。1957年底，资本主义经济成分的社会主义改造在全国范围内基本完成，股份制企业随着私营企业的消灭而消灭。在此之前的1950年和1954年，我国曾两次发行政府公债，但都明文规定不得向银行抵押，不得进行转让买卖，因而也未能形成市场。就这样，中国第一代证券市场终结了。

现在的中国证券市场发端于1981年。1981年7月，财政部向企事业单位发行了49亿元国库券，标志着中国证券发行市场开始出现。此后，国家重点建设债券、国家建设债券、特种国债等相继问世。但在1988年前，财政部在发行国债时，均明文规定国库券不得转让交易。企业债券的产生始于1984年，最初多数是在本企业内部职工中进行，后逐步过渡到由金融机构代理发售。1984年，股票也开始在我国出现。最初阶段的股票大多与债券性质相似，既保息又分红，到期偿还且不能流通。1984年7月，被认为中国第1号股份制企业——北京天桥百货股份有限公司成立，同时面向公司员工和有关人员发行了300万元的5年期定期偿还型股票[②]。1984年11月，上海飞乐音响有限公司率先向社会发行不还本的股票，这是新中国成立后首次正规的股票发行。

证券发行市场的出现和发展必然要求相应的证券流通市场。1986年8月，沈阳市信托投资公司率先办理有价证券的柜台转让业务。同年9月，中国工商银行上海

① 事实上，现代市场经济和金融市场的发展过程中，一直存在着干预和自由化的循环往复。

② 显然，就其“定期偿还”特征来说，这可能算不上真正意义上的股票。但它确实是当代中国市场上第一只使用“股票”名称的有价证券。

市信托投资公司办理了“小飞乐”和“延中实业”两只股票挂牌上市，这是现在公认的首次股票交易。1988年4月，国库券开始在上海等7个城市进行转让试点，之后迅速扩展到全国各个城市。自此，证券经营机构纷纷出现，证券流通市场全面发展起来。1990年12月，上海证券交易所正式开张营业，次年，深圳证券交易所也正式成立。上海和深圳证券交易所的成立，标志着我国证券市场发展进入了一个新阶段，证券市场逐步走向规范化和现代化。2021年9月，北京证券交易所（简称“北交所”）注册成立，这是经国务院批准设立的中国第一家公司制证券交易所，北京证券交易所上市公司由新三板创新层公司产生，以形成新三板基础层、创新层与北京证券交易所“层层递进”的市场结构，同步试点证券发行注册制。

专栏1-1

中国股票市场简史

“看对了，搞一两年，对了，放开；错了，纠正，关了就是了。”

——邓小平南方谈话，1992

20世纪80年代初，一些小型国有企业和集体企业开始进行多种股份制尝试，最初的股票开始出现。在庆祝改革开放20周年时，《人民日报》曾描写过“恐怕是世界上最古怪的股票”——北京天桥百货公司的股票：“土蓝色勾边，大小如1元人民币。下附一张草绿色的股息、红利票。背面注明：5年还本，除分红外，还保证每年5.4%的利息。”

1984年10月，中国确立了经济体制的改革方向，随后，北京、广州、上海等城市选择了少数企业进行股份制试点。1986年11月14日，邓小平接见了以美国纽约证券交易所董事长约翰·范尔霖为团长的代表团，在获赠纽约证券交易所证章和证券票样后，邓小平将一张上海飞乐音响（600651）股份有限公司的股票回赠给客人。这成为国际社会认识中国社会经济发展的标志性事件之一。

1990年，中国政府允许在有条件的大城市建立证券交易所。上海证券交易所和深圳证券交易所先后开业。1991年底，上交所共有8只上市股票，25家会员；深交所共有6只上市股票，15家会员。

1992年5月，中国人民银行证券管理办公室成立，这是最早对证券市场实施统一监管的机构。1992年10月，国务院设立国务院证券委和中国证监会。证监会成立之后，开始为中国证券市场订立法度。证券市场的第一部“根本大法”——《中华人民共和国公司法》诞生于1994年7月，1999年，《证券法》开始实施。1997年11月，国务院证券委发布《证券投资基金管理暂行办法》，启动了证券投资基金的规范发展。

中国证券市场往前走的同时也在逐步对外开放。1991年11月，上海真空电子器件股份有限公司向海外投资者发行每张面值100元人民币、总共100万股的人民币特种股票，并于1992年2月在上交所上市，它就是第一只B股。B股的主要目标是在当时外汇短缺和外汇管制的背景下吸引国际资本。随后，中国公司走向海外。1993年6月，青岛啤酒赴港发行首只内资H股；1994年，山东华能发电赴纽交所上市发行首只中资N股；1997年，大唐发电在伦敦证券交易所发行首只中资L股；同年，中新药业赴新加坡证券交易所发行首只中资S股。

1999年的“5·19行情”至今令许多投资者回味无穷。当年5月16日，国务院正式批准了“搞活市场六项政策”。这一信息透露到市场，5月19日，上证指数一改颓势，上涨4.64%，成为随后上证指数扶摇直上的起点。该轮牛市经历几次调整，一直延续到2001年。而这次牛市止步的直接诱因，则触及中国股市的股权分置（我国证券市场发展之初将普通股份设计为暂不流通的国有股、法人股和即时流通的社会公众股，从而将上市公司的股权结构分割成流动性截然不同的两部分，为证券市场发展留下了一个十分棘手的问题）。2001年6月14日，媒体刊登国务院《减持国有股筹集社会保障资金管理暂行办法》，7月26日，国有股减持在新股发行中正式开始，股市开始了长达近5年的熊市，最低跌至2005年6月6日的998.23点。

2004年1月31日发布的“国九条”，是中国股市极具里程碑意义的文献之一。这份全称为《关于推进资本市场改革开放和稳定发展的若干意见》的文件将大力发展资本市场提升到前所未有的战略高度，确立了尊重市场规律解决股权分置问题的基本原则。2005年4月29日，证监会启动股权分置改革，并在随后取得了快速的进展。截至2007年底，沪深两市共有1 298家上市公司完成或者已进入股权分置改革程序，占应改革公司的98%。股改完成后，国有股、法人股、流通股利益分置、价格分置的问题在制度层面上不复存在，各类股东享有相同的股份上市流通权和股价收益权，各类股票按统一市场机制定价，并成为各类股东共同的利益基础。

2006年6月19日，“新老划断”后的全流通第一股中工国际（002051）上市，标志着中国股市进入全流通时代。市场对这一改变的反应极为猛烈。2007年10月16日，上证指数冲高到6 124.04点，与2005年6月6日的998.23最低位相比，上涨了5倍多，所用时间仅仅2年4个月。但疯狂总是短暂的，此后，上证指数下跌，至2008年10月28日，仅仅一年时间，上证指数从6 124.04点跌至最低1 664.93点。截至2011年底，上证指数仍在2 400点左右徘徊。

2008年底，在政府推出“扩内需、促增长”的10项措施、4万亿元经济刺激计划下，上证指数一路上涨，2009年8月4日创下了3 478.01点的高点，涨幅108.9%。但此后就步入了下跌调整行情，并绵延下跌达两年之久，至2012年1月5日跌至2 148.45点，跌幅为38%，2010年和2011年连续两年“熊冠全球”。

在连续3年左右的熊市和横盘后，在融资融券（甚至违法配资）等措施的刺激下，股市从2014年中启动，上证指数一路飙升到2015年6月12日的5 178.19点。之后，又经历了2 850.71点（2015年8月26日）—2 038.30点（2016年1月27日）-3 587.03点（2018年1月29日）的大幅波动。

2018年1月底之后，上证指数一路单边下跌至2019年1月3日的2 464.36点。

2019年1月4日至2021年12月13日，上证指数震荡攀升至3 708.94点。

之后，上证指数快速回落、步入震荡，大致在2 900点至3 400的区间内震荡至今（2023年12月）。

在上证指数高企之时，中国的GDP证券化率曾一度超过130%，但那终究只是股市泡沫产生的幻象。事实上，中国上市公司对国民经济的代表性并不强，数以万计的中小企业游离或徘徊于股市之外，而许多大型企业集团只是将部分业务或资产发行上市，有的大型企业集团甚至还没有进行股份制改造。中国股市依旧任重而道远。

资料来源：石仁坪．18年的发展与期待：中国证券市场风雨历程［N］．第一财经日报，2008-08-25.此处有增补．

1.2.2　证券市场的功能

随着我国经济的发展，证券市场在社会经济活动中的影响日益增大。作为资本供求的中心，证券市场对社会经济发展起着重要作用，其功能主要体现在以下几个方面：

1.资金融通

证券市场的融资功能是指证券市场为资金需求者筹集资金，同时也为资金所有者提供投资机会的功能。证券市场是一种多渠道、多形式筹资与融资的场所，通过各种有价证券的买卖，为资金的供求双方提供了多种多样的选择机会，以适应不同的投资与融资的需要。在证券市场上，资金的需求者和资金的供给者通过卖出和买进有价证券，进行资金的相互融通，实现了储蓄与投资的转化活动，解决了资金供求的矛盾，实现了资金融通的功能。

2.资本定价

证券与资本，前者是形式，后者是内容。证券是资本的存在形式，所以，证券的价格实际上是证券所代表的资本的价格。证券的价格是由证券供求双方共同作用的结果。证券市场的运行形成了证券需求者竞争和证券供给者竞争的关系，这种竞争的结果是：能够产生高投资回报的资本，市场的需求就大，其相应的证券价格就高；反之，证券的价格就低。因此，证券市场提供了资本的合理定价机制。

3.资本配置

证券市场的资本配置功能是指通过证券价格引导资本的流动而实现资本的合理配置的功能。在证券市场上，证券价格的高低是由该证券所能提供的预期报酬率的高低来决定的。投资者要实现资金的保值与增值，就要对证券发行人经营、财务等状况进行分析，把资金投向经济效益高的证券，从而使得社会资金流向高效的产业部门。这样，证券市场就引导资本流向能产生高报酬率的企业或行业，使资本效益最大化，进而实现资本的合理配置。

4.宏观调控

证券市场通过证券融资方式，以其特有的聚资、融资和导向功能，成为联结宏观经济运行中各部分之间的桥梁。中央银行作为国家宏观经济调控的实施部门，其实施货币政策的重要手段之一是公开市场业务，即中央银行依据国家总体经济发展的政策需要，在证券市场上适量地买进或卖出有价证券，借以调节货币供应量，影响各金融机构的经营行为，进而牵动整个经济的运行，实施宏观调控。例如，当生产萧条、资金短缺之时，中央银行可以通过在证券市场上购买有价证券来投放货币，增加市场货币供应量，以刺激经济的发展。当经济过热时，中央银行则在证券市场上抛出证券，以减少市场货币供应量，抑制经济过热的状况。

1.2.3 证券发行市场

资金需求者将金融资产首次出售给公众时所形成的交易市场称为发行市场（issuing market）、初级市场（primary market）或一级市场。金融资产的发行方式主要有公募和私募两种。从销售方式上看，证券发行主要有包销、代销两种方式。

1.公募和私募

发行市场是指股份公司通过出售新股向投资者筹集资本金的场所。发行市场上主要有两种发行方式：公募（public placement）和私募（private placement）。公募是指新发行的证券向普通公众出售，任何一个普通投资者都可以在这一市场上申购新发行的证券。私募指的是新发行的证券只向特定的投资者出售，一般投资者无法在市场上公开地购买到。

（1）首次公开发行。

首次公开发行（initial public offering，IPO）是指一家公司第一次向公众公开募集股份。通常，上市公司的股份是根据向相应证券管理部门出具的招股说明书或登记声明中约定的条款通过经纪商或做市商进行销售的。一般来说，首次公开上市完成后，这家公司就可以申请到证券交易所或报价系统挂牌交易。

专栏1-2

中国公司IPO的三个阶段

1.前期预备阶段

在这个阶段，主要工作是股份制公司的筹建。该公司要取得市场监管、行政主管部门的批文，拟订股份制改组的方案，确定企业发展规划和固定资产的投资项目。公司要取得上市资格还要求聘请财务顾问，包括审计师、会计师、评估师、律师和证券公司等，他们共同协助完成指定上市过程方案。会计师协同评估师一起帮助公司取得资产管理机关资产评估报批文件，如果由律师来界定重要合同与产权，公司就应该向主管单位申请取得资产评估报批文件。当公司的发起人与顾问机构协作完成企业的改组方案后，公司就可以整理发起人的各种资料，拟订新公司的资本计划，编制招股说明书和股份募集方案以筹建股份制公司。

2.上市准备阶段

在这一阶段，发行公司将委托证券登记公司签订上市交易监管协议，并与承销商签订股票的发行协议。从证监会取得批文和发行规模之后，发行公司将编制发行报告和股东名册，选举董事会，任命公司高级职员并与上市公司推荐人签订辅导协议。证监会将会在这一期间指定派出机构专项负责该股份制公司的运行，并由上市保荐人对公司进行上市辅导。发行公司必须按规定公布公司年报和披露其他信息。

3.上市发行阶段

发行公司在这一阶段已经进入了实质性的发行阶段。主承销商向证监会上报股票发行报批文件，证监会审核之后向发行公司颁发正式批文。之后发行公司将进行网上路演，其中包括确定发行时间和证券名称，在指定的报刊上刊登指示性的公告和招股说明书，初步询价并在截止日公布初步询价结果，然后在交易所发布中签率和举行摇号抽签仪式，公布中签配号并将股款划账。

（2）私募。

在一级市场上，证券的发行有时不是公开对公众发行，而只对特定的发行对象推销，这种方式就是私募，国内的定向增发就属私募性质。私募证券的价格和费用要远远低于公开发行证券的价格和费用，但是私募方式不适合大批量的证券发行。在中国，通常在两种情况下采用私募：一是股东配股，又称股东分摊，即股份公司向原有股东分配该公司的新股认购权，动员股东认购。这种新股发行价格往往低于市场价格，事实上成为对股东的一种优待，一般股东都乐于认购。如果有的股东不愿认购，他可以自动放弃新股认购权，也可以把这种认购权转让给他人，从而形成认购权证交易。二是私人配股，又称第三者分摊，即股份公司将新股分售给股东以外的本公司职工、往来客户等与公司有特殊关系的第三者。采用这种方式往往出于两种考虑：一是按优惠价格将新股出售给特定者，以示照顾；二是当新股票发行遇到困难时，向第三者出售以求支持。无论是股东还是私人配售，由于发行对象是既定的，因此都不必通过公募方式，这不仅可以节省委托中介机构的手续费，降低发行成本，还可以调动股东和内部的积极性，巩固和发展公司的公共关系，但缺点是这种不公开发行的股票往往存在限售条件，流动性较差。

2.包销和代销

当公司完成了上市准备工作之后，就可以着手按照预定方案发售新股。包销和代销是公司经常选择的两种发行方式。这两种方式都属于间接发行，它是指发行者委托证券发行中介机构出售股票的方式。这些中介机构作为股票的推销者，办理一切发行事务，承担一定的发行风险并从中获取相应的收益。这些中介机构就是我们通常说的承销商，它们的主营业务就是投资银行业务。

代销又称为代理招股，推销者只负责按照发行者的条件推销股票而不承担任何发行风险。采用代销方式，证券承销机构只是利用自己的销售网点代理发行公司销售证券，期满仍销不出去的股票退还给发行者。在这种方式下，证券发行的全部风险由发行公司承担。因此，代销手续费较低。代销发行比较适合于那些信誉好、知名度高的大中型企业。

包销中最普遍的形式是承购包销，是指由一家或数家证券承销机构与证券发行公司签订承购包销合同，由证券承销机构以双方协商确定的价格将准备发行的证券全额买下，并按照合同规定的时间将价款一次付给发行公司，然后证券承销机构以略高于购入价格的价格向社会公众出售的发行方式。承销机构主要从中赚取买卖差价。若有滞销股票，承销商将减价出售或自己持有，由于发行者可以快速获得全部所筹资金，而承销商则要承担全部发行风险，因此，包销费要高于代销费。当发行数量很大时，常由多家承销商组成承销银团来处理整个发行，其中一家承销商作为主承销商牵头起主导作用，其他几家承销商共同承担承销，这样每一家承销商所承担的风险就降低了。

3.发行定价

发行定价是发行业务中的核心环节。新股发行过程中，主承销商需要根据新股发行的情况选择合适的新股发行定价方式，并使最终确定的发行价格充分反映市场需求情况。根据在定价前是否已经获得并充分利用投资者对新股的需求信息以及在出现超额认购时承销商是否拥有配发股份的灵活性这两个标准，各国新股发行定价方式基本上可以概括为累计投标、竞价、固定价格允许配售以及固定价格公开认购四种形式。累计投标询价制度是我国和国外成熟资本市场普遍采用的新股发行定价方式。

询价制度的本质是先“询”企业发起股东自己股份“价值多少”，后“询”愿意以此价格入股的投资者“认购多少股”，它是企业发起人股东与承销机构向股票市场投资者询问认同本企业股份的价格并且投资者愿意同价同股来入股组建股份制公众公司的发行方式。累计投标询价方式的优点在于：一是在发行人和投资者之间建立了充分沟通的机制，降低了发行人和投资者之间的信息不对称程度，并有助于发掘市场对发行股票的真实需求，使股票的内在价值得以充分体现，机构投资者的定价更趋理性、合理，而且也能够在一定程度上降低承销商的包销风险；二是在一级市场和二级市场之间建立起联动机制，缩小了一级市场与二级市场的价差，使市场更趋有效。

中国从2004年8月28日起实行累计投标定价方式。该方式发行新股必须完成三个步骤：一是初步询价，确定发行价格区间和相应的市盈率区间。按照规定，其主承销商应向不少于20家（如发行达到或超过4亿股，则不少于50家）基金、券商等询价对象提供投资价值报告，进行初步询价。二是累计投标询价，确定发行价格。发行人及保荐人在发行价格区间向询价对象进行累计投标询价，并根据结果确定发行价格和发行市盈率。三是累计投标询价完成后，其余股票以相同价格按照发行公告规定的原则和程序向社会公众投资者和机构投资者公开发行。

1.2.4 证券流通市场

证券发行后，各种证券在不同的投资者之间买卖流通所形成的市场即为流通市场（circulating market），又称二级市场（secondary market）或次级市场。

流通市场分为两种：一种是场内市场即证券交易所，另一种是场外交易市场。

1.证券交易所

证券交易所（stock exchange）是股票流通市场的最重要的组成部分，也是交易所会员、证券自营商或证券经纪人在证券市场内集中买卖上市股票的场所，是二级市场的主体。具体来说，它由证券管理部门批准，为证券的集中交易提供固定场所和有关设施，接受和办理符合有关法律规定的股票上市买卖，使原股票持有人和投资者有机会在市场上通过经纪人进行自由买卖、成交、结算和交割，而它本身并不参与买卖。

（1）交易所的组织形式。

世界各国证券交易所的组织形式大致可分为两类：公司制和会员制。

①公司制的证券交易所是以股份有限公司形式成立的并以营利为目的的公司法人，一般是由银行、证券公司、投资信托机构及各类公有或民营公司等共同投资入股建立起来的公司法人。作为公司制的证券交易所具有以下优点：第一，交易所的经营者自身不直接参与证券的买卖，能够保证证券交易的公平和公正。第二，当交易的一方违约而使另一方遭受损失时，交易所对损失方负有赔偿责任，因此容易获得公众的信任。第三，容易配合中央银行的宏观经济政策，在证券交易时交易所还必须向中央银行国库缴纳营业保证金。

公司制的证券交易所的不足之处在于，它是以营利为目的的公司组织，为了使自己的利润最大化，交易所很有可能会提高交易费用，加大证券交易的成本，降低了交易所对公众投资者的吸引力。

②会员制的证券交易所是会员自愿组成的、不以营利为目的的社团法人。会员主要由证券商组成。只有会员及享有特许权的经纪人才有资格在交易大厅进行证券交易，其他人要买卖交易所上市的证券，必须通过会员进行。我国1997年发布的《证券交易所管理办法》规定：证交所是不以营利为目的，为证券的集中和有组织的交易提供场所、设施，并履行相关职责，实行自律性管理的会员制事业法人。

会员制的证券交易所因为不以营利为目的，所以交易费用较低，有利于交易的活跃开展。因为交易的都是会员，所以比较好管理。我国上海证券交易所和深圳证券交易所都是采取会员制。

2021年10月，证监会发布修订后的《证券交易所管理办法》。修订主要涉及3个方面的内容：

一是规定公司制证券交易所的组织机构。遵循《证券法》《公司法》的要求，建立股东会、董事会、监事会、总经理的运行机制，形成规范透明的公司治理结构。

二是明确和完善有关监管安排。规定证券交易所制定或者修改有关业务规则时，应当由证券交易所理事会或者董事会通过，并报中国证监会批准。规定公司制证券交易所的董事长、副董事长、监事长由证监会提名，分别由董事会、监事会通过。

三是明确部分条款的适用安排。对于“证券交易所的收支结余不得分配给会员”以及“席位”等表述，明确其仅适用于会员制证券交易所。明确公司制证券交易所董事、监事及高级管理人员须遵守诚实信用义务、兼职和回避规定等。

（2）证券交易所的上市制度。

证券交易所上市制度是证券交易所和证券主管部门制定的有关证券上市的规则

的总称。股票的上市（listing）是指股票到证券交易所进行交易。对上市公司来说，上市可增加其股票的流动性并提高公司的声望和知名度。股票上市后，公司经营者的责任也加重了。股票发行后并不一定就能上市，而要满足条件和程序后方可上市。各国的法律虽然很少直接对股票的上市条件作出明确规定，但各证交所为了提高在本证交所交易股票的质量，都要求各种股票在本证交所交易之前办理申请上市手续，经审查合格后，由股票的发行公司与交易所签订上市协议，交纳上市费后才能在本证交所交易。各证交所的上市标准大同小异，主要包括如下内容：①要有足够的规模；②要满足股票持有分布的要求，私募股票通常无法满足这个标准因而不能上市；③发行者的经营状况良好等等。

股票上市制度主要有注册制和核准制。注册制实质上是一种发行公司的信息公开制度，它要求发行证券的公司提供关于证券发行本身以及同证券发行有关的一切信息，以招股说明书为核心。在注册制下，证券监管机构只需要审查信息资料的全面性和真实性以及准确性，不对证券价值本身作出判断。核准制即所谓的实质管理原则，证券的发行不仅要以真实状况的充分公开为条件，而且必须符合证券管理机构制定的若干适于发行的实质条件。符合条件的发行公司，经证券管理机关批准后方可取得发行资格，发行证券。这一制度的目的在于禁止质量差的证券公开发行。注册制适合于成熟的资本市场，核准制比较适合于发展中的市场。我国证券上市采用核准制。《证券法》规定，公司申请上市，必须报中国证监会审批。中国证监会可以授权证券交易所按规定和程序审核证券上市申请。

2.场外交易市场

（1）场外交易市场的定义。

场外交易市场亦称柜台交易市场或店头交易市场，是证券市场的一种特殊形式，它是指证券经纪人或证券商不通过证券交易所，将未上市的证券或已上市的证券直接同投资者进行交易的市场。

（2）场外交易市场的特征。

① 交易分散。场外交易是指各证券商的店头交易，而证券商又分散于全国许多地区或一个城市的不同地域，且场外交易又是在各证券商之间进行的，所以它具有分散性。场外交易市场不像证券交易所那样设立中央市场，但它实际上遍布于各地，通过电信、网络系统连接起来。

② 市场无形。场外交易业务大部分是通过证券商之间的电信联系进行的，通过营业厅的柜台直接与客户交易只是其一小部分。所以，在整个交易市场中，相对于证券交易所来说，场外交易是无形的。

③ 证券多样。证券交易所交易的证券必须是经过批准登记的证券，交易所每年对这些证券进行评定，未批准上市的证券不得在证券交易所内交易。柜台交易的证券大都是未在交易所登记上市的证券，少量上市的证券也可在柜台交易市场进行买卖。在场外交易市场上交易的证券远远多于在交易所交易的证券。

④ 风险较大。部分未在交易所挂牌的证券，其发行公司或规模太小，或经营

不佳，或利润较薄，总之信誉不如挂牌股票的发行公司好，经营买卖这类证券可能会有较大的风险。

3.第三市场

第三市场是指在柜台市场上从事已在交易所挂牌上市的证券交易。这一部分交易原属于柜台市场范围，但它与其他场外市场的主要区别在于第三市场的交易对象是在交易所上市的股票。近年来由于交易量增大，其地位日益提高，以至于许多人都认为它实际上已变成独立的市场。第三市场是20世纪60年代才开创的一种证券交易市场，是为了适应大额投资者的需要发展起来的。一方面，机构投资者买卖证券的数量往往以千万计，如果将这些证券的买卖由交易所的经纪人代理，这些机构投资者就必须按交易所的规定支付相当数量的标准佣金，机构投资者为了降低投资的费用，于是把目光逐渐转向了交易所以外的柜台市场；另一方面，一些非交易所会员的证券商为了招揽业务，赚取较大利润，常以较低廉的费用吸引机构投资者，在柜台市场大量买卖交易所挂牌上市的证券。正是由于这两方面的因素相互作用，才使第三市场得到充分发展。1975年，美国证券交易委员会取消固定佣金比率，交易所会员自行决定佣金，投资者可选择佣金低的证券公司来进行股票交易，第三市场的发展有所减缓。

4.第四市场

第四市场是投资者直接进行证券交易的市场。在这个市场上，证券交易由买卖双方直接协商办理，不用通过任何中介机构。同第三市场一样，第四市场也是应机构投资者的需要而产生的。由于机构投资者进行的股票交易一般都是大数量的，为了保密，不致因大笔交易而影响价格，也为了节省支付给经纪人的手续费，一些大企业、大公司在进行大宗股票交易时，就通过电子计算机网络，直接进行交易。第四市场的交易程序是：用电子计算机将各大公司股票的买进或卖出价格输入储存系统，机构交易双方通过租赁的电话与机构网络的中央主机联系，当任何会员将拟买进或卖出的委托储存在计算机记录中以后，在委托有效期间，如有其他会员的卖出或买进的委托与之相匹配，交易即可成交，并由主机立即发出成交证实，在交易双方的终端上显示并打印出来。由于第四市场的保密性及节省性等优点，对第三市场及证券交易所来说，它是一个颇具竞争力的市场。

§1.3　证券投资中的信息收集与处理

1.3.1　证券市场信息来源

证券市场上各类信息错综复杂，很多信息都对证券价格有强烈的干扰作用。因此，投资者获得准确及时的信息，是其成功投资的重要条件；而消息闭塞，主观臆断，则很容易令投资者作出错误的投资策略。

投资者需要掌握的信息主要有三个方面：宏观经济信息、发行公司的信息和证券交易信息。信息来源通常包括广播、电视、报纸、杂志、专刊等大众传媒，也有证券市场大盘、股票实时系统、上市公司公告报表等专用媒体。广播电视节目中的新闻、财经消息、股市点评和行情介绍，是可以轻易得到的信息。证券报纸和专刊则能及时、专业地提供股市方面的信息。上市公司提供的各类说明、年报、季报等则为投资者了解该只股票提供第一手资料。另外，各类电话、广播、电脑股票实时系统，既为广大投资者提供深沪两市全面的即时和历史的系统资料，也提供所有上市股票具体的即时行情和全部历史记录，还提供全面的分析、预测数据和手段。

投资者还可以通过观察证券市场或证券交易场所的实地情况获得信息。比如，股票QQ群、微信群发言鼎沸，是行情高涨的特征；反之，则是进入熊市的表现。证券市场散布的各种消息往往代表各种不同的愿望和心态。对于股市流传的消息一定要审慎对待，不要让不能确定真伪的传言影响自己的正常判断，以致造成损失。投资者一定要准确利用一切有用信息，帮助自己作出正确的判断。

专栏1-3

证券市场常用的官方网站

中国证监会	http：//www.csrc.gov.cn
上海证券交易所	http：//www.sse.com.cn
深圳证券交易所	http：//www.szse.cn
纽约证交所	http：//www.nyse.com
纳斯达克	http：//www.nasdaq.com
巨潮资讯网	http：//www.cninfo.com.cn
万得资讯	http：//www.wind.com.cn
中国证券报	http：//www.cs.com.cn
中证指数公司	http：//www.csindex.com.cn

1.3.2 证券市场指数

证券市场指数主要是反映证券市场的整体走势，为投资者建立投资组合提供参考。证券市场指数众多，如股票指数、债券指数、基金指数等。此外我们仅作一个整体性介绍。证券指数的具体编制方法，请参见第3章。

1.股票指数

股票价格指数即股票指数，是由证券交易所或金融服务机构编制的表明股票行市变动的一种供参考的指示数字，是描述股票市场总的价格水平变化的指标。

股票价格指数是选取有代表性的一组股票，把它们的价格进行加权平均，通过一定的计算得到。各种指数具体的股票选取和计算方法是不同的。编制股票指数，通常以某年某月某日为基础，用以后各时期的股票价格和基期价格比较，计算出涨跌的百分比，就是该时期的股票指数。投资者根据指数的变化，判断出股票价格的变动趋势。为了能实时地向投资者反映股市的动向，所有的股市几乎都是在股价变化的同时即时公布股票价格指数。

2. 债券指数

债券指数是反映债券市场价格总体走势的指标体系。和股票指数一样，债券指数是一个比值，其数值反映了当前市场平均价格相对于基期市场平均价格的水平。债券指数的发展至今已有20余年，但债券指数化发展仍方兴未艾。至今，国际上已有了成熟的债券指数，并且还在不断地发展之中。

3. 基金指数

为反映基金市场的综合变动情况，还可以编制基金指数。我国深圳证券交易所和上海证券交易所均以现行的证券投资基金编制基金指数，上证基金指数选样范围为在上交所上市的证券投资基金，上证基金指数将同现有各指数一样通过行情库实时发布，上证基金指数在行情库中的代码为000011，简称为“基金指数”。

1.3.3　证券行情解读

1. 常用行情数据

（1）指数即时走势图。

由于上证指数与深证指数图形显示格式相同，我们以上证指数为例说明。行情图中的白色曲线表示证券交易所对外公布的通常意义上的大盘指数，也就是加权指数；黄色曲线是不含加权的大盘指数，也就是不考虑上市股票盘子的大小，而将所有股票对上证指数的影响看作相同的。参考白色、黄色曲线的位置关系，投资者可以得到下面的信息：当上证指数上涨的时候，黄色曲线在白色曲线走势之上时，表示盘小的股票涨幅较大；反之，盘小股票的涨幅小于盘大股票的涨幅。当指数下跌的时候，黄色曲线仍在白色曲线之上，则表示小盘股的跌幅小于大盘股的跌幅。

投资者还可以看到，在黄白两条曲线附近，有红、绿柱线，这是用来反映当前大盘所有股票的买盘与卖盘数量的对比情况的。红柱线渐渐增长的时候，表示买盘大于卖盘，此时指数上涨的力量渐渐增强，缩短时上涨力量减弱。同样，绿柱线增长时下跌力量增强，缩短时下跌力量减弱。在图的下端还有黄色柱线，它是用来表示每一分钟的成交量，单位为手（每手100股）。

（2）个股即时走势图。

个股即时走势图中，白色曲线表示这种股票的即时成交价，黄色曲线表示这种股票的平均价格，也就是说今天的成交总金额除以成交总股数。下方的黄色柱线表示这种股票每分钟的成交量，盘面右下方为即时成交明细显示，价位的红绿色反映外盘和内盘。成交价是卖出价时称外盘，成交价为买入价时称内盘。当外盘累计数量比内盘累计数量大很多，而股价也在上涨时，表示很多人在抢盘买入股票；当内盘累计数量比外盘累计数量大很多，而股价下跌时，表示很多人在抛售。

量比是今日总手数与近期成交平均手数的比值。如果量比数值大于1，通常表示这个时刻的成交总手量已经放大了。当总手量放大的时候，如果价涨则后市看好。若量比数值小于1，表示这个时刻成交总手量萎缩。

2.股票行情阅读

《证券交易所管理暂行办法》第三十八条规定：证券交易所应当公布即时行情，并按日制作证券行情表，记载并公布下列事项：

（1）上市证券的名称；

（2）开盘价、最高价、最低价、收盘价；

（3）与前一交易日收盘价比较后的涨跌情况；

（4）成交量、成交金额的分计及合计；

（5）证券交易所市场基准指数及其涨跌情况；

（6）中国证监会要求公布或者证券交易所认为需要公布的其他事项。

证券行情表是指显示每日股价、涨跌及交易概况的报表。证券行情表是投资者最经常使用的分析工具。在行情表的“表头”通常记载有成交总值（当日成交总金额）以及成交总量（当日成交总股数）。有关个股的证券代码、名称、涨幅以及其他各项具体交易数据分别在行情表各列条目中详细列示。

思政课堂

改革激荡三十年　A股整装再出发

【思政元素】改革成就；道路自信。

从1990年到2020年，砥砺奋进的中国资本市场逐步成为国家重要核心竞争力的组成部分，并助力大国经济腾飞。短短30年的时间，中国的资本市场一跃成为世界第二大资本市场。

1.市场化改革奔涌前行

30年，从零起步，中国资本市场“摸着石头过河”，走出了一条市场化机制日益成熟的发展之路，成绩斐然。新股发行制度从审批制到核准制再到注册制，激荡着服务实体经济、孕育创新基因的澎湃力量。20世纪90年代，新股发行实行额度管理制，由地方政府或行业主管部门进行审核推荐，后改为指标管理制。进入21世纪，核准制下的通道制建立，监管部门不再对发行上市企业数量进行限制，此后优化为核准制下的保荐制，直到2019年设立科创板并试点注册制。在注册制下，市场化定价机制的约束作用进一步显现，重塑了A股市场新股发行生态；制度包容性让科创企业充分享受改革红利，为资本与实体经济的互联互通架起桥梁；注册制稳步实施，正联动新三板、区域股权市场改革，进一步补齐多层次资本市场体系短板，塑造高效联通的全新格局。

在市场化改革的推动下，中国资本市场走过了不平凡的历程，取得了令人瞩目的成就，堪称“中国奇迹”。包括主板、中小板、创业板、科创板和新三板在内的多层次市场体系逐步成形；市场已经能够为投资者提供股票、债券、商品、外汇、金融衍生品等多样化的金融产品；A股上市公司从上交所的“老八股”增至超4 000家，一批颇具国际影响力的创新创业企业崭露头角，投资者数量突破1.7亿人。

2.法治化建设稳步前行

30年，从严监管，完善法治，中国资本市场法治体系逐步成形。从《中华人民共和国公司法》《中华人民共和国证券法》《中华人民共和国证券投资基金法》等行业“大法”的完善，再到围绕注册制推行的证券集体诉讼制度落地，法治意识逐步深入人心。如今，我国资本市场已形成以《中华人民共和国公司法》《中华人民共和国证券法》《中华人民共和国证券投资基金法》等法律为核心，以行政法规、司法解释、部门规章、规范性文件为主干，以交易所、登记结算公司、行业协会规则为配套的法律法规体系。证监会有关负责人指出，证监会将进一步夯实资本市场基础法律制度，严格执行修订后的证券法律，继续推进刑法修改和期货法制定工作，努力建成基础制度更加扎实、规则体系更加完善的证券期货监管法律制度。

3.国际化大道越走越宽

30年，厚植开放，全面深化改革，中国资本市场披荆斩棘，积极拥抱全球金融市场。互联互通机制日臻完善，股票及债券纷纷被纳入国际主流指数，双向开放的大门正越开越大。

20世纪90年代，B股市场的设立为境外投资者开启了一扇窗。2002年引入合格境外机构投资者制度（QFII）后，第一批境外机构投资者成为先行者。近几年，中国资本市场开放按下“加速键”：深港通、沪港通、沪伦通业务开通，QFII、RQFII全面取消额度限制，国际指数公司明晟（MSCI）、富时罗素、标普、道琼斯在各自指数中纳入A股或大幅提升A股权重，跨境资本流动的自由化程度明显提升。证券基金期货机构外资股比限制提前全面放开，截至2020年上半年，6家外资控股证券公司已顺利落地。截至2020年6月末，境外投资者持有的境内债券余额为3 691亿美元，持有的股票余额为3 684亿美元，比2019年末的余额分别上升13%和16%。

资料来源：昝秀丽．改革激荡三十年 A股整装再出发［N］．中国证券报，2020-10-09.

本章小结

1. 证券市场是股票、债券、投资基金等各种有价证券及其衍生产品发行和买卖的场所，通过证券的买卖活动引导资金流动，有效合理地配置社会资源，支持和推动经济发展，并在运行中发挥资金融通、资本定价和配置、宏观调控等功能。

2. 证券投资的要素包括证券投资主体、证券投资客体、证券中介机构、证券监管机构。证券投资主体是进入证券市场进行买卖的投资者，包括个人投资者和机构投资者；证券投资客体即投资对象，包括债券、股票和投资基金等有价证券；证券中介机构是在证券市场上为市场参与者提供服务的机构，包括证券经营机构和证券服务机构；证券监管机构是对证券的发行、买卖等交易行为以及与这些行为有关的人员和组织机构进行管理的机构。

3. 金融资产是对收入或财富的索取权，是一种无形资产，包括货币、股权凭证和债务凭证。

4. 证券市场可分为发行市场与流通市场。资金需求者将金融资产首次出售给公众时所形成的交易市场称为发行市场（初级市场或一级市场）。证券发行后，各种证券在不同的投资者之间买卖流通所形成的市场即为流通市场（二级市场或次级市场）。发行市场是流通市场的基础和前提，没有发行市场就没有流通市场。

5.股票指数是由证券交易所或金融服务机构编制的表明股票行市变动的一种供参考的指示数字，是描述股票市场总的价格水平变化的指标，我国内地的股票价格指数有上证指数、深证指数。其他证券市场指数还包括债券指数、基金指数。

综合训练

1.1 单项选择题

1.（　　）是资金的供给者和证券的需求者。

A.证券发行人　　B.证券投资者

C.证券市场监管人　　D.证券中介机构

2．资本市场是（　　）发行和交易的场所。

A．存款与贷款　　B.股票、债券、投资基金

C.短期国债　　D.股票、大额可转让定期存单

3．在我国，证券监管机构是指（　　）。

A.中央金融委员会及其派出机构

B.中国人民银行及其派出机构

C.国家金融监督管理总局及其派出机构

D.中国证券监督管理委员会及其派出机构

4．（　　）的证券交易所是不以营利为目的的社会法人，交易所设会员大会、理事会和检查委员会。

A.公司制　　B.股份制　　C.会员制　　D.政府制

5.2020年7月，中证指数公司正式实施上证指数改革方案，其中，对于新股的规定是：（　　）

A.上市新股不再立刻纳入指数

B.上市新股立刻纳入指数

C.上市以来日均总市值排名在沪市前10位的新股将于上市1个月后纳入指数

D.上市以来日均总市值排名在沪市10位以外的新股上市2个月后纳入指数

1.2 多项选择题

1.金融资产的种类数以千计，通常分为三类，即（　　）。

A.货币　　B.股权凭证　　C.债务凭证　　D.存托凭证

2.证券市场的基本功能包括（　　）。

A.定价功能　　B.资金融通功能　　C.宏观调控功能　　D.资本配置功能

3.根据市场的功能划分，证券市场可划分为（　　）。

A.证券发行市场　　B.证券承销市场　　C.证券筹集市场　　D.证券流通市场

4.20世纪70年代以来，世界证券市场具有（　　）等新特征。

A.金融证券化　　B.证券市场自由化

C.证券交易品种多元化　　D.证券市场产业化

5.证券市场的指数包括（　　）。

A.股票指数　　B.债券指数　　C.物价指数　　D.基金指数

1.3　思考题

1.证券投资的要素包括哪几个方面？各发挥着什么作用？

2.证券市场的功能是什么？

3.一级市场与二级市场的作用是什么？

4.简述场外交易市场产生的原因及主要特征。

5.证券的市场信息来源有哪些？

本章参考文献

［1］陈之大，曹晓东，贺学会．证券投资学［M］．成都：西南财经大学出版社，2005.

［2］陈善昂，金融市场学［M］．5版．大连：东北财经大学出版社，2022.

［3］希勒．金融与好的社会［M］．束宇，译．北京：中信出版社，2012.

［4］舍夫林．管理错觉：情绪和直觉如何影响企业决策［M］．贺学会，译．北京：北京大学出版社，2010.

［5］吴晓求．证券投资学［M］．5版．北京：中国人民大学出版社，2020.

［6］戈登．伟大的博弈［M］．祁斌，译．2版．北京：中信出版社，2011.

［7］张强．证券基础［M］．3版．北京：中国财政经济出版社，2011.

［8］中国证券监督管理委员会．中国资本市场二十年［M］．北京：中信出版社，2012.

［9］中国证券业协会．金融市场基础知识［M］．北京：中国财政经济出版社，2023.

［10］中国证券业协会．证券市场基本法律法规［M］．北京：中国财政经济出版社，2023.

［11］BODIE Z，KANE A，MARCUS A J．Investments［M］．9th ed.New York：McGraw-Hill，2011.

［12］FABOZZI F J．Foundation of financial markets and institutions［M］．4th ed. Englewood Cliffs：Pearson Education，2010.

［13］MISHKIN F S．The economics of money，banking & financial markets［M］．8th ed.Englewood Cliffs：Pearson Education，2007.

［14］MISHKIN F S.Financial markets and institutions［M］．7th ed.Englewood Cliffs：Pearson，2012.

［15］TITMAN S．Financial markets and investment externalities［J］．Journal of Finance，2013（4）.

第2章

证券交易机制

导读

为了保证证券交易公开、公平、公正地进行，各国证券监督管理部门都为证券市场设定了一些规则和交易机制。本章介绍证券交易概述、证券交易价格的形成、证券交易结算、证券的回购交易和融资融券交易。

关键概念

证券交易　第三方存管　清算　交割　市价委托　限价委托　集合竞价　连续竞价　T+0　T+1　指定交易制度　回购交易　融资融券

§2.1 证券交易概述

证券交易是指已发行的证券在证券市场上买卖的活动。理解证券交易机制，是正确参与证券投资并获取收益的前提。

2.1.1 证券交易方式

证券市场的发展促使证券交易方式不断更新。按照从订约到履行合约的期限来作为划分依据，证券交易方式可分为现货交易方式、信用交易方式、期货交易方式和期权交易方式。

1.现货交易

现货交易是指证券买卖双方成交后，按成交价格及时进行实物交割和资金清算的交易方式。在这种交易方式下，买卖双方都有证券实物和资金收付进出，一般在成交的当日、次日或交易所指定的例行交割日交割清算。在未清算交割前，双方均不可随便解约或冲销。若有一方在交割日不能履约，将按交易规定处以罚金并承担责任。根据交易数额和交易条件的不同，现货交易还可分为普通交易、特种交易和回转交易。通常所说的现货交易一般是指普通交易，其特点是每一笔交易数量不大，当天成交的证券不能立即进行反向交易。特种交易是指同一种上市证券买卖数额很大的交易，通常特种交易的具体方式和范围由交易所规定。回转交易又称为T+0交易，是指在不改变现行清算交收期的前提下，买进的证券在得到成交确认后可以进行反向交易。目前现货交易是证券交易所采用的最基本、最常用的交易方式。

2.信用交易

信用交易又称保证金交易或垫头交易，融资和融券是信用交易的具体方式。它是指交易者通过交付一定的保证金从证券经纪商处取得信用，利用融资或者融券入市操作，在规定时间里返还所融资金或证券，并支付利息的一种交易方式。本章中，我们将对此进行更加具体的论述。

3.期货交易

期货交易是交易双方在交易所以公开竞价的方式所进行的期货合约的交易。期货合约是由交易双方订立的、约定在未来某日期按成交时约定的价格交割一定数量的某种商品的标准化协议。具体可参见第5章。

4.期权交易

期权是一种选择权，期权持有者在规定的期限内有按照交易双方商定的价格购买或出售一定数量的金融资产的权利。这种交易方式，我们将在第5章中详细论述。

2.1.2 证券交易程序

证券交易程序包括开户、委托、成交、清算、交割、登记过户等。

1.开户

投资者买卖证券首先要到证券登记结算公司或其代办点办理开户手续，开户一是指开设证券账户，二是指开设资金账户。

（1）开设证券账户。

证券账户是证券登记结算公司为投资者设立的，用于准确记载投资者持有的证券种类、名称、数量及相应权益和变动情况的一种账册。证券账户是认定股东或债权人身份的重要凭证，具有证明股东或债权人身份的法律效力，也是投资者进行证券交易的先决条件。证券账户主要分为3种，即股票账户、债券账户和基金账户。不同证券交易所的证券账户并不相同，因此需要在某个证券交易所买卖证券，就必须在该交易所开设证券账户。例如，在我国，就需要分别开设上海证券交易所和深圳证券交易所的证券账户。更具体一点，需要分别开设人民币普通账户（简称A股账户）、人民币特种账户（简称B股账户）、证券投资基金账户等。

（2）开设资金账户。

资金账户是证券经纪商为投资者设立的账户，用于投资者证券交易的资金清算，记录证券交易的币种、余额和变动情况。在我国，过去投资者在证券营业部的资金存取有三种形式：一是证券营业部自办资金存取；二是委托银行代理资金存取；三是银证联网转账存取。为防范风险，目前已改为第三方存管。

所谓第三方存管，是客户交易结算资金第三方存管的简称，也称客户资金第三方存管，是指由证券公司负责投资者的证券交易、股份管理以及根据交易所和登记结算公司的交易结算数据清算投资者的资金和证券；而由存管银行负责管理客户交易结算资金管理账户和客户交易结算资金汇总账户，向客户提供交易结算资金存取服务，并为证券公司完成与登记结算公司和场外交收主体之间的法人资金结算交收服务的一种客户资金存管制度。在这种模式下，证券公司不再向客户提供交易结算资金存取服务，只负责客户证券交易、股份管理和清算交收等。

2.委托

所谓委托，是指证券经纪商接受投资者委托，代理投资者买卖证券，从中收取佣金的交易行为。投资者需要购买在证券交易所上市的某一证券时，必须委托交易所的会员（一般为券商）代理买卖方可进行。在这一委托关系中，委托双方的责任是不相同的。

经纪商在证券代理买卖中必须承担合同责任，如不履行或不适当履行委托合同，应承担违约责任。由于受托人的过失或故意行为致使委托人遭受损失的，委托人有权要求受托人赔偿。

委托人的责任包括：（1）如实填写委托契约的内容，接受受托人的审查。（2）交纳交易资金和交易佣金。（3）委托人有接受交易结果的义务。

3.成交

成交是指委托买卖交易的结果。目前世界各大证券交易所都已采用计算机竞价交易的方式，即证券交易所会员经纪商代表众多的买方和卖方按照一定的规则和程序公开竞价，达成交易。一般情况下，证券交易按照“价格优先，时间优先”的原则竞价成交。价格优先是指价格较高的买进申报优先于价格较低的买进申报；价格较低的卖出申报优先于价格较高的卖出申报。时间优先是指价格相同的申报，按申报时间的先后成交，即先申报先成交。证券交易所的竞价交易一般采用两种方式：集合竞价和连续竞价。集合竞价用于开盘前和临近收盘的竞价交易；连续竞价则用于开盘之后的全天竞价交易中。

4.清算

清算是指买卖证券的数量与金额分别予以抵销，然后通过证券交易所计算净差额证券与价款的程序。清算包括证券清算与资金清算两个方面。

5.交割

交割是指证券卖方将卖出证券交付买方，买方将价款交付卖方的行为。在证券交易所进行交易，所有买卖均由经纪商代为完成，所以证券交割分为证券商与委托人之间的交付和证券商与证券商之间的交付两个阶段。证券商在与委托人完成交付后，应当在次日向委托人转达证券成交通知，证券商之间的交付，应当在当日收市后在证券交易所主持下进行。目前在我国，证券交割采取T+1规则，即证券商和委托客户在证券成交后一个营业日办理交割。

6.登记过户

证券登记是指通过一定的记录形式确定当事人对证券的所有权及相关权益产生、变更、消失的法律行为。过户是买入证券的投资者到证券发行人或其指定的代理金融机构办理变更持有者名簿登记的手续。过户分为股权过户和债权过户两种，过户是证券交易的最后一个环节。在我国，证券登记结算公司集中办理证券登记业务。证券登记结算公司作为证券交易所和发行人认定的市场唯一的证券登记机构，向发行人提供发行登记服务，为发行人提供有效的持有人名册，并确保持有人名册的合法性、真实性和完整性。实际上，证券交易所内的证券交易采取的是无纸化登记方式，由计算机自动过户，投资者无须再办理任何过户手续。

2.1.3 证券交易委托

在证券交易过程中，投资者通过证券交易委托买卖证券，经纪商对证券交易委托收取佣金，证券交易委托成为现实中投资者与经纪商之间的一座桥梁。

1.证券交易委托指令

委托指令是投资者要求证券经纪商代理买卖证券的指令。在委托指令中，需要投资者表明买卖证券的基本要求和具体内容。例如，证券账户号码、证券代码、买卖方向、委托数量、委托价格等。委托指令一般由投资者自行下达，个人投资者如委托他人买卖证券，必须有书面委托书，并且出示委托人、受托人的身份证件。在证券交易委托中，一般分为市价委托和限价委托两种。

（1）市价委托。

市价委托是指证券投资者向证券经纪商发出买卖某种证券的委托指令时，要求证券经纪商按证券交易所内当时的市场价格买进或卖出证券。证券经纪商在接到市价委托指令后应立即以最快的速度并尽可能以当时最有利的价格执行这一指令。市价委托指令的优点是：没有价格上的限制，证券经纪商执行委托指令比较容易，成交迅速且成交率较高。市价委托指令的缺点是：只有在委托执行后才知道实际的执行价格。尽管场内交易员有义务以最有利的价格为投资者买进或卖出证券，但成交价格有时会不尽如人意，尤其在市场价格变动较快时。虽然市价委托指令存在上述缺点，但它可以帮助投资者迅速成交，以避免证券价格大幅下跌带来损失，或者证券价格急剧上升而错失投资良机。

（2）限价委托。

限价委托是指投资者要求证券经纪商在执行委托指令时，必须按限定的价格或比限定价格更有利的价格买卖证券，即只能以限价或低于限价买进证券，以限价或高于限价卖出证券。如果投资者设定的限定价格与当时的市场价格不一致，证券经纪商必须等待限价出现时才能执行委托。

限价委托固定了委托价格，证券可以以投资者的预期甚至更有利的价格成交，有利于投资者实现预期的投资计划。但是，由于限价可能与当时的实际市场价格存在一定的差距，有可能会耽误证券的成交时间，甚至不能成交，这在证券价格波动较大的情况下，有可能会给投资者带来不可预计的损失。

2.证券交易委托形式

投资者的证券交易委托指令有两种委托形式：一种是柜台委托；另一种是非柜台委托。

柜台委托是指委托人亲自或由其代理人到证券交易柜台，根据委托程序和必需的证件采用书面方式表达委托意向，由本人或其代理人填写委托单并签字盖章的形式。

非柜台委托主要有电话委托、传真委托和函电委托、自助终端委托、网上委托等形式。如果投资者的证券委托指令直接输入证券经纪商电脑系统并申报进场，而没有通过证券经纪商人工环节申报，则称为投资者自助委托。非柜台委托应由证券经纪商与客户签订“证券交易委托买卖协议书”，由客户自由选择，或与客户另行签订非柜台委托协议。

（1）电话委托。

电话委托指委托人通过电话方式表明委托意向，提出委托要求。在实际操作中，电话委托又可分为电话转委托与电话自动委托两种。前者是一种口头委托协议，成交后委托人需要补办相关手续；后者是一种自助委托方式，是证券经纪商把电脑交易系统与普通电话网络连接起来，构成一个电话自动委托交易系统。投资者只需通过普通双音频电话就能够发出系统中所设立的任何交易委托指令。

（2）传真委托和函电委托。

传真委托和函电委托是指委托人填写委托内容后，将委托书采用传真或函电的方式表达委托意向，提出委托要求，证券经纪商核对无误后及时申报进场，传真件和函电件则作为委托指令附件。

（3）自动终端委托。

这是指证券委托人通过证券营业部的专用委托电脑终端自行完成证券委托交易的一种委托形式。证券经纪商在委托系统中有详细的记录，并在代理协议中充分说明了自助委托终端的风险，以及证券经纪商与投资者各自的责任。自动终端委托曾经是我国目前各证券营业部最常见的一种委托形式。

（4）网上委托。

网上委托是证券经纪商的电脑交易系统与互联网连接，委托人利用任何可上网的电脑或移动终端，通过互联网凭交易密码进入证券经纪商电脑交易系统进行证券委托。网上委托实际上是自动终端委托的一种延伸，需要证券经纪商与投资者签订代理协议并明确双方责任。网上委托非常方便，现已成为我国证券交易委托的常用委托方式。

3. 证券交易委托受理和委托执行

证券交易委托受理是指证券经纪商对证券委托人证券委托指令的处理过程。这一系列过程包括对委托人身份、委托内容、委托买卖的实际数量和实际金额等进行审查，经审查符合要求后，证券经纪商才接受委托。实际上，在大多数情况下，证券交易委托受理已经完全电子化，在极短的时间内就能够完成。证券交易委托执行则是指证券经纪商将客户委托转送至证券交易所交易撮合主机，又称为申报或报盘。申报分为有形席位申报和无形席位申报两种。有形席位申报是由证券营业部业务员将受托业务按照时间的先后顺序用电话告知场内交易员，由场内交易员通过电脑终端将委托指令输入证券交易所电脑主机。无形席位申报则是由证券营业部的电脑系统与证券交易所交易系统电脑主机联网，投资者的委托指令经过证券营业部电脑审查确认后，由前置终端处理机和通信网络自动传送至证券交易所交易系统电脑主机；或由证券营业部业务员进行委托审查后，将委托指令直接通过终端机输入至证券交易所交易系统电脑主机。证券营业部接受投资者的委托应按照“时间优先，客户优先”的原则进行申报竞价。时间优先是指按照时间的先后顺序，先委托者先申报。客户优先则是指证券经纪商自营申报与客户申报在时间上发生冲突时，客户委托优先申报。

4. 证券交易委托中止

证券交易委托中止就是委托撤销。在委托成交之前，委托人有权变更或撤销委托。在有形席位申报情况下，证券营业部柜台业务员须立即通知场内交易员，经场内交易员操作确认后，告知委托人。在无形席位申报情况下，证券营业部业务员或者委托人本人可直接将撤单信息通过电脑终端输入证券交易所交易系统电脑主机办理撤单。但是，若委托已经成交，委托撤销将被视为无效申请。

§2.2 证券交易价格的形成

投资者在证券流通市场买卖证券会形成证券价格，即证券成交价格。证券交易机制的分类标准通常有两种：一是从时间角度（即根据证券交易在时间上是否连续），把证券交易机制分为间断性交易机制和连续性交易机制；二是从价格决定的角度，把证券交易机制分为竞价交易机制和做市商交易机制。间断性交易市场也称为集合交易市场，在这个市场中，证券买卖具有分时段性，即投资者的买卖委托不是立即执行并成交，而是在某一规定的时间内集中起来进行匹配成交。连续性交易市场的特点是证券交易在交易日的各个时点连续不断地进行，即只要有相匹配的买卖委托，交易就会发生。竞价交易市场又称为订单驱动市场（order-driven market）。在竞价交易中，买卖双方通过委托单直接进行交易。竞价交易的基本特征是：证券成交价格的形成由买卖双方直接决定，投资者买入证券的对象是其他投资者（通常委托证券经纪商进行）。做市商（market-maker）市场又称为报价驱动市场（quotation-driven market）。在一个典型的做市商市场中，证券交易的买卖价格均由做市商给出（双边报价），证券双方并不直接成交，而是从做市商手中买进或卖出证券。做市商制度的基本特征是：证券价格的形成由做市商决定，投资者买进或卖出证券只能与做市商进行交易，与其他投资者无关。

2.2.1 交易所交易机制

交易所交易机制是一种客户委托单驱动的市场交易机制，在这种交易机制下，成交价格的形成完全取决于买卖双方力量的对比。

1.交易所竞价交易的原则

交易所内的证券交易按照“价格优先，时间优先”的原则竞价成交。价格优先原则表现为：价格较高的买进申报优先于价格较低的买进申报；价格较低的卖出申报优先于价格较高的卖出申报。显然，在这种情况下，市价委托申报将优先于限价委托申报成交。因为市价委托申报较好地遵循了“价格优先”原则。时间优先原则表现为：同价位申报，依照申报时序决定优先顺序，即买卖方向、价格相同的，先申报者优先于后申报者。先后顺序按证券交易所交易系统电脑主机接受申报的时间确定。

2.交易所竞价交易方式

（1）集合竞价。

所谓集合竞价，是指对在规定的一段时间内接受的买卖申报一次性集中撮合的竞价方式。根据我国证券交易所的相关规定，集合竞价确定成交价的原则为：①可实现最大成交量的价格；②高于该价格的买入申报和低于该价格的卖出申报全部成交的价格；③与该价格相同的买方或卖方至少有一方全部成交的价格。如果有两个以上申报价格符合上述条件的，深圳证券交易所取距前收盘价最近的价位为成交价格。上海证券交易所则规定使未成交量最小的申报价格为成交价格。若仍有两个以上使未成交量最小的申报价格符合上述条件，取其中间价为成交价格。集合竞价的特点是所有交易均以同一价格成交，这一过程是通过交易所交易系统电脑主机集中撮合处理实现的。具体过程为：计算机系统将所有买方有效委托按限价由高到低的顺序排列，限价相同者按照进入交易系统电脑主机的先后顺序排列。所有卖方有效委托按照委托限价由低到高的顺序排列，限价相同者也按照进入交易系统电脑主机的时间先后排列。依序逐笔将排在前面的买方委托与卖方委托配对成交。交易系统遵循价格优先和时间优先的原则。按照价格优先，同等价格下时间优先的成交顺序依次成交，直至成交条件不满足为止，即所有买入委托的限价均低于卖出委托的限价，所有成交都以同一价格成交。集合竞价中未能成交的委托自动进入连续竞价。

集合竞价有三方面的优点：一是由此形成的价格可使市场成交量达到最大；二是结算手续在技术上非常简便，成本也较低，因此交易不活跃的市场很多采取集合竞价交易方式；三是计算错误的可能性极小。

（2）连续竞价。

所谓连续竞价，是指对买卖申报逐笔连续撮合的竞价方式。连续竞价的特点是，每一笔买卖委托输入电脑自动撮合系统后，电脑当即判断并进行不同的处理：能成交则予以成交；不能成交则等待机会成交；部分成交者则让剩余部分继续等待。按照我国证券交易所的规定，在无撤单的情况下，委托当日有效；集合竞价期间未成交的买卖申报自动进入连续竞价。连续竞价的成交价确定原则是：①最高买入申报与最低卖出申报价位相同，以该价格为成交价；②买入申报价格高于即时揭示的最低卖出申报价格时，以即时揭示的最低申报价格为成交价；③卖出申报价格低于即时揭示的最高买入申报价格时，以即时揭示的最高买入申报价格为成交价。

连续竞价的主要优点是：投资者在交易时间内随时有买卖证券的机会，并且能根据市场的瞬息变化进行投资决策调整。

不论是集合竞价方式还是连续竞价方式，证券价格的有效申报都有详细的规定。例如，在我国，根据现行制度的规定，无论买入或卖出，股票（含A、B股）、基金类证券在1个交易日内的交易价格相对于上一交易日收市价格的涨跌幅度不得超过10%，其中ST股票和*ST股票价格涨跌幅度不得超过5%。在这种涨跌幅度限制的情况下，所有在价格涨跌幅度内的申报为有效申报，超过涨跌幅度限制的申报均为无效申报。

2.2.2　做市商交易机制

做市商交易机制是一种报价驱动机制。在这种交易机制下，成交价格不由市场买卖双方交易决定，而由交易商报价确定。做市商是指在证券市场上，由具备一定实力和信誉的证券经营法人作为特许交易商，不断向公众投资者报出某些特定的买卖价格（即双向报价），并在该价位上接受公众投资者的买卖要求，以其自有资金和证券与投资者进行证券交易。做市商自身则是通过买卖报价的适当差额来补偿所提供的服务的成本费用，并实现一定的利润。与客户委托单驱动的交易所交易制度相比，做市商制度具有下述优点：

1.交易连续性

在指令驱动市场上，若市场容量不够大，有可能会经常出现买卖指令不均衡的现象，即买入委托的价格较长时间内低于卖出委托的价格，致使较长一段时间内交易无法正常进行。例如，2005年2月23日在深圳证券交易所首日上市的中银国际精选混合型基金全天成交仅85次，其中多次出现连续5分钟无任何交易的情况，最长一次无交易现象持续了22分钟。但在报价驱动市场上，做市商可以承接买单或卖单，投资者无须等待对手的买卖指令而直接与做市商交易，这样就保持了交易连续性。

2.可以保持价位相对稳定

在做市商交易制度下，所有投资者的买卖订单都必须通过做市商的交易账户，由做市商买进或卖出，投资者之间不直接进行交易。而做市商报价受到交易所的约束，多家做市商的实力使它们可以在很大的范围内及时处理大额买卖指令，同时在买卖订单不均衡时可以进行干预，从而可以保持证券价位的相对稳定。

3.可以抑制证券价格操纵

在做市商交易制度之下，通常每只证券都有1家以上的做市商持仓做市，由于做市商一般都具有相当的实力，对证券操纵者形成了一定的制衡作用，从而在一定程度上可以抑制证券价格操纵。

4.提高市场透明度

做市商的职能之一是服务于市场投资者。由于做市商在证券交易市场中处于信息优势，可以为市场投资者提供更好、更新的价格以及相关信息，有利于提高市场的信息透明度。

5.价格发现功能

做市商作为专业证券分析者得出报价，并将该报价交由投资者自己判断，市场对报价的接受程度又反过来促进报价向真实价值不断趋近。多个做市商竞争性报价，促使做市商不断提高自身的分析研究能力和缩小买卖报价间的差异。因为若某一做市商报价距其他竞争对手差别太大，其交易量会受到很大的影响，甚至有可能被淘汰出局。这样，多家竞争对手的努力，最终使价格趋向一致。

6.有利于分散市场风险

做市商制度下的市场是一种双层网状构造。做市商的利润来自于双向报价的相对差额，不在于价格的绝对高低，价格涨跌均可获利。而投资者的目标是获取单向预期差价，价涨或者价跌（卖空）才能获利。做市商与投资者的市场行为并不一致，这种不同性质的市场行为有利于分散市场风险。

当然，做市商制度也存在一些缺陷，例如，做市商有可能联手做市，这必然会增加监管成本；做市商买卖差价会增加投资者的交易费用；做市商本身也存在较大的市场风险；等等。尽管如此，国外发达国家的场外交易市场已广泛运用做市商交易制度。

从世界证券市场的发展来看，指令驱动机制和报价驱动机制有逐渐融合的趋势。所谓融合，是指在以指令驱动机制为主的市场交易机制中引进报价驱动机制或者在以报价驱动机制为主的市场交易机制中引入指令驱动机制。最明显的例子是美国纽约证券交易所和NASDAQ：纽约证券交易所的特许交易商身兼经纪人、自营商两个角色，实行单一做市商制。在美国主板市场，交易主要以竞价为基础的最低卖价和最高买价的自动撮合方式进行，由佣金经纪人在交易所内执行客户指令；同时，交易所对一只股票指定一个特许交易商，特许交易商是垄断做市商，接受佣金经纪人无法立即执行的买卖委托，并在条件合适时执行。另外，当公众不愿要价或出价时，特许交易商就得以自己名义发出要价或出价，以保证市场的连续、稳定。显然，纽约证券交易所是竞价制和做市商制的混合。由于主板市场本身就交投活跃，维持市场稳定、连续的特许交易商处于配角地位。

NASDAQ则采用报价驱动的系统，在这一交易机制下，相互竞争的做市商为其所负责做市的证券挂出买卖双向报价，投资者即按此价以做市商为对手进行交易。每只股票必须有两名以上的做市商，它们互为竞争对手。显然，NASDAQ采用的是“多元做市商”模式。NASDAQ 1997年起实施《交易指令处理规则》，在此之前，只有做市商可以看到限价指令簿，但新规则要求客户的限价指令必须显示在做市商和电子交易网络ECNS的报价中。由此，NASDAQ市场单纯“报价驱动”的交易制度变为“报价与指令”联合驱动的混合交易制度，但以做市商制为主。

§2.3 证券交易结算

证券交易结算是指证券交易完成后，买卖双方结清价款和交收证券的过程，即买方付出价款收取证券、卖方付出证券收取价款的过程。

2.3.1 证券交易结算程序

证券交易结算包括证券清算和交割、交收两个过程。

证券清算是指每一营业日中每个结算参与人成交的证券数量与价款分别予以轧抵，对证券和资金的应收或应付净额进行计算的处理过程。

证券交割、交收是指结算参与人根据清算的结果在事先约定的时间内履行合约的行为，即买方支付一定款项获得所购证券，卖方支付一定证券以获得相应价款。交收的实质是依据清算结果实现证券与价款的收付，从而结束整个交易过程。

清算与交割、交收的区别在于：清算是对应收、应付证券及价款的轧抵计算，其结果是确定应收、应付净额，并不发生财产实际转移；交割、交收则是对应收、应付净额（包括证券与价款）的收付，发生财产的实际转移。

一般情况下，对于通过证券交易所达成的交易采取净额清算方式。净额清算又称差额清算，指在一个清算期中，对每个结算参与人价款的清算只计算各笔应收、应付款项相抵后的净额，对证券的清算只计每一种证券应收、应付相抵后的净额。净额清算又分为双边净额清算和多边净额清算。双边净额清算指对参与人相对于每个交收对手方的证券和资金应收、应付加以相抵，得出该结算参与人相对于每个交收对手方的证券和资金的应收、应付净额。多边净额清算是指结算机构将每个结算参与人所有达成交易的应收、应付证券或资金予以冲抵轧差，计算出相对每个结算参与人的应收、应付证券或资金的净额，再按照应收、应付证券或资金的净额与每个结算参与人进行交收。目前通过证券交易所达成的交易，大多采取多边净额清算方式。净额清算方式的主要优点是可以简化操作手续，提高清算效率。应注意的是，清算价款时，同一清算期内发生的不同种类证券的买卖价款可以合并计算，但不同清算期内发生的价款不能合并计算；清算证券时，只有在同一清算期内且同种证券才能合并清算。

为保证多边净额清算结果的法律效力，一般采取将结算机构作为共同对手方的制度安排。共同对手方（central counter party，CCP）是指在结算过程中，同时作为所有买方和卖方的交收对手并保证交收顺利完成的主体。如果买卖中的一方不能按约定条件履约交收，结算机构也要依照结算规则向守约一方先行垫付其应收的证券或资金。事实上，由于结算机构充当共同对手方，卖出证券的投资者相当于将证券卖给了结算机构，买入证券的投资者相当于从结算机构买入证券。这样，卖出证券的投资者无须担心买入证券的投资者支付不了款项，买入证券的投资者也无须担心卖出证券的投资者交付不了证券，买卖双方可以获得的证券或款项得到了保证。因此，共同对手方的引入，使得交易双方无须担心交易对手的信用风险，有利于增强投资信心和活跃市场交易。在我国，中国证券登记结算有限责任公司事实上是作为证券市场中央结算系统各参与方的共同对手方，根据交易所的交易结果及其他非交易数据，与结算参与人进行资金的多边净额结算。

银货对付（delivery versus payment，DVP），又称款券两讫、钱货两清，是目前各国证券市场普遍遵循的原则。银货对付是指证券登记结算机构与结算参与人在交收过程中，资金与证券同时交付。如果参与人不能履行对结算机构的资金或证券交付义务，登记结算机构就可以暂不向其交付证券或资金。银货对付实现了资金和证券的同时划转，可以有效规避交收对手方交收违约带来的风险，大大提高了证券交易的安全性。

在我国，证券和资金结算实行分级结算原则。证券登记结算机构负责证券登记结算机构与结算参与人之间的集中清算交收；结算参与人负责办理结算参与人与客户之间的清算交收。但结算参与人与其客户的证券划付，应当委托证券登记结算机构代为办理。证券公司参与证券和资金的集中清算交收，应当向证券登记结算机构申请取得结算参与人资格；没有取得结算参与人资格的证券公司，应当与结算参与人签订委托结算协议，委托结算参与人代其进行证券和资金的集中清算交收。证券公司以外的机构经中国证监会批准，也可以申请成为结算参与人。

2.3.2 交割与交收方式

习惯上证券的收付称为交割，资金的收付称为交收，如果不是特指，交收就包括交割与交收的双层含义。一般情况下，交收分为证券商之间的交收和证券商与投资者之间的交收两个阶段，后者应在前者之前完成。

交收方式一般分为以下几种：

（1）当日交收。当日交收是指证券买卖成交后，双方在成交当日进行证券和价款的收付交割，也称为T+0交收。这种交易方式交易快速，证券买卖当日内可以多次反复进行，通常称之为T+0回转交易。

（2）普通日交收。普通日交收是一种例行的交易方式，一般指证券商在证券交易所内买卖证券成交后，按交易所的有关规定，在规定时间内交易双方进行证券和价款的收付和交割的交易。

（3）特约日交收。特约日交收适用于外地客户，他们由于距离或其他原因无法进行例行交收手续，交易双方根据实际情况，商定在买卖成交后15天以内的某一特约日，进行证券和价款的收付和交割。特约日交收方式通常在交易双方相距甚远、例行交收方式无法采用、通信设备又落后时采用。

（4）次日交收。次日交收指成交后的下一个营业日上午10点前办理完交收事宜，并将清算明细数据通过结算电脑输入证券商处。若次日是节假日，则顺延一天，次日交收又称为T+1交收。

（5）第三日交收。第三日交收指成交日后的第二个营业日中午前办理完交收事宜，即T+2交收。以此类推，还有T+3交收、T+4交收等。

实际上，以上交收方式是根据结算的时间安排来划分的，归纳起来可以分为两类：滚动交收和会计日交收。滚动交收要求某一交易日成交的所有交易有计划地安排距成交日相同营业日天数的某一营业日进行交收。例如，在T+3滚动交收中，要求T日成交的证券交易的交收在成交日之后的第三个营业日（T+3）完成。与滚动交收相对应的交收方式是会计日交收，即在一段时间内所有交易集中在某一个特定日期进行交收。滚动交收目前已被各国证券市场广泛采用，但滚动交收周期的长短不一。美国证券市场是T+3，中国香港证券市场是T+2。

我国目前存在三种滚动交收周期，即T+1、T+3和T+0。T+1滚动交收目前适用于A股、基金、债券、回购交易等。T+3滚动交收适用于B股，即人民币特种股票。T+0回转交易仅适用于权证。

2.3.3 证券过户

证券过户是指证券清算交收后，证券的户名变更，即原卖出证券的户名变更为买入证券的户名。证券交易只有办理了过户手续，证券的买方才能获得证券所代表的全部权利。证券过户属于证券登记中的变更登记，因此，要了解证券过户，必须先了解证券登记以及证券的托管和存管。

1.证券登记

证券登记是指证券登记结算机构为证券发行人建立和维护证券持有人名册的行为。证券登记是确定或变更证券持有人及其权利的法律行为，是保障投资者合法权益的重要环节，也是规范证券发行和证券交易过户的关键所在。证券登记按证券种类可以划分为股份登记、基金登记和债券登记等，按性质可分为证券发行（包括首次公开发行、增发、送股（或转增股本）、配股和基金扩募等）登记、变更登记、退出登记等。

变更登记指由证券登记结算机构执行并确认记名证券过户的行为。具体做法是以账户划转的方式在投资者或账户之间转移，并相应更改股东名册或债权人名册。这是因为：（1）现代证券的交易对象多为无纸化证券，由于没有实物载体，股东（债权人）对相应证券的所有权无法凭借实物券来体现，而是在证券账户上对股东（或债权人）的姓名、持有证券数量等资料进行登录，并依据证券账户相关资料生成股东名册（或债权人名册）发送给发行人，从而使证券持有人获得股东（或债权人）身份。（2）在证券交易中，股东（债权人）身份会不断地在交易者之间转移，不断地要求对已有的股权或债权登记进行修改，这就是股权或债权过户。

变更登记按照引发变更登记需求的不同可以分为交易性过户的变更登记和非交易性过户的变更登记两大类。（1）交易性过户。交易性过户是指记名证券交易后，债权（或股权）从出让人账户转移到受让人账户，从而完成证券登记变更的过程。记名证券交易申报时，申报人必须输入证券账号、证券名称、证券数量等要素，经交易所电脑主机检验无误后撮合成交。根据成交记录，由电脑主机自动办理过户手续，即在买方的账户上增加相应的证券，在卖方的账户上减少相应的证券，于交易次日（T+1）交割到账，从而完成证券过户手续。投资者的证券登记变更反映在其证券账户中，并可反映在证券公司提供的、根据证券交易所传送的清算数据打印的成交过户交割凭单上。（2）非交易性过户。非交易性过户是指符合法律规定和程序的因继承、赠与、财产分割或法院判决、账户挂失等原因，而发生的记名证券在出让人、受让人或账户之间的登记变更过程。

2.证券托管与存管

从国际上看，证券托管一般是指投资者将持有的证券委托给证券公司保管，并由后者代为处理有关证券权益事务的行为。证券存管一般指证券公司将投资者交给其持有的证券以及自身持有的证券统一送交给中央证券存管机构（central securities depository，CSD）保管，并由后者代为处理有关证券权益事务的行为。在账户记录上，中央证券存管机构一般以证券公司为单位，采用电脑记账方式记载证券公司送存的证券；证券公司也采用电脑记账的方式记载投资者送存的证券。对存管后的证券，实行非流动性制度。对股权、债权变更引起的证券转移，不签发实物证券，而通过账面予以划转。

我国证券市场设立初期，存在纸面证券，后随着证券市场的发展，投资者交付实物证券的行为基本不复存在。无纸化证券使证券从发行开始就由证券登记结算机构直接记入投资者证券账户中。在实践中，仍将投资者与证券公司之间就投资者持有的证券存在的法律关系称为证券托管，要求证券公司对其客户的证券承担“托管”责任，同时认定证券登记结算机构为证券公司提供证券“存管”服务。存管指证券登记结算机构接受证券公司委托，集中保管证券公司的客户证券和自有证券，并提供代收红利等权益维护服务的行为。可以认为对于证券账户记录的变更是证券登记结算机构履行“存管”职责，对于证券持有人名册的变更是证券登记结算机构履行“登记”职责。

对于我国目前的证券托管制度，上海证券交易所和深圳证券交易所并不相同。

在深圳证券交易所市场，投资者在任意一家证券营业部买入深圳证券交易所的证券，与该证券经营机构的托管关系随即建立。这一制度可概括为：自动托管，随处通买，哪买哪卖，转托不限。

上海证券交易所实行的是指定交易制度，**所谓指定交易制度，是指投资者必须指定某一证券营业部作为自己委托证券买卖、交易清算的唯一代理机构，并将其所属的证券账户指定于该机构所属席位号方能进行交易的制度。**投资者在与该证券营业部签订协议并完成一定的登记程序后，便可以通过指定的证券营业部进行委托、交易、结算、查询以及享有其他市场服务。投资者一旦采用指定交易方式，便只能在指定的证券商处办理有关的委托交易，而不能再在其他地方进行证券的买卖。当然，投资者也可以在原来的证券商处撤销指定交易，并重新指定新的证券经营机构进行交易。

§2.4　证券的回购交易

2.4.1　证券回购交易的概念和程序

证券回购交易是指证券买卖双方在成交的同时，即约定卖方将于未来某一约定时间，以某一约定价格再将卖出的证券从买方手中买回。其实质内容是：证券的持有方（融资方）以持有的证券作抵押，获得一定期限内的资金使用权，期满后归还借贷的资金并按约定支付一定的利息；而资金的贷出方（融券方）则获得融资方的证券抵押权，期满时归还证券并收取一定的利息。证券回购交易在国外非常普遍，但在我国，目前仅限于债券。因此本节的证券回购交易实际上指的是债券回购交易。

证券回购交易分为证券质押式回购交易和证券买断式回购交易。

证券质押式回购交易是指正回购方（融资方）在将证券质押给逆回购方（融券方）融入资金的同时，双方约定在未来某一指定日期，由正回购方按约定回购利率计算的资金额向逆回购方返还资金，逆回购方向正回购方返还原质押证券的融资行为。正回购方是指在证券回购交易中融入资金、出质证券的一方；逆回购方是指在证券回购交易中融出资金、享有证券质权的一方。

证券质押式回购是参与者进行的以证券为权利质押的短期资金融通业务。其实质内容是：证券的持有方（正回购方、卖出回购方、融资方）以持有的证券作抵押，获得一定期限内的资金使用权，期满后则须归还借贷的资金，并按约定支付一定的利息；而资金的贷出方（逆回购方、买入返售方、资金融出方）则暂时放弃相应资金的使用权，从而获得资金融入方的证券抵押权，并于回购期满时归还对方抵押的证券，收回融出的资金并获得一定利息。

证券买断式回购交易是指证券持有人（正回购方）在将一笔证券卖给证券购买方（逆回购方）的同时，交易双方约定在未来某一日期，再由卖方（正回购方）以约定价格从买方（逆回购方）购回相等数量同种证券的交易行为。证券买断式回购交易中，通过卖出一笔证券以获得对应资金，并在约定期满后以事先商定的价格从对方购回同笔证券的为融资方；以一定数量的资金购买对应的证券，并在约定期满后以事先商定的价格向对方卖出对应证券的为融券方。

买断式回购与质押式回购业务的区别在于初始交易时证券持有人（正回购方）是将证券“卖给”证券的购买方（逆回购方），而不是质押冻结，证券所有权随交易的发生而转移。换句话说，买断式回购交易的购买方在协议期内可以自由支配证券，而质押式回购交易的购买方不能。

不论是质押式回购还是买断式回购，也不论是资金需求方（正回购方）还是资金供应方（逆回购方），其回购交易的过程一般都要通过两次交易来完成，第一次是成交日的交易，第二次是购回日的反向交易。这是因为，一笔回购涉及两个交易方、两次交易契约行为。两个交易方是指以券融资方（资金需求方）和以资融券方（资金供应方）；两次交易契约行为是指开始时的初始交易和回购期满时的回购交易。

目前，我国的证券回购交易仅限于证券交易所市场和全国银行间债券市场。

2.4.2 证券回购交易的规则

在发达国家证券市场，回购市场具有多层功能。对于金融机构来说，通过回购交易可以最大限度地保持资产的流动性、收益性和安全性，实现资产结构的多元化和合理化；对于各类非金融机构，可以通过回购交易进行短期投资，对自己的短期资金作最有效的安排；对于中央银行来说，回购市场则是进行公开市场操作的场所和贯彻货币政策的渠道。但在我国目前的金融市场条件下，证券回购市场仅仅还只是债券回购市场，实质上还只是一种以债券为抵押的拆借资金的信用行为，它极易演化为绕过货币当局控制、摆脱信贷规模约束的融资渠道。因此，为了维护正常的金融秩序，保证证券回购业务的发展，切实保障回购交易双方的合法权益，对证券回购交易加以规范是非常必要的。这样，既可以防止“假回购”业务（指双方交易时并没有真实的、足额的证券用于抵押）买空卖空国债进行变相资金拆借，扰乱正常金融秩序行为的发生，又可以合理规范交易双方在回购交易中的责、权、利，以避免回购交易中不必要的信用纠纷。

我国证券回购交易的基本规则如下：

（1）用于债券回购的券种必须信誉高、流动性好。上海、深圳证券交易所债券回购交易的抵押券主要是在交易所上市的国债和信用等级在AAA以上的企业债券。

（2）在回购交易过程中，以券融资方应确保在回购成交至购回日期间，其在登记结算机构保留存放的标准券的数量应等于回购抵押的债券数量，否则将按卖空国债的规定予以处罚。若以券融资方在成交日无足够的抵押债券，交易所将冻结其当天成交融入的资金，直至其将库存补足，期间造成的损失由以券融资方承担。如回购期满，以券融资方未按规定将资金划拨到位，其抵押的标准券将用于平仓交割。

（3）债券回购交易中的以资融券方，在初始交易前必须将足够的资金存入所委托的证券营业部的证券交易结算资金账户，在回购期内不得动用抵押债券。

除了上述规定以外，有关部门对回购交易的禁止行为还作了具体规定，这些规定主要有：禁止任何金融机构挪用个人或机构委托其保管的债券进行回购交易或作其他用途；禁止任何金融机构以租券、借券等方式从事回购交易；禁止将回购资金用于固定资产投资、期货市场投资和股本投资。

2.4.3　证券回购交易清算

证券回购交易涉及两次交易行为，开始时的初始交易和回购期满时的回购交易。但在第一次交易，即开始时的初始交易中，交易双方已经商定了未来反向成交的时间、价格等要素。为简化手续、提高效率，上海、深圳证券交易所对回购交易均采用一次交易方式。回购交易双方需在初始交易时就将来的成交价进行竞价申报，而成交后回购到期日的反向成交则由交易所电脑系统自动产生成交记录，无须交易双方再行申报。由于回购交易的清算包括回购的资金清算和证券的清算，因此，上海、深圳证券交易所的回购交易清算是一次交易、两次清算。资金清算通过清算银行或外地结算会员进行，证券清算则统一由交易所中央证券登记结算公司完成，清算按清算日不同分为两次清算。

§2.5　融资融券交易

2.5.1　融资融券概述

从各国证券市场的实践来看，投资者在进行证券交易时，既可以采取现金交易，即在证券买卖过程中，投资者必须支付全部证券或价款；也可以采取保证金交易，即投资者在缺乏足够的资金以支付购买证券所需的价款，或没有足够的证券可供卖出时，可在委托有效期内，按规定的保证金比率向证券经纪商交纳保证金，其余款项（或证券）由证券经纪商垫付，即可买入或卖出证券。这种保证金交易方式，就是融资融券。**融资融券是一种由有关机构给予授信的证券交易行为，因而融资融券制度是一种证券信用制度，所以融资融券又被称为信用交易**。广义的证券融资包括一级市场融资、二级市场融资和证券抵押贷款。狭义的证券融资仅指有关的证券融资机构对证券商和投资者进行的信用融通，或者由证券金融机构和证券商对投资者进行的信用融通。通常的融资融券属于狭义的证券融资。目前，中国证券市场规定，证券账户资产达到50万元（20个交易日的日均证券类资产不低于50万元）的才能取得融资融券交易资格。

证券融资通过授信机构，一方面向买进证券者融通资金，另一方面向卖出证券者贷予证券，使买卖双方都能够通过公开信用的方式，完成他们所希望的买卖交易额度。因此，融资融券在促进资金融通、增强证券买卖的连续性和证券市场流通效率等方面有着重要的积极意义。

1.完善证券价格形成机制，起着市场缓冲器作用

由于各种证券的供给有确定的数量，其本身没有替代品，如果证券市场仅限于现货交易，那么证券市场将呈单方向运行，在供求失衡之时，证券价格必然会波动较大，甚至暴涨暴跌。信用交易的存在可以增加供求弹性，当价格过度上涨时，看空者不仅可以卖出自己手中的证券，还可以“融券”卖出，增大证券供应，有利于稳定证券价格，使市场不致过热。当证券价格过度下跌时，“卖空者”的补进平仓增大了购买需求，同样起到了市场缓冲器的作用。

2.增加市场调控手段

证券融资制度的内在运行机制可起到平稳市场的作用，而且证券融资制度为主管机构提供了一种灵活、透明和制度化的市场调控手段。例如，保证金比率的高低是调节证券信用的有效工具，提高保证金比率可以紧缩信用，降低保证金比率可以放宽信用。主管机构就可以根据金融形势、证券市场实际情况等因素，通过信用比率的放宽或紧缩来调节市场的供求，即当证券价格上涨过快时，可以通过提高融资保证金比率或降低融券保证金比率等手段进行调控；而当证券价格下跌剧烈时，可以通过降低融资保证金比率或提高融券保证金比率等手段来抑制卖方，鼓励买方，防止市场过度低迷。

3.保持市场交易的连续性

证券市场交易的连续性依赖于市场交易者的不断买卖过程，如果投资者长期持有证券不进行交易，则证券流通市场的交易可能会趋于停滞。信用交易方式增加了买进或卖出的力量，将会促进市场交易。更重要的是，“卖空”交易本身存在一种使证券价格连续的内在机制。例如，可以规定“卖空”价格必须高于前面最近一次的成交价。这种机制可以有效缓解证券价格的下降幅度，也维持了证券市场交易的连续性。

4.增强证券市场的流动性和效率

信用交易在保持证券市场连续性的同时，也促进了证券市场的流动性。证券市场流动性的增大客观上会提高证券市场的效率。

5.扩大证券交易量

融资融券增加了证券市场中交易的资金和证券，必然会扩大证券的交易量，而

证券交易量是证券市场存在和发展的基础。

但是，融资融券毕竟是一种信用交易，它在增大市场交易量的同时，也可能带来一些消极的影响，这些可能的消极影响表现在以下三个方面：

第一，创造虚拟供需。证券信用交易创造虚拟证券供需，并通过银行信贷的融资，扩大银行信用规模，一方面，可能导致虚拟资本增长，不利于中央银行对社会信用总量进行宏观调控；另一方面，证券信用交易有可能造成证券价格大幅上涨，形成证券价格脱离实际经济状况的“泡沫”现象。

第二，增强市场投机气氛。信用交易的杠杆作用放大了市场风险，增强了市场投机气氛。

第三，引发市场价格波动。若缺乏相关的制度约束，信用交易有可能使得证券价格更容易被操纵，因为信用交易在资金和证券两方面都可以在短期内增大市场机构的操盘实力，甚至联手操纵。这必然会引起证券价格的大幅波动，损害广大投资者的利益。

2.5.2 融资融券的运行模式和过程

融资融券的核心问题是信用的来源，即创造信用的资金和证券的来源。

根据证券金融制度运行中是否有外部信用力量介入，可以将证券金融制度分为内部信用模式和外部信用模式两种。

内部信用即远期交易，其特点是交易信用完全由买卖双方相互授予，而无须从外部第三方引入。英国和法国是采用内部信用模式的典型国家。在内部信用交易模式下，买方可延迟至规定的履约期限付款，到履约期限时，买卖双方一手交现款，一手交证券即可。此外，在履约期限未到期之时，还可以利用反向买卖来冲销。如果预期证券价格并未涨跌，买卖双方到期可以不进行实物交割，也不冲销结算损益，而是运用融资融券展期的方式继续延长下去。

外部信用也称外部授信，指不是由买卖双方直接授信，而是通过第三方，从第三方借入所需的资金或证券。在外部信用模式下，买卖双方可以从第三方处借入所需的资金和证券，即银行或其他机构对证券商与投资者，或证券商对其往来客户，以买卖证券为目的开展证券抵押贷款（融资）或证券借贷（融券）业务。根据是否存在专门的信用融通机构，外部授信方式又分为分散授信和集中授信两种模式。集中授信是指存在一个制度化的、集中的、统一的证券融资公司，有关部门可以通过证券融资公司调控证券融资行为，并进一步调控流入和流出证券市场的资金量，同时，通过证券融资公司及交易所等自律机构进行直接、机动的管理。根据信用融通过程中证券融资公司、证券商以及投资者三者之间的关系，可以将集中授信模式再分为单轨模式和双轨模式两种。单轨模式是指证券融资公司只负责对证券商融资，再由证券商对客户融资。日本是实行单轨模式的国家，证券融资公司只负责对证券商的信用融通，再由证券商对客户融资。双轨模式指证券融资公司既可以对证券商融资，也可以通过证券商对投资者融资，如中国台湾地区。分散授信是指客户的融资由证券商办理，并不存在一个制度化的、统一的证券融资公司。在分散型融资模式下，证券融资机构主要是各个证券商。证券商的证券融资包括给客户提供的货币或证券贷款（即融资融券），如保证金交易贷款、新股认购贷款、购买贷款和证券抵押贷款等。美国是分散型融资模式的典型国家，在美国，信用过程由经纪商直接通过货币市场和证券借贷市场的双边交易来完成，即客户融资融券由证券商办理，证券商如资金不足则向金融机构融通，证券不足则向同业拆借。

归纳起来，国际上流行的融资融券运行模式可分为四种：证券融资公司模式、投资者直接授信模式、证券公司授信模式和登记结算公司授信模式。

不论一个国家采取何种融资融券运行模式，在具体的操作层面上都会分为两个层次，即投资者向证券经纪商融资融券和证券经纪商向银行或其他金融机构融资融券。投资者向证券经纪商融资融券需要交纳保证金或者以买进的证券作抵押，对证券经纪商来说相当于获得了双重抵押，因而证券经纪商基本上不会遭受任何损失。证券经纪商向银行或其他金融机构融资融券同样以客户的保证金头寸和证券抵押为基础，除了比较稳定的利差收益以外不会有什么损失，因此，绝大多数证券经纪商都愿意从事这种业务。

投资者要以信用方式进行证券交易，首先要在某一证券商处开设保证金账户。保证金是证券管理机构规定的投资者在信用交易时必须按一定比率向证券商交存的资产，形式可以是现金，也可以是其他资产，如不动产、有价证券等。保证金一方面可以避免投资者投资失败致使证券商遭受财产损失；另一方面，证券商通过对投资者保证金账户的清算可以避免投资者遭受更大的损失。

开设保证金账户时，投资者必须与证券经纪商签订一份协议，主要内容为：保证遵守证券管理机构、证券交易所和开户经纪商的有关规定；证券经纪商有权以客户保证金账户上的抵押证券作为向银行和其他金融机构贷款的抵押品，并以这笔贷款支付客户购买证券的价款或其他费用；证券经纪商有权将保证金账户上客户抵押的证券借给其他保证金卖空的客户；等等。

保证金账户分为借方和贷方，借方记载客户对证券经纪商的负债，主要项目有购买证券价款、应付税费、手续费、向证券商贷款应付利息、客户提取的现金等；贷方记载客户在证券公司的资产，主要有客户存入的保证金、保证金账户中证券分配的股息和利息收入、客户存款余额的应得利息收入和出售证券的价款等。

投资者在交纳保证金之后，就可以按照规定的保证金比率进行证券交易。保证金信用交易分为融资交易和融券交易两种。融资交易又称保证金买空交易，是指投资者预计证券价格将会上涨而从证券商处融资买入证券的投资行为。之所以称之为买空是因为投资者并没有购买证券的足额本金，他需要用别人的资金来购买证券。

【例2-1】某只股票市场价格为10元，投资者保证金账户余额为50万元。在现货交易条件下，他只能买入该股票5万股，而在保证金信用交易中他可以购买该股票10万股（假设保证金比率为100%）。如果证券价格上涨，例如该股票上升至每股11元，则该投资者获利100 000元（11×100 000−10×100 000），而在普通现货交易中，他只能获利50 000元（11×50 000−10×50 000）（不考虑佣金等交易费用）。

保证金信用交易使该投资者的获利能力（或亏损幅度）提高了一倍，这种提高的倍数就等于“1/保证金比率”。保证金比率实际上就是投资者资金运用的杠杆倍数，盈利时放大了盈利的倍数，亏损时同样放大了亏损的倍数。例如，保证金比率调低至20%，则投资者的盈亏将放大5倍。在保证金信用交易条件下，投资者盈亏取决于证券价格的涨跌幅度和保证金比率的大小。

融券交易又称为保证金卖空交易，是指投资者预计某只证券价格将下跌，但他自己并没有这只证券，他可以从证券商处借入该证券卖出（所以称之为卖空），待证券价格下跌时再买回以获取差价。证券商可以将名下其他投资者托管的证券借到该投资者名下卖出，待投资者买回该证券后再归还至原持有人名下，完成全部交易过程。投资者向证券商借入证券也要交存一定数量的保证金，交存保证金数量按所借证券卖出时的市场价值乘以保证金比率计算。保证金卖空交易的盈亏计算与保证金买空交易的盈亏计算相似，其盈亏比率等于证券价格涨跌幅度除以保证金比率。

【例2-2】投资者借入某一股票10 000股以10元价格卖出，保证金比率为50%，此时投资者须交纳50 000元（10×10 000×50%）保证金。若价格下跌至8元，投资者买入该股票并归还，则该投资者盈利20 000元（10×10 000−8×10 000）（不考虑佣金等交易费用），盈利率为40%（20%÷50%×100%）。若价格不跌反涨，如从10元上涨至12元，该投资者将亏损20 000元（10×10 000−12×10 000），亏损40%。

显然，判断失误将使卖空者遭受较大的损失，若卖空者无力偿还债务，证券经纪商也会有很大的风险。因此，除了交纳保证金以外，卖空者卖空所得证券价款必须存入证券商卖空者专用账户，直至归还了所有债务之后方可提取现金。

不论是融资还是融券，投资者都需要向证券经纪商交纳一笔费用，这笔费用的大小视投资者融资或融券的数量和时间而定，根据相同期限的银行利率或者有关规定与证券经纪商进行结算。

2.5.3　融资融券交易中的风险控制

信用交易给投资者带来了更大范围内的投资机会，一方面可以扩大自己的投资规模，在一定的时间内增强资金实力；另一方面使投资者可以进行反向交易，从而在证券下跌的过程中也有可能获利。但是信用交易在扩大投资规模和创造双边获利机会的同时，也增大了证券投资风险，保证金比率的杠杆作用在放大盈利的同时也放大了风险。因此，各个国家的证券监管部门对信用交易都有比较严格的制度或规定，以尽可能降低信用交易的风险。

融资融券中的风险控制，最常见的方法是调整保证金比率要求。保证金比率要求一般由证券监管当局决定，投资者在投资前必须按照法定保证金比率要求向证券经纪商交足保证金。作为一种政策工具，监管当局通常通过法定保证金比率控制市场投资规模，决定投资者的融资规模。法定保证金比率一般就是投资者的初始保证金比率，所谓初始保证金比率，是指投资者最初买卖证券时，保证金应占证券价款的百分比。投资者在交纳法定保证金买入证券后，随着市场行情的变化，购入证券（或卖空证券）的市场价格会有升有降，对应的保证金比率也会因之变化。在市值增大时（或市值减小时），保证金比率相应缩小；反之，则保证金比率会增大而高于法定保证金比率，这称为实际保证金比率。一般证券经纪商对客户的实际保证金比率都有一个最低限度，这个最低限度的保证金比率称为维持保证金比率。维持保证金比率是证券信用交易的预警信号，一旦临界或接近临界，证券经纪商会向投资者提出追加保证金的要求。投资者此时必须作出决策，平仓了结或继续持仓。投资者若选择继续持仓则必须按照证券经纪商的要求及时、足额追加保证金；否则，在达到临界点以后，证券经纪商会按规定采取强制平仓的手段。实际保证金比率由证券经纪商每日收盘后计算（实际上由计算机实时计算），其计算公式为：

买空实际保证金比率=（抵押证券市值-保证金账户余额）÷抵押证券市值×100%

卖空实际保证金比率=［（卖空时证券市值+原始保证金）÷计算时证券市值-1］×100%

【例2-3】某投资者自有资金100 000元，进行保证金卖空交易，假设初始保证金比率为50%，维持保证金比率为25%。投资者从券商借入某只证券20 000股，以市价10元卖出，若该证券价格下跌至9元，投资者的浮动盈利为20 000元，此时：

保证金比率=［（10×20 000+100 000）÷（9×20 000）-1］×100%=66.67%

超过初始保证金比率，多余的资金投资者可以提取。但若证券价格不跌反涨，例如上涨到12元，则：

保证金比率=［（10×20 000+100 000）÷（12×20 000）-1］×100%=25%

已与维持保证金比率持平，需要增加保证金。

为降低和防范风险，证券管理机构除了根据宏观经济变化情况适时调整法定保证金比率以外，还可以采取下述措施：

（1）规定信用额度。一般对信用额度都有严格的规定。例如，规定买空交易不得超过上市证券交易的20%，卖空交易不得超过10%，证券经纪商提供的信用总额不得超过其资本金的150%，其中卖空不得超过50%，等等。

（2）在一定程度内限制卖空交易。卖空交易在上升行情中一般不会受到什么限制，但在下跌行情中，如果不加以限制有可能会造成市场的恐慌。因此，很多国家的证券管理机构对卖空交易都有限制，在极端情况下甚至禁止卖空交易。例如，2007年由美国次贷危机引发了世界性金融危机，各国证券管理部门都相应作出了禁止卖空交易的规定。

思政课堂

政治局会议：要活跃资本市场

【思政元素】顶层设计；制度设计。

2023年7月24日，中共中央政治局会议指出，要活跃资本市场，提振投资者信心。这是中央对资本市场的最新指示，必将在之后较长一段时期发挥指引作用。

为落实中共中央政治局会议对资本市场工作的重要部署，一系列具体政策相继发布：

（1）证监会提出一揽子政策措施。8月18日，证监会就活跃资本市场、提振投资者信心，提出一揽子政策措施。

（2）降低印花税。8月27日，财政部、国家税务总局发布公告，为活跃资本市场、提振投资者信心，自2023年8月28日起，证券交易印花税实施减半征收。

（3）禁止分红少的大股东减持。8月27日，证监会发布《进一步规范股份减持行为》，明确指出，上市公司存在破发、破净情形，或者最近三年未进行现金分红、累计现金分红金额低于最近三年年均净利润30%的，控股股东、实际控制人不得通过二级市场减持公司股份等。

（4）违规减持，罚款。9月15日晚，我乐家居发布公告，2023年9月5日至9月6日，公司二级市场股东于范易及其一致行动人将占公司总股本的7.11%的股票2 244万余股票全部减持，未在减持比例到达5%时依法停止交易，后续违规成交金额1.07亿元，违法所得1 653万元。证监会拟依法没收于范易及其一致行动人前述违法所得，并从严处以3 295万元罚款，即“没一罚二”。

（5）违规操纵股价，逮捕。9月15日，公告显示，东方时尚董事长徐雄因涉嫌操纵证券市场罪被批准逮捕，同时免去董事长职务。减持新规出炉后，徐雄仍然顶风作案，这次被逮捕，理由是涉嫌操纵证券市场罪。

（6）规范IPO发行。证监会9月15日答记者问时表示，严把审核质量关。这是证监会20天内第2次对IPO进行表态。8月27日，证监会统筹一二级市场平衡优化IPO、再融资监管安排。截至9月13日，2023年以来，共有251家公司首发上市，实现融资3 124.96亿元，融资额较上年同期减少29.36%。9月以来，仅有8家公司首发上市，首发募集资金69.79亿元，远低于上年同期水平。

（7）国家队入场买股票。10月11日盘后，工商银行、农业银行、中国银行、建设银行集体发布公告表示，获汇金公司增持合计超1亿股，汇金公司还拟在未来6个月内继续在二级市场增持四大行股份。按照10月11日收盘价计算，本次增持耗资约4.77亿元。

（8）汇金买入指数基金。10月23日，收市后，中央汇金发布公告，当日买入交易型开放式指数基金（ETF），并将在未来继续增持。

（9）国家安全部发声，点出金融“四大空者”。11月2日，微信公众号“国家安全部”发文，个别国家把金融当成地缘博弈工具，屡屡玩弄货币霸权，动辄挥舞“金融制裁”大棒，一些居心叵测者妄图兴风作浪、趁乱牟利，不仅有“看空者”“做空者”，还有“唱空者”“掏空者”，企图动摇国际社会对华投资信心，妄图引发我国内金融动荡。这些都给新形势下维护金融安全带来了新挑战。做空被上升为影响金融安全。

资料来源：作者整理、撰写。

本章小结

1.证券交易具有流动性、收益性和风险性三个基本特征，证券交易通常可分为现货交易、信用交易、期货交易和期权交易四种交易方式。证券交易的整个过程或者说程序分为开户、委托、成交、清算、交割、过户登记等几个部分。

2.证券的成交价格是由买卖双方在一定的撮合原则下，由市场供求条件决定的。不同的市场结构下，证券价格的形成方式并不相同。证券交易机制的分类标准通常有两种：一是从时间角度（即根据证券交易在时间上是否连续），把证券交易机制分为间断性交易机制和连续性交易机制；二是从价格决定的角度，把证券交易机制分为竞价交易机制和做市商交易机制。

3.证券交易结算是指证券交易完成后，买卖双方结清价款和交收证券的过程。证券结算包括证券清算和交割、交收两个过程。在我国，证券和资金结算实行分级结算原则。

4.证券回购交易是指证券买卖双方在成交的同时，即约定卖方将于未来某一约定时间，以某一约定价格再将卖出的证券从买方手中买回。证券回购交易在国外非常普遍，但在我国，目前仅限于债券。

5.融资融券是一种由有关机构给予授信的证券交易行为，因而融资融券制度是一种证券信用制度，所以融资融券又被称为信用交易。广义的证券融资包括一级市场融资、二级市场融资和证券抵押贷款。狭义的证券融资仅指有关的证券融资机构对证券商和投资者进行的信用融通，或者由证券金融机构和证券商对投资者进行的信用融通。通常的融资融券属于狭义的证券融资。

综合训练

2.1 单项选择题

1.拥有在一定期限内购买或出售一定数量某种金融资产的权利，通常是指（　　）。

A.现货交易的买方　B.现货交易的卖方　C.期货交易的卖方

D.期货交易的买方　E.期权交易的买方　F. 期权交易的卖方

2.交易所内的证券交易按照（　　）的原则竞价成交。

A.数量优先、价格优先　B.数量优先、时间优先

C.价格优先、时间优先　D.价格优先、大户优先

E.价格优先、散户优先

3.下列不是集合竞价的优点的是（　　）。

A.结算手续在技术上非常简便　B.成本较低

C.计算错误的可能性极小　D.交易迅速

4.我国目前的T+0交易方式主要用于（　　）。

A.A股股票　B.债券　C.基金

D.权证　　E.B股股票

5.在融资融券条件下，若证券管理部门提高保证金比例，则对投资者而言（　　）。

A.收益、风险同时增大　　B.收益、风险同时减小

C.收益增大、风险减小　　D.收益减小、风险增大

2.2 多项选择题

1.做市商交易是（　　）。

A.一种客户委托单驱动机制　　B.一种报价驱动机制

C.一种连续交易　　D.一种集合竞价交易

E.可以保证价位相对稳定　　F.会增加投资者交易费用

2.在我国深圳证券交易所，证券托管制度是（　　）。

A.指定交易　　B.自动托管　　C.随处通买

D.哪买哪卖　　E.中央托管　　F.转托不限

3.下述属于回购交易的特征或者原则范围的有（　　）。

A.证券回购交易分为证券质押式回购交易和证券买断式回购交易

B.回购交易的过程一般都要通过两次交易来完成

C.市场所有债券都可作为债券回购交易的品种

D.只有国债才可以作为债券回购交易的品种

E.用于回购交易的债券的发行量没有限制

F.用于回购交易的债券应具有一定的发行规模

4.融资融券对市场的影响表现为（　　）。

A.增加市场调控手段　　B.保持市场交易的连续性

C.扩大证券交易量　　D.增强证券市场流动性和效率

E.创造市场虚拟供需　　F.增大市场投机气氛

G.可能引发市场价格波动

2.3 思考题

1.什么是证券交易？证券交易价格是怎样形成的？

2.何谓订单驱动市场和报价驱动市场？试比较两者的优缺点。

3.连续竞价和集合竞价有否区别？试说明之。

4.证券结算中的交收方式一般分为哪几种？

5.举例说明证券回购交易概念。

6.什么是融资融券？融资融券对一国证券市场是否会产生积极的影响？

本章参考文献

[1] 法律出版社法规中心．中华人民共和国证券法［M］．北京：法律出版社，2019.

[2] 黄达，张杰．金融学（精编版）［M］．5版．北京：中国人民大学出版社，

2020.

[3] 上海证券交易所．证券交易制度：监管约束下的创新与发展［M］．上海：上海人民出版社，2013.

[4] 张亦春，郑振龙．金融市场学［M］．6版．北京：高等教育出版社，2020.

[5] 中国证券业协会．金融市场基础知识［M］．北京：中国财政经济出版社，2023.

[6] 中国证券业协会．证券市场基本法律法规［M］．北京：中国财政经济出版社，2023.

[7] 上海证券交易所网站：http：//www.sse.com.cn.

[8] 深圳证券交易所网站：http：//www.szse.cn.

[9] FABOZZI F J．Foundation of financial markets and institutions［M］．4th ed. Englewood Cliffs：Pearson Education，2010.

[10] JAFFEE J E．Special information and inside trading［J］．Journal of Business，1974（4）.

[11] MISHKIN F S．Financial markets and institutions［M］．7th ed.Englewood Cliffs：Pearson Education，2012.

第3章

债券

导读

债券作为债权债务凭证，不仅是重要的融资手段，也是重要的投资工具。债券作为重要的固定收益证券，是机构投资者非常注重的投资组合管理对象。同时，债券市场尤其是政府债券市场也是产生金融衍生品最为活跃的市场之一。在发达的证券市场，各种政府债券、公司债券的发行和交易已经成为重要的投融资活动。与此同时，对以债券为代表的固定收益证券的收益与风险的研究也随着债券市场的发展而不断深入，特别是利率期限结构理论和利率风险结构理论，奠定了对固定收益证券进行研究的范式和框架，也为固定收益证券市场的发展起到了十分重要的指导作用。

关键概念

债券　政府债券　金融债券　公司债券　利率期限结构　名义利率　实际利率　即期利率　远期利率　预期理论　流动性溢价　利率风险结构　流动性　久期　凸性　货币时间价值　收入资本化

§3.1 债券概述

债券是出现时间远比股票早的证券，最早的债券形式是奴隶制时代产生的公债券。从公元前4世纪的希腊和罗马开始，债券就以公债券的形式不断得到应用和发展。现在，债券已经成为世界各个国家经济生活中重要的投融资工具。随着新的债券种类不断被创新，多品种、多样化的债券体系已经形成。

党的二十大提出“健全资本市场功能，提高直接融资比重”，可以预见，债券市场建设将进一步加强，以更好发挥服务经济高质量发展的作用。

3.1.1 债券的概念与特征

1.债券的概念

债券是一种有价证券，是社会各类经济主体为筹措资金而向债券投资人出具的、承诺按一定利率定期支付利息并到期偿还本金的债权债务凭证。债券属固定收益证券，是固定收益证券中的重要品种。

债券上确定的资金借贷的权责关系主要有三点：第一，所借贷货币的币种及数额；第二，借贷时间；第三，在借贷时间内应有的补偿或代价（即债券的利息）。这三点也是借贷双方权利与义务关系的规定。

2.债券的特征

债券具有偿还性、流动性、安全性和收益性等四个特征。

（1）偿还性。偿还性指债券有规定的偿还期限，债券发行人必须按期向债券投资人支付利息和到期偿还本金。债券的偿还性表明发行人不能无限期占用投资人的资金，随着偿还期限的结束，发行人与投资人之间的借贷经济关系将消失。在历史上，债券的偿还性也有例外，曾经有国家发行过永久公债。这种公债无固定偿还期限，投资者不能要求政府清偿，只能按期取息。但是这只是个别现象，并不能因此否认债券具有偿还性的一般特性。

（2）流动性。流动性指债券能够迅速转变为货币而又不会在价值上蒙受损失的一种能力。一般来说，如果一种债券在持有期内不能任意转换为货币，或者在转换时需要付出较高成本，如较高的交易成本或较大的资本损失，这种债券的流动性就较低。债券的流动性首先取决于发行者的信用状况，其次取决于市场对转让所提供的便利程度。

（3）安全性。安全性指债券投资人的收益相对固定，不随发行者经营效益的变动而变动，并且可按期收回本金。一般来说，具有高流动性的债券同时也是较安全的债券，因为它不但可以迅速地转换为现金，而且还可以按一个较稳定的价格转换。影响债券安全性的因素主要有两个：一是发行人的信用风险，即债券发行人不能按期支付利息和到期偿还本金的风险。该风险主要和发行人的资信情况与经营状况有关。二是市场风险，即债券在市场上转让时因价格下跌而承受损失。许多因素会影响债券的转让价格，其中较重要的是市场利率水平。债券的市场价格与利率呈反向变化。债券的有效期（指到期之前的时期）越长，债券价格受市场利率波动的影响越大，随着债券到期日的临近，债券价格会趋近于票面价格。

（4）收益性。收益性指债券能为投资者带来一定的收入，即债权投资的报酬。债券的收益包括利息收入和资本损益两种形式。利息收入由债券发行人定期支付。资本损益是投资人买卖债券取得的价差收入。理论上，如果利率水平一直保持不变，债券买卖的价差就是自买入债券或是自上次付息至卖出债券这段时间的利息收益的表现形式。但是由于市场利率会波动，债券的转让价格会随市场利率升降而上下浮动，从而导致债券买卖的预期价差收入变得不确定。

3.1.2 债券的要素

债券作为证明债权债务关系的凭证，一般具有一定格式的票面形式。通常，债券票面上有三个基本要素：

1.债券的票面价值

债券的票面价值包括规定票面价值的币种和金额。确定币种主要考虑发行人的需要，以及发行对象的特点。发行人根据自身对不同币种货币资金的需求情况，确定所发行债券的票面币种。此外，根据发行对象的不同确定发行债券的票面币种也很重要，一般来说，在国内发行的债券通常以本币为计量货币，在国际金融市场发行债券，既可以以债券发行所在国的货币作为计量货币，也可以用国际通用货币作为计量货币。

2.债券的偿还期限

债券的偿还期限是指债券从发行之日起至清偿本息之日止的时间。发行人在确定债券期限时，主要考虑三个方面的因素：

（1）资金使用方向。债券发行人发行债券借入资金既可能是为了弥补暂时性的资金短缺，也可能是为了满足对长期资金的需求。如果是为了弥补暂时性的资金短缺，可以发行短期债券；如果是为了满足对长期资金的需求，一般考虑发行中长期债券。

（2）预期的市场利率变化。除了根据资金使用方向确定债券偿还期限这一基本方法以外，对市场利率变化的预期也很重要。根据市场利率变化的预期确定债券偿还期限，有利于减少筹资成本。通常，当预期未来利率趋于下降时，宜发行期限较短的债券，从而可以避免市场利率下降后仍支付较高的利息；而当预期未来利率趋于上升时，宜发行期限较长的债券，以避免在较高的利率水平上再次融资。

（3）流通市场发育程度。流通市场不发达时，投资者持有的长期债券不容易变现，长期债券的销售就可能不如短期债券；而流通市场发达时，债券变现容易，将有利于长期债券的销售。

3.债券的票面利率

债券的票面利率是债券年利息与债券票面值的比率，通常用百分数表示。

利率有单利、复利和贴现利率等多种形式，确定债券的票面利率需要考虑多种因素的影响，主要有：

（1）市场利率水平。确定债券的票面利率时必须以市场利率为参照。当市场利率较高时，债券票面利率必须也相应较高，否则投资者不会选择认购，影响债券发行；当市场利率较低时，债券票面利率也相应较低，以降低融资成本。

（2）发行人的资信状况。发行人的资信状况决定了投资人面临的信用风险大小，发行人在决定债券票面利率时必须为其信用风险提供必要的补偿，否则会降低债券对投资人的吸引力，影响债券发行。当发行人的资信等级被评估为较低时，投资者认购其债券面临的信用风险较高，债券票面利率就需要定得高一些；反之，如果发行人的信用等级较高，表明其发行的债券的信用风险较低，债券票面利率就可以定得低一些。

（3）债券期限长短。一般来说，长期债券流动性差，风险相对较高，票面利率应该定得高一些；而短期债券流动性强，风险相对较小，票面利率就可以定得低一些。不过，债券的票面利率与期限的关系比较复杂，这种关系还受其他因素的影响，所以有时也能见到短期债券票面利率高而长期债券票面利率低的现象，但是这种现象不常见，除非发生了极高的通货膨胀。

除了上述3个要素之外，债券票面上有时还包含一些其他要素，如还本付息方式等。

3.1.3 债券的分类

1.按发行主体分类

（1）政府债券。**政府债券是以中央政府和地方政府为主体发行的债券，又可区分为中央政府债券、地方政府债券和政府保证债券。**其中，中央政府发行的债券也可以称为国债。政府发行债券的主要目的是解决由政府投资的公共设施或重点建设项目的资金需要和弥补国家财政赤字。政府债券信誉最高，资信可靠，投资风险最小。

（2）金融债券。**金融债券是以银行或非银行金融机构为主体发行的债券。**金融债券发行的主要目的在于：一是筹资用于某种特殊用途；二是改变金融机构本身的资产负债结构。金融债券资信可靠，利率较高。值得一提的是，在西欧国家和美国，金融债券与公司债券一般不作区别。金融债券的发行与管理都比照公司债券进行。因此，只要具备起码的发行公司债券的资格，任何金融机构均可发行金融债券。而在日本，金融债券的发行与管理则受一种特别的法规约束，其金融债券一般分为两类：一类是附息金融债券，可以由任何普通的金融机构发行；另一类是贴现金融债券，只能由金融当局指定的金融机构发行。中国自1985年开始引进金融债券并比照日本的管理模式。目前韩国也已经引进了金融债券。

（3）公司债券。**公司债券是公司依照法定程序发行、约定在一定期限还本付息的有价证券。**公司债券利率较高，但是投资风险较大。公司债券的发行主体是股份公司，但是有些国家也允许非股份制企业发行债券，因此在归类时，可将公司债券和非公司制企业发行的债券合在一起，称为公司（企业）债券。

2.按偿还期限分类

债券可以分为短期债券、中期债券、长期债券和永久债券。各国对短、中、长期债券的划分不完全相同。一般认为，期限在1年或1年以下的为短期债券；期限在1年至10年的为中期债券；期限在10年以上的为长期债券。我国则把期限在1年至5年的称为中期债券，5年至10年的称为长期债券。永久债券也称为无期债券，它不规定到期期限，投资人也不得要求清偿本金，但是可以按期取得利息。

3.按计息方式分类

（1）单利债券。单利债券指在计算利息时，不论期限长短，仅按本金计息，所生利息不再加入本金计算下期利息的债券。

（2）附息债券。附息债券又称息票债券，是按照债券票面载明的利率及支付方式定期分次付息的债券。息票一般以6个月为一期。

（3）贴现债券。贴现债券也称贴水债券，是指券面上不附有息票，发行时按规定的折扣率，以低于票面价值的价格出售，到期按票面价值偿还本金的一种债券。贴现债券是属于折价方式发行的债券，其发行价格与票面价值（即偿还价格）的差额构成了实际的利息。

（4）零息债券。零息债券指在存续期内不支付利息，投资者以低于面值的价格购买，购买价格是票面值的现值，投资者的收益是债券面值与购买价格的差额。由于零息债券的期限一般大于1年，因此实际上是一种以复利方式计息的债券。零息债券与贴现债券的区别在于，贴现债券期限通常短于1年，发行价格是债券面值扣除贴息后的差额；零息债券的期限一般长于1年，发行价格是债券面值按票面利率折现后的现值。零息债券于20世纪80年代初首次在美国债券市场上出现。

（5）累进利率债券。累进利率债券指以利率逐年累进方法计算的债券。累进利率债券的利率随着时间的推移而递增，后期利率比前期利率高，呈累进状态。这种债券的期限往往是浮动的，但是有最短持有期和最长持有期的规定。

4.按利率是否固定分类

（1）固定利率债券。固定利率债券即在偿还期内利率固定的债券。由于这种债券的利率不随市场利率变化而变化，投资者购买这种债券将承担比持有浮动利率债券更大的风险。当偿还期内市场利率上升且超过债券票面利率时，债券投资人要承担收益率相对较低的风险。而在偿还期内，如果市场利率下降且低于票面利率，债券投资人也就获得了由于利率下降而带来的额外收益。

（2）浮动利率债券。浮动利率债券指在偿还期内利率可以变动的债券。这种债券的利率与基准利率挂钩，一般高于基准利率的一定百分点。作为市场利率的基准利率上下浮动时，债券的利率也随之相应浮动，从而可以避开因市场利率波动而产生的风险。基准利率多是指一些金融指数，如伦敦银行同业拆借利率（London Interbank Offered Rate，LIBOR）、美国联邦基准利率、上海银行同业拆借利率

（Shanghai Interbank Offered Rate，SHIBOR），或者以某些非金融指数作为基准利率，如某种初级产品的价格。

5.按是否记名分类

（1）记名债券。记名债券指在券面上注明债权人姓名，同时在发行公司的名册上进行同样登记的债券。投资者必须凭印鉴领取本息，且在转让记名债券时，必须在债券上背书并在公司名册上更换债权人姓名。记名债券的优点是比较安全，但是转让手续复杂，流动性差。

（2）不记名债券。不记名债券指无须在券面上注明债权人姓名，也不在公司名册上登记的债券。不记名债券在转让时无须进行背书和在公司名册上更换债权人姓名，因此流动性较强，但是当债券遗失或被毁损时，不能挂失或补发，安全性较差。一般来说，投资者可以要求公司将不记名债券更改为记名债券。

6.按有无抵押担保分类

（1）信用债券。信用债券也称为无担保债券，指仅凭发行人的信用发行的，没有抵押品作担保的债券。通常，信用债券包括政府债券和金融债券，少数信用良好的公司也可以发行信用债券，但是在发行时必须签订信托契约，对发行人的有关行为进行约束，由受托的信托公司监督执行，以保障投资人的权益。

（2）担保债券。担保债券指以抵押财产为担保而发行的债券，包括抵押公司债券、抵押信托债券和承保债券等几种。抵押公司债券是现代公司债券中最重要的一种，指以土地、房屋、机器、设备等不动产为抵押担保品而发行的债券。公司可以将同一不动产作为抵押品而多次发行债券，按发行顺序将债券分为第一抵押债券和第二抵押债券。第一抵押债券对抵押品有第一留置权；第二抵押债券对抵押品有第二留置权，即在第一抵押债券清偿后，用抵押品余额偿付本息。因此，第一抵押也叫优先抵押；第二抵押也叫一般抵押。抵押信托债券是以公司拥有的其他有价证券，如股票和其他债券为担保品而发行的债券。通常，发行这种债券的公司是一些合资附属机构，以总公司的证券作为担保。承保债券指由第三方担保偿还本息的债券。

7.按债券形态分类

（1）实物债券。实物债券是一种具有标准格式实物券面的债券。债券券面上一般印有债券面额、利率、期限、发行人全称、还本付息方式等各种票面要素。有时债券利率、期限等要素也可以通过公告向社会公布而不再在债券券面上注明。实物债券是一般意义上的债券，很多国家通过法律法规对实物债券的格式予以明确规定。

（2）凭证式债券。凭证式债券指债券投资人认购债券时，由发行人或承销人开具的一种收款凭证，而不是债券发行人制定的标准格式的债券。凭证式债券可记名，可挂失，但不可以上市流通，投资人可以到原购买网点办理提前兑付。

（3）记账式债券。记账式债券指债券投资人认购债券时，没有实物形态的票券给付，只在其电脑账户中作记录的债券。记账式债券主要通过证券交易所来发行。投资人认购债券和转让债券的行为都是利用已有的股票账户通过交易所网络进行的。

8.按债券附加的权利分类

（1）可转换债券。可转换债券简称为可转债，指可以依据一定的转换条件转换成发行人普通股股票的债券。可转换债券具有两个特征：首先，可转换债券是一种附有转股权的债券。在转换前，它是发行人发行的债券，在转换后成为发行人发行的普通股股票。可转换债券实际是一种普通股股票的看涨期权。发行人的股票价格上涨时，可转换债券的投资人行使转换权比较有利。其次，可转换债券具有双重选择权的特征。一方面，投资者可自行选择是否转股，并为此承担转债利率较低的机会成本；另一方面，可转换债券的发行人拥有是否赎回的选择权，并为此支付比没有赎回条款的可转债更高的利率。

（2）可分离债券。可分离债券又称附认股权证公司债，是指上市公司在发行公司债券的同时附有认股权证，是公司债券加上认股权证的组合产品。附认股权证公司债是认股权证和公司债券捆绑发行的产物，但同时具有债券和认股权证可分离交易的特性。通过发行附认股权证公司债所募集的资金将通过两个阶段到达发行人手中，第一个阶段为发行时的债权融资，第二个阶段为认股权证到期时，持有人行权导致的股本融资。附认股权证公司债作为一种混合型证券，兼有股性和债性，在市场环境较好的情况下，能够大大降低发行人的融资成本，更容易得到投资人的认可，能够使投资人在获得固定收益的同时，分享公司未来发展所带来的收益。

（3）可赎回债券。可赎回债券指债券发行人可以在债券到期日前的任何时间赎回，即提前向债券持有人归还本金和利息的一种债券。发行人提前赎回债券通常是由于利率下调，新的低利率环境使得公司需要支付更高的成本，所以发行人倾向于赎回老的债券，再以新利率为基准发行新的债券以减少利息支出。

专栏3-1

《中国债券市场：制度建设与投资人保护》

2023年7月，徐忠、曹媛媛等所著的《中国债券市场：制度建设与投资人保护》正式出版。

本书在总结市场发展历程和经验教训的基础上，对当前债券市场发展的关键性问题进行了系统阐述，特别是针对当前债券市场违约风险，从投资者保护的视角，重点对信息披露、集体行动机制、信用风险分担、违约风险处置等关键性制度建设进行了阐述，以期为中国债券市场未来的高质量发展提供可借鉴的思路。

党的二十大明确提出要“健全资本市场功能，提高直接融资比重”，这为我国资本市场的发展指明了方向。作为资本市场的重要一环，我国公司信用类债券市场在党中央的正确领导下，坚持市场化、法治化、国际化改革方向，取得跨越式发展，融资功能持续增强，目前市场规模达32万亿元，稳居全球第二，成为仅次于信贷的实体经济融资第二大渠道。随着信用债市场有序打破刚兑，风险处置与投资人保护成为信用债市场主体以及社会各方关注的重要议题。总体来看，近年来我国信用债市场遵循资本市场一般规律，结合中国特色实际，初步搭建了覆盖“事前、事中、事后”全环链的市场风险防范和处置机制，但客观上与满足市场发展和实体经济需求还有不小差距。近年来，在风险处置工作中也暴露出不少问题，有的问题属于非市场机制范畴，包括公司治理、政府干预、法治环境等；有的问题属于市场自身风险处置机制建设范畴。

§3.2 利率期限结构

通常，研究风险因素对债券等固定收益证券的影响的方法主要有两种：一种是研究利率期限结构；另一种是研究利率风险结构。

所谓利率期限结构，是指品质相同的金融工具，或同一发行人发行的金融工具，因为到期期限的差异而出现不同的利率水平的现象。例如，中国财政部发行的一期凭证式国债中，一年期国债的利率为3.66%，三年期国债的利率为5.74%，五年期国债的利率为6.34%，呈现出到期期限越长，利率越高的现象。图3-1是根据“中金在线（http://data.cnfol.com/）”2008年7月29日公布的国债和金融债券收益率绘制的收益率曲线。该曲线也表明了到期期限越长，收益率（利率）水平越高的现象。

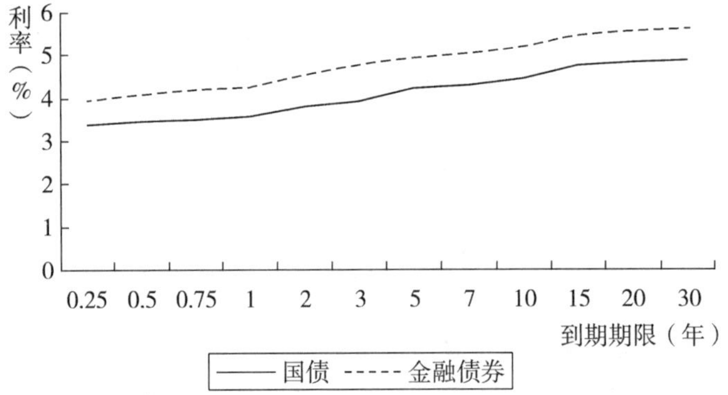

图3-1 国债和金融债券的收益率曲线

事实上，到期期限越长，利率越高这一现象虽然常见，但并不是必然规律，根据长期的观察，存在三种典型的收益曲线形状，如图3-2所示。

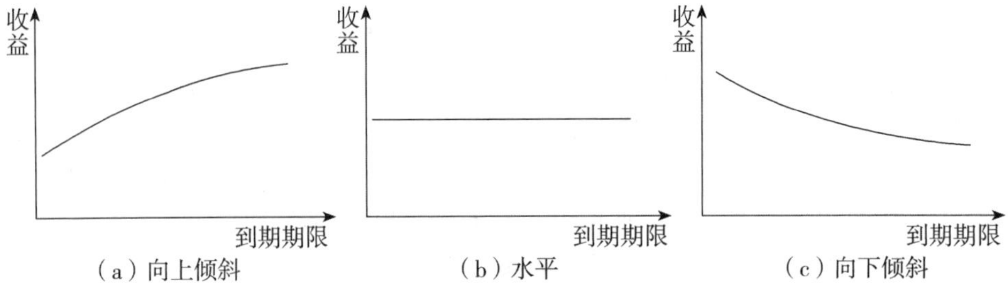

图3-2 典型的收益曲线形状

向上倾斜的收益曲线表明长期利率高于短期利率，这是最常见的现象；水平的收益曲线表明长期利率等于短期利率；向下倾斜的收益曲线表明长期利率低于短期利率。长期利率与短期利率为什么会出现这样三种截然不同的关系？利率期限结构理论对此给予了解释。

3.2.1　利率期限结构的相关概念

1.名义利率与实际利率

名义利率是以货币收入与本金比例表示的利率。通常所用的利率就是名义利率。例如，一年期国债的利率为3.66%，这个3.66%就是名义利率。在价格未发生变化时，名义利率可以反映投资者所获得的实际收益率；但在价格发生变化时，名义利率不能直接反映投资者所获得的实际收益率，此时必须计算扣除价格变化影响的实际利率。

实际利率是名义利率减去通货膨胀率得出的利率。例如，中国农业发展银行2008年7月25日发行的三年期浮动利率（附息）债券，利率基准为一年期定期存款利率4.14%，由于2008年7月的通货膨胀率为6.3%，所以该债券的实际基准利率为-2.16%。

实际利率的上述计算只是一种近似计算，严格来说，实际利率（real interest rates，RIR）与名义利率（nominal interest rates，NIR）存在如下关系：

$$(1+RIR)(1+\pi)=1+NIR \tag{3.1}$$

因而：

$$RIR=NIR-\pi-RIR\cdot\pi$$

π为通货膨胀率。由于右边第三项值比较小，为了简化计算，通常写成：

$$RIR\approx NIR-\pi$$

2.单利与复利

单利和复利是计算利息的两种方式。单利的计算仅在原有本金上计算利息，对本金所产生的利息不再计算利息。单利方式下投资终值的计算为：

$$P=P_0(1+r\cdot n) \tag{3.2}$$

其中：P为投资终值；P_0为投资本金；r为单利利率；n为到期期限。

【例3-1】财政部计划平价发行利率为5.74%的三年期国债，债券票面值1 000元，试问在单利方式下，该债券三年后的终值为多少？

该债券三年后的终值为：

$$P=P_0(1+r\cdot n)=1\,000\times(1+5.74\%\times3)=1\,172.2\text{（元）}$$

复利的计算是将前期产生的利息并入本金一并计算后续期限的利息，也就是利上有利，俗称利滚利。复利计算的特点是：把上期末的本利和作为下一期的本金，在计算时每一期本金的数额是不同的。复利方式下投资终值的计算为：

$$P=P_0(1+r)^n \tag{3.3}$$

其中：P为投资终值；P_0为投资本金；r为复利利率；n为到期期限。

上述例子中，在复利方式下，债券三年后的终值为：

$$P=P_0(1+r)^n=1\,000\times(1+5.74\%)^3=1\,182.27\text{（元）}$$

由于复利方式考虑了作为利息的货币的时间价值，因而复利方式是比单利方式更为科学的计息方式。通常，在计算中长期债券的投资收益时，采用复利方式计息，而在计算短期债券的投资收益时，采用单利方式计息，单利方式虽然不够精确，但是方法简便，在计算短期债券投资收益时，误差也不大。

3.到期收益率与持有期收益率

到期收益率也称为内部收益率，是指使债券现金流量的现值与债券目前价格相等的贴现率。到期收益率由债券价格决定，二者的关系是：

$$
\begin{aligned}
P_0 &= \frac{C}{1+r} + \frac{C}{(1+r)^2} + \cdots + \frac{C+F}{(1+r)^n} \\
&= \sum_{t=1}^{n} \frac{C}{(1+r)^t} + \frac{F}{(1+r)^n}
\end{aligned}
\tag{3.4}
$$

其中：P_0为债券现时价格；C为票面利息；r为到期收益率；n为到期期限；F为到期偿还额。

从上式可知，到期收益率是对债券利息与本金进行贴现，并使其等于债券价格时的平均贴现率。只要给定债券的价格、利息、债券到期时的面值及到期期限，就可以求出该平均贴现率。

到期收益率并不考虑利息收益发生的具体时点，但它以假定债券的利息能以相同的利率r进行再投资为前提条件，因此它所考虑的是一种预期的复利回报。这种预期回报能否最终实现，受多种因素的影响。

首先是市场利率。当预期未来市场利率会上升时，会导致债券现时价格的下降，债券的到期收益率上升；反之，预期未来市场利率下降，则债券到期收益率也下降。债券价格与市场利率之间的关系通常与以下几个因素有关：（1）市场利率的波动引起的长期债券价格的波动幅度大于短期债券价格的波动幅度，因而长期债券的到期收益率波动幅度大于短期债券的到期收益率波动幅度。换言之，长期债券承受的市场利率风险大于短期债券承受的市场利率风险。（2）由于债券的票面利率越低，债券价格的易变性越大，当市场利率波动时，票面利率较低的债券，其价格的变化总是快于票面利率较高的债券，因而票面利率较低的债券，到期收益率的变化也总是快一些，也即，当预期市场利率会提高时，票面利率越低的债券到期收益率越高，当预期市场利率会下降时，票面利率越低的债券到期收益率也越低。

其次是信用风险。如果债券发行人未能按承诺如期支付利息和偿还本金，将直接影响投资人的利息再投资期限，导致预期的到期收益率不能实现。

再次是持有期限。要使预期的到期收益率得到实现，投资者必须持有债券至到期日，以回避价格风险。如果因某种原因不能持有债券至到期日，则投资者将面临后续投资期限的投资不确定性。有两种原因可能使投资者不能持有债券至到期日：第一是发行人的提前赎回。如果发行人拥有可赎回条款，在其实施时就会使投资者的再投资机会受到限制，预期的到期收益率水平将可能无法实现。第二是投资人中途变现。投资人因某种需要而中途转让债券，不仅要承担转让价格的不确定性，而且也使后续期限的原有预期收益不能实现。

最后是利息再投资状况。预期的到期收益率要能实现，还有一个条件是各期利息必须能全部按预期的到期收益率水平进行再投资。该条件能否实现，除了发行人不能有信用风险和市场利率不出现波动以外，税收和交易成本的影响也很重要。除了政府债券以外，其他债券的利息收入都需要纳税；同时，在市场上寻找新的投资机会也需要支付手续费等交易成本，这都是对利息额的扣除。税收和交易成本的存在使得参与再投资的利息被减少，这使得预期的到期收益率可能无法实现。

如果投资者不打算持有债券至到期日，而是在第h期中途变现，则可以对持有期收益率进行预期。持有期收益率的计算如下：

$$P_0=\frac{C}{1+r_h}+\frac{C}{(1+r_h)^2}+\cdots+\frac{C+P_h}{(1+r_h)^h}=\sum_{t=1}^{h}\frac{C}{(1+r_h)^t}+\frac{P_h}{(1+r_h)^h} \tag{3.5}$$

其中：P_0为债券现时价格；C为票面利息；r_h为持有期收益率；h为持有期限；P_h为预期出让价格。

与到期收益率相比，持有期收益率受债券价格变化的影响。由于转让价格是市场价格，所以持有期收益率受债券价格变化的影响。

4.即期利率与远期利率

在利率期限结构理论中，即期利率与远期利率是一组重要的概念。

即期利率是指在现在时点上确定的利率，表示从现在开始到将来某一时期止的利率。从本质上说，即期利率是某一给定时点上零息债券的到期收益率。一般来说，t年期即期利率$_tr_0$是下列方程的解：

$$P_0=\frac{F}{(1+{}_tr_0)^t} \tag{3.6}$$

其中：P_0为零息债券在0时点的市场价格；F为t年期到期时的终值；$_tr_0$为t年期的即期利率。

远期利率是从将来某一时点到将来另一更远时点间的利率。远期利率暗含在即期利率系列中，可以根据已知的即期利率进行计算，但它不代表将来的实际即期利率，从概念上来说也不是预期利率，但是在无风险的市场中，远期利率等于预期利率。第t年期的远期利率可以用$_tf_{t-1}$表示。以两年期为例，即期利率与远期利率的关系如图3-3所示。

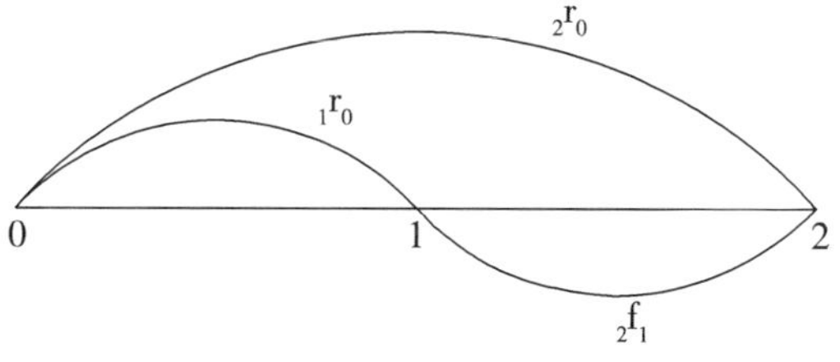

图3-3　即期利率与远期利率的关系

之所以说远期利率暗含在即期利率系列中，是因为即期利率包含了对未来市场利率的估计与评价。图3-3中的即期利率与远期利率的关系为：

$$(1+{}_2r_0)^2=(1+{}_1r_0)(1+{}_2f_1) \tag{3.7}$$

所以远期利率${}_2f_1$为：

$${}_2f_1=\frac{(1+{}_2r_0)^2}{1+{}_1r_0}-1 \tag{3.8}$$

上述关系存在的前提是，在确定的市场环境中，有相同到期日的投资策略一定会提供相同的收益率。如果不是这样，收益率较高的投资策略必然招致更多的效仿，从而导致其收益率下降直至与其他投资策略相等。

【例3-2】如果1年后到期的偿还额为1 000元的零息债券现价955元，2年后到期的偿还额1 000元的零息债券现价910元，求第2年的远期利率。

先求两个即期利率。

因为：

$$955=\frac{1\,000}{1+{}_1r_0}$$

所以：

$${}_1r_0=4.71\%$$

即1年期的即期利率为年利率4.71%。

又因为：

$$910=\frac{1\,000}{(1+{}_2r_0)^2}$$

所以：

$${}_2r_0=4.83\%$$

即2年期的即期利率为年利率4.83%。

远期利率${}_2f_1$为：

$${}_2f_1=\frac{(1+4.83\%)^2}{1+4.71\%}-1=4.95\%$$

一般来说，在包含时期数为t的投资期限内，即期利率与远期利率之间有下列关系：

$$(1+{}_2r_0)^2=(1+{}_1r_0)(1+{}_2f_1) \tag{3.9}$$

$$(1+{}_3r_0)^3=(1+{}_1r_0)(1+{}_2f_1)(1+{}_3f_2) \tag{3.10}$$

$$(1+{}_tr_0)^t=(1+{}_1r_0)(1+{}_2f_1)\cdots(1+{}_tf_{t-1}) \tag{3.11}$$

将不同时期的现金流量进行贴现时，采用上述各式中左边的倒数作为贴现因子，用d_t表示，于是有：

$$d_1=\frac{1}{1+{}_1r_0} \tag{3.12}$$

$$d_2=\frac{1}{(1+{}_2r_0)^2}=\frac{1}{(1+{}_1r_0)(1+{}_2f_1)} \tag{3.13}$$

$$d_t=\frac{1}{(1+{}_tr_0)^t}=\frac{1}{(1+{}_1r_0)(1+{}_2f_1)\cdots(1+{}_tf_{t-1})} \tag{3.14}$$

利用这些贴现因子，可以计算任何无违约风险的债券的价值。计算式为：

$$
\begin{aligned}
P_0 &= \frac{C}{1+{}_1r_0} + \frac{C}{(1+{}_2r_0)^2} + \cdots + \frac{C+F}{(1+{}_nr_0)^n} \\
&= \sum_{t=1}^{n} \frac{C}{(1+{}_tr_0)^t} + \frac{F}{(1+{}_nr_0)^n} \\
&= \sum_{t=1}^{n} d_t C + d_n F
\end{aligned}
\tag{3.15}
$$

【例3-3】已知第一年的即期利率为4.71%，第二年的远期利率为4.95%。财政部计划出售两年期的附息债券，在第一年后支付50元，两年后到期时支付1 050元，试问该债券的理论价格是多少？

首先计算贴现因子：

$$d_1=\frac{1}{1+4.71\%}=0.9550$$

$$d_2=\frac{1}{(1+4.71\%)(1+4.95\%)}=0.9100$$

其次计算该债券的理论价格（价值）：

P_0=0.9550×50+0.9100×1 050=1 003.25（元）

下面介绍关于利率期限结构的三个基本理论。这些理论在解释收益曲线的时候，前提假设和观点各具特色。

3.2.2　预期理论

预期理论即无偏差预期理论，有时称为纯预期理论（pure expectation hypothesis）。预期理论可追溯至费雪（Fisher，1896），他最早提出了投资者对未来即期利率的预期将会影响到当前长期利率水平的观点。该理论认为，长期利率是由对应期限内各期短期利率预期值的几何平均水平决定的，向上的收益曲线说明长期利率高于短期利率，这是由于对应期限内的短期利率预期值逐期上升的缘故；而向下的收益曲线说明长期利率低于短期利率，这是由于对应期限内的短期利率预期值逐期下降的缘故；而水平的收益曲线则是因为短期利率的预期值没有发生变化。

这一观点建立在两个基本假设的前提下：第一，债券投资人并不偏好某种期限的债券，因此当某种债券的预期回报率低于期限不同的另一债券时，投资人将不再持有这种债券。第二，投资者对风险持中立态度。

以2期投资为例说明预期理论的观点。如果某投资者用1元钱在债券市场完成一个2期投资，他有两种策略可选择。一种是持有策略：购买期限为2期的债券并持有到期，收益为$(1+{}_2r_0)^2$。另一种是滚动策略：购买期限为1期的债券，到期后以本利再购买从1期末到2期末的债券（期限也是1期），收益为$(1+{}_1r_0)[1+E({}_2r_1)]$。在滚动策略中，0时点对1时点的即期利率不能确定，只能取预期值$E({}_2r_1)$。

如果两种策略取得的收益不相等，投资者必定取收益相对高的策略。譬如，如果持有策略取得的收益相对较高，投资者必定会以持有策略作为投资策略，众多投资者的相同选择会导致${}_2r_0$的下降；相反，如果滚动策略取得的收益相对较高，则${}_1r_0$或E（${}_2r_1$）将下降。按照无偏差预期理论的分析，结果是两种策略的收益相等。

$$(1+{}_2r_0)^2=(1+{}_1r_0)[1+E({}_2r_1)] \tag{3.16}$$

由于远期利率与即期利率也存在类似的关系：

$$(1+{}_2r_0)^2=(1+{}_1r_0)(1+{}_2f_1)$$

所以有：

$${}_2f_1=E({}_2f_1) \tag{3.17}$$

这说明远期利率与预期的未来即期利率相等。

一般来说，从t期的投资期限考虑，无偏差预期理论可以用下式表示：

$${}_2f_1=E({}_2r_1),\ {}_3f_2=E({}_3r_2),\ \cdots,\ {}_tf_{t-1}=E({}_tr_{t-1})$$

这样，长期利率与短期利率${}_1r_0$，E（${}_2r_1$），…，E（${}_tr_{t-1}$）之间有以下关系成立：

$$(1+{}_tr_0)^t=(1+{}_1r_0)[1+E({}_2r_1)][1+E({}_3r_2)]\cdots[1+E({}_tr_{t-1})] \tag{3.18}$$

即：

$${}_tr_0=\sqrt[t]{(1+{}_1r_0)[1+E({}_2r_1)]\cdots[1+E({}_tr_{t-1})]}-1 \tag{3.19}$$

这表示长期利率由对应期限内各期短期利率预期值的几何平均值决定。利用该式可以解释收益曲线：

如果投资者预期未来的即期利率将逐步上升，式中右边的几何平均值将提高，从而左边的即期利率将随着期限的延长而上升，收益曲线向上倾斜。

如果投资者预期未来的即期利率将逐步下降，式中右边的几何平均值将降低，从而左边的即期利率将随着期限的延长而下降，收益曲线向下倾斜。

如果投资者预期未来的即期利率将保持不变，式中右边的几何平均值将不变，从而左边的即期利率也不变，收益曲线保持水平。

投资者为何会预期即期利率在未来会上升或下降呢？一般认为，在市场上观察到的即期利率是名义利率，它会对预期通货膨胀作出反应。如果投资者预期即期利率会上升（表现为向上的收益曲线），是因为他们预期未来的通货膨胀率是上升的。

根据无偏差预期理论，当前的经济条件使得短期即期利率异常高（原因是有一个相对高的当前通货膨胀率），利率的期限结构将向下倾斜，因为预期未来的通货膨胀率将降低；反之，当前的经济条件使得短期即期利率异常低（原因是有一个相对低的当前通货膨胀率），利率的期限结构将向上倾斜，因为预期未来的通货膨胀率会上升。

实证检验发现，无偏差预期理论的这种推断是正确的，即期限结构在低利率时是向上倾斜，在高利率时是向下倾斜。

按照无偏差预期理论的推断，在一段相当长的时间里，利率期限结构的上倾和下倾出现的频率是接近的，因为随着宏观经济周期性变化，通货膨胀率的高涨和低迷是交替出现的。但在实证检验中发现，利率期限结构更多的是向上倾斜，这是该理论不能解释的现象。

3.2.3　流动性溢价理论

预期理论的重要假设前提是投资者对风险持中立态度，并不偏好某种期限的债券。这实际上是忽略了“风险溢价”的可能性，即收益与风险之间的相关性。后来的一些研究者对此进行了改进。例如，希克斯（Hicks，1939）和卢茨（Lutz，1940）认为，短期债券的流动性大于长期债券的流动性，长期债券既要承担由于利率变动带来的收入风险，又要承担机会成本损失的资本风险。如果长短期债券的利率相同，投资者当然愿意持有短期债券；相对而言，债券发行人则偏好长期债券。因而**长期债券较短期债券要求有更高的平均报酬，而高出部分即为对投资者流动性限制的补偿，这称为流动性溢价。**

流动性溢价是远期利率与预期即期利率的差。它是为鼓励投资者购买期限更长、风险也更大的债券而向投资者提供的额外报酬。

以两期投资为例，上述关系可表示为：

$$ {}_2L_1={}_2f_1-E({}_2r_1) \qquad (3.20)$$

${}_2L_1$为第二期内的流动性溢价。

下面分析流动性溢价理论对利率期限结构的解释。

考虑一个两年期投资。在滚动策略中，1元钱在第二年末的预期价值为$(1+{}_1r_0)[1+E({}_2r_1)]$元；而在持有策略中，1元钱在第二年末的预期价值为$1\times(1+{}_2r_0)^2$元。

由于流动性溢价的存在，使得：

$$(1+{}_1r_0)[1+E({}_2r_1)]<(1+{}_1r_0)(1+{}_2f_1) \qquad (3.21)$$

所以：

$$(1+{}_1r_0)[1+E({}_2r_1)]<(1+{}_2r_0)^2 \qquad (3.22)$$

利用这个不等式可以对收益曲线进行解释。

首先看下倾收益曲线。收益曲线下倾表示短期利率大于长期利率，即${}_1r_0>{}_2r_0$，要使不等式成立，必须使$E({}_2r_1)<{}_1r_0$。这说明，收益曲线下倾是因为投资者预期利率将持续下降。

其次看水平收益曲线。收益曲线水平表示短期利率等于长期利率，即${}_1r_0={}_2r_0$，要使不等式成立，必须使$E({}_2r_1)<{}_1r_0$。这说明，收益曲线水平也是因为投资者预期利率将下降。此时虽然后续期限预期利率低于现在的利率水平，但与造成收益曲线下倾相比，预期利率下降的幅度显然没有那么大。

最后看上倾收益曲线。收益曲线上倾表示短期利率小于长期利率，即${}_1r_0<{}_2r_0$。此时无论$E({}_2r_1)$与${}_1r_0$关系如何，不等式都可能成立，关键是看收益曲线上倾的陡峭程度。收益曲线陡峭上升是预期利率上升的结果；收益曲线平缓上升是预期利率未变或略有下降的结果。

【例3-4】一年期利率${}_1r_0$=4.14%，两年期利率${}_2r_0$=4.68%（陡峭上升），流动性溢价${}_2L_1$=0.25%，则第二年的预期利率为：

$$E({}_2r_1)={}_2f_1-{}_2L_1=\frac{(1+{}_2r_0)^2}{1+{}_1r_0}-1-{}_2L_1=4.97\%$$

当投资者预期第二年的利率将上升到4.97%时，在市场上可以观察到陡峭上升的收益曲线（${}_1r_0$=4.14%，${}_2r_0$=4.68）。

如果两年期利率${}_2r_0$=4.25%（平缓上升），则第二年的预期利率为：

$$E({}_2r_1)=\frac{(1+{}_2r_0)^2}{1+{}_1r_0}-1-{}_2L_1=4.11\%$$

这表示当投资者预期明年的利率将下降到4.11%时，在市场上可以观察到平缓上升的收益曲线（${}_1r_0$=4.14%，${}_2r_0$=4.25%）。

综上所述，根据流动性偏好理论，当投资者预期利率将大幅下降时，在市场上可以观察到下倾的收益曲线；当投资者预期利率将略有下降时，在市场上可以观察到水平或平缓上升的收益曲线；当投资者预期利率将上升时，在市场上可以观察到陡峭上升的收益曲线。总之，只有在预期利率出现大幅下降时才能观察到下倾的收益曲线，其他情况下收益曲线都不会下倾。这和实际情况相符合。

3.2.4 市场分割理论

在预期理论中，长期资本市场与短期资本市场是统一的，资金可以在长期和短期资本市场上自由流动，长期证券和短期证券具有完全可替代性。这种假设引起了人们的质疑，卡伯特森（Culbertson）（1957）、莫迪里阿尼（Modigliani）和萨基（Sutch）（1966）等人提出了不同的看法，他们认为资本市场并不是完全统一的，长期证券和短期证券之间的替代性很差。他们创立了市场分割理论（Market Segmentation Theory）来解释收益曲线。

市场分割理论认为，由于以下几个原因，长期资本市场和短期资本市场产生分隔：（1）某些法律条款固定了资金的使用期限；（2）缺少在国内市场上销售的统一的债务工具，促使短期债务和长期债务的分离；（3）金融危机或者其他类型的冲击引起证券收益的巨大变动，导致短期证券和长期证券收益率上的分离，进而促使市场在期限上也产生了分离；（4）缺少足够的能够提供给未来购买者和出售者的连续的现期价格自由市场，即使辅助于期货市场，也无法弥补长期和短期资本市场上利率的差异；（5）短期市场和长期市场的风险形成来源和风险程度不同，各自市场具有的不确定性程度也不同，进而导致长短期市场行为的不同；（6）短期市场和长期市场上的信息形成、扩散程度和方式不同，从而导致投资者在两个市场上无法获得相同的信息和知识，因此投资者在长短期市场上的行为也不同。

从资金需求方来看，需求短期资金的投资者发行短期证券，需求长期资金的投资者发行长期证券，这些长短期证券之间不能互相替代；从资金供给方来看，不同性质的资金来源使不同的金融机构被限制在特定的期限内进行借贷。这样，短期利率由短期资金市场决定，长期利率由长期资金市场决定。如果短期资金缺乏而长期资金比较充裕，短期利率将比长期利率高；如果长期资金缺乏而短期资金充裕，长期利率将比短期利率高。

根据市场分割理论，收益率曲线的不同形状是由与不同到期日债券相联系的供求差异所造成的。例如，当长期债券累积增加而需求不变时，其价格下跌，长期债券的利率上升，但短期债券投资者并不会因此转向购买长期债券，长期债券利率的变动也就不会对短期债券的利率造成影响。所以，长期债券的供求关系只决定其本身的利率曲线。同样，短期债券的供求关系也只决定其本身的利率曲线。如果在长期债券市场出现供给大于需求的同时，短期债券市场却出现供给小于需求，则会出现长期利率高于短期利率的现象；反之，就会出现短期利率高于长期利率的现象。一般来说，投资者如果偏好期限较短、利率风险较小的债券，则对长期债券的需求较小，因此，长期债券价格较低，利率较高，收益率曲线向上倾斜。

按照该理论，由于不同期限的债券市场完全分割，所以一种期限债券利率的波动不会对其他期限债券的利率造成影响。但这种观点无法对现实经济生活中的一些事实给出合理的解释，例如不同期限债券的利率大多数趋于一起波动，再如短期利率较低将使收益曲线向上倾斜、短期利率较高将使收益曲线向下倾斜等。

3.2.5 利率期限结构理论的进展

上述预期理论、流动性溢价理论和市场分割理论被称为传统的利率期限结构理论，它们都只解释了长期利率和短期利率静态大小存在差异的原因，不能准确解释利率的动态变化。在对利率波动进行解释的探索过程中，形成了新的利率期限结构理论，即所谓的现代利率期限结构理论。

现代利率期限结构理论把利率的波动假设为随机变动过程，以短期利率或短期利率的波动率为变量建立随机模型来模拟现实世界的利率变化。现代利率期限结构模型通常包括两部分：一是所谓的漂移项（draft term）；二是所谓的波动项（variance term）。大部分的利率期限结构模型认为漂移项部分有所谓的均值回归（mean reversion）现象，即短期利率受长期平均利率的吸引：当短期利率在波动过程中偏离长期平均利率水平时，“吸引力”就会使之向长期平均利率靠拢。而在波动项的设定上，较早的模型通常假定利率的波动性是固定的，但由于与实际不符，便开始有模型将利率的波动性假定为利率水平的函数，也就是所谓的利率水平项效应（level effect）。现代利率期限结构模型主要有均衡模型和无套利模型，有兴趣的读者可参阅有关固定收益证券和利率理论的教科书。

§3.3 利率风险结构

3.3.1 利率风险结构概述

所谓利率风险结构，是指期限相同的金融工具因品质的差异而出现不同利率的现象。造成这种利率差异的原因主要有三个方面：违约风险、流动性差异和税收负担。

1.违约风险

违约风险又称为倒账风险或信用风险，是指债券发行人未能依约偿还本金或利息，使债券投资人遭受损失的风险。违约风险愈高，债权人所要求的利率就愈高。

关于违约风险对利率的影响，可以借助可贷资金理论进行分析。可贷资金理论认为，某种期限的债券的市场利率是由该种债券的供求均衡关系决定的。由于债券价格与利率之间是反向变化关系，因而建立一个如图3-4所示的坐标系描述债券供求关系。

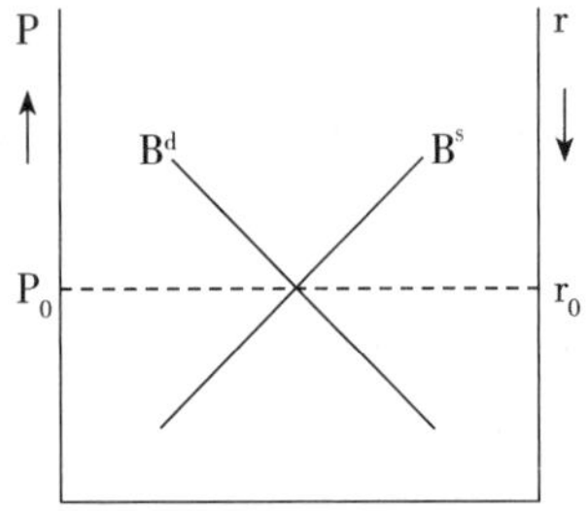

图3-4 债券均衡价格和均衡利率的形成

该坐标系中有两条纵轴，左边表示债券价格，越往上表示价格越高；右边表示对应的利率水平，越往下表示利率越高。横轴表示债券数量，自左至右逐渐增大。

债券价格越低，对应的利率水平越高，对投资者越有吸引力，投资者愿意持有债券的数量就越多，故而有向右下方倾斜的需求曲线B^d；债券价格越高，对应的利率水平越低，发行者愿意发行的债券数量就越多，故而有向右上方倾斜的供给曲线B^s。

当发行者愿意发行的债券数量等于投资者愿意持有的债券数量时，就实现了债券市场的均衡，即$B^d=B^s$，此时的债券价格被称为均衡价格或市场出清价格，对应的利率水平被称为均衡利率或市场出清利率。如果债券价格定得过高（利率过低），会存在超额供给，这使得价格下降，从而使超额供给减少，直至价格达到均衡价格水平；如果债券价格定得过低（利率过高），会存在超额需求，这使得价格上升，价格上升使得超额需求减少，直至价格上升到均衡水平。

假设市场只存在两种债券，即政府债券和公司债券，它们有相同的到期期限。政府债券的本息支付有财政收入作担保，因而政府债券被认为是无违约风险债券。假定公司债券最初也没有违约的可能，则这两种债券在期限相同的情况下，具有相同的风险水平、相等的初始价格和均衡利率，即在图3-5中，存在$P_0=P_0'P$和$r_0=r_0'$，此时公司债券的风险溢价为零。

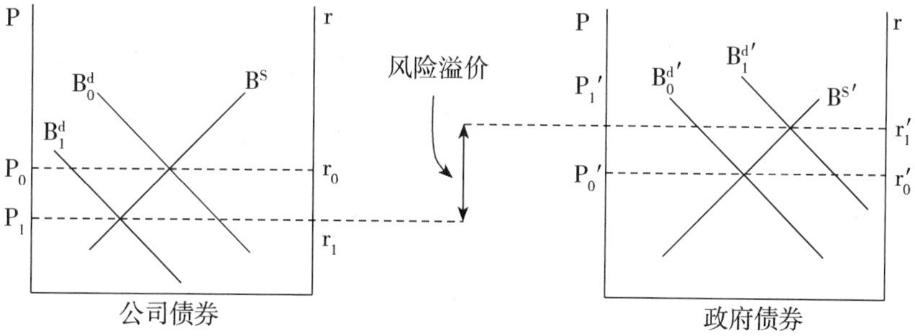

图3-5 公司债券的风险溢价

假如公司由于遭受惨重损失，违约的可能性增加，即违约风险将增大，预期回报率可能降低，因而投资者对其需求意愿下降，需求曲线从B_0^d移到B_1^d，从而新的均衡价格下降，新的利率水平上升。与此同时，相对于公司债券来说，无违约风险的政府债券预期回报率较高，投资者对其需求意愿增加，政府债券的需求曲线从$B_0^{d'}$移到$B_1^{d'}$，新的均衡价格上升，新的均衡利率下降。公司债券利率超过政府债券利率的部分，是公司债券的风险溢价，或称为风险补偿。

2.流动性差异

流动性是指资产变换为现金的速度。流动性也影响到债券的收益，流动性的变化和债券收益水平的变化是反方向的，即流动性越强，债券收益越低，反之越高。

流动性强的资产在必要时能迅速、低成本地变为现金或活期存款，因而在市场上的需求比流动性弱的资产大。例如，流动性强的政府债券受欢迎的程度要大于流动性较弱的公司债券。因而，期限相同的政府债券和公司债券相比较，前者的利率水平要低一些。

为了理解流动性差异对利率的影响，仍然可以借助图3-5进行分析。假设市场只存在期限相同的政府债券和公司债券，如果两种债券的流动性相同，则它们有相等的均衡价格和相等的利率水平。但是由于政府债券是无风险债券，且发行规模通常比公司债券更大，市场对政府债券的需求意愿大于对公司债券的需求意愿，这使得公司债券的价格下降、利率提高，政府债券的价格上升、利率下降。公司债券与政府债券之间的利率差额反映了两者流动性的差异，这个差额就是前文所说的流动性溢价（也称风险溢价），它越大，表明公司债券相对于政府债券而言的流动性越差。

引起公司债券与政府债券流动性差异的原因较为复杂，通常认为债券发行规模、市场条件和替代率的不同是导致债券流动性差异的主要原因。

债券发行规模取决于发行者的资金需求状况和将来偿还本息的能力。由于政府发行债券往往是为由政府主导的大型项目筹集资金，且其本息偿还有政府财政作担保，故政府债券的发行规模一般都比较大。公司发行债券则在自有资金规模、资金用途、偿还能力等多方面受到制约，因而和政府债券相比，公司债券发行的规模通常较小。

市场条件是指在特定时点上，债券或资本市场的一般状况。在不同的市场条件下，市场规模与交易量都会发生变化。公司债券的资信等级比政府债券低，且不同的公司债券可能会被评价出不同的资信等级。资信等级越低，则利率越高（有风险溢价），这导致发行者发行债券的意愿不强。同时，由于某些公司债券的收益率更容易受到通货膨胀的影响而变得不确定，从而也影响投资者的需求。而政府债券的发行是不需要评级的，政府债券被称为金边债券。可见，公司债券和政府债券的市场条件是不相同的。

替代率是指投资者由于供给因素从这种证券转换到另一种证券的程度。因为供给与需求因素同时决定债券收益，投资者从某一种证券转换到另一种证券的意愿影响收益。例如，若干家当地电话公司的债券可以很好地替代，而医药管理公司的债券与汽车制造公司的债券则不好替代。由于不同的公司债券很可能有不同的资信等级即不同的风险水平，而政府债券由于收益相对稳定使得投资者易于选择，故而政府债券的替代率要比公司债券强。

3.税收负担

首先，债券税收待遇的不同影响利率水平。和公司债券相比，政府债券享有减免税收的优待，公司债券利息的税收负担使得公司只有提高利率水平才能保持对投资者的吸引力。

其次，投资者的边际税率的差异影响他们对公司债券的需求，从而影响债券价格。如果投资者要在公司债券和政府债券之间进行比较，考虑到税收负担，他们通常就会用公司债券的税后收益率与政府债券利率相对比。由于不同投资者的边际税率不同，他们对同一公司债券的税后收益的判断不同。

例如，在美国，根据1993年的《收益重调法案》，普通个人边际税率根据个人收入水平为15%~39.6%。假设政府债券利率为10.25%，公司债券利率为16%，边际税率为15%的投资者认为公司债券税后利率为13.6%（16%×（1−15%）），这比政府债券利率高。而边际税率为39.6%的投资者认为公司债券税后利率为9.66%（16%×（1−39.6%）），这比政府债券利率低。

最后，对不同形式的收入的税务处理方法也影响投资者对债券的需求，从而影响债券价格和利率水平。在美国，1997年的税收改革法案规定资本利得税率降低至20%，而普通个人边际税率为15%~39.6%，这意味着边际税率在20%以上的投资者更偏好零息债券和其他贴现债券，而附息债券对他们的吸引力弱于零息债券和贴现债券。

3.3.2 债券风险评估

不论是债券投资者还是债券发行者，都关心发行者的风险及其变化状况，特别是违约风险及其变化状况。投资者关心发行者的违约风险是因为这直接关系到投资的安全性。发行者关心自身的违约风险评价是为了确定合适的发行利率，如果发行利率与风险不匹配，要么是利率定得过低，影响债券发行，要么是利率定得过高，提高了发行成本。

1.信用评级

债券违约风险的测定由信用评级机构负责。目前世界上比较著名的资信评级机构有美国的穆迪投资者服务公司、标准普尔公司、惠誉国际信用评级公司，英国的爱克斯坦尔集团等。这些评级机构不但定期提供商业公司的财务信息，而且对大型企业发行的债券和市政债券按质进行信用评级。

以穆迪公司和标准普尔公司为例，它们都用字母等级表示公司债券的安全性，最好的信用等级是Aaa级或AAA级，如表3-1所示。穆迪公司为每种信用等级再另设定1、2或3作为后缀，以便作出更精确的等级划分（如A1、A2、A3），标准普尔公司则使用“+”或“-”来作进一步划分（如A^+、A、A^-）。

表3-1　**债券信用等级**

公司		信誉极高		高信誉		投机性		信誉极低	
标准普尔		AAA	AA	A	BBB	BB	B	CCC	D
穆迪		Aaa	Aa	A	Baa	Ba	B	Caa	C

穆迪公司和标准普尔公司不时对这些信用等级进行调整。穆迪公司使用1、2、3作为标志，1为最高等级。标准普尔公司使用加减号，A^+是A等信用中等级最高的，A^-则是其中最低的

穆迪	标准普尔	含义
Aaa	AAA	最高级信用，还本付息能力极强
Aa	AA	具有很强的还本付息能力。与最高级一起，构成信誉极高等级债券
A	A	具有强的还本付息能力，尽管在环境和经济条件变化时，它与更高等级的信誉相比，可能多少有点不利效果
Baa	BBB	被认为有适当的还本付息能力，但是它通常显示充分的保护参量，与更高等级信誉相比，在经济状况和环境发生变化时，更易弱化它的还本付息能力。这些债券属中级信誉范围
Ba	BB	被认为具有显著的投机性，BB和Ba投机的程度最低，CC和Ca则最高。虽然这类债券也可能具有一定的质量和安全性，但不确定性和风险性更强，某些债券可能违约
B	B	
Caa	CCC	
Ca	CC	
C	C	不能有利息收入
D	D	违约债券，利息和本金被拖欠

根据这些公司的评级，信用等级为BBB、Baa或以上等级的债券属投资级债券（investment-grade bonds），以下的为投机级债券（speculative-grade bonds）或垃圾债券（junk bonds）。

信用评级机构在完成对债券的评级之后，还会定期对其评级进行重新审核，尤其是在混乱时期或债券的新发行时期。这样，债券可能在违约之前就被调整到投机级。因此，投资级债券很少出现违约风险。

信用评级机构主要根据发行公司财务状况的变动趋势与水平，对其所发行的债券信用状况进行等级划分。一般说来，评级机构关注的几个重要参数有：

偿债能力比率（coverage ratio），即公司收入与固定成本之比。该比率处于低水平或呈现下降态势意味着可能会发生现金流量困难。

杠杆比率（leverage ratio），即债务与资本总额之比。该比率过高表明负债过高，标志着公司无力获取足够的收益来保证债券的安全性。

流动性比率（liquidity ratio），主要包括流动比率（current ratio）和速动比率（quick ratio）。流动比率即流动资产（current assets）与流动负债（current liabilities）的比值；速动比率即不包含存货在内的流动资产与流动负债的比值。流动性比率越高，表明公司对新近筹集的资金进行偿还的能力越强。

获利能力比率（profitability ratio），即有关资产或产权报酬率等级的测度。该比率是一个公司整体财务状况的指示器。最常见的获利能力比率是资本报酬率，即支付利息和税收之前的收入与总资产之比。资本报酬率越高，表明公司的投资回报越高，公司在市场上更有能力筹集资金。

现金流量对总负债比率（cash flow to debt ratio），即现金总流量与债务的比值。

2.破产预测

实证研究发现，在评级机构调整公司的信用级别之前，公司所发行的债券价格已经先期进行了调整。这意味着投资者在跟踪发行者财务状况的变化，并对其信用级别的变化作出预期，而评级机构公布的公司信用级别的变化在很大程度上只是证实了债券价格已经发生了变化而已。

投资者在预测公司的违约风险时，最关心的是公司是否会破产。预测破产的一个很有名的办法是差异分析法。该方法将公司按财务状况打分，分值超过临界点的被认为是无破产风险，低于临界点则表明公司在不久的将来有重大的破产风险。差异分析法原理是：假设收集了各公司的股权报酬率和偿债能力比率，来记录各公司破产情况，可将公司标在以这两个指标为坐标的坐标系中，如图3-6所示，“×”表示最终走向破产的公司，“○”表示一直保持偿付能力的公司，显然，有偿付能力的公司明显地具有高股权报酬率和高偿债能力比率。

差异分析法提供了区分“×”和“○”的最佳线性方程。假设直线方程为：

0.75=0.9×股权报酬率+0.4×偿债能力比率

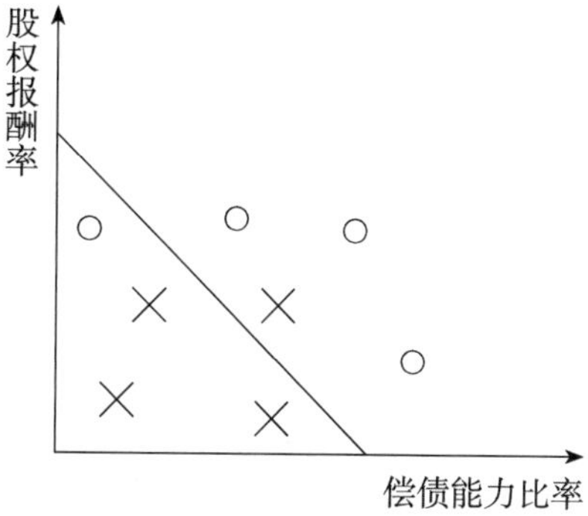

图3-6 差异分析法原理

可将每个公司的这两个比率代入方程Z=0.9×股权报酬率+0.4×偿债能力比率，如果Z>0.75，公司的坐标点位于直线右上方，公司被认为是安全的；反之，如果Z<0.75，则意味着公司将面临财务困境。

在美国市场，下面的方程被认为是划分破产公司和安全公司的最好方法：

$$Z=3.3\times\frac{\text{利息税前净收益}}{\text{资产总额}}+99.9\times\frac{\text{销售额}}{\text{资产}}+0.6\times\frac{\text{股权市值}}{\text{债券账面价值}}+1.4\times\frac{\text{留存收益}}{\text{总资产}}+1.2\times\frac{\text{营运资金}}{\text{总资产}}$$

3.3.3 债券的久期和凸性①

久期和凸性是描述债券风险水平的两个重要指标。

1.久期

久期（duration）是麦卡莱（Macaulay）在1938年研究债券价格与利率之间的关系时提出的一个概念，又称麦卡莱久期，它是一种测度债券发生现金流量的平均期限的方法。由于债券价格对利率的敏感性会随着到期时间的增长而增加，久期也可以用来测度债券价格对利率变化的敏感性。久期越大，债券价格对利率变化的敏感性越大，债券的风险就越大。

（1）久期的计算。

从计算方法来看，久期就是将债券的每次现金流量支付距现在的时间按对应现金流量的现值占总现值之比加权计算的结果。假设债券每年支付一次利息，每次现金流量（cash flow）支付的现值占债券总现值之比为：

$$w_t=\frac{CF_t}{P_0(1+r)^t} \tag{3.23}$$

其中：CF_t为第t期的现金流量支付；P_0为债券的总现值；r为债券的到期收益率。

久期为：

$$D=\sum_{t=1}^{n}t\cdot w_t=\sum_{t=1}^{n}\frac{t\cdot CF_t}{P_0(1+r)^t} \tag{3.24}$$

或者：

① 对于本小节内容，授课教师可结合本院系的培养目标选授。

$$D=\frac{1}{P_0}\left[\sum_{t=1}^{n}\frac{t\cdot C}{(1+r)^t}+\frac{nF}{(1+r)^n}\right] \tag{3.25}$$

其中：t为现金流量的次序数；C为每次利息支付；F为最终偿还额。

【例3-5】有一种息票率为8%、到期偿还额为1 000元的附息债券，每半年支付一次利息，到期期限为2年。如果这种债券的到期收益率为10%，现在价值为964.54元，这种债券的久期是多少？

计算过程见表3-2。

表3-2 久期计算过程

(1) 至支付日的时间t (年)	(2) 支付额C (元)	(3) 半年5%折现 (元)	(4) 权重 w_t	(5) $t\cdot w_t$
0.5	40	38.095	0.0395	0.0198
1.0	40	36.281	0.0376	0.0376
1.5	40	34.553	0.0358	0.0537
2.0	1 040	855.611	0.8871	1.7742
				D=1.8853

久期为1.8853表示这份债券的全部现金流量如果是平均产生的，则投资者回收全部现金流量需要1.8853年。

值得注意的是，对于零息债券，因为没有利息支付，其久期值为：

$$D=\frac{1}{P_0}\left[\frac{nF}{(1+r)^n}\right]=\frac{1}{P_0}\cdot n\cdot P_0=n$$

这意味着，零息债券的久期等于其到期期限。而附息债券由于有部分现值是由各期利息收入产生的，因而附息债券的久期比其到期期限短。换言之，到期期限相同的附息债券和零息债券相比较，前者的久期值比后者的小一些。这意味着，附息债券价格的利率变化敏感性低于零息债券价格的利率变化敏感性。

（2）修正久期。

久期是固定收益证券资产组合管理中的一个关键概念，它不仅是资产组合实际平均期限的一个简单的概括统计，而且被视为使资产组合免疫于利率风险的一个重要工具。另外，如前所述，久期是资产价格的利率敏感性的测度。关于这一点，下面的分析有利于我们的理解。

将（3.4）式改写成：

$$P=\sum_{t=1}^{n}\frac{CF_t}{(1+r)^t} \tag{3.26}$$

其中：CF_t为第t期的现金流量。

由（3.26）式得：

$$dP=-\frac{1}{1+r}\sum_{t=1}^{n}\frac{t\cdot CF_t}{(1+r)^t}dr \tag{3.27}$$

将（3.24）式代入（3.27）式，可得：

$$\frac{dP}{P}=-\frac{1}{1+r}D\cdot dr \tag{3.28}$$

把$\frac{1}{1+r}D=D^*$称为修正久期，它是麦卡莱久期的近似量度。上式就成为：

$$\frac{dP}{P}=-D^*\cdot dr \tag{3.29}$$

即债券价格变化的百分比恰好等于修正久期与债券到期收益率的变化之积。由于债券价格变化的百分比与修正久期成比例，因此修正久期可以用来测度债券在利率变化时的风险暴露程度。从几何意义上说，修正久期描述了价格-收益率曲线的斜率。

由于长期债券的久期大于短期债券的久期，所以长期债券的利率敏感性强于短期债券的利率敏感性。根据（3.29）式，因为长期债券的修正久期大于短期债券的修正久期，所以当利率发生相同的变化时，长期债券的价格变化百分比大于短期债券的价格变化百分比，即长期债券价格变化更快一些。

（3）影响久期的因素。

根据久期和修正久期的计算，可知影响二者大小的因素有到期时间、票面利率和到期收益率等三个要素。

其他条件不变时，债券票面利率越低，久期和修正久期越大。这是因为较早的票面利息支付对债券利息支付的平均期限的影响。票面利率越低，较早支付的权重就越小，支付的加权平均期限就越长，因而久期和修正久期越大。

其他条件不变时，债券到期时间越长，久期和修正久期越大。

其他条件不变时，债券到期收益率越低，久期和修正久期越大。较低的到期收益率增加了债券所有支付的现值，增加了更远期支付的数额，远期支付所占的比例更大。因此，在到期收益率较低时，债券总值的更多部分依赖于它的远期支付数额，导致久期和修正久期越大。

2.凸性

式（3.29）表示债券价格变化的百分比直接与债券收益率变化成比例。按照这个关系式，债券价格变化的百分比与其收益率变化的函数图形是一条直线，它的斜率等于$-D^*$，但是这与实际情况并不相符，债券价格与收益率之间的关系并不是线性的，而是凸向原点的曲线，如图3-7所示。

图3-7中实线是5年期、10%票面利率，最初以8%的到期收益率出售的债券的价格变化的百分比；虚线是一条直线，是利用修正久期计算的债券价格变化的百分比。两条线在初始处相切，所以，对于债券到期收益率的小变化，利用修正久期计算其价格变化的百分比是准确的。但是，随着到期收益率的变化越来越大，在两条线之间就出现了差距且差距越来越大，这说明对于到期收益率的大变化，修正久期所反映的债券价格变化的百分比与收益率变化的关系是不准确的。

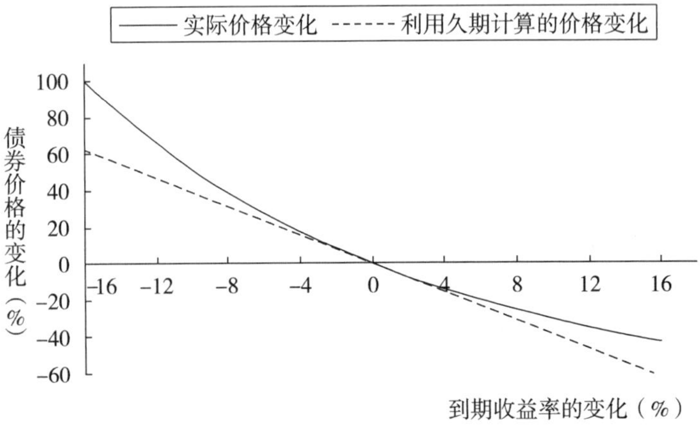

图3-7 债券价格的凸性

注：5年期，票面利率10%，初始到期收益率8%。

从图3-7中还可以看出，虚线的位置总是低于债券的真实价值。当收益率下降时，它会低估债券价格的增长程度；当收益率上升时，它又会高估债券价格的下跌程度。这是由真实价格关系的曲率决定的。曲线的形状是凸的，价格-收益率的曲率就称为债券的凸性。

从计算原理上说，凸性是修正久期相对于到期收益率的变化率，即到期收益率的单位变化导致的修正久期的变化值。用公式表示，就是：

$$C = \frac{dD^*}{dr} = \frac{d\left(\frac{1}{P_0}\sum_{t=1}^{n}\frac{t \cdot CF_t}{(1+r)^{t+1}}\right)}{dr} = \frac{1}{P_0}\sum_{t=1}^{n}\frac{t(t-1) \cdot CF_t}{(1+r)^{t+2}}$$

凸性越大，收益率的单位变化引起的修正久期的变化就越大，债券价格的利率敏感性就越大，风险越大。

凸性具有以下几个性质：

（1）收益率的变化较大时，凸性的作用也大；收益率的变化很小时，凸性几乎不起作用。利用修正久期直接计算的债券价格变化的百分比是精确可信的。

（2）凸性随久期的增加而增加。若收益率、久期不变，票面利率越大，凸性越大。利率下降时，凸性增加。

（3）对于没有隐含期权的债券来说，凸性总大于0，即利率下降，债券价格将以加速度上升；当利率上升时，债券价格以减速度下降。

（4）含有隐含期权的债券的凸性一般为负，即价格随着利率的下降以减速度上升，或债券的有效持续期随利率的下降而缩短，随利率的上升而延长，因为利率下降时买入期权的可能性增加了。

§3.4 债券估值

3.4.1 债券估值的基本原理

1.货币时间价值

货币时间价值，也称资金的时间价值，是指当前所持有的一定量货币比未来获得的等量货币具有更高的价值。货币时间价值计算的四大基本要素包括现值、终值、利率和期数。现值是指现在收款或付款的价值，又叫本金。无论什么类型时间价值的计算，现值是唯一的，不可能有两个现值同时存在。终值是指若干期以后的未来价值，包括本金和利息，又叫本利和，对于不同类型的时间价值的计算，终值可以是一个（如一次性收付款终值），也可以是若干个（如系列收付款及其特殊形式——年金）。利率是指资金增值与投入资金的价值比，它与终值的大小同方向变动，而与现值的大小反方向变动。期数是指计算利息的期间数，终值的大小与期数同方向变动，而现值的大小则与期数反方向变动。

2.收入资本化法

收入资本化法（income capitalization）认为任何资产的内在价值都取决于持有资产可能带来的未来的现金流量收入的现值。由于企业价值取决于它未来盈利的能力，因此理论界通常把该方法作为企业价值评估的首选方法，这一方法在证券估值实践中也被广泛使用。

收入资本化法的基本公式为：

$$v = \sum_{t=1}^{n} \frac{f_t}{(1+r)^t} \tag{3.30}$$

其中：v为证券的评估值；n为资产（企业）的寿命；f_t为企业在t时刻产生的收入；r为预期收入的折现率。

从公式（3.30）我们可以看出，证券的价值取决于未来收入和预期收入的折现率。因此，在使用该方法时，首先要对证券的预期收益作出合理的预测。在评估中要全面考虑影响证券未来获利能力的各种因素，客观、公正地对证券未来的现金流量作出预测。其次是选择合适的折现率。折现率（discount rate）也称贴现率，在选用贴现率时，不仅要考虑货币的时间价值，而且要考虑反映未来现金流量的风险大小情况。不同的投资者或投资机构在对证券价值进行分析时所选定的折现率不一定相同，这是不同机构对相同类型资产的估值并不一致的根本原因之一。收入资本化法作为评估证券内在价值的科学方法，很好地体现了证券价值的本质。但收入资本化法也存在一些不足，最主要的一点是使用该方法时，其结果的准确性严重依赖于对未来收入和折现率的估计，而准确估计这两个变量十分困难。

3.4.2 债券的内在价值

债券按付息方式一般分为三种：零息债券、定息债券和永续债券。我们分别讨论它们的内在价值。

1.零息债券

零息债券又称贴现债券，它在到期日之前不支付任何利息，只是在到期日一次性还本付息。零息债券一般低于面值发行，债券发行价格和面值的差额就是投资者的利息收入。零息债券内在价值的计算公式为：

$$V=\frac{F}{(1+y)^n} \tag{3.31}$$

其中：V为零息债券的内在价值；F为债券面值（到期价值）；y为必要收益率（贴现率）；n为距到期日的期数。

【例3-6】某市场中交易一种零息债券，期限5年，该债券面额1000元，假定年必要收益率为5%，那么它的内在价值为：

$$V=\frac{1\,000}{(1+5\%)^5}=753.527\text{（元）}$$

2.定息债券

定息债券，又称固定利息债券或直接债券（level coupon bond）。定息债券按照票面金额和固定的每期利率计算利息，投资者不仅可以在债券到期时收回本金（面值），还可以定期得到固定的利息收入。其内在价值的计算公式为：

$$V=\sum_{t=1}^{n}\frac{C_t}{(1+y)^t}+\frac{F}{(1+y)^n} \tag{3.32}$$

其中：V为债券的内在价值；C为利息；F为本金；n为距到期日的年数；t为现金流量发生的期数；y为必要收益率。

【例3-7】市场上有一种面值为1 000元的附息债券，票面利率9%，每年计算一次利息，期限为10年。如果必要收益率为10%，则该债券的内在价值为：

$$V=\sum_{t=1}^{10}\frac{90}{(1+10\%)^t}+\frac{1\,000}{(1+10\%)^{10}}=938.55\text{（元）}$$

公式（3.32）考虑的是每年付一次息的情况，而在现实市场中，每半年付一次息或每季度付一次息的情况都可能出现，因此需要调整为：

$$V=\sum_{t=1}^{n\times m}\frac{C_t/m}{(1+y/m)^t}+\frac{F}{(1+y/m)^{n\times m}} \tag{3.33}$$

其中：n为年限；m为每年付息次数。

使用上述公式需要在以下三个方面进行调整：

（1）利息的支付次数要乘以m，即n×m。

（2）利息要除以m，即C/m。

（3）必要收益率要除以m，即y/m。

【例3-8】美国政府发行一只10年期的国债，债券面值为1 000美元，息票年利率为9%，每半年支付一次利息，假设必要收益率为8%，则该债券的内在价值为：

$$V=\sum_{t=1}^{20}\frac{45}{(1+0.04)^{t}}+\frac{1\ 000}{(1+0.04)^{20}}=1\ 067.96\text{（美元）}$$

（注：C/2=45；y/2=4%；n×2=20）

3.永续债券

永续债券是一种没有到期日的债券，这种债券每年可以领取固定的利息（统一公债）或股利（优先股），但永远无法领回本金。其内在价值计算公式为：

$$V=\sum_{t=1}^{n}\frac{C_t}{(1+y)^{t}}(n\to\infty)=\frac{C}{y} \tag{3.34}$$

【例3-9】某永续债券每年的固定利息为80元，假定必要收益率为8%，则该债券的内在价值为：

V = C÷y = 80÷8% =1 000（元）

4.净现值与债券价值评估

债券的内在价值为我们提供了一种判断债券的市场价值是高估还是低估的方法，我们只需要对比债券的内在价值和其市场价格的差异，就能非常方便地判断出该债券价值被高估还是低估。通常采用净现值（NPV）来判断。投资者投资某债券的净现值等于该债券的内在价值与市场价格的差额，即：

$$NPV=V-P \tag{3.35}$$

其中：V为债券内在价值；P为债券市场价格。

若净现值大于零，说明该债券价值被低估；反之，该债券价值被高估。

【例3-10】某投资者持有一张面值1 000元的3年期债券，年利率为7.5%，目前该债券市场价格977.82元，设债券必要收益率为10%，则：

$$\begin{aligned}NPV&=V-P=\sum_{t=1}^{3}\frac{C}{(1+y)^{t}}+\frac{F}{(1+y)^{3}}-P\\&=937.82-977.82\\&=-40\end{aligned}$$

NPV小于零，说明该债券价值被高估。一般来说，NPV大于零，对投资者而言是一个买入信号；NPV小于零则是一个卖出信号。

3.4.3　债券价值的影响因素

债券价值的外化形式即价格，它会由于一些因素，如基础利率、通货膨胀率、信用级别、到期时间等的变动而发生变化。这些因素可以分为两个大类：一类是直接影响债券价格（价值）的因素，如基础利率、信用级别、可赎回条款等；另一类本身就是债券内在价值的构成因素，如债券票面利率、债券到期时间，在其他影响因素不变的条件下，它们对债券的价格起决定作用。但是，在其他某种因素，如收益率发生变化时，它们本身的大小或者长短会扩大或者缩小债券价格的变化。例如，债券价格受收益率变化的影响上升或下降时，债券票面利率越低，债券价格的波动幅度越大；债券的期限越短，债券价格的波动幅度越小；等等。

1.收益率变化对债券价格的影响

债券价格与收益率反方向变动，这是由于债券价格等于预期现金流量的贴现值，当贴现率（必要收益率）降低时，债券价格必然上升；当贴现率上升时，债券价格必然下跌。

【例 3-11】一种面值 1 000 元、票面利率 6%、每半年付一次息的 7 年期债券，我们分别用必要收益率 5%和 8%来计算该债券的价格。

$$P=\sum_{t=1}^{14}\frac{30}{(1+0.05)^t}+\frac{1\,000}{(1+0.05)^{14}}=1\,058.46\text{（元）}$$

$$P=\sum_{t=1}^{14}\frac{30}{(1+0.08)^t}+\frac{1\,000}{(1+0.08)^{14}}=894.37\text{（元）}$$

显然，随着必要收益率的提高，债券价格降低了，两者表现出明显的反方向变动，如图 3-8 所示。

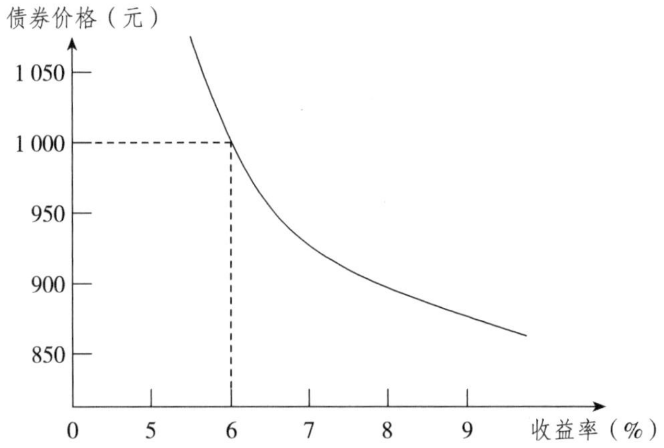

图 3-8　价格-收益率曲线

影响收益率变动的因素很多，其中最主要的是市场利率，市场利率一方面直接、迅速地影响到债券价格，另一方面还影响到债券的再投资利率。不过，市场利率对债券价格和债券再投资收益的影响是相反的，例如，市场利率提高，债券价格下跌，再投资收益却会增加。这里我们可以给出一些一般性的结论：

当市场利率=票面利率时，债券价格=面值，属平价债券

当市场利率>票面利率时，债券价格<面值，属折价债券

当市场利率<票面利率时，债券价格>面值，属溢价债券

2.信用评级对债券价值的影响

对于一般投资者来说，由于受到时间、知识和信息等方面的限制，很难对众多债券的信用风险进行准确的判断，这就需要专业机构对债券进行信用评级。债券信用评级是由评级机构对债券的信用风险进行评价，这种评级仅仅是对各种债券当前的信用状况作出评价，向投资者提供债券发行人的一些信息，而不是提供债券买卖信息。一般而言，信用评级机构采用的是一种评分系统，即根据很多指标来给相应的债券评分，用 A、B、C、D 来表示债券信用等级的高低。一般来说，信用评级将

债券划分为两大类别：一类信誉较高、违约风险较小，属投资级债券；另一类信誉较低，属投机级债券。

信用评级对债券价值的影响很大，信用级别较高的债券可以以较低的利率发行，从而节约融资成本；而那些信用级别较低的债券由于风险较大，需要提高利率吸引投资者。

3.票面利率与到期时间对债券价值的影响

债券的票面利率与债券的到期时间是影响债券价值的极其重要的因素，在其他因素都不变的条件下，它们甚至是债券价值的决定因素。一般来说，当其他因素不变时，债券的票面利率越低，债券价格随着市场利率的波动越大；债券的期限越长，债券价格随市场利率波动的幅度越大。另外，通过对债券价格与到期时间的分析，我们可以发现，随着债券到期日的临近，债券价格趋近于面值，直至等于面值，如图3-9所示。

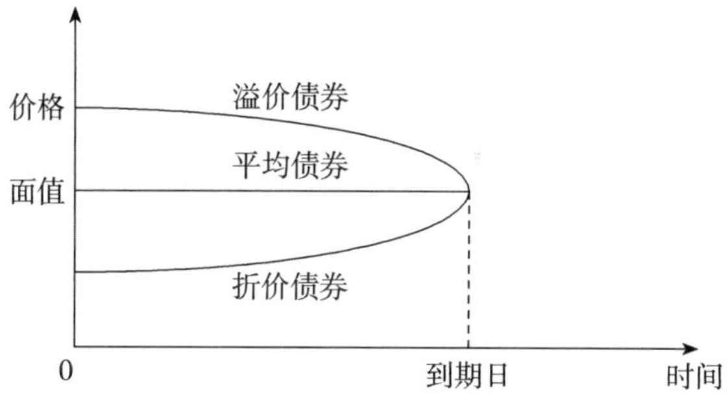

图3-9 到期时间对债券价值的影响

4.其他影响债券价值的因素

（1）赎回条款。

赎回条款是一个有利于债券发行人的条款，当预期收益率下降并低于债券的息票利率时，债券发行人能够以更低的成本筹集到资金，因为他可以利用赎回条款，以赎回价格从投资者手中回收债券。赎回条款的存在，降低了债券的内在价值，也降低了投资者的实际收益率，为弥补被赎回的风险，债券发行人通常对这类可赎回债券承诺以较高的息票利率和到期收益率，以保证债券的顺利发行。可赎回债券一般都规定了赎回保护期（例如5年、10年），在赎回保护期内，发行人不得行使赎回条款。

（2）税收待遇。

税收待遇也是影响债券价值的一个重要因素，因为债券的最终收益应该是税后收益。对于相同收益率的债券，免税或者付税较少的债券，实际的最终收益率要高于那些付税较多的债券。税后收益率可用下式计算：

$$Y_a = Y_b(1 - T) \tag{3.36}$$

其中：Y_a为税后收益；Y_b为税前收益；T为税率。

例如，某债券税前收益率为10%，应纳税率为15%，则其税后收益率Y_{at}=

10%×（1-15%）=8.5%。因此，债券是否纳税以及纳税税率的高低直接影响债券的价值，投资者在判断债券的价值时，也必然会考虑到税收因素。一般而言，应纳税率较高的债券投资者所要求的息票利率也较高，这样才能保证税后收益率能达到一个合适的水平。

需要纳税的债券一般是公司债券，政府债券通常免税，因而政府债券的息票利率通常都低于公司债券。例如在美国，免税的市政债券其名义到期收益率比普通纳税债券低20%～40%。

（3）流动性。

债券的流动性是指债券持有人在不遭受损失的情况下，将债券迅速变现的能力。债券的流动性好，债券变现能力强；反之，债券变现能力弱，甚至发生变现困难。现实条件下，通常用债券买卖差价大小来反映债券的流动性大小，买卖差价小说明债券流动性强，债券变现容易；买卖差价大说明债券流动性差，债券变现困难。债券的买卖差价也表明了投资者对债券价值的一种共识：流动性高的债券价值较高，流动性低的债券价值较低，债券的流动性与债券的内在价值呈正比关系。

（4）通货膨胀。

通货膨胀能引起货币贬值，从而影响现金的实际购买力，以现金流量表示的债券实际收益率随着通货膨胀的变化也将发生改变。例如，债券的年收益率为15%，若当年通货膨胀率为12%，则债券的实际年收益率只有3%。

思政课堂

人民日报国际论坛：中国债券市场有光明未来

【思政元素】道路自信；国际化。

自2019年4月1日起，以人民币计价的中国国债和政策性银行债券被纳入彭博巴克莱全球综合指数，并在20个月内分步完成。这是中国融入全球资本市场的一个重要里程碑。以人民币计价的中国债券将成为该指数中的第四大计价货币债券——仅次于美元、欧元和日元。

当前，中国金融体系仍以银行融资为主，债券市场还有很大发展潜力。中国债券市场的稳健性和流动性进一步提高，将惠及本国经济，并促进全球资产多样化。

过去40年里，在贸易和产品方面的整合推动着中国的发展。未来10年，金融业整合或许将成为中国发展的主要推动力之一，并展现中国日益增长的全球足迹。2018年，中国采取一系列举措，持续放宽市场准入，在金融业方面加大开放力度。2019年的中国《政府工作报告》也强调，落实金融等行业改革开放举措，完善债券市场开放政策。

可以看到，中国已经开始加速债券市场开放领域的改革。中国政府通过启动“债券通”，允许境外投资者在无须设立境内账户的情况下进入中国债券市场。对外国信用评级机构的限制也已经解除，标准普尔公司获得了第一张准入许可。此外，国际上对人民币的使用越来越广泛，包括各国央行和其他机构持有的人民币资产可能会继续增加，这也将提升市场对人民币计价债券的需求。

目前，中国已经做了很多的政策努力，持续的改革也至关重要。令人鼓舞的是，许多改革都可以迅速得以实施，包括进一步明确税收待遇和诸多的现行规则。解决这些实际问题可以在很大程度上进一步确保国际投资者对中国资本市场的兴趣。

由于历史原因，中国的信用债券市场有来自不同监管主体的债券工具，受不同规则的约束，并且在不同的平台上交易。虽然推进债券市场互联互通还有很长一段路需要走，但是中国已经建立起一个由中国人民银行牵头的部际协调机制来解决这一问题。

中国的债券市场发展与更广泛的改革议程是紧密联系的。这些措施包括加强公司治理、改革国有企业、改善货币和汇率框架，制定措施以确保债券发行人业绩信息的完整性和可靠性等。在任何国家推行这些改革都会面临较多困难并需要一定的时间，但其对市场的发展至关重要。可以预见，改革的推进将最大程度为国内外投资者带来利益，中国债券市场的未来是光明的。

资料来源：席睿德，张龙梅. 中国债券市场有光明未来［N］. 人民日报，2019-04-01（3）.

本章小结

1.债券是一种有价证券，是社会各类经济主体为筹措资金而向债券投资人出具的、承诺按一定利率定期支付利息并到期偿还本金的债权债务凭证。债券可以按多种方法进行分类。

2.利率期限结构是指品质相同的金融工具，或同一发行人发行的金融工具，因为到期期限的差异而出现不同的利率水平的现象。

3.名义利率是以货币收入与本金比例表示的利率。

4.实际利率是名义利率减去通货膨胀率得出的利率。

5.单利是仅在原有本金上计算利息，对本金所产生的利息不再计算利息。

6.复利是将前期产生的利息并入本金一并计算后续期限的利息，也就是利上有利，俗称利滚利。

7.到期收益率也称为内部收益率，是指使债券现金流量的现值与债券目前价格相等的贴现率。

8.即期利率是指在现在时点上确定的利率，表示从现在开始到将来某一时期止的利率。从本质上说，即期利率是某一给定时点上零息债券的到期收益率。

9.远期利率是从将来某一时点到将来另一更远时点间的利率。远期利率暗含在即期利率系列中。

10.预期理论认为，长期利率是由对应期限内各期短期利率预期值的几何平均水平决定的，短期利率预期上升会导致收益曲线向上；短期利率预期下降会导致收益曲线向下；短期利率预期不变会导致收益曲线水平。

11.流动性溢价理论认为，投资者愿意选择长期债券的前提是长期债券存在流动性溢价。由于流动性溢价的存在，预期利率将大幅下降时会形成下倾的收益曲线；预期利率将略有下降时会形成水平或平缓上升的收益曲线；预期利率将上升时会形成陡峭上升的收益曲线。

12.市场分割理论认为，期限不同的债券市场是彼此分割的，长短期利率水平分别由各自市场的供求均衡关系决定。收益曲线的不同形状是由与不同期限债券相联系的供求差异造成的。

13.现代利率期限结构理论把利率的波动假设为随机变动过程，以短期利率或短期利率的波动率为变量建立随机模型来模拟现实世界的利率变化。现代利率期限结构模型主要包括均衡模型和无套利模型。

14.利率风险结构是指期限相同的金融工具，因品质的差异而出现不同利率的现象。

15.久期是一种测度债券发生现金流量的平均期限的方法。

16.修正久期是久期的近似量度，等于久期除以（1+r）的商。

17.凸性是修正久期相对于到期收益率的变化率，即到期收益率的单位变化导致的修正久期的变化值。

18.收入资本化法是指任何资产的内在价值都取决于持有资产可能带来的未来现金流量收入的现值。

19.影响债券价格的因素包括收益率的变化、信用评级、票面利率和其他因素(赎回条款、税收待遇、债券的流动性、通货膨胀等)。

综合训练

3.1 单项选择题

1.关于债券，以下表述错误的是（　　）。

A.发行人是借入资金的经济主体

B.投资者是运用资金的经济主体

C.发行人需要在一定时期还本付息

D.反映了发行者和投资者之间的债权债务关系

2.政府债券与其他债券相比，特点为（　　）。

A.风险最大　　B.收益最高

C.可以免缴部分所得税　　D.流通性强

3.有一种10年期的零息票债券，到期收益率为10%，面值为1 000元。如果年底售出此债券，假定售出时到期收益率为11%，则该债券的收益率是（　　）。

A.10.00%　　B.20.42%　　C.13.80%　　D.1.40%

4.利率期限结构是（　　）。

A.所有证券的利率之间的相互关系

B.一种证券的利率和它的到期日之间的关系

C.一种证券的收益率和违约率之间的关系

D.一种证券的违约风险和它的到期日之间的关系

5.（　　）认为收益率曲线的形状本质上是由长、短期债券的供求关系决定的。

A.流动性偏好理论　　B.预期理论

C.市场分割理论　　D.风险结构理论

3.2　多项选择题

1.影响债券利率的主要因素有（　　）。

A.借贷资金市场的利率水平　　B.债券票面的价值

C.债券期限的长短　　D.发行人的资信情况

2．投资者要实现到期收益率，需要满足的条件有（　　）。

A.投资者持有债券直至到期日

B.投资者能按时收到未来所有的利息

C.投资者在收到每期的利息后，要立即将利息以等于到期收益率的利率进行再投资

D.投资者必须以面值购买

3.下列表述正确的是（　　）。

A.如果预期的未来短期利率超过了当前的短期利率，则收益率曲线向上倾斜

B.预期理论的基本结论是长期利率和预期的长期利率相同

C.流动性偏好理论指出，如果其他条件相同的话，较长的到期日将会有较低的收益率

D.市场分割理论认为借贷双方都会受到收益率曲线上的某一段的约束

4.远期利率（　　）未来的即期利率，因为（　　）。

A.等同于；它们都源自到期收益率

B.不同于；远期利率只是暗含在即期利率系列中的利率，未来的即期利率是未来的名义利率

C.不同于；远期利率是根据债券现时报价估计的，而未来的即期利率则是从到期收益率中推出的

D.不同于；它们是不完美的预测

5.关于利率风险结构，以下说法错误的是（　　）。

A.利率风险结构是指金融工具因品质差异而出现不同风险的现象

B.利率风险结构是指金融工具因品质的差异而出现不同利率的现象

C.利率风险结构是指期限相同的金融工具因品质的差异而出现不同风险的现象

D.利率风险结构是指期限相同的金融工具因品质的差异而出现不同利率的现象

3.3　思考题

1.试比较可转换债券、可分离债券和可赎回债券之间的差异。

2.远期利率和预测利率有何关系？

3.试分析预期理论、流动性偏好理论和市场分割理论的基本观点。

4.债券价格的变化通常出现在其信用等级调整之前，这个现象说明什么问题？

5. 一种债券，年息票利率为10%，半年付息一次。即期市场利率为4%，债券离到期日还有3年，请计算当期的债券价格。

本章参考文献

[1] 陈松男. 固定收益证券与衍生品：原理与应用 [M]. 北京：机械工业出版社，2014.

[2] 吴晓求. 证券投资学 [M]. 5版. 北京：中国人民大学出版社，2020.

[3] 类承曜. 固定收益证券 [M]. 北京：中国人民大学出版社，2013.

[4] BODIE Z，KANE A，MARCUS A J. Investments [M]. 9th ed.New York：McGraw-Hill，2011.

[5] BODIE Z，MERTON R C，CLEETON D L. Financial economics [M]. 2nd ed.Englewood Cliffs：Pearson Education，2009.

[6] COCHRANE J H. Discount rate [J]. Journal of Finance，2011 (4).

[7] FABOZZI F J. The handbook of fixed income securities [M]. 7th ed.New York：McGraw–Hill，2005.

[8] FROOT K A. New hope for the expectations hypothesis of the term structure of interest rates [J]. Journal of Finance，1989 (3).

[9] MAGINN J L. Managing investment portfolios is a dynamic process [M]. 3rd ed.New York：John Wiley & Sons Inc.，2007.

[10] REILLY F K. BROWN K C. Investment analysis & portfolio management [M]. Stamford：Cengage Learning，2012.

[11] TUCKMAN. Fixed income securities [M]. 3rd ed.New York：John Wiley & Sons Inc.，2012.

第4章

股票

导读

股票是有价证券的一种形式，是证券市场中比较活跃的金融投资工具。股份公司以股票作为投资人投资入股的证书和借以取得股息的凭证。本章介绍股份公司及其治理、股票、股票价格指数和股票估值，为了使读者更多地了解中国股票市场，本章以专栏的形式介绍了我国的注册制改革内容。

关键概念

股份有限公司　公司治理　独立董事　外部治理　股票　普通股　优先股　股息　红利　股价指数　相对估值法　市盈率　绝对估值法　折现现金流量法

§4.1 股份公司及其治理

4.1.1 股份公司的历史沿革

有文献记载，在古罗马帝国时期就存在一种股份委托形式的组织，在中世纪也有过共同进行合作经营的经济组织。但这些并不是真正意义的股份公司，只能算作股份公司的原始雏形。在资本主义形态出现之前的漫长的历史时代，由于社会生产力极其低下，与此相适应的社会经济组织也只可能是效率低下的、结构松散的组织形式。

资本主义的产生和发展使社会生产力发生了巨大的变化，社会生产力的发展客观上也要求与之相适应的社会经济组织形式，这就为股份公司的产生和发展提供了一个历史契机。

15世纪末期，美洲新大陆的发现使世界贸易的格局发生了很大的变化，欧洲的西班牙、葡萄牙、荷兰和英国迅速发展成为实力强大的海外贸易国家。新大陆、新殖民地的开发虽然充满了投资机会，但也充满了风险。个人以及合伙型企业很难具备这种从事高风险海外贸易的资金实力，银行也不敢给这种高风险行业贷款。这种大型的、充满风险的海外贸易活动客观上要求更多人的参与，这样不仅能增强企业的资金实力，也能分散个人的投资风险。

1600年，英国成立了由政府特许的、专营海外贸易的东印度公司，这被认为是第一个典型的股份公司。1602年成立的荷兰东印度公司已经具备现代股份公司的重要特征：公司资本总额6 500荷兰盾，选举60名董事，股东的范围遍及全国，股东来自社会各个阶层等。

海外贸易的迅速发展以及从事海外贸易的股份公司的迅速崛起促使金融领域内外部结构发生变化，最明显的实例就是在当时经济相对发达的欧洲诸国开始出现实行股份制度的银行。据资料记载，在英国，仅英格兰和威尔士两地，1841年股份银行就为115家，1865年发展到250家。股份银行的兴起改变了金融领域的格局，由于股份银行比私人及合伙制银行具有更强的资金实力和更加完备的内部结构，股份银行很快就统治了英国金融市场。同时，海外贸易的扩张带来了相关行业如矿山、造船、铁路和制造业的迅速发展。而这些行业规模庞大，没有足够的资金实力根本不可能存在，股份公司成为这些行业企业选择的必然模式。

19世纪中期，各主要资本主义国家先后完成了工业革命，机器大生产取代了工场手工业。原有的独资、合伙企业越来越难以适应社会化大生产对资本扩张的需要，股份公司得到更迅猛的发展。例如，英国1862—1886年平均每年新建的股份公司就有1 041家，仅1897年一年，英国就组建了4 975家股份公司。

二战之后，世界经济发展到了一个前所未有的、突飞猛进的新局面。钢铁、石油、飞机制造、电子技术等行业迅速崛起。这些行业企业规模庞大，实力雄厚，普通私人或合伙制企业根本无法与之抗衡。

在这种背景下，股份公司不仅得到了较大的发展，而且集中程度有了极大的提高，各类混合型股份公司、超越行业和国界的跨国公司大量涌现并迅速发展，股份公司已经成为发达国家最普遍的企业组织形式。据不完全统计，1980年，美国已有271万家股份公司，其营业收入占美国全部企业营业收入的88.9%；1982年，英国已有股份公司60多万家，其生产总值占全国生产总值的51%；在日本，1983年，资本超过1 000万日元的股份公司达到23万多家，约占同类规模企业总数的87%，而资本超过1亿日元的股份公司达16 891家，约占同类规模企业总数的99%。

股份公司在中国的发展相对缓慢，这与当时中国的政治、经济地位是相适应的。直到19世纪末期，中国才开始出现股份制形式的企业。例如，1862年在上海开办的美国旗昌轮船公司，1872年创立的英商太古轮船公司，1873年成立的上海轮船招商总局等。在当时的社会历史条件下，股份公司仅仅只是一种企业形式，根本不可能占据社会经济的主导地位。

20世纪80年代中期，我国开始股份制试点和证券市场创立，通过30多年的发展，全国已建立了数十万家股份有限公司，股份公司已经成为中国最普遍的经济组织形式。截至2023年8月31日，境内股票市场共有上市公司5 277家，市值逾90万亿元。股份公司在中国已经占据了社会经济的主导地位。

4.1.2　股份公司的种类和形式

1.无限责任公司

无限责任公司由两个以上股东组成，这种形式的公司的特点为：（1）股东对公司承担无限责任。无限责任公司的股东不是仅以出资额而是以其出资额和全部个人财产对公司债务负全责。当公司资产不足以清偿债权人债务时，股东要以其私人财产偿还债务，直至偿付完毕。（2）股东承担连带偿债责任。全体股东共同对公司债务负责，而且每个股东都承担着偿付公司全部债务的责任。公司债权人有向公司任一股东提出清偿债务的权利，直到债务全部清偿为止。（3）是典型的人合公司。无限责任公司的股东都是自然人。公司的组建主要是基于股东之间的信任关系，公司的信用取决于股东个人的信用。股东一般直接参与公司的经营管理。股权的转让必须征得全体股东同意。（4）公司应有两个以上股东。无限责任公司组织简单、商业保密性强、公司信用好，但股东承担的风险很大，公司规模也受到限制。英美法系国家认为无限责任公司仅仅是普通合伙的一种契约关系，因而不承认其为公司法人；大陆法系国家则一般将无限责任公司视为法人。这种公司在经济发达国家已不占重要地位。

2.有限责任公司

有限责任公司，又称有限公司，指由少数股东共同出资，每个股东以其所认缴的出资额对公司承担有限责任，公司以其全部资产对其债务承担责任的企业法人。

依照《中华人民共和国公司法》（以下简称《公司法》）的规定，有限责任公司具备如下法律特征：(1) 有限责任公司是企业法人，公司的股东以其出资额对公司承担责任，公司以其全部资产对公司的债务承担责任。(2) 有限责任公司的股东人数是有严格限制的。我国《公司法》规定股东人数为50人以下（各国对有限责任公司股东数的规定不尽相同）。(3) 有限责任公司是资合公司，但同时具有较强的人合因素。公司股东人数有限，一般相互认识，具有一定程度的信任感，其股份转让受到一定限制，向股东以外的人转让股份须得到其他股东过半数同意。(4) 有限责任公司不能向社会公开募集公司资本，不能发行股票。

3.两合公司

两合公司是以共同商号进行商业活动的公司，其股东中的一人或数人（有限责任股东）以其一定的出资财产数额对公司的债务负责任，其他股东负无限责任。无限股东是法律上的经营者，但并不排除有限股东按合同参与领导公司，与只计资本出资的有限股东相比，无限股东有权获得更多的利润分成。两合公司与隐名合伙有相似之处，其无限责任股东之间的关系，与无限责任公司股东之间的关系基本相同。两合公司是大陆法国家公司法中规定的公司形式。在英美法国家，一般视其为有限合伙，以有限合伙制度来进行规范。

此外，还有一种特殊的两合公司，即股份两合公司，它是两合公司的一种特殊形式，普通的两合公司兼有无限公司和有限公司的特点，而股份两合公司则兼有无限责任公司和股份有限公司的特点。股份两合公司与一般两合公司的不同在于，其有限责任股东是以认购股份即购买公司股票的形式进行出资，从而使得其在对外吸收社会投资上比一般两合公司更容易。

当代经济活动日益复杂，使得上述公司形式中无限责任公司及两合公司股东的投资风险更加突出，采用这两种公司形式的国家已经不多，而股份两合公司因其有限责任股东无权参与公司经营管理，其地位不如股份有限公司股东，对投资人的吸引力日渐减弱，采用该形式的国家更少，有的国家如日本甚至在立法中将其废除。

4.股份有限公司

股份有限公司是指通过向社会公众发行股票筹集资本，按照法定程序组织建立的股份公司。股份有限公司是真正意义上的股份公司，是最具代表性、地位最重要、采用最广泛的现代企业组织形式。

股份有限公司的特点有：(1) 公司股本等额划分，股本的基本单位为股，股份以股票形式体现，股东以购买股票的方式持有公司股份。(2) 股票公开发行，在上市后可自由转让。(3) 公司实行有限责任制度，股东以其出资额为限承担公司清偿责任，并以其所持股份分享公司收益。(4) 公司是独立的法人，股东一般不参与日常经营管理，公司经营由董事会确认的公司经营机构负全责。(5) 股东大会是公司的最高权力机构，股东大会选举的董事会是公司常设的最高管理机构。(6) 公司财务状况及经营状况按照法定程序向社会公众公开，以便社会监督和公众选择投资。

4.1.3　公司治理

1.公司治理问题的产生

股份公司在长期的发展过程中，逐渐形成了一些重要的特征。正是这些重要特征，使得股份公司的治理问题成为股份公司发展的焦点。

（1）股权结构分散化。

股份公司的股权结构经历了由少数人持股到社会公众持股再到机构投资者持股的历史演进过程。

在股份公司发展早期，公司只有少数的个人股东，即股权结构相对集中。随着公司规模的扩大，公司的股权结构开始逐步分散化，大量的公司股票分散到社会公众手中。而近20多年来，一些国家出现了机构持股的情况，特别是在美国，机构持股非常普遍，机构持股在总量上约占美国全部上市公司股本的50%。尽管机构投资者发展迅速，但在20世纪80年代以前，机构投资者大多实行分散投资，投资于单个公司特别是大公司的比重并不高，因而使得公司的股权结构高度分散，很多公司往往有成千上万个股东。例如在美国，最大股东所持有的公司股份大多在5%以下。

公司股权分散化对公司经营造成了不利影响。首先，股权分散化使公司股东很难在集体行动上达成一致；其次，大量存在的中小股东缺乏参与公司决策和对高层管理人员监督的能力；最后，分散的股权结构使得股东和其他利益相关者处于被机会主义行为损害、掠夺的风险之下。

（2）所有权和控制权分离。

在传统企业中，所有者和经营管理者合二为一，不会产生所有者和经营者的利益分歧。而在股份公司中，所有权和控制权的分离会导致两个利益主体之间的分割，由此产生了公司行为目标的冲突，产生了两种权利、两种利益之间的竞争。

当然，也有一些股份公司，所有者仍旧掌握着公司的控制权。在这种情况下，所有者利益仍然能够得到适当的保护，他们的意志能够得到较顺利的贯彻与实施。然而，在现代经济生活中，这种类型的公司并不占多数，大多数股份公司是公众公司，股票所有者或者不再参与公司的经营管理，或者作为经营者参与公司的经营事务，只拥有小部分公司股权。这会导致股东利益目标与经营管理者利益目标发生偏离，甚至冲突。

20世纪60年代以来，公司所有权与控制权的分离日趋严重，例如在美国，许多公司董事会中公司经理占了多数，一些公司首席执行官同时又是董事长，受聘于公司所有者的经营管理者反过来最终控制了公司，导致公司偏离企业利润最大化目标。这一系列弊端已引起人们的普遍关注，公司治理成为股份公司发展的最重要的议题。

2.公司治理的目标

公司治理是指通过一套正式或非正式的、内部或外部的制度或机制来协调公司与所有利益相关者之间的利益关系，以保证公司决策的科学化，从而最终维护公司各方面利益的一种制度安排。这种公司治理是公司利益相关者通过一系列的内部和外部机制实施的共同治理。

公司治理的目标不仅是股东利益最大化，而且要保证公司决策的科学化，从而保证公司各方面的利益相关者的利益最大化。股东和利益相关者就构成了公司治理的主体（权益主体）。利益相关者包括债权人、公司雇员、客户、供应商、社区居民、政府、竞争者等。因此，公司治理的主体不仅局限于股东，而且包括债权人、雇员、客户、供应商、政府、社区居民等在内的广大公司利益相关者。所以，公司的经营者不仅要维护股东的利益，同时也要维护其他利益相关者的利益。

公司治理的客体就是公司治理的对象。公司治理的对象有两层含义：第一，董事会，对其治理来自股东及利益相关者，目标在于公司的重大战略决策是否恰当。第二，经理层，对其治理来自董事会，目标在于公司经营管理是否恰当。对两者的判断标准在于是否履行了受托责任。董事会作为股东选举出来的机构，被指定系统阐述公司的政策、批准战略计划、核准重要的交易、宣布红利的派发等，以及聘任、建议、撤换经理并安排新的继任者，确定董事会的规模和新董事的提名，但所有这些都必须服从于股东们的批准。

受托责任是在落实这些职责过程中将真诚和监管的责任强制性地赋予经理人员和董事的。真诚的责任要求经理或董事要避免利益冲突和利用公司的支出进行自利性交易。监管的责任要求每位董事和经理人员的行为要处于良好信念中，要诚实而精明，要理智地相信其实施方案是最有利于公司利益的。

以股东为中心的各利益相关者与公司的关系主要体现在各利益相关者与公司董事会及经理阵营之间的说明责任上。董事及经理人的受托责任的实现取决于在公司运作过程中形成的说明责任的实现。

说明责任包括对所采取的措施进行说明的要求。它代表了对各种活动负有责任一方的反馈机制：拥有要求说明责任权利的一方和拥有说明责任的一方。说明责任不仅要报告已经做了什么，还包括需要说明原因和面对其后果。说明责任是建立在合法权利的基础之上的。

说明责任分为两类：垂直的说明责任和水平的说明责任。垂直的说明责任是指由权力的委托而形成的说明责任。就所有权的情况而论，管理资产并从该资产中获得业绩的责任已经由所有者委托给经理或代理商了。从所有权中而来的权力被委托给那些需要对资产行使管理责任（采购、财务、资金等的财务管理）以保证妥善保管和获取足够业绩的人。这种管理责任角色的履行要求说明责任，这种说明责任就是垂直的说明责任。水平的说明责任就是由于某种契约关系或者行为的相互影响而形成的说明责任。例如，在雇主和雇员关系中，雇主依法对在劳动保护的范围内就雇佣合同之下所采取的手段对雇员承担责任。同样，在供应者和消费者之间，供应者的经营行为直接对消费者产生影响，供应者就产品和提供的服务对消费者承担责任，这些都是说明责任。

因此，说明责任就是围绕行为的结果而进行的说明报告的义务，是行使权限的结果。在这里，作为出资者的股东把权限、责任委托给董事会，所以董事会就对股东负有说明责任。董事会把权限、责任委托给经营者，经营者又对董事会负有说明责任。同样，下级经营者要对上一级经营者负有说明责任，这样就形成了垂直的说明责任关系。公司作为一个法人，它和银行等保有债权、债务关系，对债权人负有说明责任。对于职工来说，和公司是一种雇佣契约关系，公司对职工负有说明责任。

不论是董事还是经营者都可以通过说明责任来获得其行为正当性的认可，以确认其履行了受托责任。而股东和利益相关者可以通过董事和经营者的说明责任来考察董事和经营者是否较好地完成了受托责任，以达到各方面利益最大化和保证公司决策科学化的终极目标。

3.公司治理的方法

股东及利益相关者是公司治理的主体，其中股东会、董事会、监事会和经理层相互制衡，共同实施对公司的治理，我们称之为内部治理。内部治理是《公司法》所确认的一种正式制度安排，它构成公司治理的基础。内部治理在一般情况下是公司治理的核心。加强内部治理，就是要以更恰当的方式组织好董事会、监事会以及相关的专门委员会，争取有责任心的大股东对公司的关注，保证企业的报告系统和审计系统向股东会、董事会、监事会及外界提供和披露系统的、及时的和准确的信息，保证经营者很好地履行对股东的说明责任，尽到作为受托者的义务。

公司法人治理结构为实现公司内部治理提供了相互制衡的组织结构，目前，公司的内部治理广泛采取三种运行机制，这三种机制就是激励机制、监督机制和决策机制。

激励机制是解决委托人和代理人之间关系的制度安排，即委托人通过一套激励机制促使代理人采取适当的行为，最大限度地增加委托人的效用。因此，激励机制是关于所有者与经营者如何分享经营成果的一种契约。激励机制主要包括以下内容：

（1）报酬激励机制。报酬激励由固定薪金、股票与股票期权、退休金计划等构成。其中，固定薪金的优点是收入稳定可靠，没有风险，但缺乏灵活性和刺激性。奖金和股票与其经营业绩紧密相关，对于经营者来说有一定风险，也有较强的刺激作用，但容易引发经理人员的短期行为。股票期权激励允许经营者在一定时期内以接受期权时的价格购买股票，如果价格上涨，经营者收益就会增加，这种激励机制期限较长，作用很大，但风险也很大。因为时间越长，经营者面临的不确定性因素就越多。退休金计划有利于经营者的长期行为，但与经营者的年龄结构存在较大的关系。因此，最优报酬激励机制的设计与选择应根据公司具体情况和行业的特点进行最优组合。

（2）剩余支配权和经营控制权激励机制。剩余支配权激励机制表现为向经营者大幅度转让剩余支配权。对剩余支配权的分配，即在股东和经营者之间分配事后剩余或利润，以实现对经营者的激励。如果一个契约能产生最大化剩余或者最大化效率，这样的契约就是一个最优化的选择。经营控制权能使经营者具有职位特权，能给经营者带来正规报酬之外的物质利益满足，具有一定的激励效应。

（3）声誉或荣誉激励机制。声誉或荣誉激励是一种精神激励，对于高层经营者有很强的效果。因为较高的声誉或荣誉不仅会给经营者带来成就感和心理满足，还可能带来未来的职位保证和相应的货币收入；而较低的声誉或荣誉可能会断送经营者的前程。

（4）聘用与解聘激励机制。聘用与解聘对经营者行为的激励是通过经理市场竞争来实现的，资本所有者可以通过市场自由选择经理，经理人员的声誉或荣誉是资本所有者选择的重要条件。可见，聘用与解聘激励机制与声誉或荣誉激励机制有一定的关联性。

较完备的激励机制应能使经营者获取其经营企业所付出的努力与承担的风险相对应的利益，同时又使经营者承担相应的风险与约束。因此，制定的公司内部激励机制应该能做到：完善公司内部收入分配制度，完善经理人员任免制度，建立经营者风险抵押制度等。另外，完善和加强经理市场与资本市场的建设，是完善企业内部激励机制的重要条件，没有一个市场化的经理市场和资本市场，企业内部激励机制很难达到预期的效果。

监督机制是指公司的利益相关者针对公司经营者的经营成果、行为或决策所进行的一系列客观而及时的审核、监察与督导的行动。公司内部监督机制既包括股东会和董事会对经理人员的监督和制约，又包括他们之间权力的相互制衡与监督。股东会、董事会对经理人员的监督通过公司治理结构中的相互制衡关系来实现，而监事会对董事会和经理人员的监督，则主要通过检查公司的业务活动来实现。监督机制主要包括：

（1）股东与股东会的监督。股东对经理人员的监督主要表现在集中投票权和抛售股票上。集中投票权是股东通过网络投票表达个人意愿的最佳方式，但是股东过于分散，因而中小股东的投票往往难以汇集成有力的力量，在这种情况下，抛售股票成为中小股东表达意愿的选择。股东会是公司最高权力机构，股东会有权选举和罢免董事会和监事会成员，拥有知情权和监察权，拥有对玩忽职守、未能尽到受托责任的董事的起诉权，可以通过公司监事会对经营管理者进行监督。但是股东会不是常设机构，其监督权的行使往往交给专职监督的监事会和董事会，仅保留对结果的审查和决定权。

（2）董事会的监督。董事会对经理人员的监督表现为行使职责聘任和解聘经理人员，或通过制定重大和长期战略来约束经理人员的行为。董事会对执行机构的监督是为了监督其决定是否被贯彻执行以及经理人员是否称职。董事会对经理人员的监督是一种制衡关系，由于董事只是股东的受托人，有些董事同时又是公司经理，而且董事会与经理人员分享经营权，因此这种制衡效果有限。

（3）监事会的监督。监事会是公司内部的专职监督机构。监事会对股东会负责，以出资人代表的身份行使监督权。其监督具有如下特点；一是监事会具有完全独立性。监事会一经股东会授权，就完全独立地行使监督权，而不受其他机构干预。董事、经理人员不得兼任监事。二是监事个人行使监督职权具有平等性，所有监事对公司的业务和账册均有平等的、无差别的监督权。监事会的职能是监督公司的一切经营活动，以董事会和总经理为监督对象。监事会可以对公司进行会计监督和业务监督；可以随时调查公司的财务情况，审查账册文件；有权纠正经理人员的越权行为和通知经营管理机构停止其违法经营活动；有权审核董事会编制的各种报表并把审核意见向股东会报告；可以在认为必要时，提议召开股东会。在特殊情况下，监事会有权代表公司。例如，当公司与董事间发生诉讼时；当董事自己或他人与本公司交涉时。另外，当监事会调查公司业务和财务状况及审核账册报表时，可以代表公司委托律师、会计师或其他中介机构实施。

（4）独立董事制度。**独立董事是指在其任职的公司不同时担任管理职务的董事，在经济上或相关利益方面与公司及经理层没有密切的关系。**独立董事的这种相对独立性，使独立董事能够比较客观地行使监督职权。独立董事在英美法系国家比较普遍，而且在董事中的比例也越来越大。中国目前在上市公司中也已引入独立董事制度，其具体的作用和效果还有待实践的证明和检验。

决策机制是指公司决策权在股东会、董事会、经理层等各权力机构中如何科学、合理地分配的格局，决策机制是公司治理机制的核心。

股东会是公司的最高权力机关，拥有选择经营者、重大经营管理和资产 收益等的终极决策权。股东会行使决策权，是通过不同种类和类别的股东会来实现的。一般来说，股东会主要分为普通年会和特别会议两类。此外，根据公司发行股票类别的不同，存在类别股东会议。

从多数国家的公司立法规定来看，股东年会的决策权主要内容为：（1）决定股息分配方案；（2）批准公司年度报告、资产负债表、利润表以及其他会计报表；（3）决定公司重要的人事任免；（4）增减公司的资本；（5）修改公司章程；（6）讨论并通过公司股东提出的各种决议草案。

股东会的决策是以投票表决的方式来实现的，表决的基础是按资分配，所有投票者一律平等，每股一票。具体的表决方式有直接投票、累积投票、分类投票、偶尔投票和不按比例投票等五种。

在股东会闭会期间，董事会是公司的最高决策机关，是公司的法定代表。除了股东会拥有或授予其他机构拥有的权力以外，公司的一切权力由董事会行使或授权行使。对董事会的重大决策权，不同国家的立法有一些区别，但主要的或者类似的决策权包括：（1）制定公司的经营目标、重大方针和管理原则；（2）挑选、聘任和监督经理层人员，并决定高级经理人员的报酬与奖惩；（3）提出盈利分配方案供股东会审议；（4）通过修改和撤销公司内部规章制度；（5）决定公司财务原则和资金的周转；(6) 决定公司的产品和服务价格、薪酬水平、劳资关系；(7) 代表公司签订各种合同；(8) 决定公司的整体福利待遇；(9) 召集股东会。

董事会的决策权是以召开董事会并形成会议决议的方式来行使的。如果董事会决议与股东会的决议发生冲突，则应以股东会决议为准，股东会有权否决董事会决议，甚至改造董事会。董事会会议又分为普通会议和特殊会议。参加董事会会议的人数必须符合法定人数要求，只要由出席会议的董事法定人数中的多数通过的决议，就应当视为整个董事会的决议，但是公司章程中有特别规定的除外。

董事会会议决议是以投票表决的方式作出的，表决采取每人一票的方式，在投票时万一出现僵局，董事长往往有权行使裁决权，即投决定性的一票。

对于公司治理的决策机制，从另一方面说，公司决策是一个从分歧、磋商、妥协到形成统一认识的过程。除了上述决策权的分配外，按照程序来决策是所有层面决策有序进行的前提和先决条件，决策程序一般可以分为决策准备、决策方案的产生、决策方案的讨论和最终决定（形成决议）四个相互衔接的阶段。

经理层在董事会的领导下开展工作，对于公司日常运营中的各项生产经营决策拥有决定权。但对于影响公司战略前景的重大事项的决策，经理层通常不能越俎代庖。

外部治理包括一般少数股东以及潜在股东、资本市场、股票交易所、经理市场、产品市场、社会舆论监督和国家法律法规等外部力量对企业管理行为的监督。外部治理是内部治理的补充，其作用在于使企业经营行为受到外界的评价，迫使经营者自律和自我控制。国家法律法规是最重要的，也是最有力的外部约束因素，能使企业经营者与整个社会有效整合。外部治理在一定条件下可以转化为内部治理，这种转化实际上就是公司董事会或者经理层的改组。外部治理对公司治理的影响力度取决于公司治理模式。

外部治理一般通过以下途径发挥作用：

(1) 资本市场。公司价值在资本市场中会得到一定程度的反映，公司内部治理做得较好，公司效益能够得到保证，则公司的市场价值一般会有所上升。如果公司内部治理存在问题，公司效益得不到保证，公司股东就有可能选择抛售股票。公司股票的涨跌会给公司管理层带来一定的压力，迫使其更多地注重公司的生产经营和公司的经营成果。

(2) 产品市场和经理市场。产品市场直接反映了公司的产品和服务质量，经理市场给董事会提供了考察经理素质的参照体系。公司经理人员的经营能力从产品市场和经理市场中能够得到不同程度的反映，从而也给经理人员增添了一定的压力。

(3) 企业并购。企业并购是资本市场中一种常见的企业行为，当一个企业的股票价值长期低迷，而这家企业又具备发展的潜力时，并购往往会发生。并购行为将直接影响到被并购企业经理层的生存，会给被并购企业经理人员带来极大的压力，同时这种压力也可能会转化为被并购企业经理层的动力，促使其更多地关注公司的业绩。

（4）银行及机构投资者。银行一般是公司的最大债权人，银行对公司的监督作用表现在两个方面：一是债务契约授予银行的监督权；二是银行的短期贷款不仅使银行能掌握公司的第一手信息，同时也使公司存在接受银行监督以提高自身声誉的激励。机构投资者若持股比例较高，会对公司经营高度关注。机构投资者不仅在调整持股比例上直接影响公司股票价格，而且可能通过董事会或其他方式对公司施加影响。例如，机构投资者可以相互联手或者通过网络联系众多中小股东行使股东代表权利，对公司的经营决策甚至管理层进行干预。这种集中的股权优势往往会对公司的内部治理产生重大影响。

（5）政府及国家法律法规、社会舆论、宏观管理机构、企业的工会等也在不同程度和层次上对公司治理产生影响。

由于各国经济制度、历史传统、市场环境、法律法规等很多方面存在差异，公司治理模式也就不尽相同。目前，世界上比较典型的公司治理模式有三种：外部控制主导型、内部控制主导型和家族控制主导型。

外部控制主导型公司治理又称为市场导向型公司治理，是指外部市场在公司治理中起着主要作用。这种治理以大型流通性资本市场为基本特征：公司股票在交易所上市；金融市场发达；公司股权相对分散。外部控制主导型公司治理的特点是：董事会中独立董事比例较大；公司控制权市场在外部约束中居于核心地位；经理市场发展健全；信息披露完备；经理报酬中股票期权的比例较大。

内部控制主导型公司治理又称为网络导向型公司治理，是指股东（法人股东）、银行（一般也是股东）和内部经理人员的流动在公司治理中起着主导作用，而资本流通性则相对较弱，证券市场交易不够活跃。内部控制主导型公司治理的特点是：董事会与监事会分立；企业与银行共同治理；公司之间交叉持股。

家族控制主导型公司治理是指家族占有公司股权的相对多数，公司所有权与经营权不分离，家族在公司中起着主导作用的一种治理模式。这种公司治理模式特点明显，即公司治理基本由家族所掌控：所有权由家族控制；企业决策权由家族控制；企业经营管理由家族控制；企业员工家族化管理；等等。除了国家的法律法规以外，可能只有贷款银行对其公司治理能产生一定的影响。

§4.2 股票概述

4.2.1 股票的含义

股票是股份公司颁发给股东作为其投资入股的证书和借以取得股息的凭证。公司股份是股票的实质内容，股票是股份的表现形式。具体来说，股份是股份公司资本的基本计量单位，每一股份都代表一定的资本额，每股资本额都相等，每股金额乘以股份总数就等于股份公司资本总额。由于每一股份均等，每一股份都包含同等的权利，股票只是上述资本单位和权利表现为可以转让的书面形式。

作为一种比较活跃的金融投资工具，股票具有下述一些基本特征：

1.盈利性

股票的盈利性特征一方面指股票持有者有权按公司章程从公司领取股息和分享公司的经营红利；另一方面则是指在证券市场上有可能获取差价利润。前者取决于股份公司的经营状况、盈利水平及分配方式，后者则取决于证券市场的价格波动。

2.风险性

股票盈利的不确定性实际显示了股票所具有的风险性，股票持有者从股票认购之日起就承担了这种风险。股票的风险性表现在两个方面：一方面是股份公司经营不善，股票持有者少得甚至得不到股息红利；另一方面是股票价格下跌的风险，即股票持有者由于股票贬值而蒙受损失。在极端情况下，若股份公司破产，股票持有者还有可能会血本无归。

3.流通性

股票是一种流动性很强的证券，股票持有者可以在证券市场上随时进行转让。股票没有期限，也不能返回发行公司，要变现只能通过流通市场转让。股票的这一只能在证券市场上转让才能变现的特征，使其流通性大大增强。

4.价格波动性

和所有商品一样，股票这种特殊商品也有自己的价值和价格。股票价格的高低不仅与股份公司的经营状况和盈利水平紧密相关，而且还受到国际、国内政治、经济、社会等多种因素的影响。与其他商品不同，股票价格波动性较大。

5.权益稳定性

股票所代表的是一种所有权，只要持有股票，其股东身份和权益就不会改变，这样，股份公司和股票持有人通过股票这一纽带被牢牢地拴在一起。虽然股票可以在市场上进行转让，但新的持有人仍将延续上述权益关系，从而保证了权益的稳定。

4.2.2 股票的种类

世界上股票种类较多，按照不同的分类方法可以将股票划分为不同的种类。

1.按股票持有者承担的风险和享有权益为标准

按股票持有者承担的风险和享有权益为标准，可以将股票分为普通股、优先股和后配股。

普通股是构成股份公司基础的股票，是股份公司最先发行也必须发行的股票，普通股的期限与股份公司的存续期限一致。普通股的股东享有平等的权利，并随着股份公司利润的变化取得相应的收益。普通股是风险最大的一种股票，这种风险不仅来自于不固定的收益和市场风险，而且来自于股息分配和公司破产后剩余资产的支配权上。但普通股的流动性很强，正是这种较强的流动性和较大的价格波动，使普通股在证券市场上受到投资者的普遍青睐。

优先股是股份公司中对公司利润、公司清理剩余资产享有优先分配权的股份。

这种优先分配权表现在：一是领取股息优先；二是分配剩余资产优先，当然优先股的这些优先权利也要付出必要的代价。首先，优先股的股息率是事先确定的，当公司利润大增，普通股收益明显提高时，优先股的股息不会改变。其次，优先股股东一般没有选举权和被选举权，也不参与公司决策。最后，股份公司发行新股时，优先股股东没有优先认股权。

根据不同的附加条件，优先股大致可分为以下几种：

（1）累积优先股和非累积优先股。累积优先股是指历年股息可以累积发放的优先股，即当股份公司因为亏损未付股息的情况下，在以后的会计年度中必须进行补偿。非累积优先股是指股息当年结清、不能累积发放的优先股。

（2）参与优先股和非参与优先股。参与优先股是指除了按规定分得本期固定股息外，还有权与普通股股东一起参与本期剩余盈利分配的一种优先股。非参与优先股是指按规定分得本期的固定股息外，无权再参与对本期剩余盈利分配的一种优先股。

（3）可转换优先股和不可转换优先股。可转换优先股是指发行后在一定条件下允许持有者将它转换成其他种类股票的优先股。不可转换优先股则是不具备上述权利的优先股。

（4）可赎回优先股和不可赎回优先股。可赎回优先股是指在发行后一定时期可按特定的赎回价格由发行公司收回的优先股。不可赎回优先股则是不具备上述权利的优先股。

后配股是指在股息和剩余资产分配上均后于普通股的股份。股份公司发行后配股的原因是公司发起人或经营者预计公司经营利润不能很快达到目标，但为了扩充资本，就由发起人或经营者自己购买。因此，后配股又称为发起人股或经营者股。后配股除了在股息和剩余资产分配后于普通股外，其余权利与普通股相同。

2.按照股票的票面形式

按照股票的票面形式，股票可作如下分类：

（1）记名股票和无记名股票。记名股票是股票上记载股东姓名，并同时将股东姓名登记在股东名册上的股票。记名股票不得私自转让，必须通过公司才能过户。无记名股票是无须记载股东姓名的股票。此种股票仅凭股票所附息票领取股息，因此可以自由转让。

（2）面额股票和无面额股票。面额股票是指股票票面上记载有每股金额的股票。股票面额为公司资本的基本单位，是股东的基础出资额。票面金额没有统一规定，例如，英、美等国的有关证券法规不规定股票票面的最低金额，由发行公司自行确定，而日本则规定有票面金额的股票每股金额不得低于500日元。我国曾经将每股股票的票面金额统一调整为每股1元，但有个例外是，2008年发行并上市的紫金矿业股票，是按照每股面值0.1元发行的。无面额股票就是在股票票面上不载明金额的股票。无面额股票一般在票面上要标明每股占公司资本总额的比例，其价值随公司财产的增减而增减。

3.按照股票的盈利能力或者成长性等指标

按照股票的盈利能力或者成长性等指标，股票可作如下分类：

（1）蓝筹股。蓝筹股是指具有稳定的盈余记录，能定期分派较优厚的股息，被公认为业绩优良的公司的普通股股票，又称为绩优股。蓝筹股并非一成不变，随着公司经营状况的改变及经济地位的升降，蓝筹股的排名也会变更。据美国著名的《福布斯》杂志统计，1917年的100家最大公司中，目前只有43家公司的股票仍在蓝筹股之列，而当初“最蓝”、行业最兴旺的铁路股票，如今完全丧失了入选蓝筹股的资格和实力。

（2）成长股。成长股是指处于成长阶段的公司股票。这类公司的生产经营正处在上升阶段，但现阶段盈利不多。

除了蓝筹股和成长股之外，市场上还存在着一些其他特征的股票，如周期股、题材股、防守股、投机股等。这些股票各有其不同的“性格”和特征。

4.2.3 股票的价值和价格

股票是实际资本的一种纸质或无纸质复本，本身并不存在价值。但是，股票的收益权、转让权以及潜在的股份公司的控制权等权利，使股票在现实中具有价值和价格。根据不同研究目的的需要，我们可以将股票的价值区分为票面价值、账面价值、清算价值、理论价值和市场价值等，股票的各种价格即是上述各种价值的具体表现。

1.票面价值

票面价值（或称面值）是指股票的面额价值。由于股票的最小分割单位为股，因而“股”所代表的资本额就是股票的票面价值。例如，某股份公司发行10 000万元股票，分割为1 000万股份，则每股票面价值为10元。同理，若该公司发行10 000万元股票总额不变，但分割为10 000万股份，则每股票面价值变为1元。计算公式为：

票面价值=股票发行总金额÷股票发行总股数

2.账面价值

账面价值是股份公司记录的在某个时点上所反映的每股股票所代表的净资产。它是用股份公司的资产减去一切负债，再除以股份得出的商数，用公式表示为：

账面价值=（公司资产总额-公司负债）÷股本总额

=公司净资产总值÷股本总额

若公司在发行普通股股票的同时，还发行了优先股股票，则普通股股票的账面价值要作如下调整：

普通股股票账面价值=（公司资产总额-公司总负债-优先股股东权益总额）÷普通股股本总额

账面价值是一个会计概念，它表明了公司的实际实力。账面价值越高，说明公司实力越雄厚。

3.清算价值

清算价值又称清偿价值，是指股份公司破产清算时，每一普通股所含的实际价值。一般来讲，清算价值与账面价值相一致。但若清算时，实际清算价高于或低于账面价值，则清算价值不等于账面价值。

4.理论价值

股票的理论价值，即股票的内在价值，是指股票本身所固有的价值，所以又称其为真实价值或真值。股票理论价值的计算充分考虑了股票在未来若干年内预计每年可得到的收益总和（即股息、红利总和）和股票持有者在未来若干年后某一年出售股票时的价格差价等因素，因而对市场投资者具有较高的参考价值。关于理论价值的含义和计算可参考第7章的相关内容。

5.市场价值

股票的市场价值是指股票在证券市场上为广大投资者所认同的当时价值，它以股票市场当时的价格形式表现出来。股票市场总价值是该股票市场中所有股票的市值总和，是衡量一国社会经济发展的重要指标。

4.2.4 股票的收益和分配

股票的收益分为两大部分：一部分来自于股份公司的盈利及其分配，它取决于股份公司的经营业绩和盈利分配方案；另一部分来自于投资者在股票市场上低买高卖的投资收益，即股票交易中的差价收益（俗称资本利得）。差价收益伴随着较大的投资风险，它主要取决于股票市场的价格波动和投资者的投资技巧，这不是本节讨论的内容。本节内容中的股票收益仅指前一部分的收益，即来自于股份公司经营业绩与分配政策的股票收益。

1.股息、红利及其种类

股份公司的盈利，是股份公司经过一段时间经营之后的经营业绩，在财务上一般称为净利润，即全部收入减去全部支出之后的净额。股份公司的净利润并不能全部用于股东的分配，按照惯例，股份公司必须提取一定比例的公积金，用于弥补意外亏损，扩大营业规模、经营范围，或作为巩固公司财力的基础。股份公司的公积金属于全体股东所共有，在某种特殊情况下，公积金也可用于扩充股本或作为股息、红利分派给股东。

股息是股票收益的一种常见形式，也是大多数优先股股票唯一的收益形式。优先股股票持有者一般可按预定的股息率先于普通股股票持有者取得股息，而普通股股票持有者的股息收益水平则取决于优先股股息发放后剩余利润的情况。若公司经营情况不佳，普通股股票持有者可能少得股息甚至得不到股息；若公司经营情况良好、盈利较多，普通股股票持有者的股息收益率有可能超过优先股。

红利是超过股息的另一部分收益，一般只为普通股股票持有者享有。红利的分配没有固定的标准，由董事会和股东大会讨论通过即可发放，但有些国家对此亦有具体的规定。

股息、红利的发放一般有下述几种形式：

（1）现金股利。

以现金作为股息是国外股份公司最常见的方式。如果不另作说明，股息就意味着现金。现金股息普遍受到国外投资者的欢迎。例如，美国纽约股票交易所上市的股票，80%以上采取的是现金股息方式。

股份公司能否以现金形式支付股息，一方面取决于该公司的盈利水平，另一方面取决于该公司的现金流量。为保证公司正常经营，股份公司在盈利中以现金形式发放股息一般都有一个比率，称为付息比率，即股息与盈利之比。付息比率在各个行业、各个企业以及在各个不同的时期并不一定相同，要视具体情况而定。例如，有些股份公司为维护其信誉和在行业中的地位，在盈利减少时也照常支付股息；而有些增长很快的股份公司，为使企业有更快的发展，把盈利作为公司投资，可能经常不支付股息。

（2）股票红利。

股份公司发放普通股股息，也可以不用现金，而以本公司的普通股股票代替。其方法是规定一个拥有股票的百分比。例如，股份公司决定普通股股票的股息为20%，即表示拥有该公司100股普通股股票可以增加20股作为本期应得股息。这种股息发放方法，对公司的资产价值没有影响。虽然股数增加了20%，每股的价值按比例相应减少了20%，但是对公司每个股东来说，他所拥有的股份比例并未发生任何变化。例如，某投资者持有某公司股票10 000股，占该公司总股本1亿股的万分之一。若该公司当年股息率为20%，以股票形式发放，则该股东将拥有公司股票数为12 000股（10 000×120%）。由于总股本随股息的发放增大为12 000万股，所以该投资者持有的股票占公司股本的比例仍旧为万分之一。

股票方式的盈利分配并非真正意义的分配，因为股票红利的发放在每个股东增加了一定比例股票的同时，其股票的市场价值相应降低了同样的比例。若市场价格未发生变化，则股东实际上并未从股票红利中得到任何好处。但是，由于发放股票红利的股份公司可以利用节约下来的盈利现金投入生产经营，可以使公司下一个年度的经营增加活力，因而股票股息的分配方式也受到一部分规模较小的股份公司和市场投资者的喜爱。

（3）特殊股利。

除了上述现金股利、股票股利以外，国际上还有一种特殊的股利发放方式。最常见的是公司用其他公司的有价证券作为股利分配给股东。有些公司亦以本公司债券、优先股甚至本公司产品作为股利发放给股东。特殊股利大多数属于财产类股利，但也有部分股份公司采取折耗基金、临时凭证股息和债券股息的方式。折耗基金是公司过去年份为某种需要以累积形式提取的基金；临时凭证股息是股份公司发给股东的短期期票，到期进行股息偿付；债券股息则是股份公司以发放债券的形式将股息发放给股东。

2.有关股息发放的几个相关概念

（1）宣布股息日。

宣布股息日指股份公司在有关新闻媒介上公布股息发放的具体时间。在宣布股息派发时间的同时，股份公司也将公布股息分配数量和分配方式，所以又称为公布分红方案日。

（2）股权登记日。

股份公司在公布股息分配方案的同时也公布股权登记时间。股权登记日的含义是，只有在股权登记日之前（含股权登记日）持有该公司股票的投资者，才有权享受该公司的股息分配。

（3）除权日。

除权日是指股票失去当次分配权的日子，除权的含义就是去掉股息享受权。在除权日当天及之后买进的股票，无权享受公司此次的股息分配。对于只采取现金或股票两种之一派息方式的公司股票，除权日和除息日含义相同。但是，有些股份公司既采取现金股息，同时又采取股票股息的分配方案。若两者规定在同一时点，则除权日既包括股票除权也包括股息除权。若两者规定在不同时间，则这家公司的股票会有两个除权概念：一个是现金股息除权；另一个是股票股息除权。前者称为除息，后者称为除权。在这种情况下，除息日与除权日是两个不同的概念，亦是两个不同的时点。

（4）股票除权价格的计算。

股票除权价一般由证券交易所进行计算，在股票除权日当天以前收盘价表示。投资者只要对比除权日当天股票行情显示屏上前收盘价和股权登记日的实际收盘价就能了解该股票的除权情况。国外股票市场一般用X作为股票除权标记。上海证券交易所用XD表示除息，用XR表示除权。股票除权价的计算在不同的交易所可能会有少许差异，以下为上海证券交易所的计算公式：

除权价=［（前收盘价-股息）+送股价×送股比例］÷（1+送股比率）

【例4-1】某公司股票在股权登记日收盘价为12元，该公司每股派发现金0.5元，股票股息率为20%，则：

除权价=（12-0.5）÷（1+20%）=9.58（元）

专栏4-1

注册制

一、注册制概况

股票发行注册制（registration-based IPO regime）主要是指发行人申请发行股票时，必须依法将公开的各种资料完全准确地向证券监管机构申报。证券监管机构的职责是对申报文件的全面性、准确性、真实性和及时性作形式审查，不对发行人的资质进行实质性审核和价值判断而将发行公司股票的良莠留给市场来决定。

注册制的核心是只要证券发行人提供的材料不存在虚假、误导或者遗漏。这类发行制度的代表是美国和日本。这种制度的市场化程度最高。

二、注册制推进历程

2013年11月15日发布的《中共中央关于全面深化改革若干重大问题的决定》提出，健全多层次资本市场体系，推进股票发行注册制改革，多渠道推动股权融资，发展并规范债券市场，提高直接融资比重。这是股票发行注册制首次列入中央文件。需要指出的是，股票发行由审核制向注册制过渡，并不意味着发行标准的降低和监管的放松。相反，注册制对事后监管提出了更高要求，需要以更加严格的监管维护市场健康运行。这要求证监会的职责随之发生根本性变化，监管重心后移。证监会需要把更多精力由审批转移到查处市场违规行为、打击证券犯罪和维护市场"三公"等方面。

2013年11月30日，中国证监会发布《中国证监会关于进一步推进新股发行体制改革的意见》，这是逐步推进股票发行从核准制向注册制过渡的重要步骤。

2015年12月21日，在十二届全国人大常委会第十八次会议上，证监会主席肖钢受国务院委托就《关于授权国务院在实施股票发行注册制改革中调整适用有关规定的决定（草案）》作出说明。肖钢表示，草案规定了三方面内容，包括授权事项、实施期限以及相关配套要求。

2015年12月27日，十二届全国人大常委会第十八次会议在北京表决通过了关于授权国务院在实施股票发行注册制改革中调整适用《中华人民共和国证券法》有关规定的决定。决定指出，为实施股票发行注册制改革，进一步发挥资本市场服务实体经济的基础功能，十二届全国人大常委会第十八次会议决定：授权国务院对拟在上海证券交易所、深圳证券交易所上市交易的股票的公开发行，调整适用《中华人民共和国证券法》关于股票公开发行核准制度的有关规定，实行注册制度，具体实施方案由国务院作出规定，报全国人大常委会备案。该决定的实施期限为两年，决定自2016年3月1日起施行。

2023年3月18日，上交所、深交所联合中国结算、中证金融等，组织首次全网测试，确保全面注册制相关业务的顺利开展。

三、注册制改革的主要内容

1.优化注册程序

坚持交易所审核和证监会注册"各有侧重、相互衔接"的基本架构。进一步压实交易所"发行上市审核主体责任"，交易所全面审核企业是否符合发行条件、上市条件和信息披露要求。证监会基于交易所的审核意见依法决定是否同意注册。

2.统一注册制度

整合上交所、深交所试点注册制制度规则，制定统一的首次公开发行股票注册管理办法和上市公司证券发行注册管理办法，北交所注册制制度规则与上交所、深交所总体保持一致。交易所制定修订本所统一的股票发行上市审核业务规则。

3.完善监督机制

证监会加强对交易所审核工作的统筹协调和监督考核，督促交易所提高审核质量。改革完善"上市委员会"和"并购重组委员会"人员组成、任期、职责和议事规则，对政治素质、专业背景、职业操守提出更高要求，提高专职人员比例，加强纪律约束，切实发挥“两委”的把关作用。

4.股东未超过200人豁免注册

全国中小企业股份转让系统（简称“全国股转系统”）同步实行注册制，有关安排与交易所保持总体一致。其中，对股东人数未超过200人的股份公司申请在全国股转系统挂牌，或者全国股转系统挂牌公司定向发行股票后股东人数不超过200人的，全国中小企业股份转让系统有限公司（简称“全国股转公司”）审核通过后，证监会豁免注册。

资料来源：作者整理、撰写。

§4.3　股票价格指数

据中国上市公司协会发布的统计月报，截至2023年8月31日，境内股票市场共有上市公司5 277家，上海、深圳、北京证券交易所分别为2 242、2 819、216家。市场上每天都有大量的股票在投资者之间换手，从而形成不同的交易价格，有涨有跌。但是，如何对股票市场的价格变动作出一个整体的判断呢？这就要依赖股票价格指数了，就如同看物价的涨跌，我们必须依赖CPI一样。

4.3.1　股价指数概述

股价指数是反映股票价格综合变动趋势和程度的相对数，是将股票平均价格在两个不同时期的数值进行比较的结果。作为比较基础的分母称为基期水平，用来与基期比较的分子称为计算期水平。

股价指数具有代表性和敏感性两个基本特征。代表性是指列入指数计算的股票种类必须在该国国民经济各行业中具有代表意义。由于股票市场中股票种类繁多，很少有国家将所有股票都列入股价指数计算之内，大多数国家都是选择部分代表性较强的股票构成“成份股”指标来计算股价指数。敏感性是指股价指数的起伏变动能大致显现出证券市场价格水平的整体变化趋势以及国民经济的变动水平和变化趋势。因此，代表性和敏感性就成了衡量股价指数能否比较准确地反映一国证券市场价格变动的整体趋势和国民经济发展水平的标尺。

股价指数从19世纪末期开始编制至今已经历了100多年，从开始时的几十种股票的简单算数术方法到如今的数千种股票的大型计算机辅助计算等多种方法，使股价指数已成为世界社会经济活动中一个无可替代的极其重要的经济指标。它不仅及时反映了世界各地的基本经济状况，为世界各地的投资者及参与者高度关注，同时它还是世界各地一些重要的金融衍生工具合约的标的。例如，标准普尔500指数就是世界上很多期货交易所股指期货合约的标的指数。股价指数的重要意义表现在以下几个方面：

（1）股价指数反映了一定时点上市股票价格的相对水平，同时也反映了一定时期股票市场平均涨跌变化的情况和幅度。

（2）股价指数的代表性和敏感性特征，使股价指数不仅反映了股票市场的发展变化趋势，而且也大致反映了该国国民经济的基本情况和发展态势，是衡量一国政治经济的“晴雨表”或“指示器”。

（3）股价指数为股票投资者提供了公开和合法的参考依据，投资者通过股价指数的起伏变动可以观察和分析股票市场的发展趋势，从而作出投资选择。

（4）股价指数本身为投资者提供了一种新的投资机会，如股价指数期货合约交易。因此，股价指数实际上已成为一种相对独立的金融投资工具。

4.3.2 股价指数的编制方法

目前世界上的股价指数分为两大类：全样本指数和样本指数。全样本指数包括证券交易所内所有股票样本，一般称之为综合指数。样本指数则是选取证券交易所内上市的部分股票组成样本编制指数，习惯上称之为成份指数。例如，著名的道·琼斯指数是成份指数，而我国的上证指数则是综合指数。

股价指数的编制方法主要有算术平均法、加权平均法和几何平均法三种。

1.算术平均法股价指数

（1）简单算术平均法。

简单算术平均法就是先计算各成份股的股价指数，再加总求和，其公式为：

$$\text{股价指数} = \frac{1}{n}\sum_{i=1}^{n}\frac{P_{1i}}{P_{0i}}$$

其中：P_{0i}为第i种成份股基期价格；P_{1i}为第i种成份股计算期价格；n为成份股的数目。

（2）总和法。

总和法是先将各成份股的基期和计算期的价格分别加总求和，再对比求出股价指数，其公式为：

$$P = \frac{\sum_{i=1}^{n}P_{1i}}{\sum_{i=1}^{n}P_{0i}}$$

2.加权平均法股价指数

加权平均法股价指数是用加权平均法计算股价指数，它是采用成份股的股本总数或成交量作为权数分别计算出基期和计算期成份股总市值，然后进行对比而求出，其公式为：

股价指数=计算期成份股总市值÷基期成份股总市值×100

由于成份股的资本额甚至成份股本身会随着时间的推移而发生变化，因此，应根据实际情况进行调整，调整公式为：

股价指数=新成份股某日总市值÷上日成份股调整总市值×上日收市指数

由于加权平均法中的权数可以根据需要分别固定在基期和计算期，因而用加权平均法计算股价指数就有两个计算公式。

（1）以基期股票发行量或交易量作为权数。

$$P=\frac{\sum_{i=1}^{n}P_{1i}Q_{0i}}{\sum_{i=1}^{n}P_{0i}Q_{0i}}$$

其中：P_0为股票基期价格；P_i为股票计算期价格；Q_{0i}为基期股票发行量或交易量。此指数通常被称为拉氏（Laspeyre）指数，简称L指数。

（2）以计算期股票发行量或交易量为权数。

$$P=\frac{\sum_{i=1}^{n}P_{1i}Q_{1i}}{\sum_{i=1}^{n}P_{0i}Q_{1i}}$$

其中：Q_{1i}为计算期股票发行量和交易量。

此指数通常被称为派氏（Passche）指数，简称P指数。

3.几何平均法股价指数

几何平均法股价指数是用几何平均法计算的股价指数，先分别求出基期和计算期的成份股股价的几何平均值，再对比求出股价指数。其公式为：

$$P=\frac{\sqrt[n]{\prod_{i=1}^{n}P_{1i}}}{\sqrt[n]{\prod_{i=1}^{n}P_{0i}}}$$

其中：P_{0i}和P_{1i}分别为基期和计算期股票的价格。

以上为股价指数的基本编制方法，实际上股价指数的编制是非常复杂的，它涉及方方面面的因素和内容。在上述基本编制方法的基础上，目前世界上已经形成了三人指数序列，即以道·琼斯为代表的价格权重指数序列、以标准普尔为代表的市场价值权重指数序列和以价值线综合指数为代表的等权重指数序列。

4.3.3 境外主要股价指数

1.道·琼斯指数

道·琼斯指数是目前世界上最古老的也是最具权威性的股票市场指数，它从1896年开始计算30种大型公司的蓝筹股（1928年以前为20种）的价格指数，即道·琼斯工业平均指数。

最初的计算方法是将所有在指数内的股票价格简单平均，例如，将30种股票价格加总，然后除以30。这样，如果道·琼斯指数发生变化，它其实是30种股票价格平均值的变化。这种测度方法的优点是指数变化反映的是投资于30种股票的一种资产组合的回报。由于30种股票价格平均数百分率的变化与30种股票总价格的百分率变化相同，因而每天指数的变化就与资产组合的百分率变化相同。正由于道·琼斯指数测度的是所持每种股票1股的资产组合的回报，所以它也被称为价格加权平均指数（price-weighted average index），投资于各公司的货币额在资产组合中代表着该公司股份价格的比例。显然，道·琼斯指数给予较高价格的股份较高的权重，如果较高价格的公司具有充分的代表性，那么这种较高的权重所反映的指数价格变化也就反映了整体蓝筹公司的发展态势，从而反映出经济发展的基本趋势。这也是道·琼斯指数经历100多年还在世界上具有较高权威性的原因之一。

道·琼斯指数是一个指数系列，它是指道·琼斯工业平均（DJIA）指数、道·琼斯运输平均（DJTA）指数和道·琼斯公用事业平均（DJUA）指数。将这三类指数的65只成份股综合起来则形成道·琼斯综合平均（DJCA）指数。

为了克服非市场因素对股票价格平均数造成波动，例如，公司股票拆细、派发红股、样本替换等，需要对道·琼斯指数进行修正。指数修正仍采用简单平均法，其公式为：

$$D = \frac{\text{新的股票价格总数}}{\text{旧的股票价格平均数}}$$

$$DJIA = \frac{\sum_{i=1}^{30} P_i}{D}$$

2.标准普尔500（S&P 500）指数

标准普尔500指数是由美国标准普尔公司于1923年开始编制的，最初样本股票为233种，到1957年扩大为500种，其中包括400种工商业股票、20种运输业股票、40种公用事业股票和40种金融业股票。

标准普尔500指数与道·琼斯指数相比在下述两方面有所改进：第一，范围扩大到500家公司，因而样本范围更为广泛。第二，它是市值加权指数（market-value-weighted index）。在道·琼斯指数中，指数的变化仅取决于价格因素，而且高价格股票具有成比例的较高权重；而标准普尔500指数的变化不仅取决于股票价格的变化，还取决于股票股本的大小，因为市值等于价格乘以股本。

标准普尔500指数的计算公式为：

$$S\&P500\text{指数} = \frac{\sum_{i=1}^{500} N_i P_i}{OV} \times BIV$$

其中：N_i为公司i上市股数；P_i为公司i的股票价格；OV为1941—1943年原始价格；BIV为1941—1943年初始数值，指定为10。

市值加权指数突出了大市值股票在指数中的地位，而这些大市值上市公司一般都在行业中处于极其重要的地位，因而指数的代表意义更为明显。另外，市值加权指数不受股票拆细的影响，因为股票价格将随着股票拆细等比例下降，市值不会发生改变。

目前世界上大部分国家和地区都采用市值加权指数，例如，纽约证券交易所综合指数（NYSE Composite Index）、伦敦金融时报指数、香港恒生指数、上海证券交易所综合指数等。

3.伦敦金融时报指数

伦敦金融时报指数（Financial Times Ordinary Shares Index）是反映英国股票市场价格变化趋势最重要的指数之一，它是一种市值加权指数，由金融时报编制和公布。该指数包括金融时报工业股票指数、100种股票交易指数和综合精算股票指数。

金融时报工业股票指数又称30种股票指数，它以1935年7月1日为基期，基期指数定为100。100种股票交易指数又称“FT-100指数”，它的基期指数定为1000。综合精算股票指数从伦敦股市上精选700多只股票作为样本股票进行计算，基数为100。

4.日经股价平均数

日经股价平均数（Nikkei Stock Average）由日本经济新闻社编制，它包括在东京证券交易所上市的具有代表性的225种股票的股价指数和500种股票的股价指数。日经225指数于1950年9月开始编制，以1950年计算出的平均股价176.21日元为基期，是一种价格加权指数。由于日经225指数编制时间较早，具有较好的可比性，能大致反映日本产业结构和市场情况的变化，因而是分析日本股票市场价格长期变动趋势的最重要的指标。日经500指数于1982年1月4日开始编制，样本股票扩大到500种，约占东京证券交易所总市值的50%，因而具有更广泛的代表性。

4.3.4　中国香港的主要股价指数

香港恒生指数（Hongkong Hang Seng Index）是一个指数系列，它包括恒生指数、恒生50指数、恒生100指数、恒生中资企业指数、恒生中国企业指数、恒生伦敦参考指数、恒生亚洲指数等。该指数系列由恒生服务公司编制发布，其中最重要的指数是恒生指数。

恒生指数由工商业、金融、地产和公用事业四大类共33只具有代表性的股票组成，其市价总值占香港联交所总市值的70%左右。恒生指数于1969年11月24日开始编制，基期为1964年7月31日，基点为100。后来因为恒生指数按行业增设四个分类指数，将基期改为1984年1月13日，并将该日收市指数975.47定为新基期指数。

恒生指数是市值加权指数，为了保证成份股的代表性，恒生指数定期对成份股进行更新调整。以市价总值为准考察股票在市场上的重要程度，以总成交额为准考察股票成交额对投资者的影响，以总股本为准考察发行量能否满足旺市的需要，以香港为准考察公司的业务是否以香港本地为主。

4.3.5　中国内地主要股价指数

中国上海和深圳于20世纪80年代中期开始发行股票，不久便在当地建立了柜台交易市场。1987年，中国工商银行上海信托投资公司开始编制和发布股价指数，取名为上海静安指数。静安指数是中国最早的股票指数，它以1987年11月2日为基期，采用简单算术平均方法。由于当时股票种类很少，而且还是柜台交易，因此静安指数的影响力有限。20世纪90年代初期，上海和深圳相继成立了证券交易所，并开始分别编制和发布上证综合指数和深证综合指数。随着中国经济的发展，上市股票不断增多，上海证券交易所和深圳证券交易所的规模也越来越大，逐渐形成了各自的指数系列。

上海证券交易所指数系列包括上证180指数、上证50指数、上证综合指数、上证A股指数、科创板指数、上证B股指数和分类指数等，上证指数系列由上海证券交易所编制和发布。深圳证券交易所指数系列包括深证综合指数、深证成份指数、深证100指数、深证A指、深证B指、深证创业板指数和分类指数等，深证指数系列由深圳证券交易所编制和发布。它们从总体和各个不同的侧面反映了上海和深圳证券交易所上市证券品种价格的变动情况，可以反映不同行业的景气状况，也为投资者提供了投资组合分析的参照系。

1.上证综合指数

上证综合指数，简称上证指数，于1991年7月15日正式发布。该指数以1990年12月19日为基期（基期指数为100点），以所有上市股票（包括A股和B股）为样本，以股票发行量为权数，是一种全样本的市值权重指数。其编制公式为：

上证指数=计算期市价总值÷基期市价总值×100

如遇到上市公司增资扩股或新股上市等情况，需要对指数进行修正，其公式为：

$$新基准市价价值=\frac{修正前市价总值+市价总值变动额总值}{修正前市价总值}\times 修正前基准市价总值$$

$$本日股价指数=\frac{本日市价总值}{新基准市价总值}\times 100$$

上证综合指数是上海证券交易所中最重要的指数，也是反映中国证券市场发展变化的最主要的指数，在世界金融市场指数中占有极其重要的地位。

2.上证180指数

随着中国经济的发展，上海证券交易所上市公司不断增加，单纯一个上证指数已不能满足投资分析的客观需要。1996年6月，上海证券交易所在所有上市A股中，选取最具代表性的30种样本股票，以1996年1月至3月的平均流通市值为基期（基期指数为1 000点）编制了上证30指数。2002年6月，在上证30指数的基础上进行了调整和扩充，更名为上证成份指数，简称上证180指数。上证180指数是一种流通权重指数，即不是以发行量而是以可流通量为权数的权重指数。上证180指数以2002年6月28日上证30指数的收盘指数3 299.05点为基期（1 000点），其计算公式为：

$$报告期指数=\frac{报告期成份股的调整市值}{基日成份股的调整市值}\times 1\,000$$

调整市值 = $\sum$(市价 × 调整股本数)

成份股的调整市值亦称为除数，调整样本采用分级靠档的方法对成份股股本进行调整。当样本发生变化时，采用"除数修正法"修正原固定除数，以保持指数的连续性。编制上证180指数的目的在于通过科学客观的方法挑选出最具代表性的样本股票，建立一个反映上海证券市场的概貌和运行状况、能够作为投资评判尺度和金融衍生产品基础的基准指数。

3.上证50指数

上证50指数以2003年12月31日为基日，以该日所有样本股的调整市值为基期，基期指数为1 000点，自2004年1月4日起正式公布。上证50指数也是一种流通权重指数，其编制方法与上证180指数相同。编制上证50指数的目的是客观挑选上海证券市场规模大、流动性好的最具代表性的50种股票组成样本股，以便综合反映上海市场中最具市场吸引力的一批龙头企业的整体状况。

4.科创板指数

2018年11月5日，国家主席习近平出席首届中国国际进口博览会开幕式并发表主旨演讲时宣布在上海证券交易所设立科创板并试点注册制。

2019年1月30日，中国证监会发布《关于在上海证券交易所设立科创板并试点注册制的实施意见》。实施意见强调，在上交所新设科创板，坚持面向世界科技前沿、面向经济主战场、面向国家重大需求，主要服务于符合国家战略、突破关键核心技术、市场认可度高的科技创新企业。重点支持新一代信息技术、高端装备、新材料、新能源、节能环保以及生物医药等高新技术产业和战略性新兴产业，推动互联网、大数据、云计算、人工智能和制造业深度融合，引领中高端消费，推动质量变革、效率变革、动力变革。由此可见，科创板的市场定位是，落实创新驱动和科技强国战略。同时，这也是完善资本市场基础制度、激发市场活力和保护投资者合法权益的重要安排。

2019年6月13日，科创板正式开板；7月22日，科创板首批25家公司上市。截至2023年9月20日，科创板共562家上市公司。

为及时反映科创板上市证券的表现，为市场提供投资标的和业绩基准，上海证券交易所和中证指数有限公司将于2020年7月22日收盘后发布上证科创板50成份指数历史行情，7月23日正式发布实时行情。

上证科创板50成份指数（SSE Science and Technology Innovation Board 50 Index）简称科创50，指数代码为000688。该指数以2019年12月31日为基日，以1 000点为基点。样本数量为50只证券。选样标准为市值和流动性。

上证科创板50成份指数样本空间由满足以下条件的科创板上市证券（含股票、红筹企业发行的存托凭证）组成：

（1）上市时间超过6个月；待科创板上市满12个月的证券数量达100只至150只后，上市时间调整为超过12个月；

（2）上市以来日均总市值排名在科创板市场前5位，定期调整数据考察截止日后第10个交易日时，上市时间超过3个月；

（3）上市以来日均总市值排名在科创板市场前3位，不满足条件（2），但上市时间超过1个月并获专家委员会讨论通过。

存在以下情形的公司除外：被实施退市风险警示；存在重大违法违规事件、重大经营问题、市场表现严重异常等不宜作为样本的情形。

专栏4-2

科创板四年大势

科创板设立于上海证券交易所下的创业板，于2019年6月13日正式开板。科创板的设立，强化了资本市场对硬科技公司的支持力度。过去4年，科创板累计IPO募资超8 500亿元。2023年以来，科创板募资额近千亿元，平均每家公司募资额超21亿元，单家公司募资额创出新高。

在上市公司方面，科创板诞生了一批高成长股。其中，君实生物-U、诺诚健华-U、康希诺等33家公司近4年营收复合增长率超过100%；诺唯赞、万润新能、圣湘生物等47家公司近4年净利润复合增长率超过100%。

在二级市场方面，据数据宝统计，截至2023年7月20日，546家科创板公司最新价较发行价平均上涨87%，13家公司最新股价较发行价累计涨幅超500%，也就是有13只5倍股，东威科技、奥特维、金山办公等4家公司较发行价均涨超8倍，其中东威科技累计涨幅超过12.6倍，位居首位。

在具体走势上，科创50指数（以2019年12月31日为基日，以1 000点为基点）大致经历了四个阶段。

第一个阶段（2020.1.2—2020.7.13）：迅猛拉升。指数区间为1 000—1 722，其间经过了两轮快速涨升和一次大幅回调。

第二个阶段（2020.7.14—2021.8.5）：高位宽幅震荡。指数区间为1 722—1 212，宽幅震荡。

第三个阶段（2021.8.6—2022.4.26）：快速下跌。指数区间为1 639—865。

第四个阶段（2022.4.27至今）：底部整固。指数区间为853—1 171，大致呈现底部略为抬升的上升三角形整理形态。

资料来源：作者整理、撰写。

5.深证综合指数

深证综合指数是一种市值加权指数，以所有在深圳证券交易所上市的股票为样本，以1991年4月3日为基日，基日指数定为100。其计算公式为：

$$报告期指数=\frac{报告期市价总值}{基日市价总值}\times 100$$

若样本股的股本结构等方面有所变动，则变动之日为新基日，并以新基日计算，同时用连锁方法将计算所得指数溯源于原有基日，以维持指数的连续性。

每日连锁环比公式为：

今日即时指数=上日收市指数×今日现时总市值÷上日收市总市值

其中：今日现时总市值=各样本股的市价×已发行股数

6.深证成份指数

深圳证券市场的扩大和上市证券的不断增加使深证综合指数已不能满足市场的需要，为此，深圳证券交易所于1995年推出了深证成份指数。深证成份指数是以从上市公司中挑选出来的40家公司为编制对象的样本指数，它以1994年7月20日为基日，基日指数定为1 000点，1995年1月23日正式发布。深证成份指数是一种流通市值指数，采用派氏加权综合指数公式计算。深证成份指数由于具有以流通市值为权数、新股上市不用调整、样本可更新替换等特点，逐渐取代了深证综合指数而成为深圳市场中最具影响力的指数。

7.深证创业板指数

创业板指数由最具代表性的100家创业板上市企业股票组成，反映创业板市场的运行情况，基期为2010年5月31日，基点为1 000点。创业板指数的计算方法为加权平均计算法，以起始日为基准点，按照创业板所有股票的流通市值，一个一个计算当天的股价，再加权平均，与开板之日的“基准点”进行比较。创业板指数采用派氏加权法编制，采用下列公式逐日连锁实时计算：

$$\text{实时指数} = \text{上一日收市指数} \times \left[\frac{\sum(\text{成份股实时成交价} \times \text{成份股权数})}{\sum(\text{成份股上一交易日收市价} \times \text{成份股权数})} \right]$$

选样空间为：（1）在深交所创业板上市交易的A股；（2）有一定上市交易日期（一般为三个月，总市值和自由流通市值综合排名位于创业板市场前10名的股票不受此限制）；（3）公司最近一年无重大违规、财务报告无重大问题；（4）公司最近一年经营无异常、无重大亏损；（5）考察期内股价无异常波动。

8.沪深300指数

上海证券交易所和深圳证券交易所的指数系列反映了各自市场证券的运行情况，为了综合反映两市场证券价格变动概貌，使之能成为投资业绩的评判标准，并为指数化投资及指数衍生产品创新提供基础条件，上海证券交易所和深圳证券交易所于2005年共同编制了沪深300指数。

沪深300指数是由上海和深圳证券市场中选取的300只A股作为样本编制而成的成份股指数。沪深300指数以2004年12月31日为基日，基点为1 000点，2005年4月8日正式发布。沪深300指数在样本选取上剔除了ST股票、价格波动异常或有重大违规行为公司的股票，集中了一批质地较好的公司。这些公司的净利润总额占市场净利润总额的83.55%，平均市盈率和市净率水平低于市场整体水平，是市场中主流的投资目标，能反映沪深市场主流投资的动向。沪深300指数样本覆盖了沪深市场六成左右的市值，具有良好的市场代表性。

沪深300指数以调整股本为权重，采用派氏加权综合指数公式计算，是一种流通市值权重指数。

沪深300指数成份股原则上每半年调整一次，一般1月初和7月初实施调整。调整方案提前两周公布，每次调整比例不超过10%。样本调整设置缓冲区，排名在240名内的新样本优先进入，排名在360名之前的老样本优先保留。这样，既能保证沪深300指数能长期代表绩优公司股票价格的总体走势，又能避免样本的频繁调整所带来的价格波动。

目前，沪深300指数为中国股票价格指数合约交易的标的指数，是继上证指数和深证成份指数之后又一个在世界资本市场中占有重要地位的中国市场指数。

§4.4 股票估值

股票市场中大部分的交易动机来自投资者试图寻找那些他们认为被市场错误估值（低估或者高估）的股票，这离不开对股票估值方法的了解。

4.4.1 相对估值法

相对估值法也称可比公司法，是指对股票进行估值时，对可比较的或者有代表性的公司进行分析，以获得估值基础。在运用相对估值法时，可以采用比率指标进行比较，比率指标包括P/E（市盈率）、P/B（市净率）、P/C（价格对现金流量比率）、EV/EBITDA（企业价值与利息、所得税、折旧、摊销前收益的比率）等。相对估值法中最常用的比率指标是市盈率和市净率。

1.市盈率

市盈率（price-earnings ratio，P/E ratio）又称为“价格盈利比”，它是指公司股价和每股净收益（earnings per share，EPS）的比值。

$$市盈率=\frac{每股价格}{每股净收益}$$

市盈率能够反映市场对公司估值水平的高低，一般来说，市盈率越低，公司价值就越有可能被市场低估，公司的投资价值就越高。

2.市净率

市净率（price-to-book ratio）等于股票价格除以每股的账面价值。每股账面价值即指每股净资产。市净率越高，公司价值被市场高估的可能性就越大。

$$市净率=\frac{每股价格}{每股净资产}$$

相对估值法简单易用，可以迅速获得被评估资产的价值，尤其是当金融市场上有大量“可比”资产在进行交易且市场对这些资产的定价正确的时候。但用该方法估值时也容易产生偏见，原因主要是“可比公司”的选择有很强的主观性，世界上没有在风险和成长性方面完全相同的两个公司；同时，该方法通常忽略了决定资产最终价值的内在因素和假设前提，如果这些默认假设错误的话，相对价值评估亦错误，事实上，该方法容易将市场对“可比公司”的错误定价（高估或低估）引入对目标股票的估值中。

4.4.2　绝对估值法

绝对估值法体现的是内在价值决定价格，即通过对企业估值，而后计算每股价值，从而估算股票的价值。绝对估值法主要包括公司股利折现法、市盈率估值法、折现现金流量法。

1.股利折现法

股利折现法（dividends discounted model）建立在收入资本化方法之上，也就是股票的内在价值由预期股利收益根据市场资本化率折现后得到。这个方法认为，证券的当前内在价值等于其未来预期收益的现值之和，采用的折现率要能充分反映该证券预期收益的风险。根据CAPM，我们知道这个折现率就是该证券在资本市场均衡时的预期收益率，由当前的证券市场线决定，由它决定的股票内在价值就是市场均衡时该股票的内在价值，这一预期收益率被称为“市场资本化率”（market capitalization rate）。股票的均衡市场价值应该反映其内在价值，否则股票就被市场错误估值。

（1）一般模型。

假设投资者计划持有A公司股票1年。1年末，该股票的预期现金股利为$E(D_1)$，年末的预期价格为$E(P_1)$，股票的市场资本化率为k。根据收入资本化法，该股票的当前内在价值应该等于：

$$V_0=\frac{E(D_1)+E(P_1)}{1+k} \tag{4.1}$$

如果市场是均衡的，那么股票在1年后的预期价格应该等于它在此时点的内在价值，记作V_1。这个内在价值应该也是由此后的股票预期收益决定的。假设股票在第2年末的预期现金股利为$E(D_2)$，预期股价为$E(P_2)$，那么：

$$E(P_1)=V_1=\frac{E(D_2)+E(P_2)}{1+k} \tag{4.2}$$

将式（4.2）代入式（4.1），得到：

$$V_0=\frac{E(D_1)}{1+k}+\frac{E(D_2)}{(1+k)^2}+\frac{E(P_2)}{(1+k)^2} \tag{4.3}$$

不断地将式（4.3）所表示的推导扩展下去，如果我们认为股票的投资期限是无限的，那么它在当前的内在价值就应该等于其在无穷期限内的预期收益的现值：

$$V_0=\frac{E(D_1)}{1+k}+\frac{E(D_2)}{(1+k)^2}+\frac{E(D_3)}{(1+k)^3}+\cdots \tag{4.4}$$

式（4.4）所表示的股票内在价值决定模型被称为“股利折现模型”。这个模型说明，当市场均衡时，有限期内股票投资的资本利得实际上是由其后无穷期限内的预期股利收益决定的。

（2）零增长模型。

由于在无穷期限内的预期现金股利难以一一估计，因此直接运用式（4.4）来估算股票的内在价值有很大的难度，实际应用时有必要对复杂的现实情况进行一些简化。首先，我们假设预期股利在无穷期限内保持零增长，也就是股利水平保持不变。为了方便起见，下面我们将第 i 年末的预期股利简写为 D_i，那么未来各年末股利应该满足如下关系：

$$D_t = D_{t-1} = \cdots = D_2 = D_1 \tag{4.5}$$

代入式（4.4），得到：

$$V_0 = \frac{D_1}{1+k} + \frac{D_1}{(1+k)^2} + \frac{D_1}{(1+k)^3} + \cdots = \frac{D_1}{k}$$

也就是：

$$V_0 = \frac{D_1}{k} \tag{4.6}$$

（3）不变增长模型。

零增长模型假设公司股利在未来无限期内不增长，这样的假定无法反映公司的投资价值的增加。对零增长假定的一个合适改进就是认为公司股利会在未来稳步增加。如果假设一个恒定的年增长率，我们就能得到不变增长模型。

不变增长模型假设，在未来无限期内，平均而言任意两期股利之间满足如下关系：

$$D_t = D_{t-1}(1+g) \tag{4.7}$$

式（4.7）说明股利按照恒定的增长率 g 不断增长。

代入式（4.4），我们得到：

$$V_0 = \frac{D_1}{1+k} + \frac{D_1(1+g)}{(1+k)^2} + \frac{D_1(1+g)^2}{(1+k)^3} + \cdots = \frac{D_1}{1+k}\left[1 + \frac{1+g}{1+k} + \left(\frac{1+g}{1+k}\right)^2 + \cdots\right]$$

只要 $-2-k<g<k$，上式就可以写为：

$$V_0 = \frac{D_1}{k-g} \tag{4.8}$$

式（4.8）的条件反映了不变增长模型的两个不足：一是它不适合那些当前股利增长率水平过高的公司；二是它不适合当前股利增长为负的公司。

（4）多阶段增长模型。

无论是零增长模型还是不变增长模型，它们对企业的未来发展预期的假设都过于简单，不能用来完整描述那些当前高增长或者持续负增长的企业。产业周期理论认为，一个行业或企业在发展过程中一般要经历四个时期：起步期、整合期（成长期）、成熟期、衰退期。根据产业周期发展的特征，可以假定不同发展阶段的不同增长速度，然后采用股利折现模型对公司的股票进行估值。

【例 4-2】假设当前是 20×1 年初，IT 行业的必要收益率 k 为 14%。市场预计某 IT 公司由于一款市场热门数码产品开发成功并顺利推出市场，在 20×2 年和 20×3 年初的预计股利分配分别是 0.15 元/股和 0.18 元/股，并且将保持这个 20% 的高速增长率直到 20×5 年初。其后由于竞争者加入，市场日趋成熟，股利增长率将稳定在 12% 这个水平上。对于这家 IT 公司，可以使用多阶段增长模型对其进行估值。

估值可分为两个阶段，首先评估公司在20×5年初的股票价值。由于从20×5年开始，公司的股利增长率保持在12%的水平，小于行业必要收益率14%，因此对于该公司在20×5年初的股票价值可以应用不变增长模型计算。得到股票在20×5年初的价值后，可连同20×2年至20×3年的预期股利折现至20×1年初，计算出当前股票价值。

因此，第一步计算该公司股票在20×5年初的价值。

$$V_{20\times5}=\frac{D_{20\times6}}{k-g'}=\frac{D_{20\times2}(1+g)^3(1+g')}{k-g'}$$

其中，g为该公司20×1年至20×2年间的高速股利增长率20%，g′为该公司在20×4年后保持的平稳股利增长率12%。代入相应数据计算得：

$$V_{20\times5}=\frac{D_{20\times2}(1+g)^3(1+g')}{k-g'}=\frac{0.15\times1.2^3\times1.12}{0.14-0.12}\approx29.03$$

按照20%的增长率，公司在20×1年至20×3年的股利分派分别为：

$D_{20\times2}=0.15$

$D_{20\times3}=0.18$

$D_{20\times4}=0.216$

$D_{20\times5}=0.2592$

因此，公司在20×1年初的股票价值应该为：

$$V_{20\times1}=\frac{D_{20\times2}}{1+k}+\frac{D_{20\times3}}{(1+k)^2}+\frac{D_{20\times4}}{(1+k)^3}+\frac{D_{20\times5}}{(1+k)^4}+\frac{V_{20\times5}}{(1+k)^4}\approx17.71$$

上例演示的是一个简单的两阶段增长模型，通过引入更多的股利增长模式，可以设计出三阶段甚至更复杂的多阶段模型。股利折现模型对于理解股权的内在价值有很好的帮助，但是它忽视了公司资本结构的差异，没有考虑股权融资和债务融资对公司价值的不同影响。同时，在实际操作上也较为复杂，存在一定的局限性。

2.市盈率估值法

在实务中，很多的分析师使用市盈率指标分析公司的价值，这个简单的比值为什么能反映一个公司的价值呢？

（1）股权价值的决定因素。

要了解市盈率模型，我们需要先了解为什么市场上公司股权内在价值会增加。一些经济学家认为公司的股利增长来自于公司每股净收益的增加。他们认为公司每年的股权收益有两个去向：一部分再投资到公司业务中，剩余部分分派给股东。假设公司每年的净收益再投资比例一定，记为b，那么每年的股利分派率就是1–b。如果公司的股权价值能够增长，那么股东的股利收入就能增长。我们把公司股权价值的年增长率称为股权收益率（returns on equity，ROE）。如果公司下期预期的每股收益为E_1，那么下期预期股利分派就应该为$D_1=E_1\times(1-b)$。如果进一步假设公司年股权收益率保持不变为ROE，那么公司的股利增长将是稳定的不变增长，增长率为$g=ROE\times b$。由此，式（4.8）可以改写为：

$$V_0=\frac{E_1(1-b)}{k-ROE\times b}\qquad(4.9)$$

其中：$k > g = ROE \times b$。

如果b=0，即公司每年的股权收益不做再投资，全部分派出去。这样公司的股权无法增长，那么股利也不会增长，公司股权价值符合零增长模型：

$$V_0 = PV_0 = \frac{E_1(1-b)}{k - ROE \times b} = \frac{E_1}{k}$$

其中：PV_0为公司在零成长情况下的股权价值。

如果收益留存比例b不为零，改写式（4.9）为：

$$V_0 = \frac{E_1}{k} + \frac{E_1 b(ROE - k)}{k(k-g)} = PV_0 + \frac{E_1 b(ROE - k)}{k(k-g)} \tag{4.10}$$

其中：$k > g = ROE \times b$。

式（4.10）说明公司当前股权价值应该等于其在零成长机会下的价值基础上再附加一个价值。记$PV_1 \equiv \frac{E_1 b(ROE - k)}{k(k-g)}$，这称为公司未来成长机会的现值。这样我们将公司股权价值分解为了零成长机会的现值和未来成长机会的现值两个部分，即：

$$V_0 = \frac{E_1}{k} + PV_1 \tag{4.11}$$

其中：$PV_0 \equiv \frac{E_1}{k}$。

容易发现，由于常增长模型下$k > g$，因此如果某公司$ROE > k$，意味着该公司的股权收益率高于相同风险下的股权投资项目的必要收益率，那么其未来成长机会良好，PV_1为正值。如果该公司股权收益率不能超过必要收益率，就说明它与所在行业或者市场整体状况相比不具备很大的未来成长性，PV_1则为零或者为负值。这个结论的含义在于，如果一个公司有了良好的新投资项目，使其预期的股权收益率高于行业水平，那么市场就应该重估其股权价值，给高成长机会以高估值。

从式（4.10）得出的第二个结论是，在$ROE > k$的情况下，其他条件不变，如果增加再投资比例b，PV_1也会增加；相反，如果$ROE \leqslant k$，V_0将在b=0时取最大价值（假定再投资比例不能为负）。这个结论的含义是，如果公司股权收益率较高，那么股东就认为公司应多将收益投资于良好的项目上去，因为这样公司股权在未来就能有较大的增长，对股东的回报也越丰厚；相反，如果股权收益率低于行业水平，那么公司就没有任何扩大投资的必要，应该将股权收益全部分配给股东，由股东自己去寻找更好的投资项目。

（2）市盈率和公司成长机会。

根据定义，市盈率等于股票价格除以每股净收益。这里我们以预期净收益为分母分析市盈率和公司价值的关系。

将式（4.11）两边同时除以E_1，得到不变增长模型下市盈率的决定式：

$$\frac{V_0}{E_1} = \frac{1}{k}\left(1 + \frac{PV_1}{E_1/k}\right) = \frac{1}{k}\left(1 + \frac{PV_1}{PV_0}\right) \tag{4.12}$$

从式（4.12）中不难看出，在公司股权的必要收益率k一定的情况下，内在价值的市盈率的高低由公司的未来成长机会决定：如果公司股权收益率高，那么公司提高收益再投资比例将增加公司的PV_1，这样公司的内在价值的市盈率就高；反之，对于那些股权收益率不高，同时又较少分配股利的公司，市场就会赋予其内在价值以低市盈率。如果市场对股票的内在价值存在偏见，即$P_0 \neq V_0$，市盈率就将成为评估股权价值的非常简单的指标。例如，当前根据某公司市场价格P_0计算出的市盈率低于行业平均市盈率，但是通过深入分析发现，该公司的未来成长机会要高于行业水平，分析人士可以据此得出结论：当前市场低估了该公司的股权价值，那么此时适合买入此公司的股票；相反，如果某公司市盈率相对行业而言偏高，同时又没有表现出足够的成长机会，那么这意味着市场高估了该公司股权价值，此时应卖出该公司的股票。

（3）市盈率和投资风险。

在市场正确估值的情况下，市盈率还可以作为评判行业风险的指标。比如，现在有两个公司，公司X处于成熟的钢铁行业，公司Y处于新材料行业。如果在当前市场状况下，公司Y没有表现出比公司X更高的未来成长性，那么市场就会给Y赋予一个较低的市盈率，因为投资公司Y要承担更高的风险，却不能获得更高的未来成长机会。为了理解这个论断，我们从式（4.12）入手。由于：

$$\frac{V_0}{E_1}=\frac{1}{k}+\frac{PV_1}{E_1}$$

根据CAPM，我们知道市场均衡时，相对风险高的行业应该有相对较高的均衡收益率。显然新材料行业的公司Y经营风险要高于成熟钢铁行业的公司X，那么这两个公司股权投资的必要收益率必然是前者高于后者。如果此时公司Y的未来成长机会不能比公司X更高，意味着公司Y的PV_1小于等于公司X的PV_1，那么市场必然会给必要收益率高的公司以较低的市盈率。

总的来说，市场均衡时，公司经营风险决定了其股权投资的必要收益率，风险越大的公司其必要收益率也应该越高。如果两个公司的未来成长机会一样，那么市场会给必要收益率高的公司以较低市盈率，这意味着PV_1一定时，风险越大的公司市盈率越低。

（4）市盈率指标的不足。

实际应用中，市盈率指标并没有理论模型描述的那样完美。市盈率指标的第一个缺陷在于我们使用会计的每股净收益作为分母，而会计净收益要受到公司会计准则的影响，很多情况下都不能反映市场的真实价值。比如，采用重置成本法核算的公司，其会计收益在高通胀时期一般会被低估，这样即使其他条件不变，公司市盈率也会变低，但这并不意味着公司的未来成长机会下降。第二个缺陷在于，我们在市场上通常使用的市盈率是用当前价格除以上一年度的每股会计净收益，这被称为静态市盈率，它和我们的理论模型的市盈率之间存在显著差异。理论市盈率使用下一期预期净收益为分母，以股权内在价值为分子，整个比值反映的是公司的未来成长性，而使用上一年会计净收益为分母则无法准确体现公司的内在价值。比如，某公司前几年行业景气，收益较高，2008年受全球金融危机影响，公司预期收益降低，这个信息反映到市场上就会使公司当前股权价值下降。但此时以2007年度较高的会计净收益为分母估算出的静态市盈率会显著偏低，可这并不意味着该公司股权价值当前被低估，因为当前股权价值反映了未来成长机会，只是每股收益停留在上年水平，造成了静态市盈率偏低。

3.折现现金流量法

折现现金流量法（discount cash flow，DCF）是通过预测公司未来的自由现金流量，按照一定的贴现率计算公司的整体价值，从而进行股票估值的一种方法。DCF估值法与DDM模型（dividend discount model，股利折现模型）的本质区别是，DCF估值法用自由现金流量替代股利，公司自由现金流量的基本概念为公司产生的、在满足了再投资需求之后剩余的、不影响公司持续发展前提下的、可供公司资本供应者（即各种利益要求人，包括股东、债权人）分配的现金。DCF估值法是最严谨的对企业和股票估值的方法，原则上该模型适用于任何类型的公司，用未来的现金流量替代股利，更科学、更不易受人为影响。该方法认为公司价值由公司经营所获得的净现金流量决定，其中股权价值由股东获得的净现金流量决定。

（1）自由现金流量与公司价值的估算。

①预测公司未来的自由现金流量（free cash flow，FCF）。公司自由现金流量，指公司在持续经营的基础上除了在库存、厂房、设备、长期股权等类似资产上需投入外，能够产生的额外现金流量。现金流量的预测期一般为5~10年，预测期越长，预测的准确性越差。

自由现金流量的估算分为两个步骤：首先假设公司的全部资本都是股权，计算出这个条件下公司经营所能产生的现金流量；然后将部分股权调整为实际的负债水平，计算出负债的增加能给公司带来的现金流量增加——利息支付产生的税盾（tax shield，即在其他条件相同的情况下，相比不支付利息，支付利息的公司能支付更少的税金，从而获得更多的现金流量，之间的差额被称为税盾）。上述两个步骤计算出的现金流量之和就是自由现金流量。根据一般会计准则下的财务报表，自由现金流量可以根据下式计算：

FCF=税后利润+折旧+税后利息净支付-流动资产的增加+流动负债的增加-固定资产原值的增加

在给出公司税率、折旧率、利息率和再投资率，并且预测出合理的销售增长率后，根据会计恒等式就可以预测出公司未来若干年的自由现金流量。

②预测公司的永续价值。永续价值是公司预测期末的市场价值（投资者最后出售公司所能获得的现金流量），可以参照公司的账面残值和当时的收益情况，选取适当的行业平均市盈率倍数或者市净率进行估算。

③计算加权平均资本成本。

$$WACC=\sum K_i \cdot b_i$$

其中：WACC为加权平均资本成本；K_i为各单项资本成本；b_i为各单项资本所占的比重。

④计算公司股权价值。

公司股权价值=公司整体价值-净债务值

⑤计算公司每股股票价值。

公司每股股票价值=公司股权价值÷发行后总股本

（2）折现现金流量模型的运用。

DCF价值评估较少受到市场波动及投资者情感因素的影响，如果投资者购买企业而非股票，采用该方法能令投资者在购入资产时清楚地知道自己得到了什么。不过，折现现金流量法需要比较可靠地估计未来现金流量（通常为正），同时根据现金流量的风险特性能确定出恰当的贴现率。但实际情况往往与模型的假设条件相距甚远，在以下情况使用自由现金流量法进行估值会遇到较大困难：第一，陷入财务危机的公司。通常这些公司没有正的现金流量，或难以准确地估计现金流量。第二，收益呈周期性分布的公司。对这类公司未来现金流量的估计容易产生较大偏差。第三，正在进行重组的公司。这类公司可能面临资产结构、资本结构以及红利政策等方面的较大变化，既影响未来现金流量，又通过公司风险特性变化影响贴现率，从而影响估值结果。第四，拥有某些特殊资产的公司。譬如拥有较多专利或期权资产的公司，其资产的价值不能完全体现在公司的现金流量中。此外，这种价值评估方法需要的数据及资料远远多于其他价值评估方法，这些数据及资料不仅繁杂，难以评估，而且可能被分析员巧妙处理，以便获得他想要的结论，所以这种方法也无法保证不出现内在价值被错估的情况。

一般说来，DCF价值评估模型对于以下投资者最为适用：投资周期较长者，允许市场有足够时间来更正其估值的错误，并令价格回到“实际”价值水平；或有能力推动价格向价值靠近者，如一个积极投资者或整个公司的潜在拥有者。

思政课堂

马克思对股份公司制度的论证

【思政元素】读经典；学经典。

马克思曾对股份公司制度进行过精辟的论证。他认为：

首先，股份制是社会化大生产的产物。工业革命的开展导致企业组织赖以生存的技术条件彻底改变，资本主义生产方式发生了根本变革。机器应用于生产导致生产规模无限扩张，要求企业制度也随之调整，股份制随之诞生并得到发展。资本主义生产是大规模生产，必须突破资本量的限制。只有拥有资本才能利用规模经济效益，才能在激烈的竞争中发展壮大。但是，私人资本主义的占有形式却使资本分散在各个资本家手中，单纯依靠企业获得的一部分剩余价值转化，即个别资本自身的积累，是远远不能满足社会化大生产的需要的。股份公司制度的出现弥补了个别资本积累的不足，促进生产规模的扩大，解决了这一矛盾，它通过发行股票可以在短时间内把大量资本集中在股份公司手中，实现企业的发展。对此，马克思写道：“单个的货币所有者或商品所有者要蛹化为资本家而必须握有的最低限度价值额，在资本主义生产的不同发展阶段上是不同的，而在一定的发展阶段上，在不同的生产部门内，也由于它们的特殊的技术条件而各不相同。还在资本主义生产初期，某些生产部门所需要的最低限额的资本就不是在单个人手中所能找到的。这种情况一方面引起国家对私人的补助，如柯尔培尔时代的法国和直到目前的德意志若干邦就是这样；另一方面，促使对某些工商业部门的经营享有合法垄断权的公司的形成，这种公司就是现代股份公司的前驱。”①

其次，股份公司制度是在资本主义范围内的一种积极扬弃。在股份企业中，资本的私人性质直接表现为社会化的形式，股份企业在保存了资本主义生产方式的同时，又否定了资本主义生产方式。股份资本是“作为私人财产的资本在资本主义生产方式本身范围内的扬弃”。股份企业是在“资本主义体系本身的基础上对资本主义的私人产业的扬弃”。正是在这个意义上，马克思才肯定私人资本向股份公司转变上是一种进步。

资料来源：作者整理、撰写。

本章小结

1.股份公司，就是通常人们所说的现代企业制度，是现代经济生活中主要的企业存在形式。公司治理则是指通过一套正式或非正式的、内部或外部的制度或机制来协调公司与所有利益相关者之间的利益关系，以保证公司决策的科学化，从而最终维护公司各方面利益的一种制度安排。

2.股票是股份公司发给股东作为投资入股的证书和取得股息的凭证。公司股份是股票的实质内容，股票是股份的表现形式。作为一种比较活跃的金融投资工具，股票具有盈利性、风险性、流通性、价格波动性、权益稳定性等基本特征。根据不同环节以及不同研究目的的需要，我们可以将股票的价值区分为票面价值、账面价值、清算价值、市场价值和理论价值等，股票的各种价格即是上述各种价值的具体表现。

3.股价指数是反映股票价格综合变动趋势和程度的相对数，是将股票平均价格在两个不同时期的数值进行比较的结果。股价指数具有代表性和敏感性两个基本特征。世界上各个主要的证券交易所都有自己的股价指数，就是在同一国家之内，不同的股票市场也有各自的股价指数。有些股票市场还用多种指数综合反映。股价指数的编制方法主要有算术平均法、加权平均法和几何平均法三种。

4.股权分置是特定历史阶段中国证券市场的一种制度安排，但是股权分置的存在给中国证券市场的进一步发展带来了巨大的不利影响。从2004年开始，在国务院的领导下，中国证监会在中国股票市场启动了股权分置改革。

① 马克思．资本论：第一卷［M］．中共中央马克思恩格斯列宁斯大林著作编译局，译．北京：人民出版社，1975.

5.股票估值模型有股利折现模型、市盈率估值法和自由现金流量模型。相对估值法主要是采用比率指标进行比较，比率指标包括P/E（市盈率）、P/B（市净率）等。绝对估值法主要包括股利折现法、自由现金流量法等。

6.股利折现模型体现了投资价值分析的收入资本化法，它表明，任何投资产品的当前价值都等于其预期收入的现值。我们在债券、股票、衍生产品的价值分析中都体现了这一法则，它构成整个资产价值分析的基础。

7.自由现金流量模型是通过预测公司未来的自由现金流量，按照一定的贴现率计算公司的整体价值，从而进行股票估值的一种方法。FCF估值法与DDM估值法的本质区别是，FCF估值法用自由现金流量替代股利。

综合训练

4.1 单项选择题

1.公司治理的目标是（　　）。

A.公司利润最大化

B.股东利益最大化

C.公司各方面利益相关者的利益最大化

D.债权人利益最大化

2.股票的定价是股票市场中的核心问题，这里的定价所表示的价值是指（　　）。

A.股票的票面价值　　B.股票的市场价值　　C.股票的清算价值

D.股票的理论价值　　E.股票的净资产价值

3.股票红利通常是指（　　）。

A.股息　　B.一定比例的本公司股票

C.现金红利　　D.特殊股利

4.股权分置是指（　　）。

A.国有股不流通　　B.法人股不流通

C.内部职工股不流通　　D.部分股份流通，部分股份不流通

5.一只普通股年红利是每股2.1元，无风险利率7%，风险溢价4%。如果年红利保持在2.1元，那么股票价格最接近（　　）。

A.19.09元/股　　B.30元/股　　C.52.5元/股　　D.70元/股

4.2 多项选择题

1.公司治理问题的产生是由于（　　）。

A.公司股权结构过度集中　　B.公司股权结构过度分散

C.公司所有权与控制权分离　　D.公司所有权和控制权集中

E.公司股权结构适中

2.公司内部治理的主体有（　　）。

A.公司董事会　　B.公司股东会　　C.公司经理层

D.公司监事会　E.公司债权人　F.公司客户

G.政府相关机构

3.优先股的优先是指（　　）。

A.领取股息优先　B.领取红利优先　C.分配剩余资产优先

D.投票选举优先　E.新股认购优先

4.不变增长模型的两个不足是（　　）。

A.它不适合那些当前股利增长率水平过高的公司

B.它不适合当前股利增长为负的公司

C.它不适合那些高科技公司

D.它不适合在较高通货膨胀情况下对股票估值

5.一般说来，DCF价值评估模型对于（　　）最为适用。

A.投资周期较长者

B.投资周期较短者

C.有能力推动价格向价值靠近的投资者

D.利用短期价格波动套利者

4.3　思考题

1.为什么要对股份公司进行公司治理？

2.什么是股票的价格和价值？

3.简述股票价格指数的编制方法。

4.什么是股权分置？在中国股票市场进行的股权分置改革有什么意义？

5.假设20×1年某行业的必要收益率为10%。市场预计某公司由于一项产品开发成功并顺利推向市场，20×2年和20×3年初的预计股利分配分别是0.10元/股和0.15元/股，并且将保持这个50%的高速增长率直到20×5年初；其后由于竞争者加入，市场日趋成熟，股利增长率将稳定在8%的水平上，请对该公司的股票进行估值。

本章参考文献

［1］张亦春，郑振龙．金融市场学［M］．6版．北京：高等教育出版社，2020.

［2］邢天才，王玉霞．证券投资学［M］．6版．大连：东北财经大学出版社，2023.

［3］孙清岩．股票价格指数编制：理论、方法与创新［M］．大连：东北财经大学出版社，2010.

［4］李维安．公司治理学［M］．4版．北京：高等教育出版社，2020.

［5］陈之大，曹晓东，贺学会．证券投资学［M］．成都：西南财经大学出版社，2005.

［6］BEAVER W．What determines price-earnings ratios［J］．Financial Economic Review，1978（4）.

［7］BODIE Z，KANE A，MARCUS A J．Investments［M］．9th ed.New York：

McGraw-Hill，2011.

［8］BODIE Z，MERTON R C，CLEETON D L. Financial economics［M］. 2nd ed.Englewood Cliffs：Pearson Education，2009.

［9］FABOZZI F J. Foundation of financial markets and institutions［M］. 4th ed. Englewood Cliffs：Pearson Education，2010.

［10］FAMA E F. Stock returns，real activity，inflation，and money［J］. American Economic Review，1981（4）.

［11］ROSS S A. Corporate Finance［M］. 9th ed. New York：McGraw-Hill，2010.

第5章

金融衍生工具

导读

衍生工具是根据市场参与者的避险需求设计的新型金融产品，但是其运用不当也会给使用者带来巨大的风险。常见的衍生工具包括远期、期货、期权、互换等，它们是现代金融市场的重要组成部分。本章主要介绍四类衍生工具——远期、期货、期权和互换的概念、特点和交易方法，以及它们在实际中的一些应用。

关键概念

金融衍生工具　远期　期货　期权　认股权证　可转换债券　互换

金融衍生工具（financial derivatives）也叫衍生金融资产，指建立在基础产品或基础变量之上，其价格受基础金融产品的价格变动影响的派生金融产品。金融衍生工具是金融创新的产物，目前最主要的金融衍生工具包括远期、期货、期权和互换等。

§5.1　金融衍生工具概述

5.1.1　金融衍生工具

市场上交易的金融工具（financial instrument）可分为两类：第一类为原生金融工具（primitive security）。其特点是价值直接取决于实物资产的收益状况，比如股票的价值与股份公司的价值直接相关，债券的价值与发行公司的财务状况和信用状况直接相关。在市场发展演化的过程中，人们根据交易需要创造出了另一类金融工具，其价值依附于或者衍生于某项特定资产的价值，这类金融工具被称为衍生工具（derivative securities或 derivatives）。

从以上概念中，我们可以提炼出金融衍生工具的两个基本特征：

第一，金融衍生工具必须依赖于某项基础性金融工具而存在。也就是说，如果没有股票，就不可能有股票期权，也不可能有股指期货；如果没有外汇交易，当然也不可能有外汇远期交易和外汇期权交易。

第二，金融衍生工具的价格依赖于基础工具的价格。也就是说，衍生品虽然具有某种独立性，但其价格不可能完全游离于基础产品价格之外，而是与基础工具的价格存在着某种联系。或者说，衍生工具的价格是基础工具价格的一个函数。举一个简单的例子来说，如果当前股票指数的点位是3 000点，则股指期货的价格不可能是10 000点，因为现货和期货之间具有某种联系（通常是交割或者类似交割的机制），这种联系决定了市场具有某种无套利均衡机制（具体请参见本章下一节中的定价部分）。

5.1.2　金融衍生工具的类型

现实市场中大部分的衍生工具价值都依附于某项资产的价格，我们将该项资产称为标的资产（underlying asset）。常见衍生工具的标的资产有以下几种：

（1）实物商品，比如大豆、小麦、铜、铝、原油等。在伦敦金属交易所（LME）、芝加哥商品交易所（CME）、芝加哥期货交易所（CBOT）以及我国的上海期货交易所、郑州商品交易所、大连商品交易所等期货交易所，每天都有大量的以农产品、有色金属和能源为标的资产的衍生工具被交易。

（2）金融资产，比如货币、债券、股票等，这类衍生工具的价值依附于金融资产的价格或者货币的汇率、利率等。还有一些衍生产品依附于市场价格指数，比如股票指数期货，其价值就依附于股票市场价格指数的波动。

（3）其他资产，某些衍生工具的标的并不是有可供观测价格的资产，比如天气衍生产品（weather derivatives），其价值依附于未来天气的变化。

根据衍生工具在交易条款上的差异，我们将其分为两种基本类型：远期类和期权类。远期类合约主要包括远期合约（forwards）和期货合约（futures）两种，远期类合约事先约定标的资产的未来交割价格和数量，交割条款对交易双方而言既是权利又是义务，在整个交易过程中，双方的权利和义务是完全对等的。期权类合约事先约定的是标的资产的交易权利，期权合约的买方在期限内有权选择是否按照交易条款交割，所以期权类合约又被叫作选择权类合约（options）。

§5.2 远期和期货

5.2.1 远期交易概述

1.定义和术语

远期（forwards）就是指由买卖双方约定在未来某一时间以确定价格购买或者出售特定数量的某种标的资产的一种衍生工具，合约订立后双方都有义务保证到期时按照合约条款交割标的资产。

远期价格（forward price）是远期合约事先约定的资产的未来交割价格。如果远期合约中交易者约定了自己在未来按约定价格出售约定数量资产的义务，我们就称他建立了空头合约（short a contract），该交易者持有远期合约的空头头寸（short position）。相应的，如果交易者约定了自己买入资产的义务，我们称他建立了多头合约（long a contract），该交易者持有远期合约的多头头寸（long position）。由于多头方和空头方在合约到期时的交割义务是完全对等的，因此合约在订立时，任何一方都不需要向另一方作出价值补偿。

远期合约的要素包括：（1）标的资产；（2）合约的多空方；（3）合约到期日；（4）标的资产的交割数量；（5）标的资产的远期价格。

比如，沙特阿拉伯的原油交易商A于某年3月12日与美国交易商B达成了一份原油远期合约，约定在当年的9月15日，A必须以90美元/桶的价格出售1万桶原油给B。这份合约里，标的资产是原油，交易商A是空头方，B是多头方，合约到期日是当年9月15日，远期价格是90美元/桶，交割数量是10 000桶。

2.远期合约的到期日损益

以前面的国际原油远期合约为例。远期合约一旦签订之后，合约双方就有按照条款进行交割的义务。例如，某天国际原油的现货价格是110美元/桶，交易商B在以90美元/桶从A处买入1万桶原油后，马上就可以以110美元/桶的价格出售，因此获利为200 000美元（（110-90）×10 000）；相应的，交易商A以90美元/桶的价格出售了市价为110美元/桶的原油1万桶，因此收益为-200 000美元（（90-110）×10 000），这里的负收益表示交易商A实际发生了交易损失。

一般来说，假设远期合约到期日为T，标的资产的远期价格为f_T，到期日标的资产的现货价格为S_T，远期合约的多头方在每单位资产上的到期损益P_L为：

$$P_L = S_T - f_T$$

如果到期时标的资产现货价格大于远期价格，即$S_T > f_T$，多头方损益为正，也就是从合约上获利；反之，如果$S_T < f_T$，多头方损益为负，发生交易损失。

同理，合约空头方在每单位资产上的到期损益P_S为：

$$P_S = f_T - S_T$$

这意味着在到期日，如果标的资产现货价格低于远期价格，空头方获利；反之，则空头方产生损失。

3.远期合约交易的优缺点

远期合约约定的是未来交割，不要求交易者在订立时就持有标的资产，只要保证到期时能执行合约就可以了，其交易规模也由交易双方自行协商，合约条款根据交易双方的实际情况而定制，具有高度灵活性。同时，远期合约在订立时不需要支付价格，因此远期合约是一种典型的杠杆投资工具，交易成本很低。

但是，由于远期合约是交易双方定制的，造成合约流动性差，同时缺少第三方对交易中信用风险的控制，远期合约很容易发生违约。由于远期合约的这些缺点，现实市场的远期交易多发生在银行间资金市场，银行信用减少了违约风险，短期资金借贷克服了合约流动性差的弱点，同时合约的高度定制特点也为银行的大额资金管理带来了便利。

5.2.2　远期交易机制：品种举例

金融远期合约主要有远期利率协议、远期外汇合约等。

1.远期利率协议

（1）远期利率协议的含义。

远期利率协议（forward rate agreement，FRA）是买卖双方同意从未来某一商定的时期开始在某一特定时期内按协议利率借贷一笔数额确定、以具体货币表示的名义本金的协议。远期利率协议的买方是名义借款人，其订立远期利率协议的目的主要是规避利率上升的风险。远期利率协议的卖方则是名义贷款人，其订立远期利率协议的目的主要是规避利率下降的风险。之所以称为“名义”，是因为借贷双方不必交换本金，只是在结算日根据协议利率和参考利率之间的差额以及名义本金额，由交易一方付给另一方结算金。

（2）远期利率协议的内容。

①重要术语和交易流程。

英国银行家协会（british banker’s association）为了规范远期利率协议，于1985年颁布了远期利率标准化文件（FRABBA），作为市场实务的指导原则。目前世界上大多数远期利率协议都是根据FRABBA签订的。该标准化文件使每一笔FRA交易仅需一个电传确认即可成交，大大提高了交易速度和质量。FRABBA对远期利率协议的重要术语规定如下：

合同金额（contract amount）：借贷的名义本金额；

合同货币（contract currency）：合同金额的货币币种；

交易日（dealing date）：远期利率协议成交的日期；

结算日（settlement date）：名义借贷开始的日期，也是交易一方向另一方交付结算金的日期；

确定日（fixing date）：确定参照利率的日期；

到期日（maturity date）：名义借贷到期的日期；

合同期（contract period）：结算日至到期日之间的天数；

合同利率（contract rate）：在协议中双方商定的借贷利率；

参照利率（reference rate）：在确定日用以确定结算金的在协议中指定的某种市场利率；

结算金（settlement sum）：在结算日，根据合同利率和参照利率的差额计算出来的，由交易一方付给另一方的金额。

为了进一步了解这些概念之间的相互关系，我们以一个实例来说明FRA的交易流程。

【例5-1】20×4年10月8日星期三，双方同意成交一份1×4、名义金额100万美元、合同利率5.60%的远期利率协议。其中“1×4”是指起算日到结算日之间为1个月，起算日至名义贷款最终到期日之间的时间为4个月。交易日与起算日时隔一般两个交易日。在本例中，起算日是20×4年10月10日星期五，而结算日则是20×4年11月10日星期一（到期时间为20×5年2月10日星期一，合同期为20×4年11月10日至20×5年2月10日，即92天）。在结算日之前的两个交易日（即20×4年11月8日星期六）为确定日，确定参照利率。参照利率通常为确定日的伦敦银行同业拆放利率。我们假定参照利率为6.50%。这样，在结算日，由于参照利率高于合同利率，名义贷款方就要支付结算金给名义借款方。上述流程可用图5-1表示。

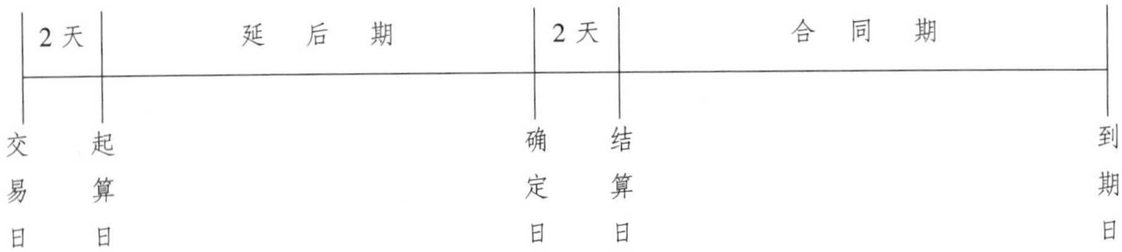

图5-1 远期利率协议流程图

②结算金的计算。

在远期利率协议下，如果参照利率超过合同利率，那么卖方就要支付给买方一笔结算金，以补偿买方在实际借款中因利率上升而造成的损失。一般来说，实际借款利息是在贷款到期时支付的，而结算金是在结算日支付的，因此结算金并不等于因利率上升而给买方造成的额外利息支出，而等于额外利息支出在结算日的贴现值，具体计算公式如下：

$$结算金=\frac{(r_r-r_k)\times A\times\frac{D}{B}}{1+\left(r_r\times\frac{D}{B}\right)} \tag{5.1}$$

其中：r_r为参照利率；r_k为合同利率；A为合同金额；D为合同期天数；B为天数计算惯例（如美元为360天，英镑为365天）。

在式（5.1）中，分子表示由于合同利率与参照利率之间的差异所造成的额外利息支出，而分母是对分子进行贴现，以反映结算金的支付是在合同期开始之日而非结束之时。

我们把上例的数字代入式（5.1），就可算出卖方应向买方支付的结算金为：

$$结算金=\frac{(0.065-0.056)\times 1\,000\,000\times\frac{92}{360}}{1+0.065\times\frac{92}{360}}=2\,262.44（美元）$$

与金融期货、金融期权等场内交易的衍生工具相比，远期利率协议具有简便、灵活、不需支付保证金等优点。当然，由于远期利率协议是场外交易，所以存在信用风险和流动性风险，只是这种风险是有限的，因为它最后实际支付的只是利差而非本金。

2. 远期外汇合约

远期外汇合约（forward exchange contracts）是指双方约定在将来某一时间按约定的远期汇率买卖一定金额的某种外汇的合约。交易双方在签订合同时，就确定好将来进行交割的远期汇率，到时不论汇价如何变化，都应按此汇率交割。在交割时，名义本金并不交割，而只交割合同中规定的远期汇率与当时的即期汇率之间的差额。

按照远期的开始时期划分，远期外汇合约又分为直接远期外汇合约（outright forward foreign exchange contracts）和远期外汇综合协议（synthetic agreement for forward exchange，SAFE）。前者的远期期限是直接从现在开始算的，而后者的远期期限是从未来的某个时点开始算的，因此实际上是远期的远期外汇合约。例如，1×4远期外汇综合协议是指从起算日之后的1个月（结算日）开始计算的为期3个月的远期外汇综合协议。

5.2.3　期货合约概述

由于远期合约交易成本高、流动性差和违约风险高的缺点，因此市场规模难以扩大，为解决这一问题，市场开始引入标准化的远期交易——期货交易。美国于1848年建立芝加哥交易所，随后开发出首批商品期货合约——到期执行合约（to-arrive contract），1972年，美国芝加哥商品交易所（CME）成立了交易外币期货的国际货币市场（IMM），首次推出了金融期货交易，目前期货交易已经成为商品和金融资产的一种最重要的交易方式。

1.期货合约的概念

从概念上说，期货就是标准化的远期合约，是一种高度标准化、可流通转让、在交易所交易的远期类衍生工具。期货交易和远期交易的区别主要在于：

（1）交易场所。远期合约主要在OTC市场交易，而期货交易全部在交易所进行（实体交易所或者电子网络交易所）。

（2）合约条款。交易所根据市场需求推出固定的交易品种，包括对标的资产品质都有详细要求，合约到期时间也标准化为固定的几个月份，每份合约代表的资产数量也是固定的。合约条款的标准化使得交易者只需针对标准化的合约竞价拍卖交易，因此期货合约具有较高的流动性。

（3）清算制度。期货交易跟远期交易一样产生交易损益，但是合约交易双方之间并不直接清算损益，而是通过交易所的清算公司清算，这个措施主要在于限制交易的违约风险。

2.标准化的期货合约

期货合约在订立的时候，买卖双方不用相互支付合约价格。建立一份期货合约叫作“持仓”，手中持有的期货合约数量叫作“持仓量”。承诺买入资产的交易方为多头方，承诺出售资产的交易方为空头方。达成的标的资产的未来交割价格称为期货价格。标准化的期货合约主要对标的资产的种类、品质、单位合约的交割数量、到期时间、交割地点等条款进行标准化，见表5-1。

表5-1 上海期货交易所黄金期货标准合约

交易品种	黄金
交易单位	1 000克/手
报价单位	元（人民币）/克
最小变动价位	0.05元/克
每日价格最大波动限制	不超过上一交易日结算价±3%
合约交割月份	最近3个连续月份的合约以及最近13个月以内的双月合约
交易时间	上午9：00-11：30，下午1：30-3：00和交易所规定的其他交易时间
最后交易日	合约交割月份的15日（遇法定假日顺延）
交割日期	最后交易日后连续5个工作日
交割品级	金含量不小于99.95%的国产金锭及经交易所认可的伦敦金银市场协会（LBMA）认定的合格供货商或精炼厂生产的标准金锭
交割地点	交易所指定交割金库
最低交易保证金	合约价值的4%
交易手续费	不高于成交金额的2‱（含风险准备金）
交割方式	实物交割
交易代码	AU
上市交易所	上海期货交易所

从表5-1中可以看出，一般标准化的期货合约要素有以下几个方面。

（1）标的资产标准化：何种资产可以在交易所交易是由交易所规定的，比如SHFE约定的交易资产为黄金，同时详细规定了交割品级。

（2）交易数量标准化：每份合约代表的标的资产的交割数量是标准化的。比如表5-1中约定一份期货合约代表的黄金交易单位为1 000克/手，交易数量只能是交易单位的整数倍。交易时直接选择买卖多少份合约。

（3）报价标准化：尽管期货的价格是根据买卖竞价决定的，但是交易所对拍卖竞价的方式进行了标准化，比如报价的单位和货币以及价格的变化刻度（tick size）。表5-1显示，SHFE的黄金期货在竞价时以人民币元/克为单位，价格的变动刻度为0.05元/克。

（4）合约的到期和交割：SHFE的黄金，最近3个连续合约的月份以及最近13个月以内的双月合约的月份为交割月（delivery month），也就是期货合约的到期月。合约多空方可以协商在交割月的任何一个交易日交割并终止合约，但是合约买卖的时间不能超过合约的最后交易日（last trading day）。表5-1的最后交易日为合约交割月份的15日。如果合约需要实物交割，那么只能在交易所指定的交割地点进行。

（5）风险控制：为了降低交易的违约风险，交易所一般都要制定涨跌停板、保证金制度等相应的风险控制措施。

当这些相关条款都被标准化后，同一标的同一交割月份的合约就是同质的，因此合约非常容易转让流通，这也促进了期货市场交易的活跃。

3.期货市场的功能

（1）套期保值。

在企业的日常经营中，它们的成本和收入随时都面临现货价格波动的风险，这使得企业利润有很大不确定性，企业可以利用期货合约来规避这种不确定性。与远期合约一样，期货合约的空头在价格上升时发生交易损失，在价格下跌时获得收益。如果某企业有产品存货待销，那么就可以利用该产品的期货空头交易来规避价格风险，我们称这种交易策略为套期保值，或者称为对冲（hedge）风险。应该注意的是，对单个主体而言，利用期货交易可以达到消除价格风险的目的，但对整个社会而言，期货交易通常并不能消除价格风险，期货交易发挥的只是价格风险的再分配即风险转移的作用。

（2）价格发现。

期货市场是一个高度活跃的交易市场，部分拥有内部信息或者具有优秀交易技巧的市场参与者会将自己对现货价格的走势判断带入期货交易之中，以求获利。而当信息有效地在期货和现货市场之间传递时，期货价格的变动也必然会改变未来现货交易的市场预期，从而影响现货价格的变化。同时，期货非实物交割的方式降低了交易成本，使得期货价格变动更连续，对信息的反应更加灵敏。从这个意义上说，期货市场具有价格发现功能。

（3）投机。

期货交易无须实物交割的交易特征使得那些本身不持有现货资产的交易者也可以利用自己所掌握的价格信息来获利。如果他们判断价格会上升，就会建立多头仓位；如果判断价格会下降，就会建立空头仓位，利用价格绝对水平的变化来获利。由于交易者在交易初期只要支付少量的保证金就可以进行期货交易，因此交易具有很高的杠杆性。

4.主要的金融期货品种

按标的物不同，金融期货可分为利率期货、股价指数期货和外汇期货。

外汇期货的标的物是外汇，如美元、欧元、英镑、日元、澳元、加元等。

利率期货是指标的资产价格依赖于利率水平的期货合约，如长期国债期货、短期国债期货和欧洲美元期货等。

股价指数期货的标的物是股价指数。由于股价指数是一种极特殊的商品，它没有具体的实物形式，双方在交易时只能把股价指数的点数换算成货币单位进行结算，没有实物的交割。这是股价指数期货与其他标的物期货的最大区别。

5.2.4 期货交易的结算

1.期货交易的间接清算和损益实现

与远期交易不一样的是，期货交易双方并不直接交割资产或者清算损益，他们都通过交易所指定的清算公司（clearing housc）进行结算。这称作期货交易的间接清算制度。在间接清算制度下，一切资产交割和损益结算都直接和清算公司进行。

期货清算公司可能由交易所直接设立，也可能是由独立的金融中介提供清算服务。比如CME自己有清算公司，同时还为CBOT提供清算服务；而我国期货交易所一般指定符合规定的结算银行清算。间接清算的存在使得所有达成的交易合约都由清算公司统一管理，清算公司通过对会员账户的管理控制了交易的违约风险，大大提高了期货交易的效率。

如果交易者选择持有期货合约至到期并交割资产时，清算公司向合约买方（多头方）交割标的资产，买方则向清算公司支付价格；同时，合约卖方（空头方）向清算公司交割标的资产，清算公司则向卖方支付价格。这个流程如图5-2所示。

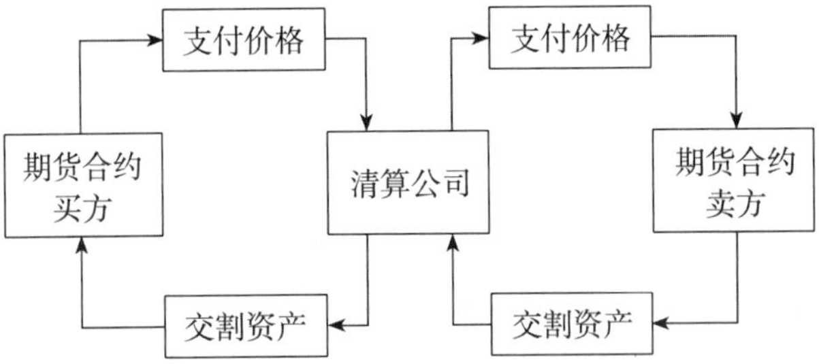

图5-2 清算公司的清算流程

现实中，由于标准化的期货合约培育了一个高度活跃和发达的二级交易市场，因此大部分的期货交易者都只关注期货价格的波动，他们会通过“平仓”

(reversing trade)这种交易方式来避免发生实物交割，并提前实现损益。所谓平仓，就是用一个数量相同但是方向相反的交易头寸去冲抵原先建立的交易头寸，平仓之后交易者的持仓量为零，价差形成交易损益，同时两个头寸相反的合约使其避免了实物交割。

2.“盯市”和保证金账户交易

期货交易是每天进行结算的，而不是到期一次性进行的，买卖双方在交易之前都必须在经纪公司开立专门的保证金账户。经纪公司通常要求交易者在交易之前必须存入一定数量的保证金，这个保证金叫初始保证金（initial margin）。在每天交易结束时，保证金账户都要根据期货价格的升跌而进行调整，以反映交易者的浮动盈亏，这就是所谓的盯市（marking to market）。浮动盈亏是根据结算价格（settlement price）计算的。结算价格的确定由交易所规定，它有可能是当天的加权平均价，也可能是收盘价，还可能是最后几秒钟的平均价。

当天结算价格高于昨天的结算价格（或当天的开仓价）时，高出部分就是多头的浮动盈利和空头的浮动亏损。这些浮动盈利和亏损就在当天晚上分别加入多头的保证金账户和从空头的保证金账户中扣除。当保证金账户的余额超过初始保证金水平时，交易者可随时提取现金或用于开新仓；而当保证金账户的余额低于交易所规定的维持保证金（maintenance margin）水平时，经纪公司就会通知交易者限期把保证金水平补足到初始保证金水平，如不能按要求补足保证金，则会被强制平仓。

5.2.5 远期和期货合约的定价

在这一部分，我们将借助对远期和期货合约价格的无套利均衡分析，为读者提供一个关于衍生品定价的基本思想和分析方法。无套利均衡分析基于一个比较苛刻的市场假设——市场是“无摩擦”的。该方面的开创性研究源自莫迪格利安尼(Modigliani)和米勒(Miller)在1958年提出的MM理论，现在无套利均衡方法被广泛应用于衍生工具的定价研究中。比如金融中介经常会创新研发出各种各样的金融衍生工具，这些工具并未在市场上交易，如果每个工具的定价都依赖于观察其供求变化显然是低效率的，无套利均衡分析方法就可以利用市场上已有的金融工具价格来为新衍生工具定价。

1.远期合约的无套利均衡价格

【例5-2】考虑一个在未来6个月内不打算支付股利的股票XYZ，它的当前价格是40元。市场上有交易者愿意交易以XYZ为标的的远期合约，远期价格为43元。市场的无风险利率水平为7%。套利交易者仔细研究这些价格后作出如下交易决定：

(1) 借入6个月无风险资金40元；

(2) 买入XYZ 1股；

(3) 以43元出售XYZ的6个月远期合约，数量为1股。

这三笔交易构成了该套利者的一个套利组合。现在我们来看看该套利组合的现金收益状况。首先是在当前时刻，由于该套利者以借入的资金购买股票，同时出售的远期合约在当前不会有任何现金流入，因此套利者在当前的净现金流量为零，也就是说他不耗费任何成本就构筑了这个套利组合。6个月后，远期合约到期，执行合约获得43元的出售价格。同时，借入的40元无风险资金需要偿本付息，本息共需支付 $40\times(1+0.07)^{6/12}\approx 41.38$（元）。因此，套利者在6个月后可以获得1.62元的现金净流入。重要的是，股票初始价格、远期价格和无风险利率在组合构建时就是已经确定了的，这个组合的到期收益不存在任何风险。

从上面的计算我们看到，套利者没有花费任何代价就构造了这个套利组合，同时可以无风险地在6个月后获得1.62元的净收益，这个套利组合就是一个典型的无风险套利组合。理性的套利者为了放大这个套利收益会不断地重复这样的交易，最终的结果就是43元的远期价格会下降，直到套利组合的期末收益为零（假设当前股票价格和无风险利率不受套利行为的影响）。

2. “远期-即期平价”定理

下面我们使用“复制”的定价技术来一般化上面这个例子。“复制”技术是用已知的证券组合来复制未知证券的到期收益。如果复制组合的到期收益和未知证券的到期收益能够完全一致，那么复制组合和未知证券的构建成本也必须相等，否则市场就存在套利机会，套利行为会使组合和未知证券之间的价格达到无套利均衡。

假设某不支付股利的股票的当前价格为 S_0，市场无风险利率为 r_f，期限为T（单位：年）的该股票远期价格为F。我们可以构造股票和无风险资产的组合来复制远期合约买方的到期损益：

（1）买入1股股票；

（2）借入无风险资金 $\frac{F}{(1+r_f)^T}$ 元。

这个组合的构建成本为 $S_0-\frac{F}{(1+r_f)^T}$ 元。到期时，出售股票，同时偿还无风险资金本息，净收益为：

$$S_T-\frac{F}{(1+r_f)^T}\times(1+r_f)^T=S_T-F$$

这正好就是远期合约买方的到期损益。

既然股票和无风险资产组合的到期损益能完全复制远期合约买方的到期损益，那么它们的构建成本也必须相同。我们知道，远期合约买卖双方在订立合约时是不需要支付成本的，那么这个复制组合的构建成本也必须是零，否则就会出现无风险套利机会。因此，下面的等式必须成立：

$$F=S_0(1+r_f)^T \tag{5.2}$$

这个公式被称为“即期-远期平价”定理（spot-forward parity）定理。

在前例中，XYZ 6个月的远期合约价格就应该是 $S_0\times(1+r_f)^T=40\times 1.07^{0.5}\approx$ 41.38（元）。平价定理告诉我们，如果 $f>S_0(1+r_f)^T$，套利者可以借入无风险资

金，买入股票，出售远期合约，以零成本套取无风险收益；如果 $f < S_0(1 + r_f)^T$，那些已经持有股票的套利者则可以出售股票，贷放无风险资金，买入远期合约，同样以零成本套取无风险收益。不管是哪个方向的交易，套利行为总能使价格向均衡方向运动，在均衡点上，无风险套利机会不存在，“即期-远期平价”定理成立。

3.远期价格和期货价格的关系

罗斯等经济学家证明，当无风险利率恒定，且对所有到期日都不变时，交割日相同的远期价格和期货价格应相等。但是，当利率变化无法预测时，远期价格和期货价格就不相等。至于两者谁高则取决于标的资产价格与利率的相关性。当标的资产价格与利率呈正相关时，期货价格高于远期价格。这是因为当标的资产价格上升时，期货价格通常也会随之升高，期货合约的多头将因每日结算制而立即获利，并可按高于平均利率的利率将所获利润进行再投资；而当标的资产价格下跌时，期货合约的多头将因每日结算制而立即亏损，而他可按低于平均利率的利率从市场上融资以补充保证金。相比之下，远期合约的多头将不会因利率的变动而受到上述影响。因此，在此情况下，期货多头比远期多头更具吸引力，期货价格自然就大于远期价格；相反，当标的资产价格与利率呈负相关性时，远期价格就会高于期货价格。

远期价格和期货价格的差异幅度还取决于合约有效期的长短。当有效期只有几个月时，两者的差距通常很小。此外，税收、交易费用、保证金的处理方式、违约风险、流动性等方面的因素或差异也会导致远期价格和期货价格的差异。在现实生活中，期货价格和远期价格的差别往往可以忽略不计。因此，在大多数情况下，我们仍可假定远期价格与期货价格相等，对远期合约的定价同样适用于期货合约。

4.持有成本与期货定价

在现实世界中，人们也许会感到持有实实在在的商品比持有期货合约好，企业持有现货库存所带来的隐含的好处包括避免频繁采购所带来的成本、缩短向客户交货的时间、维持生产线的稳定运行等，这些好处有时被称为商品的便利收益(convenience yield)。在期货合约的有效期间，商品短缺的可能性越大，便利收益就越高。如果商品使用者拥有大量的库存，则将来出现商品短缺的可能性就越小，便利收益就越低。

在对期货进行定价时，可以运用持有成本法进行。持有成本法最初是远期合约定价的一种方法，它从创造远期交易的初衷出发，认为要让标的物所有者持有到未来卖出，而非在现货市场上直接卖出，必须对其在持有期内保存标的物耗费的成本作出补偿。这个成本就被称为持有成本。它包括存储成本加上融资购买资产所付的利息，再减去该资产的收益。根据持有成本说，1个月后的期货合约价格，就是现货价格加上1个月的仓储、管理费用，外加把相应资金存入银行1个月的利息费用。

对金融期货而言，如果是不支付红利的股票，持有成本就是无风险利率，对于股票指数而言，持有成本是无风险利率减去资产收益率。

我们设持有成本为C，便利收益为y，则对投资性资产有：

$$F = S_0(1 + C)^T \tag{5.3}$$

对消费性资产，期货价格为：

$$F = S_0\left[1 + \left(C - y\right)\right]^T \tag{5.4}$$

§5.3 期权合约

5.3.1 期权概述

1973年4月，美国芝加哥期货交易所（CBOT）成立了一个新的交易所——芝加哥期权交易所（CBOE），第一次推出交易所交易的期权合约，特别用来交易股票期权，自此交易所交易的期权合约开始在世界范围流行。此外，银行和金融机构也在国际金融市场上大量交易场外的期权合约。合约的标的资产涵盖了股票、价格指数、外汇、固定收益证券、商品，甚至期货合约。

期权（option）交易中，交易双方买卖的是一种权利，具体地说是一种选择权。其中买入或者说持有这种权利的交易方称为买方（holder），出售这种权利的交易方称为卖方（writer）。在合约订立时，买方向卖方支付一笔价款以购买这项权利，这笔价款称为权利金（premium）。一般这种选择权的内容是：买方和卖方就标的资产的某种未来不确定性事项作出交易约定，在合约到期时，买方可以选择市场状况对自己有利时执行交易约定，在不利时放弃合约。

根据约定的选择权不同，市场上存在两种基本的期权类型：看涨期权（call options）和看跌期权（put options）。看涨期权赋予合约买方以选择权，可以在未来约定时间以约定价格买入约定数量的某种标的资产。看跌期权和看涨期权相反，它赋予合约买方在未来约定时间以约定价格出售约定数量的某种标的资产的权利。买方如果选择按照交易约定交割标的资产称为执行合约（exercise options），事先约定的资产交割价格称为执行价格（exercise price）。

同时，交易双方对合约到期日的约定也产生了两种类型的期权合约：欧式期权（European options）和美式期权（American options）。美式期权是指可以在成交后有效期内任何一天被执行的期权，期权持有者可以在期权到期日以前的任何一个工作日选择执行或不执行期权合约。欧式期权是指买入期权的一方必须在期权到期日当天才能行使的期权。

此外，市场上还存在一种对合约到期日的约定介于欧式期权与美式期权之间的期权：百慕大期权（Bermuda options）。这种期权的买方可以在到期日前所规定的一系列时间执行期权。

除了以上期权类型外，还有其他一些更为复杂的期权类产品，它们不能直接归入“欧式”“美式”“看涨”“看跌”之列。我们将这些期权统称为“异类期权”。

5.3.2　期权交易的损益

由于只有合约买方有权决定是否执行合约，那么期权合约的到期价值决定于买方行为。比如，假设某投资者于某年9月11日在AMEX以收盘价买入10份12月到期的IBM公司股票的欧式看跌期权，AMEX约定每份股票期权合约代表100股标的股票，执行价格为30美元/股，权利金为0.03美元/股。这意味着，到12月份合约到期时，该投资者必须就这份合约作出选择：一是执行合约，即按照30美元的价格向合约卖方出售IBM股票1 000股；二是不执行合约，那么合约作废。显然，只要到期选择不执行合约，合约对双方的价值就是零。为了实现收益最大化，投资者就必须知道自己应该在什么情况下执行合约。如果到期日股价低于执行价格30美元，比如为25美元，那么该投资者应该选择执行合约，因为执行合约能够给他带来5美元/股的收益。相反，如果到期日股价高于执行价格，比如为35美元，那么该投资者就不执行合约，因为此时执行合约给他带来5美元/股的损失。

总结一下该投资者的决策：假设期权的执行价格为K，到期日标的股票价格为S_T，对看跌期权买方而言，如果$S_T \geqslant K$，那么买方就选择不执行合约，避免价格损失；如果$K > S_T$，那么买方就应该选择执行合约，获取价格收益。看涨期权买方的决策正好相反，如果$S_T \geqslant K$，那么看涨期权买方应该选择执行合约获取价格收益；否则就不执行合约，避免价格损失。

因此，期权合约对买卖双方的到期价值可以总结如表5-2所示。

表5-2　**期权合约到期价值**

标的股票到期价格	看涨期权到期价值		看跌期权到期价值	
	买方	卖方	买方	卖方
$S_T \geqslant K$	S_T-K	$-(S_T-K)$	0	0
$S_T < K$	0	0	$K-S_T$	$-(K-S_T)$

表5-2显示的到期价值计算也可以总结为如下公式：

看涨期权买方到期价值为：

$$\max(S_T - K,\ 0) \tag{5.5}$$

看涨期权卖方到期价值和买方完全相反：

$$-\max(S_T - K,\ 0) \tag{5.6}$$

这里，我们对期权合约的一些价值状况进行定义。以看涨期权为例，如果当前股价大于执行价格，即$S_T > K$，我们称它处于价内状态；如果当前股价等于执行价格，即$S_T = K$，称它处于价平状态；如果当前股价小于执行价格，即$S_T < K$，称它处于价外状态。看跌期权的价内和价外状态和看涨期权相反，读者可以自己试着定义。

在考虑期权费的前提下，对于期权的买方而言，投资净利润就是到期价值减去期初支付的权利金；期权卖方的投资净利润就是到期价值加上期初获得的权利金。因此，我们得到如图5-3所示的期权净利润曲线。在图5-3中，净利润曲线和横轴的交点位置表示买卖双方的利润为零，这个价格被称为“损益平衡点”（break-even point）。看涨期权的损益平衡点是K + premium，看跌期权的损益平衡点是K-premium。

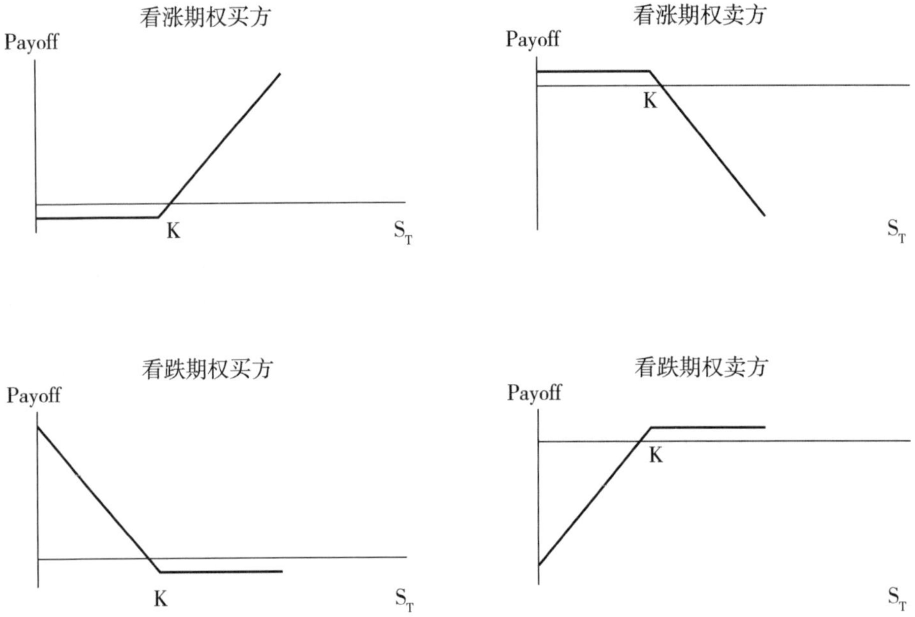

图5-3　期权合约净利润曲线

图5-3显示了期权合约交易双方的损益特点：正是由于权利持有人可以始终作出对自己有利的选择，因此买方在到期日不会面临价格损失的情况下，还有可能获得价格收益，这跟保险合约在本质上是一样的。这也从另一个角度说明了为什么期权合约本身有价值，因为它相当于合约卖方给买方开出的一份“保单”。

5.3.3 期货与期权的比较

1.买卖双方的权利和义务

期货交易中，买卖双方具有合约规定的对等的权利和义务。期权交易中，买方有以合约规定的价格是否买入或卖出期货合约的权利，而卖方则有被动履约的义务。一旦买方提出执行，卖方则必须以履约的方式了结其期权合约。

2.买卖双方的盈亏结构

期货交易双方所承担的盈亏风险都是无限的。而期权交易卖方的亏损风险可能是无限的（看涨期权），也可能是有限的（看跌期权），盈利风险是有限的（以期权费为限）；期权交易买方的亏损风险是有限的（以期权费为限），盈利风险可能是无限的（看涨期权），也可能是有限的（看跌期权）。

3.保证金与权利金

期货交易中，买卖双方均要交纳交易保证金，但买卖双方都不必向对方支付费用。期权交易中，买方支付权利金，但不交纳保证金。卖方收到权利金，但要交纳保证金。

4.了结的方式

期货交易中，投资者可以平仓或进行实物交割的方式了结期货交易。期权交易中，投资者了结方式包括三种：平仓、执行履约或到期。

5.合约数量

期货交易中，期货合约只有交割月份的差异，数量固定而有限。期权交易中，期权合约不但有月份的差异，还有执行价格、买权与卖权的差异。不但如此，随着期货价格的波动，还要挂出新的执行价格的期权合约，因此期权合约的数量较多。

6.标准化

期货合约都是标准化的，因为它都是在交易所交易。期权合约则不一定。在美国，场外交易的现货期权是非标准化的，在交易所交易的现货期权和所有的期货期权都是标准化的。

期权的好处在于风险限制特性，但却需要投资者付出权利金成本，只有在标的物价格的变动弥补权利金后才能获利。但是，期权的出现，无论是在投资机会还是风险管理方面，都给具有不同需求的投资者提供了更加灵活的选择。例如，在进行套期保值交易时，期货交易在把不利风险转移出去的同时，也把有利风险转移出去；期权交易可以只把不利风险转移出去，而把有利风险留给自己。

5.3.4 其他包含期权的衍生产品

1.认股权证

认股权证（warrant）一般由上市公司发行，赋予权证持有者以权利，可以在规定期限内任何时间以约定价格购买约定数量的该公司股票的权利。认股权证主要和公司债券、普通股一起“搭售”，以提高对投资者的吸引力。另外，认股权证还可以作为支付给公司证券承销商的报酬，或者是给公司经理人的报酬。

比如ABC公司在并购中向被并购方XYZ公司支付了50万份认股权证，约定凭每份认股权证，XYZ公司可以在未来三年之内，随时以20元的价格购买ABC公司股票10股。显然当ABC股票价格超过20元时，XYZ会选择执行认股权证，否则认股权证没有价值。

从本质上说，认股权证是一个美式看涨期权，股票发行公司是卖方，持有人是买方。不过认股权证相对一个单纯的美式看涨期权而言又有些区别。这个区别主要体现在执行认股权证会稀释（dilution）股权。在交易一般的美式看涨期权时，如果交易者用平仓对冲的方法退出交易则不会产生实物交割；如果发生实物交割，卖方也只是以流通中的标的股票进行交割。因此，美式看涨期权对标的股票的流通数量没有任何影响。在认股权证的执行中，持有人支付股价给发行公司，发行公司要发行新股给持有人，这样做的后果是增加了市场上流通的股份数，稀释了股权。如果其他条件不变，股权稀释会引起每股平均收益预期降低。

2.可转换债券

可转换债券（convertible bond）约定持有人可以在规定期限内按照事先商定的转换率，将债券转换为发行公司股票。

【例5-3】2004年万科曾发行了面值为19.9亿元的可转换公司债券，面值为100元/张，期限为5年，利率为第一年1%、第二年1.375%、第三年1.75%、第四年2.125%、第五年2.5%。发行之日起满6个月至可转债到期日止的期间为转股期，可转债持有人可在转股期内的可转换时间随时申请将其持有的可转债转换成公司流通A股。初始转股价格（conversion price）为5.48元/股。这意味着，如果某人持有100元面值的这种可转换债券，全部转换，他可以获得18.25股万科A股票。这个18.25被称为转换率（conversion ratio）。

由于发行公司要保证可转换债券能够随时被转换，因此像认股权证一样，持有人将债券转换成股票同样会带来公司股权稀释，同时还会直接减少公司的利息负担并对公司的税收产生影响。

容易看出，可转换债券实际上是一种公司债券和认股权证的复合工具，可转换债券的价值也应该等于债券价值加上认股权证的价值。

5.3.5 期权定价

1.期权合约价格的影响因素

如果以股票期权为例，一般而言，有6个因素影响股票期权的价格：①当前股价（current price），S_t；②执行价格（strike price），K；③股价的波动性（volatility），σ；④期权期限内的预期股利支付（expected dividends），D；⑤距到期日时间（time to expiration），T-t；⑥无风险利率，r_f。

为了表述方便，我们给每个因素都约定了相应的数学符号，其中T表示期权的到期日，t表示当前日，显然$0 \leq t \leq T$，并且当$t = 0$时，表示期权合约的创设日。期权合约的当前价格可以表述为：

$V_t = f(S_t, K, T-t, \sigma, r_f, D)$

其中：V_t表示期权合约在t时刻的价格。

下面我们考虑在其他条件不变时，改变其中一个变量，期权价格V_t会发生什么变化。

（1）当前股价S_t和执行价格K。

对于看涨期权而言，如果当前股价S_t越高，或者执行价格K越低，那么在到期时股价就越可能超过执行价格，看涨期权价格越高。同样道理，对于看跌期权来说，在当前股价越低或者执行价格越高时，期权越有价值。

（2）波动性σ。

当股票价格波动性增加时，未来时刻的股价分布越离散，这意味着对期权持有人而言股价不利变动和有利变动的可能性都增加了。如果股价发生不利变动，他/她可以选择放弃合约，避免价格损失；如果股价发生有利变动，持有人可以执行合约获取价格收益。总的来说，当股票波动性增加时，期权买方的预期收益增加，合约变得更有价值。

（3）距到期日时间 $T-t$。

一般而言，距到期日时间越长，股票价格在这个期间内波动的幅度和可能性都会越大。无论是看涨期权还是看跌期权，股票价格在期间内的负向波动对合约价值没有影响，同时持有人在资产价格波动到高点时选择执行合约获取高收益的机会增加，因此距到期日时间越长，看涨期权与看跌期权的预期收益越高，合约因此也越有价值。

（4）无风险利率 r_f。

无风险利率对期权价格的影响我们只从静态的角度考察。如果无风险利率较高，则标的资产的预期收益率也应较高，这意味着对应于标的资产现在特定的市价，未来预期价格较高。同时由于贴现率较高，未来同样预期盈利的现值就较低。这两种效应都将减少看跌期权的价值。但对于看涨期权来说，前者将使期权价格上升，而后者将使期权价格下降。由于前者的效应大于后者，因此对应于较高的无风险利率，看涨期权的价格也较高。反之则相反。

（5）预期股利 D。

预期股利分派会降低股票预期价格，因此会提升看跌期权当前价值，降低看涨期权当前价值。

2.期权合约的价值构成

期权合约的价值包括内在价值（intrinsic value）和时间价值（time value）两部分。

看涨期权的内在价值定义为 $IV_t = \max(S_t - K, 0)$，其中 IV_t 是期权在时刻 t 的内在价值。这意味着，如果看涨期权当前处于价内状态，它此时的内在价值等于 $S_t - K$，否则当前内在价值为0，内在价值表示买方现在立刻行使合约所能获得的价值。那么看涨期权的当前价值 C_t 和它的当前内在价值 IV_t 之间的关系如何呢？答案是 C_t 一定不会小于 IV_t，即：

$$C_t \geq IV_t = \max(S_t - K, 0) \tag{5.7}$$

我们从两个方面考虑式（5.7），首先，如果当前期权处于价平或者价外状态，即 $S_t = K$，那么 $IV_t = 0$。在未来时间，这份期权对买方而言最差的预期收益就是0，同时，还存在可能获得正预期收益。这意味着当期权当前内在价值为0时，买方的预期收益一定为正，那么此时期权合约一定具有正的价值。因此，当此时期权为价外或者价平时，$C_t > IV_t = 0$。

其次，如果期权当前处于价内，即 $S_t > K$，那么 $IV_t = S_t - K$。我们知道，欧式看涨期权的价值下限是 $S_t - Ke^{-r(T-t)} > S_t - K$，因此，此时 $C_t > IV_t$ 仍然成立。

这意味着无论当前是什么状况，式（5.7）始终成立。于是，我们可以把式

（5.7）写为：

$$C_t = IV_t + TV_t \tag{5.8}$$

其中：TV_t（$TV_t > 0$）称作期权在时刻t的时间价值，它表示由于期权价值来自标的价格的未来波动，只要买方继续持有期权，那么就获得了比现在立刻执行合约更高的价值。

3.欧式期权的平价定律

知道了看涨期权的价值后，如何推导出相应的看跌期权的价值呢？我们在当前t时刻考虑构建如下两个投资组合：

组合Ⅰ：买入某标的股票欧式看涨期权1股，执行价格为K，到期日为T，期权价格为C。同时再买入无风险债券，市值为$Ke^{-r(T-t)}$。

组合Ⅱ：买入跟Ⅰ相同标的股票欧式看跌期权1股，执行价格为K，到期日为T，期权价格为P。同时买入此股票现货1股，价格为S_t。

组合Ⅰ的到期价值为$\max(S_T - K, 0) + K = \max(S_T, K)$，组合Ⅱ的到期价值为$\max(K - S_T, 0) + S_T = \max(S_T, K)$，显然组合Ⅰ和组合Ⅱ的到期价值相等。

再考虑两个组合的构建成本：组合Ⅰ的构建成本为$C + Ke^{-r(T-t)}$，组合Ⅱ的构建成本为$P + S_t$。既然组合Ⅰ和组合Ⅱ的到期收益完全相等，那么它们的构建成本就应该相等，否则就会出现无风险套利机会。

比如假设$C + Ke^{-r(T-t)} > P + S_t$，那么套利者可以买入组合Ⅱ同时卖空组合Ⅰ，这样在t时刻可以获取（$P + S_t$）－（$C + Ke^{-r(T-t)}$）的正收益，同时这两个组合期末价值恰好完全对冲为0，套利者获得无风险套利收益。套利行为会使得如下关系成立：

$$C + Ke^{-r(T-t)} = P + S_t \tag{5.9}$$

式（5.9）被称为欧式期权平价定律。

4.Black-Scholes模型：连续时间下的期权定价模型*

Myron Scholes、Fisher Black及Robert Merton等人在20世纪70年代以连续时间的分析方法，得出了期权在连续时间下的定价公式，被称为Black-Scholes模型。 Scholes和Merton也因此于1997年获得了诺贝尔奖。Black-Scholes模型主要是在一系列市场假定下给不支付股利的欧式期权定价。

另外，还有：

$$C_0 = S_0 N(d_1) - Ke^{-rT} N(d_2) \tag{5.10}$$

其中：C_0为不支付股利的欧式看涨期权在0时刻的价值；T为距到期日期限，单位为年；N（d_1）和N（d_2）为标准正态分布的累积概率。其中：

$$d_1 = \frac{\ln\frac{S_0}{K} + (r + \frac{\sigma^2}{2})T}{\sigma\sqrt{T}}$$

$$d_2 = d_1 - \sigma\sqrt{T}$$

其中：r为当前市场无风险利率；σ为标的股票收益率在一年时间上的标

准差。

比如，某不支付股利的股票欧式看涨期权当前状态如下：

当前股价 S_0	110元
执行价格K	100元
无风险利率r	7%
距到期日时间T	0.5年
股价收益率年标准差σ	30%

那么：

$$d_1 = \frac{\ln(110/100) + (0.07 + \frac{0.3^2}{2}) \times 0.5}{0.3 \times \sqrt{0.5}} \approx 0.7204$$

$$d_2 = d_1 - 0.3 \times \sqrt{0.5} \approx 0.5082$$

计算标准正态分布的累积概率：

$N(d_1) \approx 0.7643$

$N(d_2) \approx 0.6944$

所以，这个欧式看涨期权当前价值为：

$C_0 = 110 \times 0.7643 - 100 \times e^{-0.07 \times 0.5} \times 0.6944 \approx 17.03$（元）

§5.4　互换交易

互换（swap）是一种交易双方约定在未来某段时间内交换一系列现金流量的金融协议。互换协议主要在场外市场由银行和一些金融机构交易。互换在交易中也形成了行业自律性的格式化交易条款，被广泛承认的一个互换交易格式化条款由国际互换和衍生产品协会（International Swaps and Derivatives Association）制定。

5.4.1　利率互换

最常见的互换协议是普通利率互换（interest rate swap）。在这类互换协议中，交易的一方承诺在约定时间内，向另一方就一定数额的名义本金按照事先协商的固定利率支付一系列利息。作为交换，另一方向前者就同一名义本金按照某个市场浮动利率支付一系列利息。这个流程如图5-4所示。

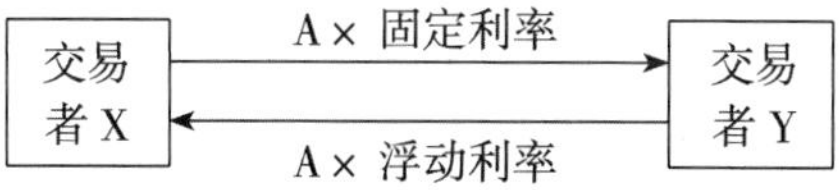

图5-4　普通利率互换

图5-4中，箭头表示支付方向。A表示协议的名义本金，对于双方而言，普通利率互换的名义本金的币种和数额都是一样的。固定利率是在协议签订时就事先确

定的，浮动利率采用某个公认的市场利率，比如LIBOR。由于名义本金对双方一样，所以在实际交易中，X和Y并不用结算名义本金（这个本金的性质跟FRA的名义本金类似），只要结算利差就可以了。显然，当浮动利率上涨到固定利率之上时，X将获得利差收益，Y相应地发生利息损失；如果浮动利率下跌到固定利率之下，X则发生损失，Y获得收益。除了“固定-浮动”这样的利率互换协议之外，还可以约定“浮动-浮动”的利率互换，比如用同业拆借利率交换国库券利率。

下面我们以一个普通利率互换的例子说明利率互换的交易过程。

【例5-4】公司A和公司B签订了一个“固定-浮动”的利率互换，名义本金为1 000万元人民币。协议约定，公司A以8%的固定利率交换LIBOR浮动利率，即是说，由公司A向公司B支付8%的固定利率，由公司B向公司A支付LIBOR浮动利率。双方约定每半年交换一次利率，期限为3年。

根据图5-4所示流程，每隔半年，公司A的利息净收入为“1 000万元×（LIBOR -8%）×0.5”；公司B的利息净收入为“1 000万元×（8%-LIBOR）×0.5”显然，如果LIBOR > 8%，公司B向公司A支付利差，否则由公司A向公司B支付利差。

比较优势理论能较好地解释互换市场产生和发展的根本原因，该理论认为，由于市场参与者们在固定和浮动利率的资金市场有各自的比较优势，因此应该根据比较优势分工协作，然后通过交换，即互换协议来共享收益。我们通过一个例子来解释交换为什么能为交易双方带来收益。

【例5-5】公司C和公司D现在都希望从市场上融资10万元人民币。它们既可以从浮动利率市场融资，也可以从固定利率市场融资。公司C和公司D各自面临的利率安排见表5-3。

表5-3 **公司C和公司D的融资利率**

	固定利率	浮动利率
公司C	6.5%	CHIBOR + 0.1%
公司D	7.5%	CHIBOR + 0.5%

表5-3中CHIBOR为上海人民币同业拆借利率。表5-3显示，公司C相对公司D在融资市场具有绝对优势。现假设公司C预期未来市场利率会下降，因此打算借入浮动利率；而公司D预期未来市场利率会上升，因此打算借入固定利率。如果公司C和公司D按照自己的预期去融资，那么它们的总融资成本为（CHIBOR + 0.1%）+ 7.5%，即CHIBOR + 7.6%。

经过仔细的市场调查，公司C和公司D发现了各自在不同的市场有比较优势。其中，公司C在固定利率市场比较优势较大，而公司D在浮动利率市场的比较劣势较小。因此，公司C和公司D决定根据比较优势融资（分工），然后再通过利率互换（交换）分享分工收益。因此，由公司C以6.5%的固定利率借入10万元，公司D以CHIBOR + 0.5%的利率借入10万元。然后，两公司签订互换协议，由公司D向公司C支付固定利率，同时公司C向公司D支付浮动利率。假设互换协议约定的固定利率为7%，浮动利率为CHIBOR + 0.3%。整个交易流程如图5-5所示。

图5-5　利率互换的交易流程

图5-5中的虚线部分表示公司C和公司D的互换协议。通过分工合作，我们看到两者的总融资成本变为6.5% +（CHIBOR + 0.5%），即CHIBOR + 7%。

相比不分工的CHIBOR+7.6%的总融资成本，分工后总融资成本下降了0.6%，这就是分工带来的总收益。公司C和公司D再通过互换分享这个0.6%的收益。互换之后，公司C的实际融资成本变为：

6.5% +（CHIBOR + 0.3%）−7% = CHIBOR−0.2%

分工再交换使得公司C实现了浮动利率借款的初衷，并且使融资成本下降了0.3%。

同样，公司D的实际融资成本变为：

（CHIBOR + 0.5%）+ 7%−（CHIBOR + 0.3%）= 7.2%

公司D也实现了当初固定利率融资的目的，并且融资成本同样下降了0.3%。

因此，比较优势理论认为，既然金融市场上有种类众多的交易者，那么他们就可以利用各自的比较优势来管理自己的资产或者债务，然后通过互换来分享收益，这就是互换交易存在的原因。

5.4.2　货币互换

货币互换涉及交易双方间不同货币现金流量之间的交换。货币互换的本金是两种货币，与利率互换不同。由于涉及汇率风险，因此交易双方除了互换利息之外，还需要在合约开始时交换本金，在到期时再换回各自本金。

【例5-6】公司E和公司F都可以在人民币和港币市场融资。公司E需要借入港币，公司F需要借入人民币，融资规模都约为1 000万元。两个公司面临的两种货币的利率安排如表5-4所示。

表5-4　**公司E和公司F的利率安排**

		人民币	港币
公司E		5.0%	4.4%
公司F		7.0%	5%

公司E在人民币市场优势更大，两个公司可以商议在各自比较优势市场上借款，然后通过货币互换分享分工收益。于是由公司E借入人民币，公司F借入港币，然后再互换。假设交易当日汇率为HKD：RMB = 0.98。公司E可以借入人民币

本金1 000万元，公司F借入港币980万元，然后互相交换本金满足各自融资需求。在互换期内，公司E向公司F支付港币利息4.7%，同时获得公司F支付的人民币利息6%，这样就能交换各自的债务。这个流程如图5-6所示。

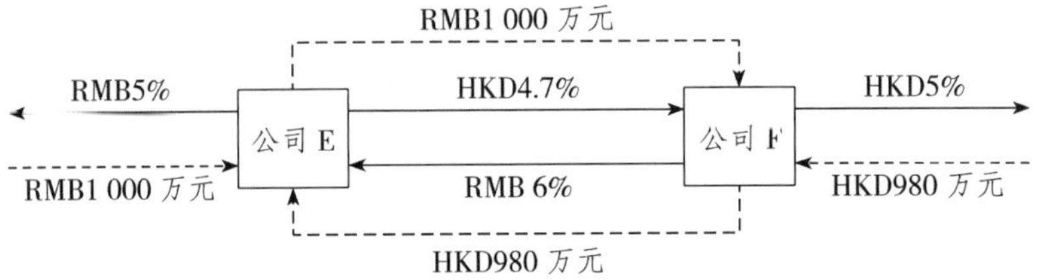

图5-6　货币互换的交易流程

图5-6中虚线表示本金的互换，实线表示利息的互换。如果汇率保持不变，互换期内1 000万元人民币和980万元港币完全等值，那么通过分工，公司E和公司F的总融资成本由11.4%下降到了10%，分工收益为1.4%。通过互换，公司E获得了980万港元融资，同时融资成本为3.7%，下降了0.7%。公司F获得了1 000万元人民币融资，融资成本为6.3%，也下降了0.7%。但是，在汇率波动的情况下，货币互换的分工收益将暴露在汇率风险下。

思政课堂

权威解读！期货和衍生品法都有哪些作用？

【思政元素】法治建设；法治思维。

2022年9月6日，全国人大常委会委员、全国人大财政经济委员会副主任委员尹中卿在“2022中国（郑州）国际期货论坛”上表示，《期货和衍生品法》健全了中国的金融法律体系，完善了中国期货和衍生品行业和市场法律制度，适应了期货和衍生品行业和市场法治化的需要。

在尹中卿看来，促进期货和衍生品服务国民经济、服务实体经济，是立法的根本目的。《期货和衍生品法》更加突出期货和衍生品为国民经济、实体经济服务的功能定位，具有重要意义。

《期货和衍生品法》适应了期货和衍生品行业和市场统一完整的需要。尹中卿介绍，长期以来，中国金融业和金融市场一直实行分业经营、分业监管。随着混业经营发展，期货市场日益壮大，衍生品市场获得很大发展。由于衍生品市场规模庞大却仍缺乏完整的规章制度，迫切需要立法提供统一的法律制度。

“《期货和衍生品法》采取统合立法模式，统筹场内、场外期货和衍生品市场协调发展，明确界定期货和衍生品的结构性关系，把期货和衍生品市场纳入同一部法律。这有利于为期货和衍生品市场的发展提供统一的法律制度保障，消除市场分割格局，为期货和衍生品市场协调发展奠定基础。”尹中卿在论坛上表示。

尹中卿表示，《期货和衍生品法》适应了期货和衍生品行业和市场规范发展的需要。

首先，促进改革创新。《期货和衍生品法》秉持市场化理念，重视发挥市场配置资源的决定性作用，立足于期货和衍生品市场改革和监管转型，充分考虑期货和衍生品市场在品种、业务、监管、体制机制等方面出现的创新发展趋势，减少行政许可。借鉴证券发行注册制改革经验，期货和期权合约品种上市由并联审批模式，改革为交易场所申请、证监会注册的品种上市机制。

其次，致力于规范保护。《期货和衍生品法》兼顾规范与发展之间的平衡，以"规范期货交易和衍生品交易行为""维护市场秩序和社会公共利益""保障各方合法权益"为立法宗旨。明令禁止欺诈、操纵市场和内幕交易的行为，对保护社会公共利益、保护交易者合法权益做出了系统性规定。

最后，有利于保障促进。《期货和衍生品法》顺应期货和衍生品市场趋势，为期货和衍生品市场长远发展提供法律指引并预留法律空间。从法律层面明确国家支持发挥期货和衍生品市场三大功能，鼓励从事套期保值等风险管理活动。拓展和扩大期货经营机构业务范围和业务规范。针对衍生品市场规则分散、市场基础设施不统一、监管标准各异等问题，从法律上明确了单一协议、净额结算等核心交易机制。

国际化是期货和衍生品市场的天然属性，国际市场大宗商品价格通常是由期货和衍生品市场形成的价格决定的。在经济全球化前提下，期货和衍生品市场本质上是一个国际化市场。对于任何一个国家来说，对外开放和国际化都是提高期货和衍生品市场核心竞争力的必由之路。在尹中卿看来，《期货和衍生品法》也适应了期货和衍生品行业和市场对外开放的需要。

他表示，近年来，中国期货和衍生品市场对外开放虽然取得了积极成效，但从总体看，期货和衍生品市场国际化刚刚起步，对外开放的深度和广度还有很大的发展空间。《期货和衍生品法》秉持国际化发展理念，既注意保持中国制度规则的特色，又注意与国际上通行惯例接轨，对期货和衍生品市场互联互通、参与机构权利义务、交易者权益保障、跨境监管协作等问题，从法律层面做出相关制度安排，为稳妥推进期货和衍生品市场对外开放和国际化保驾护航。

资料来源：尹中卿. 权威解读！期货和衍生品法都有哪些作用？[N]. 期货日报，2022-09-07（7）.

本章小结

1. 衍生金融工具指其价值派生于现货市场工具的金融合约，其主要用途在于保值、投机和价格发现，一般分为四大类：远期、期货、期权、互换。

2. 远期合约是买卖双方之间的一个协议，它是指买卖双方订立一个在确定的将来时间按确定的价格购买或出售某项资产的协议。通常是在两个金融机构之间或金融机构与其客户公司之间签订该合约。

3. 远期利率协议指在现在的时点上，由交易各方确定，在将来某一特定日期，按照特定的货币、金额和期限利率进行交割的一种协议。其主要特点是交割时不需实际收付本金。

4.期货交易是区别于远期交易的有自身特征的交易方式，期货合约标准化并且合约集中在自律有序的证券交易场所内进行交易。证交所内的清算所向交易双方提供履约付款的保证，并对开放头寸进行逐日清算。交易者在经纪人处开立账户并达到规定的保证金要求才可由经纪公司的场内经纪人代为买卖合约。

5.股票指数期货合约因为其标的股票组合的多样化，规避了非系统风险。股票指数期货合约进行现金结算并逐日盯市。

6.期权交易是交易双方签订的合约，规定在约定的期限内以商定的交易对象、价格和数量进行买权或卖权的交易，合约中的一方有权利而无义务履约，即买进或卖出某种标的资产。按照交易方式可划分为看涨期权和看跌期权；按照行使权利的时间约束不同可划分为欧式期权和美式期权。

7.互换交易作为一种创新金融工具，因为其独有的特征在衍生金融工具市场发展十分迅速，主要有利率互换和货币互换两大类。

8.无套利均衡分析是现代金融市场均衡分析的基本方法。它认为如果两个资产的期望收益和风险完全一样，那么它们的当前价格就应该相等，否则就会出现套利机会，在套利行为的推动下，市场向无套利机会的均衡方向移动。

9．期权价格的影响因素有标的资产的市价、期权的协议价格、期权的有效期、标的资产价格的波动率、无风险利率、标的资产的收益。

10．期权价值等于内在价值与时间价值之和。随着时间的延长，期权时间价值是递增的，但增幅是递减的。标的资产价格波动率越高，时间价值也越大。无风险利率对期权价格的影响较复杂，应具体问题具体分析。

综合训练

5.1 单项选择题

1.如果某可转换债券面额为600元，假若其转换比例为12，则可计算其转换价格为（　　）元。

A.60　　B.48　　C.50　　D.80

2.可转换证券其实是一种普通股票的（　　）。

A.长期看涨期权　　B.长期看跌期权

C.短期看涨期权　　D.短期看跌期权

3.签订远期利率协议的主要目的是（　　）。

A.规避利率风险　　B.赚取利差　　C.投机获利　　D.交换本金

4.一个投资者以13美元购入一份看涨期权，标的资产协定价格为90美元，而该资产的市场定价为100美元，则该期权的内在价值和时间价值分别是（　　）。

A.内在价值为3美元，时间价值为10美元

B.内在价值为0，时间价值为13美元

C.内在价值为10美元，时间价值为3美元

D.内在价值为13美元，时间价值为0

5.一个日本出口商预计3月份后会收到一笔美元结算款，为了防止美元贬值，他在1月初以1$=118.26¥的协议价买入了一份美元的看跌期权，到2月初，市场上美元兑日元的汇率为1$=118.58¥，此时这份期权处于（　　）。

A.价内　　B.平价　　C.价外　　D.无法判断

5.2　多项选择题

1.金融衍生工具的基础变量包括（　　）等。

A.价格指数　　B.利率

C.天气（温度指数）　　D.汇率

2.可转换债券的要素包括（　　）。

A.票面利率和股息率　　B.有效期限和转换期限

C.转换比例或转换价格　　D.赎回条款或回售条款

3.影响期权价格的主要因素包括（　　）。

A.协定价格与市场价格　　B.权利期间

C.利率　　D.基础资产价格的波动性

4.远期利率协议中涉及的时间概念有（　　）。

A.交易日　　B.确定日　　C.结算日　　D.到期日

5.影响期权的价格的因素有（　　）。

A.当前股价与执行价格

B.股价的波动性

C.期权期限内的预期股利支付

D.距到期日时间

E.无风险利率

5.3　思考题

1.期货市场的功能有哪些？

2.比较期货交易与期权交易。

3.比较远期交易与期货交易。

4.谈谈衍生金融工具在我国的发展前景。

5.利率互换的原理是什么？

本章参考文献

［1］陈松男．固定收益证券与衍生品：原理与应用［M］．北京：机械工业出版社，2014.

［2］郑振龙，陈蓉．金融工程［M］．5版．北京：高等教育出版社，2020.

［3］吴冲锋．金融工程学［M］．3版．北京：高等教育出版社，2022.

［4］BLACK F，SCHOLES M．The pricing of options and corporate liabilities［J］．Journal of Political Economy，1973.

[5] BODIE Z, KANE A, MARCUS A J. Investments [M]. 9th ed.New York: McGraw Hill.2011.

[6] CHANCE D, RICH D. The pricing of equity swap and swaptions [J]. Journal of Derivatives, 1998 (Summer).

[7] HULL J C. Options, futures and other derivatives [M]. 8th ed.Englewood Cliffs: Pearson Education, 2012.

[8] JARROW R A, OLDFIED G S. Forward contracts and futures contracts [J]. Journal of Financial Economics , 1981 (4).

[9] MERTON R C.Theory of rational option pricing [J]. The Bell Journal of Economics and Management Science, 1973 (1).

[10] MODIGLIANI F, MILLER M H.The cost of capital, corporation finance and the theory of investment [J]. American Economic Review, 1958 (9).

[11] ROSS S A. A simple approach to the valuation of risky streams [J]. Journal of Business, 1978 (3).

[12] ROUTLEDGE, SEPPI D J, SPATT C S. Equilibrium forward curves for commodities [J]. Journal of Finance, 2000 (3).

第6章

证券基本分析

导读

基本分析，又称为基础分析或基本面分析，是指根据经济学、金融学、财务管理学和投资学等基本原理来评估证券的投资价值，判断证券的合理价位，最终作出投资决策的分析方法。本章从基本分析概述入手，介绍经济分析、行业分析和公司分析，并对公司前景预测和投资选择进行了必要的阐述。

关键概念

基本分析法　技术分析法　证券组合分析法　公司分析

§6.1 基本分析概述

基本分析，又称为基础分析或基本面分析，是指根据经济学、金融学、财务管理学和投资学等基本原理，对决定证券价值和价格的基本要素，如宏观经济指标、经济政策走势、行业发展状况、产品市场状况、公司销售和财务状况等进行分析，评估证券的投资价值，判断证券的合理价位，最终作出投资选择分析报告的一种分析方法。

6.1.1 证券投资的分析方法

证券投资的分析方法主要有三种：基本分析法、技术分析法和证券组合分析法。

1.基本分析法

基本分析法是指根据经济基本面状况评估证券的投资价值，判断证券的合理价位，最终作出投资选择分析报告的一种分析方法。基本分析法的理论基础源于证券的“内在价值”，即这种方法认为证券的内在价值可以通过分析评估，我们将在第7章中学习过这种估值方法。而内在价值和市场价值的差距，则是买卖证券的重要依据，通常是买入价值被低估的证券而卖出价值被高估的证券。

基本分析法有两个假设条件：一是“证券的价值决定其价格”；二是“证券的价格围绕价值波动”。在这两个假设条件下，市场必然会存在一个“纠错”机制，使证券价格向其价值回归。基本分析法就是在上述假设条件下，分析影响证券“内在价值”变动的因素，寻找被错误定价的证券，并作出相应的投资选择。

由于基本分析法以宏观经济形势、行业特征以及上市公司的基本财务数据为投资分析对象和投资决策基础，以证券的“内在价值”为固定基准，并具有系统性、科学性、客观性、前瞻性和针对性等特点，目前已成为世界证券市场投资分析的主流分析方法。

但是，基本分析法也存在一些明显的缺点，如需要大量真实的资料，需要分析人员对证券“内在价值”有比较准确的把握和对市场的影响因素有正确的判断，更重要的是，基本分析法很难判断证券买卖的最佳机会。

2.技术分析法

技术分析法是依据过去和现在的证券价格统计数据，运用图表、形态、指标等分析手段，对证券价格的发展趋势进行各种有针对性的分析研究，从而作出证券价格波动发展趋势的预测估计。

技术分析的理论基础是建立在三个假设条件之上的，这三个假设条件是：市场行为能反映一切信息；价格呈趋势移动；历史会重复。

技术分析根据证券的市场行为来分析证券价格变化的未来趋势，证券的市场价格、成交量的变化以及以上变化所经历的时间是技术分析中市场行为表现的最主要的内容。技术分析可分为图表分析和技术指标分析两大类，包括的具体内容有K线理论、切线理论、形态理论、技术指标理论、波浪理论和循环周期理论等。技术分析我们将在第9章中讲述。

3.证券组合分析法

证券组合分析法是根据投资者对收益率和风险的共同偏好和个人偏好来确定投资者最优证券组合并进行组合管理的方法。

证券组合分析的理论基础主要是：证券或证券组合的收益由它的期望收益率表示，风险则由期望收益率的方差来衡量；证券收益率服从正态分布；理性投资者具有在期望收益率既定的条件下选择风险最小的证券和在风险既定的条件下选择期望收益率最高的证券的共同特征。证券组合分析的主要内容包括均值-方差模型、资本资产定价模型（CAPM）、特征线模型、因素模型、套利定价模型（APT）等。这部分的详细内容将在本书的第10章中讨论。

6.1.2　基本分析的主要内容

前面已经指出，基本分析法的理论基础源于证券的内在价值，而证券的内在价值取决于该证券的预期收益、收益增长率以及市场贴现率等因素，但这些因素本身又受到一国乃至世界宏观环境因素的影响，因此，研究证券的内在价值必须与影响证券内在价值的各种因素结合进行分析，这些影响证券内在价值的因素就构成了基本分析的主要内容。

具体来说，基本分析的内容包括宏观经济分析、行业与区域分析和公司分析。

1.宏观经济分析

宏观经济分析包括经济指标分析和经济政策分析两大部分。经济指标主要有利率、汇率、物价指数、国内生产总值、投资规模、消费者预期、个人收入、社会商品销售额、信贷规模、库存商品等。经济政策主要包括货币政策、财政政策、信贷政策、税收政策、汇率政策、收入分配政策、产业政策等。

2.行业与区域分析

行业分析是对企业所属行业的市场类型、行业的生命周期以及行业业绩对证券价格的影响进行分析。区域分析则主要是分析区域经济因素对证券价格的影响。

3.公司分析

公司分析是基本分析的重点，因为基本分析最终的目的是选择证券。公司分析指对公司的竞争能力、盈利能力、经营管理能力、发展能力、财务状况、经营业绩、潜在的风险以及公司在所属行业中的地位等进行分析。

§6.2　经济分析

经济分析又称宏观经济分析，它包括经济环境分析和经济政策分析两大部分。经济环境分析主要包括经济指标分析和经济运行分析。除了主要经济指标分析之外，通货膨胀分析和经济周期分析是这部分分析的主要内容。

6.2.1 经济指标分析

经济指标是反映经济活动结果的一系列数据和比率关系的指标，一国经济指标基本反映了该国经济发展的总体状况。但是，经济指标的种类很多，逐一进行分析显得有些繁琐。因此，一般情况下从生产、投资、消费以及财政、金融领域选择主要的经济指标进行分析，也能达到预期的目的。

1.国民经济总量指标分析

（1）国内生产总值。

国内生产总值（Gross Domestic Product，GDP）是指一个国家或地区所有常住居民在一定时期内（一般为1年）生产活动的最终成果。国内生产总值是衡量一国经济发展状况的最重要的指标。一般来说，国内生产总值增长较快，说明该国经济发展较好，该国大多数企业的经营状况良好；反之，国内生产总值增长缓慢，甚至出现负增长，则表明该国大多数企业经营状况不佳。国内生产总值的增长速度一般用来衡量经济增长率。它是反映一国一定时期内经济发展水平的动态指标，也是反映一国经济是否具有活力的基本指标。但是，经济增长率有一定的限度，过大有可能导致经济过热。这就需要对一个国家的经济发展水平有一个基本判断。例如，对发达国家而言，要持续保持较高的增长速度可能比较困难。对发展中国家而言，保持较高的增长速度不是大问题，但这个增长速度仍应保持在合理的限度之内。另外，国内生产总值的指标只能对国民经济形势有一个大致的判断，还应该进行动态对比分析。动态对比分析包括以下几个方面：一是经济增长的历史动态比较，说明经济增长波动特征，即所处经济周期的阶段特征；二是经济结构的动态比较，说明经济结构的变化和趋势；三是物价变动的动态比较，说明物价总水平的波动与通货膨胀状况。为此，通常还要结合工业增加值、失业率、物价指数、国际收支等指标来进行分析。

（2）投资指标。

投资规模是最主要的投资指标。所谓投资规模，是指一定时期内在国民经济各部门、各行业再生产中投入资金的数量。全社会固定资产投资是衡量投资规模最重要的指标。全社会固定资产投资包括基本建设、更新改造、房地产开发和其他固定资产投资4个部分。固定资产投资一般用固定资产投资额表示，固定资产投资额是以货币表现的建造和购置固定资产活动的工作量，是反映固定资产投资规模、速度、比例关系和使用方向的综合性指标。

分析投资规模应从分析投资主体入手，在我国，主要包括政府投资、企业投资、个人投资和外商投资4个方面。

① 政府投资。政府投资是政府将财政资金投资于经济建设领域，目的是发展经济和改善经济结构。政府投资的对象主要为私人部门不能或不愿投资的有关国计民生的重要项目，如大型水利设施、铁路桥梁和生态保护等。政府投资是扩大投资

需求、促进经济增长的重要手段。

② 企业投资。随着我国市场经济的发展和经济结构的调整，企业投资在全社会固定资产投资中所占的比重越来越大。企业投资额的大小和方向将直接影响经济发展的走向。

③ 个人投资。个人投资是一个比较复杂的概念，既包括纯粹的个人投资，也包括社会游资。目前对这部分投资的统计还非常困难。资料显示，个人投资主要还是集中在金融、房地产等流通领域，对固定资产投资的影响还不明显。

④ 外商投资。外商投资包括外商直接投资和外商间接投资。外商直接投资是指外国企业和经济组织或个人（包括华侨、港澳台胞以及我国在境外注册的企业）按我国有关政策、法规，用现汇、实物、技术等在我国境内开办外商独资企业，与我国境内的企业或经济组织共同举办中外合资经营企业、合作经营企业或合作开发资源的投资，以及政府有关部门批准的项目投资总额内企业从境外借入的资金投资等。外商间接投资是指除对外借款和外商直接投资以外的各种利用外资的形式。

投资规模是否适度，是影响一国经济稳定与增长的一个决定因素。投资规模太小，不利于经济的发展；投资规模过大，会造成国民经济失调，导致经济发展大起大落。

（3）消费指标。

消费指标主要包括社会商品零售总额和城乡居民储蓄存款总额两类指标。社会商品零售总额是指国民经济各行业通过多种商品渠道向城乡居民和社会集团供应的消费品总额，是研究国内零售市场变动情况、反映经济景气程度的重要指标。社会商品零售总额的大小和增长速度也反映了城乡居民与社会集团消费水平的高低与居民消费意愿的强弱。社会消费品需求是国内需求的重要组成部分，对一国经济增长具有巨大的促进作用。城乡居民储蓄存款总额是指某一时点城乡居民存入银行及农村信用社等金融机构的储蓄总额。居民储蓄存款是居民可支配收入扣除消费支出后形成的。居民储蓄存款量的大小取决于可支配收入的多少和可支配收入中消费支出所占的比例。当市场上人们的消费意愿增强时，储蓄相应减少；反之，储蓄相应增加。在存贷比例不变的情况下，居民储蓄的增加会带来银行贷款投放的相应增加，扩大企业的资金使用，导致投资需求扩大和消费需求减小。

（4）金融指标。

金融指标包括总量指标、利率、汇率、外汇储备4个指标。

最重要的金融总量指标是货币供应量指标。货币供应量是单位和个人在银行的各项存款和手持现金之和。货币供应量的变化反映了中央银行货币政策的变化，对企业生产经营、金融市场的运行和居民个人的投资行为有着重大的影响。中央银行可以通过增加或减少货币供应量调节货币市场，实现对经济的干预。货币供应量的变动会影响到利率，中央银行可以通过货币供应量的管理来调节信贷供给和利率，从而影响货币需求并使其与货币供应相一致，以影响宏观经济活动水平。除了货币供应量以外，金融总量指标还有金融机构各项存贷款余额和金融资产总量指标。

利率是指在借贷期内所形成的利息额和本金的比率。它直接反映的是信用关系中债务人使用资金的代价，也是债权人出让资金使用权的报酬。从宏观经济分析的角度来看，利率波动反映出市场资金供求的变动状况。在经济发展的不同阶段，市场利率有不同的表现。经济持续增长时，资金供不应求，利率上升；经济萧条、市场疲软时，资金需求减少，利率下降。利率还对人们的储蓄、投资和消费行为产生重要的影响。利率结构也影响着居民金融资产的选择，影响着证券的持有结构。

汇率是指外汇市场上一国货币和他国货币相互交换的比率。一般来说，国际金融市场上的外汇汇率是由一国货币代表的实际社会购买力和自由市场上对外汇的供求关系决定的。一国的汇率会因该国的国际收支情况、通货膨胀水平、利率水平、经济增长等因素的变动而波动。同时，汇率的波动又会对该国的经济产生影响。为了不使汇率过度波动，避免对一国经济产生太大的影响，各国政府和中央银行都以各种方式干预外汇市场，以影响外汇供求，进而影响汇率。

外汇储备是一国对外债权的总和，用于偿还外债和支付进口，是国际储备的一种。一国当前持有的外汇储备是之前各时期一直到现在为止的国际收支顺差的累积结果。国际收支出现顺差时，外汇储备增加；国际收支出现逆差时，外汇储备减少。一般来说，外汇储备增加会相应增加国内市场的需求，因为总会有一部分拥有外汇的企业或单位把外汇兑换成本币。

（5）财政指标。

财政指标包括财政收入、财政支出和财政结余。财政指标反映了政府的综合实力。

财政收入指国家财政参与社会产品分配所取得的收入，是实现国家职能的财力保证。财政收入主要有各项税收、专项收入、其他收入和国有企业的亏损补贴（负收入）。

财政支出是指国家财政将筹集的资金进行分配使用，以满足经济建设和各项事业的需要。财政支出主要分为两部分支出：一部分是经常性支出，包括政府的日常性支出、公共消费品的购买、经常性转移支出等；另一部分是资本性支出，即政府的公共性投资支出，包括政府在基础设施上的投资、环境改善方面的投资以及政府储备物资的购买等。在财政收支平衡的条件下，财政支出的总量并不能扩大或缩小总需求，但财政支出的结构会改变消费需求和投资需求的结构，在总量不变的条件下，此消彼长。

财政结余就是财政收入和支出的差额，正值表示结余，负值表示赤字。

2.通货膨胀分析

通货膨胀对国民经济的影响比较复杂，从而也产生了关于通货膨胀对国民经济影响效果分析的不同经济学流派。就证券市场而言，通货膨胀的影响也是一个比较复杂的过程，应该根据通货膨胀的具体情况进行分析。通货膨胀一般通过两种方式影响经济：一是通过收入和财产的再分配影响经济；二是通过改变产品产量和产品种类影响经济。通货膨胀习惯上分为温和的、严重的和恶性的三种。温和的通货膨胀一般伴随着经济的高速发展，政府一般不会进行过多的干预。任何国家都不会长期容忍较高的通货膨胀率，为了抑制通货膨胀，各国政府往往会采取紧缩的货币政策和财政政策。目前对通货膨胀的理论解释主要有三种：需求拉动的通货膨胀、成本推进的通货膨胀和结构性通货膨胀。要正确把握通货膨胀可能的发展变化，还应该把它与经济增长的动态比较结合起来考虑，并考虑各种对通货膨胀发展产生影响的重要因素，如政治经济体制改革、经济结构转变、自然灾害、国际收支状况等。

通货膨胀对证券市场的影响可以概括为以下几个方面：

（1）通货膨胀对股市的影响大于对债市等其他金融证券市场的影响。

通货膨胀对股市的影响是一个比较复杂的过程，这种影响力度和影响方向取决于市场对通货膨胀的预期心理与股票投资对防止通货膨胀的避险理论。若市场预期心理因素的影响小于市场避险理论的影响，则股市还将保持上扬态势；若市场预期心理因素的影响大于市场避险理论的影响，则股市很可能持续呈下跌走势。通货膨胀对债券和其他金融市场的影响比较直观，我们只需将收益率与通货膨胀率进行对比，就不难作出投资选择。

（2）通货膨胀对企业的影响程度直接取决于其资产负债结构。

一般来说，净资产比重大的企业受通货膨胀的影响也大。这是因为，净资产比重低，负债率较高的企业能将通货膨胀所造成的部分影响转嫁出去，而净资产比重高的企业，负债相对较小，所受的影响相对较大。

（3）以金融资产为主的企业，受通货膨胀影响的程度直接取决于其金融资产结构。

金融资产按构成分类，可分为现金、存款、商业票据、股票、债券等。这些不同类别的资产，受通货膨胀的影响程度也不同。其中，现金、存款受通货膨胀的影响最为明显，股票则取决于通货膨胀的程度和时期，债券，特别是保值债券所受的影响最小。

3.经济周期分析

经济周期是一个连续不断的过程，表现为扩张与收缩的交替出现。某个时期生产、销售、利率、就业率不断上升，直至某个高峰，通常称之为繁荣。随后经济开始衰退，生产、销售、利率、就业率不断下降，直至某个低谷，通常称之为萧条。此阶段的明显特征是需求严重不足，生产过剩，价格低落，产品积压，企业盈利减少，亏损企业大批涌现，不少企业破产倒闭，生产极度萎缩，失业率增大。之后是经济逐渐复苏，进入一个新的经济周期。

分析经济周期与运行要运用一系列经济指标，这一系列经济指标就构成经济行情指标，它是分析与揭示经济周期与运行不同阶段的重要标尺。

经济行情指标通常分为同步指标、先行指标和滞后指标三类。同步指标包括国内生产总值、工业增加值、公司利润、失业率等，它们之间升降的趋势和幅度与经济周期的各个阶段基本一致。先行指标是指领先于经济周期发生变动的指标，如原料价格、新订单数量、劳动生产率、消费支出、库存变动等。这些指标通常用于预测经济行情的变动。滞后指标是在总的经济活动变动之后才变动的经济指标，在时间上落后于同步指标。这类指标包括单位产品的生产成本、抵押贷款利率、资本支出、商品零售额等。

为了使这些行情指标能更准确地反映经济周期与运行情况，一些国家根据这些指标编制成综合指数，这些指数一般由同步指数、先行指数和滞后指数组成。例如，美国就利用12个先行指标编制了先行指标综合指数。

经济周期波动对证券市场的影响极大。当经济开始走出低谷时，生产缓慢恢复，产品生产与销售逐渐增加，生产与消费需求开始扩大，这就会引起产品价格、工资、就业水平、收入的上升。企业效益的逐渐好转支撑了股息、债息和证券价格。人们的信心开始恢复，证券市场的走势也开始出现向好的迹象。当经济周期从繁荣走向衰退，生产成本逐渐增加，企业利润开始下降，收入的减少将导致社会生产、消费需求的减少，表现在证券市场上是证券价格的不断回落。当然以上的变化是一个潜移默化的过程，不论是在繁荣的顶峰阶段还是在萧条的低谷阶段，很少有人能够觉察到。

4.其他相关因素分析

除了宏观经济指标、通货膨胀的变动以及经济周期波动的因素对证券市场产生影响以外，还有一些因素，例如政治因素、社会心理因素、战争和灾害因素、市场制度性因素等也会对证券市场产生不同程度的影响。

（1）政治因素。

政治因素是指国内外的政治形势、政治活动、政局变化、政府机构和领导人的更换、国家政治经济政策与法律的改变，以及与政治相关的军事行动等。这些因素往往会引起股票市场的动荡。分析政治因素应该从大局入手，即应分析该政治因素的变化是否会从根本上改变这个国家的政治经济政策。若不会，则市场经过一轮巨大波动之后会慢慢恢复。

（2）社会心理因素。

社会心理因素是社会公众心理因素的集中体现，它往往是一个潜移默化的过程。当市场刚刚开始向好或者由强转弱的时候，敢于买入或卖出股票的只是一小部分先知先觉的投资者，但市场逐渐攀升或者持续下跌使投资者越来越多地加入买入或卖出的阵营，社会公众的心理因素开始发生转变，“从众心理”“跟风心理”“羊群心理”就是这种心理的写照。社会心理因素对证券市场的影响不容忽视，一个优秀的市场分析者应该随时注意社会心理因素的发展变化。

（3）战争和灾害因素。

战争和灾害因素会对一国证券市场产生最直接的影响，这种影响的大小取决于战争或者灾害的深度和广度。大规模的世界大战可以使参战国的证券市场完全瘫痪，小规模的局部战争则可能只对交战国以及周边国家证券市场产生较大的影响。自然灾害的影响情况与战争类似，它主要会对受灾国产生较大的影响，这种影响的力度与灾害的大小和范围紧密相关。战争和灾害因素也有可能刺激相关国家或地区证券市场价格的上升，因为战争与灾害对物资的需求会增加相关行业的生产经营利润。

（4）市场制度性因素。

证券市场制度性因素是指一国关于本国证券市场的强制性政策、法律和法规以及相关规定或者条例。制度性因素对一国证券市场的影响程度取决于该制度性因素的刚性或弹性。若制度性因素的弹性较小，它的影响也较小；反之，若制度性因素的弹性较大，则这类制度性因素会对证券市场的发展产生巨大的影响。例如，我国股票市场的股权分置、印花税调整、融资融券、交易机制等都属于弹性较大的制度性因素，其中任一因素的变动都可能给股票市场带来较大的冲击。因此，分析者应该密切注意证券市场制度性因素的发展变化。

6.2.2 经济政策分析

1.货币政策分析

货币政策是政府为实现一定的宏观经济目标所制定的关于货币供应和货币流通组织管理的基本方针和基本准则。货币政策的调控主要是通过调控货币供应量保持社会总供给和总需求的平衡、通过调控利率和货币总量控制通货膨胀、通过调节国民收入中消费与储蓄的比例影响人们的消费倾向和储蓄倾向，引导储蓄向投资的转化并实现资源的合理配置。中央银行为实现货币政策目标所采用的手段主要有调整法定存款准备金率、再贴现政策和公开市场业务。

一般来说，当经济衰退时，总需求不足，中央银行会采取较宽松的货币政策，即增加货币供应量、降低利率和放松信贷控制；相反，当经济扩张时，总需求过大，中央银行则会采取适度从紧的货币政策，即减少货币供应量、提高利率和加强信贷控制。

基准利率的调整对市场证券的价格会产生直接的影响，特别是债券价格。一般情况下，利率上升，债券价格下跌；而利率下降，债券价格则会上升。利率对股票价格的影响是一个复杂的、渐变的过程。利率的变化，一是会改变股票的内在价值；二是会影响上市公司的融资成本；三是会引导投资者的投资倾向。以上三方面的合力或者此消彼长决定了股票价格变化的方向和幅度。当然，从一个较长的时间来看，股票价格还是会与利率呈一种负相关关系，只是这种负相关表现得不如债券那样明显。

公开市场业务的操作对象是国债，将直接影响到债券的价格。中央银行买进债券，债券价格受供求关系的影响会上升；反之，中央银行卖出债券，债券价格会回落。但公开市场业务对股票只能产生间接的影响。中央银行买进债券，市场货币供应量增加；中央银行卖出债券，市场货币供应量减少。市场货币供应量的增加或者减少将会影响股票市场的供求，从而影响股票的价格。

中央银行调整存款准备金率将直接导致货币供应量的增加或者减少，从而影响证券的价格。一般认为，存款准备金率提高，证券价格将下跌；存款准备金率下调，证券价格将上升。但这只是一种相对关系，并非绝对关系。例如，当股票市场处于强势地位时，存款准备金率的小幅度上调可能不会影响到股票价格的反向变化。

中央银行很少同时采用上述三种货币政策工具，更多情况下是选择其中一种或两种。因此，分析货币政策就必须联系宏观经济指标、经济运行状况和经济周期的变动，根据实体经济的变化情况和货币政策工具的使用情况去预测下一步经济的走向。

2.财政政策分析

财政政策是政府根据客观经济规律制定的指导财政工作和处理财政关系的一系列方针、政策和措施的总称，是市场经济条件下国家干预经济的一种手段。财政政策的主要手段有三种：一是增加或减少政府购买；二是改变政府转移支付水平和结构；三是调整税率。当经济增长速度减缓，企业效益滑坡，产品销售困难，失业率增加时，政府可以通过提高购买水平和转移支付水平，降低税率，以增加有效需求，解决衰退和失业问题。当经济增长过快，价格水平持续上扬时，政府可以通过降低购买和转移支付水平，提高税率，以减少有效需求，抑制通货膨胀，缓解经济过热。财政政策分为扩张性财政政策、紧缩性财政政策和中性财政政策。

财政政策对证券市场的影响主要表现在以下几个方面：

（1）税率的高低直接影响企业的盈利水平，从而影响到相关证券价格的涨跌。例如，调低税率，扩大免税的范围，会刺激相关企业的生产并增加盈利，这类企业的证券价格可能将上扬。

（2）税收结构的调整会引起利润分配的变化，对纳税对象产生不同影响。例如，开征能源税对能耗高低不同的企业影响不同，有可能导致不同行业证券价格的相对运动。

（3）财政支出的大小直接影响着社会总需求，从而影响到证券价格。例如，政府通过购买和公共支出增加商品和劳务的需求，将直接刺激相关企业的生产并促使这些企业效益的提高和证券价格的上升。

（4）财政支出的流向会影响不同部门、不同行业经济增长的速度。

（5）增加或减少国债的发行将直接影响到证券的价格。

（6）增加或减少财政补贴会带来财政支出的增加或者减少，其效应是影响社会总需求和总供给，从而影响证券的价格。

需要指出的是，除了国债发行以外的财政政策都是以实体经济为媒介，通过控制财政收入和支出，经过企业的投入与产出来影响总需求的，与货币政策有着明显的区别。因此，财政政策从理论上讲其传导过程比较长。财政政策这种较长的时滞性决定了它对证券市场的影响不像货币政策那样会立见成效，而是比较缓慢的，但也是比较长久的。

3.产业政策分析

产业政策是国家整个宏观政策体系的一个重要组成部分。它是国家根据一定时期国民经济发展的内在要求，通过各种直接、间接的政策手段，调整产业结构，引导产业发展。产业政策一般包括产业结构政策、产业组织政策、产业技术政策和产业布局政策等，其中产业结构政策和产业组织政策是其主要内容。

产业政策对证券市场价格的影响是局部性的和结构性的。所谓局部性影响，是指当产业政策向某一行业、某种产业组织倾斜时，国家通常会采用财政政策和货币政策手段来配合实施。这时，该行业或产业组织往往会获得财政、税收、信贷、进出口等方面的优惠。这些政策措施会促使该行业或产业组织的利润水平上升，投资收益率提高，从而该行业或产业组织的股票价格上涨；相反，国家要限制某行业的发展，就会动用相应的经济杠杆阻碍其发展，该行业企业的发展受到制约，股票价格可能下跌。所谓结构性影响，是指产业政策只是对相关行业或产业的企业股票价格产生影响，而对相关企业债券的影响甚微。这是因为，企业效益的提高将增加该企业股票的内在价值，最终引导股票价格上涨。但对于发行在外的该企业债券，由于票面利率已定，只是提升了信用等级，并不存在价格上涨的必然因素。

4.其他相关政策分析

除了货币政策、财政政策、收入分配政策和产业政策以外，还有很多政策会对证券市场产生重要的影响。我们只选取其中最主要的政策进行分析。

（1）汇率政策。

在开放经济条件下，汇率对经济的影响十分显著。汇率的变动和汇率政策的调整主要是从结构上影响证券市场。汇率的高低将影响资本的国际流动，也会影响本国的进出口贸易。实际上，汇率政策对证券市场价格的影响是非常复杂的。

（2）资本市场开放与准入政策。

不同国家的资本市场开放与准入政策并不相同。资本市场开放政策指的是本国资本市场对外开放的程度，而资本市场准入政策指的则是对本国资本市场投资主体的限制。一般而言，资本市场开放程度越高，市场的准入政策越宽松，资本市场的资金越充裕。例如，在我国，加入WTO之后，资本市场逐步对外开放，允许设立中外合资的证券公司和基金管理公司，有限度地引进国外机构投资者，允许国有企业、国有控股企业及上市公司直接进入股票市场，保险公司可以通过购买证券投资基金进入股票市场等。这样，中国资本市场规模明显增大，与国际资本市场的联系也日趋紧密。可以说，资本市场开放与准入政策是衡量一个国家资本市场发展程度的标尺。

（3）金融管理体制。

目前，世界上的金融管理体制大致可分为混业经营、统一管理，混业经营、分业管理，分业经营、统一管理，分业经营、分业管理四种模式。所谓混业经营，是指银行、证券、保险等金融业务可以交叉经营。不同金融管理体制下资金的流向和流量是不同的。例如，我国实行的是分业经营、分业管理。银行、证券、保险的经营和管理相对独立，各司其职，各负其责。银行、保险业资金进入证券市场受到严格管制。而混业经营下，银行、保险等金融机构进入证券市场则没有什么阻碍。

（4）有关证券市场的政策和法规。

一个成熟的证券市场，有关市场的政策和法规已经比较完善，即使有些调整也不会对证券市场的价格产生太大的影响。对于一个尚处于发展中的证券市场，情况就不同了。这是因为处于发展中的证券市场，各种制度、法规还不太完善，任何有关证券的政策和法规都会给证券市场带来不同程度的影响，这些影响通过各种渠道的信息进行传递，极有可能造成证券价格的大幅波动。例如，我国过去财政部关于国有股减持的政策，关于暂停国有股、法人股上市流通的政策，关于证券市场印花税调整的政策等，就曾造成证券价格的大幅度波动。

§6.3 行业分析

行业发展与预测是基本分析中一个极其重要的组成部分。行业分析是企业分析的基础，行业前景光明的企业具有较强的向上发展潜力；行业前景黯淡的企业生产经营将面临较大的困难。

6.3.1 行业的分类

行业，是指从事国民经济中同性质的生产或经济社会活动的经营单位和个体等构成的组织结构体系。行业分类是指对构成国民经济的各类不同性质的生产经营活动，按一定的标准进行分解与组合，划分成不同层次的产业部门。

1.标准行业分类法

标准行业分类法是联合国经济与社会事务统计局制定的，目的是便于汇总各国的统计资料并进行对比。标准行业分类的全称为“全部经济活动国际标准行业分类”，简称“国际标准行业分类”，建议各国采用。标准行业分类法把国民经济划分为10个门类：（1）农业、畜牧狩猎业、林业和渔业；（2）采矿业及土、石采掘业；（3）制造业；（4）电、煤气和水；（5）建筑业；（6）批发和零售业、饮食和旅馆业；（7）运输、仓储和邮电通信业；（8）金融、保险、房地产和工商服务业；（9）政府、社会和个人服务业；（10）其他。

2.我国国民经济的行业分类

我国国家统计局于1985年明确划分了三大产业：第一产业为农业，包括农业、林业、牧业、渔业等；第二产业为工业，包括采掘业、制造业、自来水、电力、煤气和建筑业等；第三产业，指第一、第二产业之外的各行业，主要包括交通运输业、邮电通信业、仓储业、金融保险业、餐饮业、房地产业、社会服务业等。1994年颁布的《国民经济行业分类与代码》（GB/T4754—94）第一次对我国国民经济行业分类进行了详细的划分，将社会经济活动划分为门类、大类、中类和小类四级，即16个门类，90多个大类，360多个中类，840多个小类。最新的《国民经济行业分类》（GB/T 4754—2017）标准于2017年10月1日实施，行业分类共有20个门类、97个大类、473个中类、1 380个小类。与2011年版比较，门类没有变化，大类增加了1个，中类增加了41个，小类增加了286个。2019 年 3 月 25 日，国家标准委发布了国民经济行业分类第 1 号修改单，自 2019 年 3 月 29 日起实施。

3.我国上市公司的行业分类

我国上市公司的行业划分最初是由上海证券交易所和深圳证券交易所各自独立完成的。上海证券交易所将上市公司分为工业、商业、地产业、公用事业和综合等五类；深圳证券交易所则将上市公司分为工业、商业、地产业、公用事业、金融业和综合等六类。由于分类明显不足，中国证监会于2012年修订了《上市公司行业分类指引》（简称“指引”）。“指引”是在以中国国家统计局“国民经济行业分类与代码”为主要依据，借鉴联合国国际标准产业分类、北美行业分类体系有关内容的基础上制定而成的。“指引”对分类对象与适用范围、分类原则与方法、编码方法、管理机构等方面都作了详细的说明。“指引”将上市公司分成19个门类，以及90个大类。

6.3.2　行业的市场结构分析

现实中各行业的市场结构并不相同，所谓市场结构，指的是市场的竞争程度。根据行业中企业数量的多少、进入限制程度和产品差别，行业基本上可以分为四种市场结构，即完全竞争、不完全竞争（垄断竞争）、寡头垄断、完全垄断。

1.完全竞争

完全竞争型市场是指竞争不受任何阻碍和干扰的市场结构。其特点为：（1）生产者众多，各种要素可以完全流动。（2）产品不论是有形的还是无形的，都是同质的、无差别的。（3）没有一个企业能影响产品的价格，企业永远是价格的接受者，而不是价格的制定者。（4）企业的盈利基本上由市场对产品的需求来决定。（5）生产者和消费者对市场情况非常了解，并可以自由进入或退出这个市场。

完全竞争型市场结构形成的原因是企业产品的无差异性，所有企业都无法控制产品的市场价格。在现实中，完全竞争市场类型是很少见的，可以说是一种理论假设。初级产品（如农产品）的市场类型类似于完全竞争。

2.不完全竞争（垄断竞争）

不完全竞争型市场是指既有垄断又有竞争的市场结构。其特点为：（1）生产者众多，各种要素可以流动。（2）产品品种同种不同质，即生产的产品之间存在差异。产品差异是不完全竞争与完全竞争的主要区别。（3）产品的差异使生产者对产品价格有一定的控制能力。

不完全竞争型市场结构的形成主要源于产品差异。那些生产技术水平比较高的企业在竞争中占有明显的优势。它们可以通过商品广告、新技术开发、劳动生产率的提高等多种方式在竞争中处于有利的地位。尽管如此，没有一个企业能有效地影响其他企业的行为，每个企业在市场上都具有一定的垄断力，因此，垄断竞争是这个市场最主要的特点。

3.寡头垄断

寡头垄断型市场是指相对少量的生产者在某种产品的生产中占据极大市场份额，从而控制了这个行业的供给的市场结构。寡头垄断市场结构形成的原因：一是这类行业初始投资规模较大，阻止了大量中小企业的进入；二是这类产品只有大规模生产才能获得好的收益，因而大量企业在竞争中被淘汰。

属于寡头垄断型市场结构的行业主要有钢铁、石油等，这类行业一般具有相当大的生产规模，整个市场仅为少数几家大企业所占据。每个企业的价格政策和经营方式及其变化都会对其他企业产生重要的影响，因此，寡头企业之间为保证各自的利益往往形成一系列内部协议，如产品数量、产品价格的控制、产品销售区域的划分等。处于寡头垄断型行业中的企业一般总能获得较稳定的超额利润，但这类企业同样面临着资本实力雄厚的企业集团、新资源的发现、替代产品的产生等因素的挑战。

4.完全垄断

完全垄断型市场是指独家企业生产某种特质产品的市场结构。特质产品是指那些没有或缺少相近替代品的产品。完全垄断可以分为两种类型：一是政府完全垄断，如国有铁路、邮电等部门；二是私人完全垄断，如政府授予的特许专营或根据专利生产的独家经营，以及由于资本雄厚、技术先进而建立的排他性的私人垄断经营。其特点为：（1）由于市场被独家企业控制，产品没有或缺少替代品，因此垄断者能够根据市场的供需情况制定理想的价格和产量，以获取最大的利润。（2）垄断者在制定产品的价格与生产数量方面的自由性是有限制的，要受到反垄断法和政府管制的约束。在现实中尚没有真正的完全垄断型市场，每个行业或多或少地引进了竞争。公用事业（如发电厂、煤气公司、自来水公司等）和某些资本、技术高度密集型或稀有金属矿藏的开采等行业接近完全垄断的市场类型。

6.3.3 经济周期与行业分析

行业经济增长与经济周期变动有着紧密的联系，但不同的行业受经济周期变动的影响并不相同。根据行业受经济周期影响程度的不同，可以将行业划分为以下三类：

1.增长型行业

增长型行业一般依靠技术进步、新产品推出以及更优质的服务作为发展的主要手段，而这些措施并不或并不太受经济周期的影响。这类行业中的企业在经济高涨期间，发展速度通常高于平均水平，表现出一种高速增长的态势；而在经济衰退期间所受影响较少，仍旧能保持一定的增长。

增长型行业在不同的历史时段都有过辉煌的表现，例如，20世纪初期的铁路行业、20世纪中后期的电子行业和最近几十年的计算机行业等。

2.周期型行业

周期型行业的经济增长与经济周期紧密相关，经济处于上升周期时，这类行业经济增长迅速；而经济处于下降周期时，这类行业经济增长明显减缓甚至出现亏损。产生这种现象的原因是：当经济处于上升期时，对这些行业相关产品的购买会相应增加；而当经济处于衰退期时，对这些行业相关产品的购买会相应减少。产品销售的增减将直接影响这些行业中企业的经济效益，使之表现出一种与经济周期高度同步的特征。消费品行业、耐用品制造业和其他收入弹性较高的行业，就属于典型的周期型行业。

3.防守型行业

防守型行业的经营状况在经济周期的上升和下降阶段都比较稳定，这是因为防守型行业的产品需求相对稳定，需求弹性小。不论经济周期处于什么阶段，这类行业的经济都会有一定程度的增长。

防守型行业的产品往往是生活必需品或是必要的公共服务，公众对其产品有相对稳定的需求，因而行业中有代表性的公司盈利水平相对稳定，食品业和公用事业就属于防守型行业。

6.3.4 行业的生命周期分析

任何行业都要经历一个由成长到衰退的发展过程，这个过程被称为行业的生命周期。行业的生命周期一般分为四个阶段，即初创期（幼稚期）、成长期、成熟期和衰退期。

初创期是新行业的起步初期，不论新行业是从原有行业分离而成还是完全独立的全新行业，其初创期的特点都是缺乏技术和成功的经验，产品在市场上知名度很小，市场需求不大。由于生产尚未形成规模，产量较低，单位成本较高。为了推销产品，需要在产品的研究、开发、宣传等方面进行大量的投入。因此，初创阶段的行业盈利很少，甚至还出现亏损。较高的产品成本和价格与较小的市场需求之间的矛盾使得创业公司面临很大的市场风险，而且还可能因财务困难而引发破产风险。一般情况下，初创行业的主要投资对象是部分创业投资者和投机者。

成长期是新行业的发展阶段，亦是竞争激烈、优胜劣汰的阶段。随着产品的逐渐完善及广泛宣传和推广使用，产品的市场需求开始上升，销售量迅速增加，企业利润增幅明显。在行业利润的驱使下，越来越多的企业涌入该行业，使市场竞争加剧。其结果必然造成一部分财力单薄、技术落后、经营不善的企业在竞争中倒闭、被兼并或退出该行业；而另一部分财力雄厚及管理技术水平较高的企业则在竞争中站稳脚跟，获得越来越高的利润。需求弹性较高、生产技术进步较快、产业关联度较强、市场容量和市场潜力较大、产业组织的规模化发展迅速等是成长期行业的主要特征。

成熟期是行业平稳发展的阶段。在这一阶段，行业的生产技术已臻完善，产品已获得市场的认同，市场需求相对稳定并占有一定比例的市场份额。企业之间虽然在产品质量、性能、售后服务、价格等方面存在激烈的竞争，但经过成长阶段的优胜劣汰，都已具有较强的抗衡能力，大部分企业都能保持比较稳定的行业利润。成熟期是行业生命周期的鼎盛阶段，也是延续时间较长的阶段。行业处于成熟期的主要特点有：（1）企业规模空前，产品普及程度很高。（2）行业生产能力接近饱和，市场需求也趋于饱和，买方市场出现。（3）构成支柱产业地位。

衰退期是行业生命周期的最后阶段，是行业新陈代谢的必然结果。行业衰退可以分为自然衰退和偶然衰退。自然衰退是一种自然到来的衰退；偶然衰退是在偶然的外部因素的作用下，提前或延后发生的衰退。行业衰退还可分为绝对衰退和相对衰退。绝对衰退是在行业内在衰退规律作用下的规模萎缩、功能衰退、产品老化；相对衰退是行业因结构性原因或者无形原因引起行业地位和功能的下降和衰退。衰退期大都出现在较长的稳定期之后，这是由于大量替代品促使原行业产品市场需求逐渐减少，利润水平不断下降，直至出现行业萧条。但行业的衰退期往往比行业生命周期的其他三个阶段的总和还要长，大多数行业是衰而不是亡，甚至与人类社会长期共存。

6.3.5 行业的稳定性分析

行业的稳定性是衡量投资风险的重要尺度。不同行业的技术含量、劳动效率以及销售和收益均不相同，因而研究不同行业的收益及其稳定状况对不同类型的投资者就有很大的意义。例如，工业、房地产等行业受经济周期波动的影响较大，而公用事业受经济周期波动的影响较小，商业、综合型行业则介于两者之间。一般来说，受经济周期影响较大的行业投资收益较高，风险也较大；而受经济周期影响较小的行业，收益平稳，风险相对较小。

影响行业稳定性的主要因素有：

1.产业政策

我们在政策分析中已经对产业政策对证券市场价格的影响进行了分析，实际上政府对于行业的管理和调控主要是通过产业政策来实现的。政府可以通过产业政策对产业结构进行调整；可以通过产业政策对战略产业进行保护和扶植；可以通过产业政策对衰退产业进行调整和援助。例如，对高新技术、农业、教育等行业采取鼓励政策，通过税收、信贷、津贴等措施激励这些行业发展；而对某些行业，如纺织业等采取抑制政策，通过税收、信贷、限价等措施来限制它的发展。

2.技术进步

技术进步对行业的影响极大，它往往可以催生一个新的行业，同时迫使一个旧的行业加速进入衰退期。例如，电灯的出现极大地削减了对煤气灯的需求，蒸汽动力行业被电力行业逐渐取代，超大规模集成电路淘汰了普通元器件电子电路等。这些新产品在定型和大批量生产后，市场价格大幅度下降，很快就能占领市场，从而新行业较快地超过并代替旧行业，或严重影响原有行业的生存。

3.产业组织创新

产业组织创新是指同一产业内企业组织形态和企业间关系的创新。产业组织创新是推动产业形成和产业升级的重要动力，它包括持续的产品创新、营销创新和生产过程创新等。产品创新可以开拓新的市场和扩大原有市场，促进行业增长；营销创新可以通过增加需求直接影响产业结构；生产过程创新可以增加或减少生产过程的资本密集性，提高或降低资本规模，提高产品的竞争能力。

4.社会习惯的改变

社会生产的发展和生活水平的变化会带来一系列的变化，消费心理、消费习惯等方面也会逐渐发生改变。这些改变必然会影响到商品的需求从而影响到行业的稳定性。例如，生活质量的提高催生了绿色食品行业的出现；收入水平的提高加快了交通和通信工具行业的发展等。社会观念、生活习惯、社会趋势的变化对企业的生产经营活动、生产成本和收益等方面都会产生影响，促使一部分行业衰退而又促进新兴行业的发展。

5.经济全球化

经济全球化是指商品、服务、生产要素与信息跨国界流动的规模不断扩大，通过国际分工，在世界范围内提高资源配置效率，从而使各国经济相互依赖程度有日益加深的趋势。经济全球化对世界各国产业发展的影响主要表现在以下几个方面：

（1）经济全球化导致产业的全球性转移。

目前的世界格局是，发达国家将低端制造技术加速向发展中国家进行产业化转移，产业全球化导致的国际竞争和国际投资因素对各国行业结构具有越来越大的影响。选择性发展成为未来各国形成优势行业的重要途径，战略发展思路成为许多国家的行业发展战略。例如，美国的信息技术、生物技术行业，印度的计算机软件行业等。

（2）国际分工出现重要变化。

一是国际分工的基础出现了重要变化，例如，一个国家的优势行业不再只是取决于资源要素，政府的效率、市场机制的完善程度、劳动者掌握的知识和处理信息的能力、受政策影响的市场规模等因素的作用逐步增强。二是国际分工的模式出现了重要变化。跨国公司在全球范围内寻求资源的最佳配置，越来越多的国家进入到跨国公司的全球生产与服务网络体系之中，行业内贸易和公司内贸易的比重大幅度提高，传统比较优势行业的商品交换受到一定程度的冲击。

（3）经济全球化导致贸易理论与国际直接投资理论一体化。

跨国公司不仅可以通过价格和质量进行竞争，还可以通过生产的组织进行竞争，两国之间的贸易行为已经无法衡量两国之间的经济利益。

分析行业的稳定性还应联系行业的竞争结构，因为行业的竞争结构是保持行业稳定的前提。美国哈佛商学院教授迈克尔·波特认为，一个行业内激烈竞争的局面源于其内存的竞争结构。一个行业内存在五种基本竞争力量，即潜在进入者、替代品、供方、需求方以及行业内现有竞争者。从静态角度看，这五种基本竞争力量的状况及其综合强度，决定着行业内的竞争激烈程度，决定着行业内的企业可能获得利润的最终潜力。从动态角度看，这五种竞争力量抗衡的结果，共同决定着行业的发展方向，共同决定行业竞争的强度和获利能力。但是，各种力量的作用是不同的，常常是最强的某个力量或某几个力量处于支配地位，起着决定性作用。当这些处于支配地位的企业尚处在强势时，行业结构是相对稳定的，而当这些强势企业受到威胁且地位不太牢固时，行业的稳定性就可能发生改变。

§6.4 公司分析

党的二十大报告强调“把发展经济的着力点放在实体经济上”，实体经济是强国之基和富民之本，是推动经济高质量发展、提升我国综合实力的关键。公司企业是实体经济的具体个体。**公司分析是基本分析中不可缺少的重要环节，证券投资特别是长期投资能否取得预期的收益，归根结底取决于公司业绩。公司分析包括公司概况分析、公司经营分析和公司财务分析三个部分。**

6.4.1 公司概况分析

公司概况包括公司规模、历史沿革、经营范围、市场营销、市场占有、管理机构、管理水平等多方面的内容。通过公司概况分析，我们能对公司有一个总体的印象，对公司的现状和发展前景有一个初步的认识。

1.公司的历史沿革

公司的历史沿革勾勒出公司的成长历史。通过对公司历史的分析，不仅能了解到公司的实际变化过程，而且还能了解到公司过去所发生的一切重大事项以及公司管理层当时应对的态度和能力。考察公司历史应与当时的经济形势、同行业的动向等外部环境相联系，既要重视公司的成功经验，也要考察公司失败的教训。任何一个企业都是从无到有、从小到大，其中有迅速崛起、一帆风顺的类型，也有坎坷曲折、历尽艰辛的类型，应针对当时的具体情况区别对待。

2.公司的行业地位与经济区位分析

公司行业地位分析的目的是判断公司在所处行业中的竞争地位。例如，是否是龙头企业，在价格上是否具有影响力，是否具有竞争优势等。在大多数行业中，总会有一些企业比其他企业具有更强的获利能力。企业的行业地位决定了其盈利能力是高于还是低于行业平均水平，决定了其在行业内的竞争地位。衡量公司行业竞争地位的主要指标是行业综合排序和产品的市场占有率。公司经济区位的发展与公司的投资价值密切相关。例如，处在经济发达区位的上市公司相对于处在欠发达经济区位的上市公司有更高的投资价值。对公司进行区位分析，就是将公司的价值分析与区位经济的发展联系起来，以便分析公司未来的发展前景，确定公司的投资价值。区位分析主要包括区位内自然条件与基础条件分析、区位内政府的产业政策分析和区位内的经济特色分析三个方面。

3.公司的股权结构与管理机构分析

股权结构是公司法人治理结构的基础。规范的股权结构，一是股权集中度适中，二是流通股权适度集中，三是股权的普遍流通性。分析公司股权结构应从这三方面入手。公司的管理机构分为董事会、经理层和职能部门三个层次，即决策层、管理层和操作层。决策层主要是对公司经营方向、筹资方式等重大方针作出决定。决策层的效率受下述几个因素影响：（1）规范的股权结构；（2）有效的股东大会制度；（3）董事会权利的合理界定与约束；（4）完善的独立董事制度；（5）监事会的独立性和监督责任；（6）优秀的职业经理层；（7）相关利益者的共同治理。

管理层主要是贯彻决策层的意图，完成既定的目标和计划，协调各部门的工作，进行日常的全局管理。管理层人员应具备以下素质：一是从事管理工作的愿望；二是专业技术能力；三是良好的道德品质修养；四是人际关系协调能力。职能部门应在管理层的指挥下各司其职，保证公司日常工作顺利进行。一个有效的管理机构应表现为有足够的能力解决公司可能面临的内部与外部出现的困难，如维持公司强有力的竞争力、发展公司的业务、增大公司的规模、维持较高的盈利水平、保持较高的生产能力、科学地融通资金和分配利润、培养和训练公司员工、妥善处理员工关系、运用现代化管理手段以及对外宣传、广告、协商、谈判等。

6.4.2　公司经营分析

公司经营分析包括公司产品分析、公司经营能力分析和公司成长性分析三个方面。

1.公司产品分析

公司产品是公司赖以生存的基础，公司产品是否具有市场竞争能力取决于公司产品成本、产品质量和生产技术是否具有比较优势。产品的成本优势可以通过规模经济、专有技术、优惠的原材料价格、低廉的劳动力、科学的管理、发达的营销网络等来实现。技术优势是指公司拥有的比同行业其他竞争对手更强的技术实力及研究开发新产品的能力。这种能力主要体现在市场的技术水平和产品的技术含量上。质量优势是指公司的产品以高于其他公司同类产品的质量赢得市场，从而取得竞争优势。由于技术能力及管理等诸多因素的差别，不同公司间相同产品的质量是有差别的。消费者在进行购买选择时，产品的质量始终是影响他们购买倾向的一个重要因素。当一个公司的产品价格溢价超过其为追求产品质量优势而附加的额外成本时，该公司就能获得高于所属行业平均水平的盈利。也就是说，在与竞争对手成本相等或成本接近的情况下，具有质量优势的公司往往在该行业中占据领先地位。

产品的市场占有情况是衡量产品竞争力的一个非常重要的指标。产品市场占有情况，一是指公司产品销售市场的地域分布情况，二是指公司产品在同类产品市场上的占有率。地域分布情况能大致估计一个公司的经营能力和实力；市场占有率则是对一个公司的实力和经营能力的比较精确的估计。市场占有率越高，公司的经营能力和竞争力越强，公司的销售和利润水平越高、越稳定。

分析公司产品，还应分析公司产品品牌。因为一个品牌不仅是一种产品的标志，而且是产品质量、性能、满足消费者效用可靠程度的综合体现。品牌竞争是产品竞争的深化和延伸。当产业发展进入成熟阶段，产业竞争充分展开时，品牌就成为产品及企业竞争的一个越来越重要的因素。

2.公司经营能力分析

公司的经营能力包括公司管理人员的素质和能力、公司的经营管理效率和新产品开发以及多种经营能力。公司管理人员的素质与能力在公司经营能力分析中占据关键地位，没有一个高效、团结的多层次的经营管理机构，公司的经营管理能力就失去了基础。评价公司的经营管理能力水平，除了必备的高效、团结的多层次的经营管理机构以外，还应考察经营管理效率，即考察公司的生产能力或经营能力的利用程度。公司现有的厂房、设备、人员和资金等资源的利用率越高，说明公司的经营管理水平越高。在同一行业中，单位固定资产销售额、人均销售额以及资金周转率和毛利率较高的公司，在其他条件相同的情况下，收益率也较高，因而公司的股票价值也较高。公司的经营管理能力还体现在新产品开发和多种经营方面。一个具有较强经营管理能力的公司会经常进行产品市场调查，分析市场供需状况及消费者的新需求，组织新产品的研制和开发，不断设计、试制、试销、推销新产品，保持公司产品的生命力，不断开拓新的市场，提高市场占有率等。这些对公司的发展前景极为重要。

3.公司成长性分析

公司成长性分析包括公司经营战略分析和公司规模变动及扩张潜力分析。公司经营战略是对公司经营范围的科学规定，也是制定公司规划的基础，它是在符合和保证实现公司使命的条件下，在充分利用环境中存在的各种机会和创造新机会的基础上确定公司同环境的关系，规定公司从事的经营范围、成长方向和竞争对策，合理调整公司结构和分配公司的资源。经营战略具有全局性、长远性和纲领性特征，它从宏观上规定了公司的成长方向、成长速度和实现方式。分析一个公司的经营战略，可以通过收集公开信息、到公司调查走访等途径实现。在此基础上考察和评估公司管理层的稳定性及其对公司经营战略的可能影响，分析公司的投资项目、人、财、物资源等是否符合公司经营战略的要求，对照公司的竞争地位分析公司的经营战略是否恰当，结合公司产品所处的生命周期分析和评估公司的产品策略是专业化还是多元化，分析和评估公司的竞争战略等。公司规模变动及扩张潜力与其所处的行业发展阶段、市场结构、经营战略紧密相关，这是从微观方面考察公司的成长性。通过分析公司规模扩张动力是来自供给推动还是来自需求拉动，公司是用产品创造市场需求还是用产品去满足市场需求，公司是靠技术进步还是靠其他因素实现扩张等，寻找公司发展的内在规律；通过比较公司历年的销售、利润和资产规模等数据判断公司的发展趋势；通过公司的销售、利润、资产规模等数据及其增长率与行业水平和主要竞争对手的比较，了解公司行业地位的变化。另外，还可以通过分析公司主要产品的市场前景以及公司的投资和筹资能力来预测公司的扩张潜力。

6.4.3 公司财务分析

公司财务分析是公司分析中最主要的内容。公司的经营状况最终总会通过公司的财务数据反映出来。因此，投资者必须了解和熟悉公司财务分析的主要手段。

1.公司主要的财务报表

根据各国公司法的有关规定，上市公司必须按规定定期向社会公众公布财务报表，公布的财务报表主要包括资产负债表、利润表和现金流量表。

（1）资产负债表。

资产负债表是汇总某一特定时期企业的资产、负债、股东权益的数量从而显示企业财务状况的静态报表。资产负债表提供了企业在资产、负债和股东权益各方面的实力状况等企业经营活动的基础信息，同时也反映了企业的规模和负债潜力等信息。

（2）利润表。

利润表反映企业在一个财政年度的盈利或亏损情况，它反映两个资产负债表编制日之间企业财务的变动情况。利润表由三部分组成：第一部分是营业收入或销售额；第二部分是与营业收入有关的生产费用和其他费用；第三部分是利润及利润在股息与留存收益之间的分配。

（3）现金流量表。

现金流量表反映企业一定期间现金的流入和流出，表明企业获得现金和现金等价物的能力。现金流量表主要分为经营活动、投资活动和筹资活动产生的现金流量三个部分。通过单独反映经营活动产生的现金流量，可以了解企业在不动用企业外部筹措资金的情况下，凭借经营活动产生的现金流量是否足以偿还负债、支付股利和对外投资。通过单独反映投资活动产生的现金流量，可以了解为获得未来收益和现金流量而导致资源转出的程度，以及以前资源转出带来的现金流入的信息。现金流量表中的投资活动比通常所指的短期投资和长期投资范围要广。通过单独反映筹资活动产生的现金流量，可以帮助投资者和债权人预计对企业未来现金流量的要求权以及获得前期现金流入需付出的代价。

2.公司财务报表分析的目的和方法

公司财务报表提供了公司财务的基本信息，但不同的使用者在运用这些信息进行分析时的目的并不相同。例如，公司的经理人员通过分析财务报表判断公司的现状，寻找存在的问题，以便进一步改善公司的经营管理；公司的投资者关心的是公司的财务状况、盈利能力，通过对财务报表所传递的信息进行分析、加工，得到反映公司发展趋势、竞争能力等方面的信息，计算投资收益率，评价风险，比较该公司和其他公司的收益和风险，决定自己的投资策略；而公司的债权人则主要关心自己的债权能否收回，通过公司财务报表分析，判断公司的偿债能力，以决定是否提前收回债权或提供担保等。尽管如此，不同使用者进行财务报表分析有一个共同的目的，那就是评价企业过去的经营业绩，衡量现在的财务状况，预测未来的发展趋势。与目的相适应，财务分析的内容应包括生产经营状况和管理水平分析、财务状况分析、经营成果分析和公司综合分析评价等四个方面。

财务报表的分析方法分为比较分析法和因素分析法两大类。比较分析法是指对两个或两个以上的相关可比数据进行对比，揭示财务指标的差异和变动关系，是最基本的财务分析法。因素分析法则是依据分析指标和影响因素的关系，从数量上确定各因素对财务指标的影响程度。

6.4.4 公司主要财务比率分析

财务比率是指同一报表的不同项目之间、不同类别之间，以及不同年度报表的有关项目之间的会计要素的相互关系。这些会计要素相互关系的结果形成了一系列财务比率指标。最常见的比率分析指标可以分为变现能力分析、营运能力分析、长期偿债能力分析、盈利能力分析等几大类。

1.变现能力分析

变现能力是指公司即刻转变现金的能力，它可以衡量公司的短期偿债能力。常用的分析指标有流动比率和速动比率。

（1）流动比率。

流动比率是流动资产与流动负债的比值，其公式为：

流动比率=流动资产÷流动负债

流动比率反映了公司流动资产抵偿流动负债的程度，流动比率越高，公司偿债能力越强。流动比率还可以反映公司受突发事件影响而经营困难时的应对能力。流动比率越高，公司应对诸如债券违约、破产等财务危机的能力就越强。但由于流动资产中某些项目如存货、预付费用等变现能力较差，因而又引入了速动比率指标。

（2）速动比率。

速动比率又称为“酸洗试验”比率，反映用流动程度较高的流动资产来偿还流动负债的能力，其公式为：

速动比率=（流动资产−存货）÷流动负债

或者：

速动比率=（现金+短期证券+应收账款）÷流动负债

一般认为，速动比率大于1表示公司偿债能力较强；反之，则较弱。

2.营运能力分析

营运能力是指公司经营管理中利用资金营运的能力，又称为资产管理比率。主要指标有存货周转率、应收账款平均收账期和资产周转率。

（1）存货周转率。

存货周转率是指公司在某一特定期间内的存货余额与期间销售成本的比率，公式为：

存货周转率=销售成本÷平均存货

存货周转率越高，表明公司存货管理越有效率。除了存货周转率指标以外，还可以用存货平均周转期指标。

存货平均周转期=360÷存货周转率

= 平均存货×360÷销售成本

存货平均周转期越长，表明存货周转一次的时间越长，公司存货管理水平越差；反之，存货平均周转期越短，公司资产运营能力越强。

（2）应收账款平均收账期。

应收账款平均收账期反映应收账款尚未付清的平均天数，公式为：

应收账款平均收账期=应收账款平均余额×360÷销货净额

该指标越小越好，表明欠款容易收回；反之，收回欠款需要较长的时间。

（3）资产周转率。

资产周转率反映企业投入的全部资产创造收入的相对效率，其公式为：

资产周转率=销货净值÷资产总值

该指标反映总资产的周转速度，周转越快，表明销售能力越强。

3.长期偿债能力分析

长期偿债能力是指公司偿付到期长期债务的能力，通常用反映债务与资产、净资产关系的负债比率来衡量。负债比率主要包括资产负债率、股东权益比率、产权比率、有形资产净值债务率、已获利息倍数等。

（1）资产负债率。

资产负债率是负债总额与资产总额的比值，它反映企业偿付长期负债的能力，并衡量其举债经营的限度，其公式为：

资产负债率=负债总额÷资产总额

资产负债率指标越小，债权保证程度就越高，企业举债融资的潜力越大，企业经营的安全性越高；反之，企业债权保证程度越低，进一步融资将遇到困难，企业经营的安全性也越低。但是，过低的资产负债率说明企业管理者经营思路过于保守，不能合理运用财务杠杆，缺乏经营活力。

（2）股东权益比率。

股东权益比率反映股东投入资本占全部资本的比重。股东权益包括普通股本、优先股本和资产增值及无形资产的账面价值几个部分。股东权益比率公式为：

股东权益比率=股东权益总额÷全部资产总额（扣除折旧）

（3）产权比率。

产权比率是负债总额与股东权益总额之间的比率，公式为：

产权比率=负债总额÷股东权益总额

产权比率反映由债权人提供的资本与股东提供的资本的相对关系，可以说明公司基本财务结构是否稳定。一般认为，股东资本大于债权资本较好。

（4）有形资产净值债务率。

有形资产净值债务率是公司负债总额与有形资产净值的比率。有形资产净值是股东权益减去无形资产后的净值，即股东具有所有权的有形资产净值。有形资产净值债务率计算公式为：

有形资产净值债务率=负债总额÷（股东权益-无形资产净值）

（5）已获利息倍数。

已获利息倍数是指公司经营业务收益与利息费用的比率，用以衡量偿付借款利息的能力，也叫利息保障倍数。已获利息倍数公式为：

已获利息倍数=税息前利润÷利息费用

税息前利润指利润表中未扣除利息费用和所得税之前的利润。

4.盈利能力分析

盈利能力就是公司获取利润的能力。常用的盈利能力分析指标有主营业务净利率、主营业务毛利率、资产净利率、净资产收益率等。

（1）主营业务净利率。

主营业务净利率是指净利润与主营业务收入的比率，其公式为：

主营业务净利率=净利润÷主营业务收入

（2）主营业务毛利率。

主营业务毛利率是毛利占主营业务的比重，其中毛利是主营业务收入与主营业务支出之差。主营业务毛利率公式为：

主营业务毛利率=（主营业务收入-主营业务成本）÷主营业务收入

（3）资产净利率。

资产净利率是公司净利润与平均资产总额的比重，公式为：

资产净利率=净利润÷平均资产总额

该指标表明公司资产利用的综合效果，指标越高，说明资产的利用效率越高。

（4）净资产收益率。

净资产收益率是净利润与年末净资产的比率，也称净值报酬率或权益报酬率，公式为：

净资产收益率=净利润÷年末净资产

年末净资产是资产负债表中“股东权益合计”的期末数。净资产收益率反映了所有者权益的投资回报率，是市场人士分析企业盈利能力最常用的分析指标。

如果采用绝对数来衡量，反映公司盈利能力的关键指标还有每股收益（earning per share，EPS），即税后利润与总股本的比值。如果从股票估值和投资者立场来看，市盈率、市净率等都是非常重要的财务指标。

思政课堂

建设高质量上市公司，为中国式现代化做贡献

【思政元素】高质量发展；中国式现代化。

上市公司是中国企业的优秀代表，是经济的支柱力量，是实体经济的“基本盘”，是经济发展动能的“转换器”，是完善现代企业制度和履行社会责任的“先锋队”，是投资者分享经济增长红利的“新渠道”。走高质量发展之路，助力中国式现代化实现，上市公司责无旁贷。

据统计，截至2022年11月16日，我国境内股票市场上市公司已达5 003家，突破5 000家整数关口。上市公司家数前两个1 000各用了10年，第三个1 000用了

6年，第四个1 000用了4年，而第五个1 000仅用了2年时间。从控股类型看，国有控股上市公司（中央+地方）1 336家，民营上市公司3 164家，其他503家。从上市板块看，主板上市公司3 177家，科创板上市公司486家，创业板上市公司1 217家，北交所上市公司123家。从市值上看，截至2022年11月15日收盘，境内上市公司总市值80.57万亿元，其中民营上市公司市值占比44.00%，国有上市公司市值占比43.62%。

习近平总书记提出，要打造一个规范、透明、开放、有活力、有韧性的资本市场。时任国务院副总理刘鹤指出，坚持“建制度、不干预、零容忍”，加快发展资本市场。要增强资本市场枢纽功能，全面实行股票发行注册制，建立常态化退市机制，提高直接融资比重。高质量的资本市场离不开高质量的上市公司，上市公司质量同时也是资本市场可持续发展的基石。因此，建设高质量上市公司意义深远：首先，建设高质量上市公司将强化上市公司的资本市场基石作用，进一步增强资本市场活力、韧性和竞争力，不断提高金融服务实体经济的能力，为发展现代产业体系提供有力保障，为中国经济行稳致远积蓄更强动能。其次，建设高质量上市公司将发挥示范作用，带动上下游关联企业提质增效，助力产业转型升级，推动市场主体质量整体提升，为经济高质量发展打好基础。最后，建设高质量上市公司有助于回报投资者和为股东创造价值，有助于增加社会财富和增加居民消费，对加快形成以国内大循环为主体、国内国际双循环相互促进的新发展格局有重要意义。

建设高质量上市公司，除了完善外部制度环境，更需要上市公司立足自身，苦练内功，培养提高质量的原动力，着重提升上市公司五种能力：抓基础，巩固治理能力；强主业，增强竞争能力；育长板，提升创新能力；增韧性，提高抗风险能力；重效益，提升回报能力。

当前上市公司面临的外部环境正发生复杂深刻变化。

党的二十大报告把高质量发展作为全面建设社会主义现代化国家的首要任务，擘画了中国式现代化新蓝图。经济高质量发展离不开广大上市公司的积极参与，提升上市公司质量，助力中国式现代化目标如期实现。

资料来源：宋志平．建设高质量上市公司 为中国式现代化做贡献［EB/OL］.［2022-11-21］. https://new.qq.com/rain/a/20221121A05F6N00.此处为摘编．

本章小结

1.基本分析是指根据经济基本面状况评估证券的投资价值，判断证券的合理价位，最终作出投资选择分析报告的一种分析方法。基本分析包括经济分析、行业分析和公司分析几个方面。基本分析法有两个假设条件：一是“证券的价值决定其价格”；二是“证券的价格围绕价值波动”。

2.经济分析又称宏观经济分析，它包括经济环境分析和经济政策分析两大部分。经济环境分析主要包括经济指标分析和经济运行分析。除了主要经济指标分析之外，通货膨胀分析和经济周期分析是这部分分析的主要内容。

3.除了宏观经济指标、通货膨胀的变动以及经济周期波动因素对证券市场产生影响以外，还有一些因素，如政治因素、战争因素、社会心理因素、自然灾害因素、市场制度性因素等，也对证券市场产生不同程度的影响。我们称之为经济分析中的其他相关因素分析。

4.经济政策分析包括货币政策分析、财政政策分析、收入分配政策分析、产业政策分析以及与证券市场相关联的政策分析，如汇率政策、资本市场准入政策等。经济政策分析是经济分析中一项重要的内容。

5.行业发展与预测是基本分析中一个极其重要的组成部分。行业分析是企业分析的基础。行业分析包括行业类型、行业的生命周期、行业的稳定性和竞争结构的分析等，在此基础上还需要对行业发展前景进行预测。

6.公司分析是基本分析中不可缺少的重要环节，证券投资特别是长期投资能否取得预期的收益，归根结底取决于公司业绩。公司分析包括公司概况分析、公司经营分析和公司财务分析三个部分。对公司的发展情景进行预测并作出相应的投资选择，是分析者最终必须完成的任务。

综合训练

6.1 单项选择题

1.基本分析的理论基础建立的前提条件是（　　）。

A.市场的行为包含一切信息，价格沿趋势移动，历史会重复

B.博弈论

C.经济学、金融学、财务管理学及投资学等

D.金融资产的真实价值等于预期现金流量的现值

2.某一行业有如下特征：企业的利润增长很快，但竞争风险较大，破产率与被兼并率相当高。那么这一行业最有可能处于生命周期的（　　）。

A.幼稚期　　B.成长期　　C.成熟期　　D.衰退期

3.反映公司合理运用资金的能力以及日常资金来源是否充分的报表是（　　）。

A.资产负债表　　B.利润表　　C.利润分配表　　D.现金流量表

4.可以衡量公司产品生命周期的指标是（　　）。

A.主营业务收入增长率　　B.存货周转率

C.应收账款周转率　　D.总资产周转率

5.速动比率的计算公式为（　　）。

A.流动资产-流动负债

B.（流动资产-存货）÷流动负债

C.长期负债÷（流动资产-流动负债）

D.长期资产-长期负债

6.资产负债比率可用以衡量企业在清算时保护（　　）利益的程度。

A.大股东　　B.中小股东

C.经营管理者　　D.债权人

6.2 多项选择题

1.基本分析主要适用于（　　）。

A.周期相对比较长的证券价格预测

B.相对成熟的证券市场

C.预测精确度要求不高的领域

D.短期行情的预测

E.获利周期较短的预测

2.公司营运能力分析的主要指标有（　　）。

A.流动比率　　B.速动比率　　C.存货周转率

D.应收账款平均收账期　　E.资产周转率　　F.资产负债率

3.有价证券的收益表现为（　　）。

A.利息收入　　B.交易收入　　C.红利收入　　D.差价收入

4.下列属于选择性货币政策工具的是（　　）。

A.法定存款准备金率　　B.再贴现政策

C.公开市场业务　　D.直接信用控制

5.在对上市公司基本面进行分析时，应包括（　　）。

A.公司的背景、历史沿革和所处行业分析

B.公司的经营管理分析

C.公司的市场营销分析

D.公司的融资和投资分析

E.公司的管理层分析

F.公司股票的技术走势分析

6.3 思考题

1.什么是基本分析？基本分析在证券投资中有什么作用？

2.经济分析包括哪些主要的方面？

3.为什么要进行行业分析？行业分析应从哪些方面入手？

4.简述公司分析的要点。

5.假设你是一个证券分析师，在作出投资选择之前，你应该做哪些工作？

本章参考文献

[1] 格雷厄姆．证券分析［M］．6版．巴曙松，译．北京：中国人民大学出版社，2013.

[2] 曹凤岐．证券投资学［M］．3版．北京：北京大学出版社，2013.

[3] 陈之大，曹晓东，贺学会．证券投资学［M］．成都：西南财大出版社，2005.

[4] 邢天才，王玉霞．证券投资学［M］．6版．大连：东北财经大学出版社，

2023.

［5］中国证券业协会．金融市场基础知识［M］．北京：中国财政经济出版社，2023.

［6］中国证券业协会．证券市场基本法律法规［M］．北京：中国财政经济出版社，2023.

［7］BERGSTRESSER D，DESAI M，RAUTH J. Earnings manipulation，pension assumptions，and managerial investment decisions［J］. Quarterly Journal of Economics，2006（6）：17-195.

［8］BODIE Z，KANE A，MARCUS A J. Investments［M］. 9th ed. New York：McGraw-Hill，2011.

［9］ROSS S A. A simple approach to the valuation of risky streams［J］. Journal of Business，1978.

［10］ROSS S A. Corporate finance［M］. 9th ed. New York：McGraw-Hill，2010.

［11］TREYNOR J，BLACK F. How to use security analysis to improve portfolio selection［J］. Journal of Business，1973.

第7章

证券技术分析

导读

证券技术分析与证券基本分析一样，是进行证券分析的方法之一。它是根据证券市场的历史交易数据，运用图表和技术指标的数值，对证券价格变动的趋势进行分析预测。本章介绍证券技术分析的基本概念和基本方法、图形分析与技术指标分析的主要内容。

关键概念

技术分析　道氏理论　K线　切线理论　支撑线　压力线　趋势线　轨道线　形态理论　头肩形态　缺口　波浪理论　技术指标

§7.1 技术分析概述

所谓证券技术分析，是相对于证券基本分析而言的。**技术分析是根据证券市场的历史交易资料，运用统计方法计算技术指标的数值并绘制相应的图表，通过图表或技术指标的数值，研究市场过去及现在的行为反应，以推测未来价格的变动趋势。**其依据的技术指标主要是由股价、成交量或涨跌幅等数据计算而得的，因此技术分析只关心证券市场本身的变化，而不考虑会对其产生影响的经济方面、政治方面等各种外部的因素。实际上，技术分析不仅用于证券市场，还广泛应用于外汇市场、期货市场和其他金融市场。

7.1.1 技术分析的基本要素

用技术分析方法分析证券价格变动趋势时涉及的要素主要有：

（1）成交价格：最为基本的技术分析要素。

（2）成交数量：价格的形成总是与成交数量存在着密不可分的关系，因此技术分析通常总是把两者结合起来进行考察。

（3）时间：指股票价格变动的时间因素和分析周期，主要说明股票价格在一定价格区间或一定趋势中停留、运行的时间长短。一个已经形成的趋势在短期内不会发生根本改变；中途出现的反方向波动对原来的趋势不会产生大的影响；一个形成的趋势不可能永远不变，经过一定时间又会有新的趋势出现。

（4）空间：主要指股票价格波动的范围，或股票所处的区间价位。空间因素考虑的就是趋势运行的幅度（或价格变动的幅度）有多大。

成交价格和成交数量是市场行为最基本的表现，时间和空间是市场潜在能量的表现。对于证券交易行为一般是通过成交价格和成交数量来表现的，而人们往往通过成交价格和成交数量来计算价格变动的时间和空间，以预测证券价格变动的趋势。因此，概括而言，技术分析的基本要素为价、量、时、空。

7.1.2 技术分析的基本假定

技术分析是运用统计数学的方法，根据过去循环的轨迹去探索未来股价变动的趋势，是一种不确定性分析。同任何其他经济理论一样，技术分析的方法也是建立在一些假设基础之上的。这些基本假设主要表现在以下几个方面：

1.市场行为涵盖（反映）一切信息

该假设是技术分析的基础，认为市场中不断变化的价格已经包含了所有信息，且投资者在决定交易时，已充分考虑了影响市场价格的各项因素。因此，只要研究市场交易行为就能够了解目前的市场状况，而无须关心背后的影响因素及原因。

2.价格沿一定趋势运行

“趋势”概念是技术分析的核心，该假设是技术分析最根本、最核心的条件。

该假设认为趋势的运行将会继续（其运动方向是由供求关系决定的），直到有反转的力量产生为止（这一行为也会由市场行为本身体现出来）。通过技术分析可以尽早确定目前的价格趋势并及时发现反转的信号。忽略股票价格的微小变动，则股票价格在一段时间内会呈现趋势变动。

3.历史会重演

证券投资的目的是追求利润，这个目的不会改变。在心理因素的作用下，人们的交易行为将趋于一定的模式，而导致历史重演，因此股票价格的变动会在相似的市场状态下显示出相似的发展趋势与特征。所以，过去价格变动方式，在未来可能不断发生，利用统计分析的方法可以整理出有效的价格运行规律和操作原则。

7.1.3　道氏理论

1.道氏理论的形成与发展

道氏理论是世界上最早、最著名的技术分析方法的理论基础。它是以美国著名的证券分析家查尔斯·道的姓命名的。查尔斯·道与爱德华·琼斯在1880年共同创建了从事证券投资咨询的道·琼斯公司，并于1889年出版了影响力很大的《华尔街日报》。查尔斯·道悉心研究股票市场价格变动的规律，在一些杂志上发表了一系列分析股票价格走势的评论文章。1902年，查尔斯·道去世，其追随者萨缪尔·尼尔森将这些文章中的一部分整理出版，第一次采用了“道氏理论”的提法。1908年起接任《华尔街日报》编辑的威廉·汉密尔顿撰写了很多应用道氏理论分析市场趋势的文章，为推广、完善和发展道氏理论做了大量工作，并于1922年出版了《股票市场的晴雨表》一书，确立了道氏理论在技术分析法中的地位。

2.道氏理论的基本要点

道氏理论认为股票市场虽然千变万化，但是和经济的发展一样都存在着周期性的变化规律，这一变化规律使股票市场的变动形成一定的趋势，这一趋势可以从市场上某些具有代表性的股价指数变动中表现出来。道氏理论认为股票价格运动有三种趋势，其中最主要的是股票的基本趋势，即股价广泛或全面性上升或下降的变动情形。这种变动持续的时间通常为1年或1年以上，股价总升（降）的幅度超过30%。对投资者来说，基本趋势持续上升就形成了多头市场，持续下降就形成了空头市场。

股价运动的第二种趋势称为股价的次级趋势。因为次级趋势经常与基本趋势的运动方向相反，并对其产生一定的牵制作用，因而也称为股价的修正趋势。这种趋势持续的时间从3周至数月不等，其股价上升或下降的幅度一般为股价基本趋势的1/3 ~ 2/3。股价运动的第三种趋势称为短期趋势，反映了股价在几天之内的变动情况。修正趋势通常由3个或3个以上的短期趋势所组成。

（1）主要趋势。

主要趋势又称长期趋势、基本趋势，是从大的角度来看市场的变动，它一般是指连续1年或1年以上的股价变动趋势，包括上涨的股市和下跌的股市两部分。长期趋势是道氏理论的精华和核心。在长期趋势中，只要下一个上涨的高点超过前一个高点，而且每一个次级的下跌低点都较前一个下跌低点高，那么主要趋势就是上升的，通常称之为多头市场；相反，当每一个次级下跌之后价位跌至更低的水准，而随后的反弹不能将价位升至前面反弹的高点，主要趋势仍然是下跌的，通常称之为空头市场。

（2）次级趋势。

次级趋势又称中期趋势，次级趋势发生在主要趋势的过程当中，即在上涨的主要趋势中会出现中期的回档下跌，在下跌的主要趋势中会出现中级反弹回升。次级趋势是与主要趋势运动方向相反的一种逆动行情，但是并不改变主要趋势的运动方向。当次级趋势下跌时，其谷底一波比一波高，表现为长期趋势仍将上升；当次级趋势上升时，其波峰一波比一波低，表现为主要趋势仍将下跌。次级趋势是对主要趋势暴涨或暴跌技术上的修正，次级趋势的修正一般是主要趋势涨跌幅的1/3 ~ 2/3。通常一个主要趋势中总要出现两三次次级趋势，一个次级趋势历时几周到几个月不等。

（3）短期趋势。

短期趋势又可称作日常趋势，是指市场内每日（数日）股价的波动。其持续时间一般为数小时至数日不等。这些日常的短期波动本身尽管没有什么意义，但使得主要趋势的发展全过程富于神秘多变的色彩。日常趋势大多是市场上技术性因素造成的，与经济形势的变动关系不大。通常，不管是次级趋势还是两个次级趋势所夹的主要趋势部分都是由一连串的短期趋势所构成的。由这些短期趋势所得出的推论很容易进入错误的方向。在一个无论成熟与否的股市中，短期趋势是唯一可以被“操纵”的，而主要趋势和次级趋势是无法被“操纵”的。

道氏理论的三种趋势如图 7-1 所示。

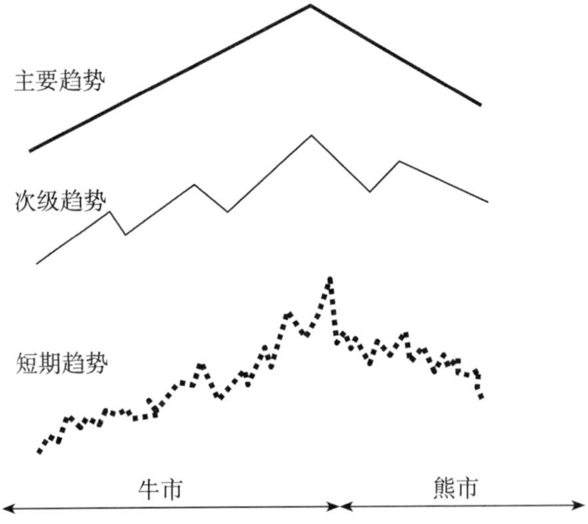

图 7-1　道氏理论的三种趋势

道氏理论自问世以来，经历了时间的考验，曾经数次在股票市场长期趋势的转折关头发出及时准确的信号，令很多人信服。道氏理论作为技术分析的重要基础，有其合理成分。但是，作为一种最古老的技术分析理论，道氏理论有着明显的局限性：①道氏理论最明显的缺点是侧重于长期分析，而不能作出中短期分析，更不能指明最佳的买卖时机；②即使是对长期趋势的预测，道氏理论也无法预先精确地指明股价变动的高峰和低谷，对市场逆转的确认具有滞后效应；③股票市场的实际变动，特别是长期趋势和中期趋势，并不像道氏理论表述的那样泾渭分明，人们很难将它们加以区分，加上这一理论多次发出错误信号，使投资者遭受损失；④道氏理论过于强调股价平均数，但股价平均数不等于整个股票市场价格，并非所有股票都与股价平均数同涨同跌，这一理论没有给投资者指出具体的投资对象。

7.1.4　技术分析的主要类型

在价、量资料基础上进行的统计、数学计算、绘制图表方法是技术分析方法的主要手段。从这个意义上讲，技术分析方法可以有多种。一般说来，可以将技术分析方法主要分为如下五类：K线类、切线类、形态类、指标类、波浪类。

1.K线类

K线类的研究方法侧重于若干天K线的组合情况，推测股票市场多空双方力量的对比，进而判断股票市场多空双方谁占优势，是暂时的还是决定性的。K线图是进行各种技术分析的最重要的图表。单独一天的K线形态有十几种，若干天的K线组合种类就无法计算了。人们不断总结经验，发现了一些对股票买卖有指导意义的组合，而且，新的研究结果正不断地被发现、被运用。

2.切线类

切线类是按一定方法和原则在由股票价格的数据所绘制的图表中画出一些直线，然后根据这些直线的情况推测股票价格的未来趋势，这些直线就叫切线。切线主要是起支撑和压力的作用。支撑线和压力线往后延伸的位置对价格趋势起一定的制约作用。目前，画切线的方法有很多种，主要有趋势线、通道线等，此外还有黄金分割线、百分比线等。

3.形态类

形态类是根据价格图表中过去一段时间走过的轨迹形态来预测股票价格未来趋势的方法。技术分析第一条假设告诉我们，市场行为包括一切信息。价格走过的形态是市场行为的重要组成部分，是证券市场对各种信息感受之后的具体表现，用价格图表的轨迹或者说形态来推测股票价格的将来趋势是有道理的。

4.指标类

指标类是考虑市场行为的各个方面，建立一个数学模型，给出数学上的计算公式，得到一个体现股票市场的某个方面内在实质的数字，即指标值。指标值的具体数值和相互关系直接反映股市所处的状态，为我们的操作行为提供指导方向。指标反映的东西大多是无法从行情报表中直接看到的。随着时间的推移，新的技术指标还在不断涌现。

5.波浪类

波浪理论起源于1978年美国人查尔斯·J.柯林斯发表的专著《波浪理论》。波浪理论的实际发明者和奠基人是艾略特，他在20世纪30年代就有了波浪理论最初的想法。波浪理论把股价的上下变动和不同时期的持续上涨或下降看成是波浪的上下起伏，波浪的起伏遵循自然界的规律，股票的价格也就遵循波浪起伏的规律。数清楚了各个浪就能准确地预见到，跌势已接近尾声，牛市即将来临，或是牛市已接近尾声，熊市即将来临。

§7.2 图形分析

7.2.1 K线理论

K线又称蜡烛线、日本线，是证券分析中被普遍使用的最基本的图形，它起源于200余年前日本的米市。K线图较细腻地表现出了在交易过程中买卖双方的力量对比和价格波动状况，常用于判断买卖双方的力量大小，在实际中得到了广泛的应用，受到了证券市场、外汇市场以及期货市场等市场投资者的喜爱。

1.K线的画法

所谓K线，就是将各种股票在一定单位时间内，如5分钟、60分钟、1日、1周、1个月等，其时间长短可根据需要设定的开盘价、收盘价、最高价、最低价等涨跌变化状况，用图形的方式表现出来。K线也称阴阳线，其基本图形结构由“实体”“上影线”“下影线”三部分组成，中间的一条粗线为实体（即开盘价与收盘价之间的部分），最上方的一条细线为上影线（即最高价与实体之间的部分），最下面的一条细线为下影线（即最低价与实体之间的部分），具体如图7-2所示。

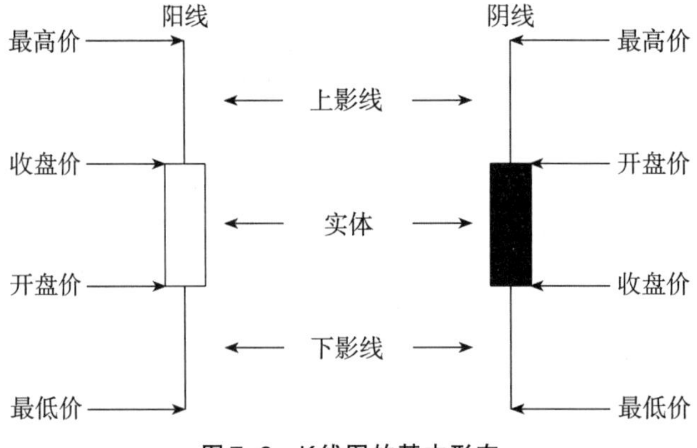

图7-2 K线图的基本形态

K线是一条柱状的线条，由影线和实体组成，实体分阳线和阴线。K线的形态受四个价格影响，即开盘价、最高价、最低价、收盘价。开盘价高于收盘价，实体为阴线。收盘价高于开盘价，实体为阳线。K线的阳线和阴线反映经过买卖双方的争斗后，双方的力量对比。K线图所包含的信息是极为丰富的。就以单根K线而言，一般上影线和阴线的实体表示卖方力量，下影线和阳线的实体则表示买方力量；上影线和阴线的实体比较长就说明股价的下跌动力比较大，下影线和阳线的实体较长则说明股价的扬升动力比较强。如果将多根K线按不同规则组合在一起，会形成不同的K线组合。这样的K线形态所包含的信息就更丰富。各种K线形态以它所包含的信息，不断地向人们发出买进和卖出的信号，为投资者看清趋势，正确地买卖股票提供了很大的帮助，从而使它能够成为投资者手中极为实用的操盘工具。

2.K线的基本形态及其技术含义

K线图具有各种不同的形态，如大阳线、大阴线、长上影K线、长下影K线、十字星、一字线等。这些不同的K线形态通常具有明确的技术含义。通常情况下，指向一个方向的影线越长，越不利于股票价格今后向这个方向变动。单根K线图只反映了一天、一周或一个月内供求力量的对比。进行几根相邻的K线图的组合分析，往往能从价格的连续变化中，动态地反映供求力量的消长。技术分析家经常用几个月甚至数年的日K线的变化来分析股价中长期的变动趋势。

熟悉了单根K线的价格走势特点后，可将两根、三根、多根K线结合起来分析行情。由于K线的种类较多，每种K线依其实体和影线的长短不同又有变化，再将两根至多根K线组合起来分析，可“变幻”出几十种甚至上百种不同的组合。

对K线的判断和应用，应掌握以下几条原则：

（1）分析实体的长短。

阳线的实体越长，买方的力量越强；阴线的实体越长，卖方的力量越强。两根或三根K线组合在一起时，如果同是阳线，且后面的阳线实体与前面的阳线相比一根比一根长，表明买方占绝对优势，股价涨势还将增强；如果后面的阳线与前面相比渐次缩短，表明买方气势已开始减弱，股价涨幅有限。如果同是阴线则相反，两根或三根阴线，后面的比前面的长，卖方势强，还会进一步打压股价；阴线渐次缩短，卖方力量开始衰退，股价下跌势头趋缓。

（2）分析上影和下影的长短。

上影长，说明买方将股价推高后遇空方打压，上影越长，空方阻力越大；下影长，说明买方在低价位有强力支撑，下影越长，支撑力越强。

（3）分析两根、三根K线的相互关系。

如果紧连的两根或三根K线分别为阳线或阴线，则要注意分析它们之间的关系，着重比较收盘价的相对关系。以两根K线为例，如果第一根是阴线，第二根为阳线，要看第二根K线的收盘价是否高于第一根K线的收盘价，是否超过第一根K线实体的50%，是否高于阴线的开盘价，是否将前一日阴线全部包入，阳线收盘价位置越高，表明买方力量越强。如果第一根是阳线，第二根是阴线，则看阴线的收盘价是否低于阳线的收盘价，是否低于阳线实体的50%，是否低于阳线的开盘价，即将前一日阳线全部包入。阴线收盘价越低，卖方力量越强。三根或多根K线组合也可依上述办法分析。

（4）分析K线是否组成某一形态。

多根K线组合分析，要注意是否已组成某一反转或整理形态，若已组成形态，则应按形态特点分析，而不必过于拘泥于K线的关系，但特别要注意突破形态的K线，如以大阳线向上突破或大阴线向下跌破，加上量的配合，是明确的信号。

（5）分析K线在一个较大行情中的位置。

分析K线也要胸有全局，不能只见树木不见森林。特别要注意高价圈和低价圈中出现大阳线、大阴线和十字转机线，要将它们放在整个行情走势中分析判断。

无论是一根K线，还是两根、三根以至更多根K线，都是对多空双方争斗作出的一个描述，由它们的组合得到的结论都是相对的，不是绝对的。对股票投资者而言，结论只是起一种建议作用。K线组合形态有着极其丰富的内容，投资者应当在进一步学习的基础上，在实践中不断探索，总结规律，才能熟能生巧，运用自如。

图7-3为上证综合指数2023年上半年的日K线图。

图7-3 上证综合指数2023年上半年日K线图

7.2.2 切线理论

证券市场有顺应潮流的问题。要“顺势而为”，不要“逆势而动”，已经成为投资者的共识。切线理论是运用图形画线的方法来预测股票的未来走势，它包含着极其丰富的技术内涵。它是帮助投资者识别大势变动方向的较为实用的方法。

1.趋势分析

股价变动有一定的趋势，在长期上涨或下跌的趋势中，会有短暂的盘旋或调整，投资者应把握长期趋势，不为暂时的回调和反弹所迷惑，同时也应及时把握大势的反转。

（1）趋势的基本概念。

简单地说，趋势就是股票价格市场运动的方向。若确定了一段上升或下降的趋势，则股价的波动必然朝着这个方向运动。上升的行情里，虽然也时有下降，但不影响上升的大方向，不断出现的新高价会使偶尔出现的下降黯然失色。在下降行情里情况相反，不断出现的新低价会使投资者悲观，人心涣散。

技术分析的三大假设中的第二条明确说明价格的变化是有趋势的，没有特别的理由，价格将沿着这个趋势继续运动。这一点就说明趋势这个概念在技术分析中占有很重要的地位，是应该注意的核心问题。一般说来，市场变动不是朝一个方向直来直去，中间肯定会有曲折，从图形上看就是一条曲折蜿蜒的折线，每个折点处就形成一个峰或谷。由这些峰或谷的相对高度，我们可以看出趋势的方向。

（2）趋势的基本种类。

趋势的方向有三个：上升方向；下降方向；水平方向（也就是无趋势方向）。

如果图形中每个后面的峰和谷都高于前面的峰和谷，则趋势就是上升方向（如图7-4所示）。这就是常说的一底比一底高或底部抬高。

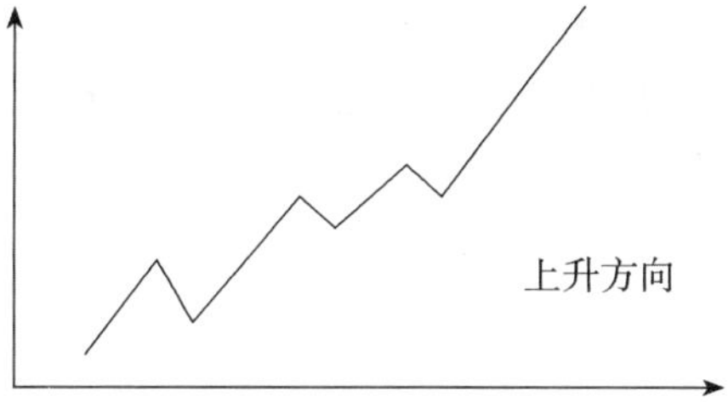

图7-4　上升趋势

如果图形中每个后面的峰和谷都低于前面的峰和谷，则趋势就是下降方向（如图7-5所示）。这就是常说的一顶比一顶低或顶部降低。

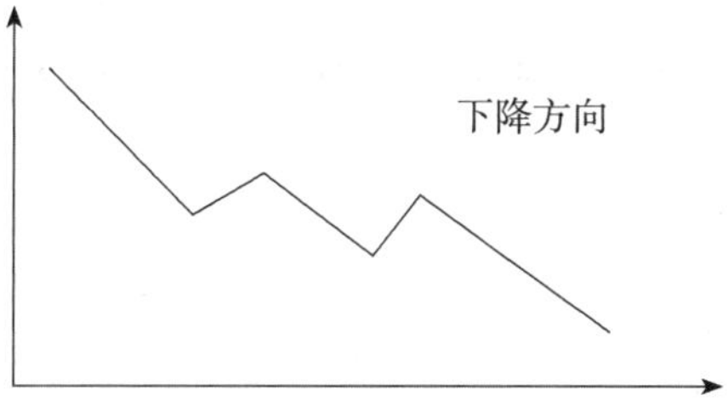

图7-5　下降趋势

如果图形中后面的峰和谷与前面的峰和谷相比，没有明显的高低之分，几乎呈水平延伸，这时的趋势就是水平方向（如图7-6所示）。水平方向是被大多数人忽视的一种方向，这种方向在市场上出现的是相当多的。就水平方向本身而言，也是极为重要的。大多数的技术分析方法在对处于水平方向的市场进行分析时，都容易出错，或者说作用不大。这是因为这时的市场正处在供需平衡的状态，股价下一步朝哪个方向走是没有规律可循的，可以向上，也可以向下，而对这样的对象去预测它朝何方向运动是极为困难的，也是不明智的。

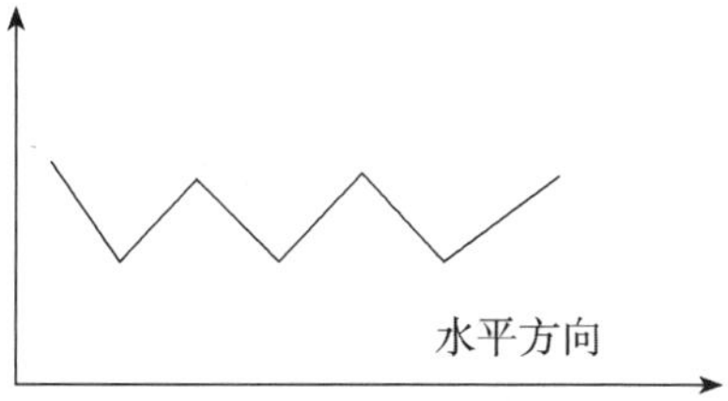

图7-6　水平趋势

2. 支撑线和压力线

支撑线又称抵抗线。当价格下跌到某个价位附近时，价格停止下跌，甚至可能出现回升，这是多方在这个位置买入所造成的。这个位置对价格的继续下跌起到了迟滞作用。这个阻止证券价格继续下跌或者暂时阻止价格继续下跌的价格位置就称为支撑的位置，将相邻的两个支撑连接的直线称为支撑线。

压力线又称阻力线。当价格上涨到某个价位附近时，价格会停止上涨，甚至回落，这个阻止价格继续上升的位置就称为压力的位置，将相邻的两个压力连接的直线称为压力线。

常用的支撑和压力的位置主要有四种：①前期的高点和低点；②前期的成交密集区；③上升趋势线，下降趋势线，轨道线，黄金分割线；④长期的价格均线（20、30、60、120、250日均线）。

图7-7为上升趋势和下降趋势中的压力与支撑。

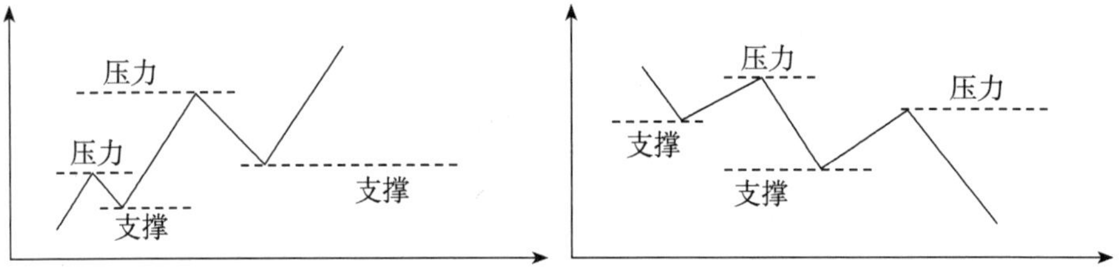

图7-7　上升趋势和下降趋势中的压力与支撑

支撑线和压力线的作用主要是：

① 支撑线和压力线的作用是阻止或暂时阻止股价朝一个方向继续运动。

② 支撑线和压力线又有彻底阻止股价按原方向变动的可能，但是否真正起到彻底阻止价格沿原方向运动的作用，关键是看支撑线和压力线在一起作用之后，价格进一步的变化方向。在上升趋势中，如果价格未突破压力线，这个上升趋势就已经处在一个很关键的位置了，再往后的价格又向下突破了这个上升趋势的支撑线，这就通常意味着这一轮的上升趋势已经结束，下一步的走势是下跌的。同样，在下跌趋势中，如果价格未突破支撑线，再往后的价格又向上突破了这个下降趋势的压力线，这就通常意味着这一轮的下降趋势已经结束，下一步的走势是上升的，如图7-8所示。

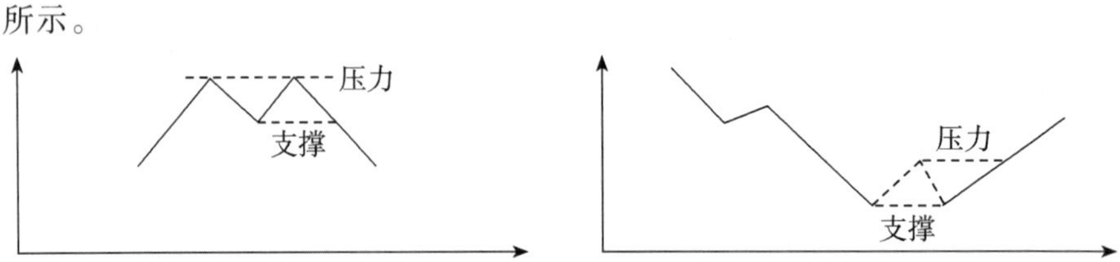

图7-8　压力线与支撑线

在一定条件下，支撑线与压力线是可以相互转化的。如果一条支撑线被跌破，那么这条支撑线将成为压力线；同理，如果一条压力线被突破，那么这条压力线将成为支撑线，如图7-9所示。这说明支撑线和压力线的地位不是一成不变的，而是可以改变的，条件是它能够被有效的、足够强大的股价变动所突破。支撑线和压力线之所以能起支撑和压力的作用，两者之间之所以能相互转化，很大程度上是由于心理因素方面的原因，这也是支撑线和压力线理论上的依据。

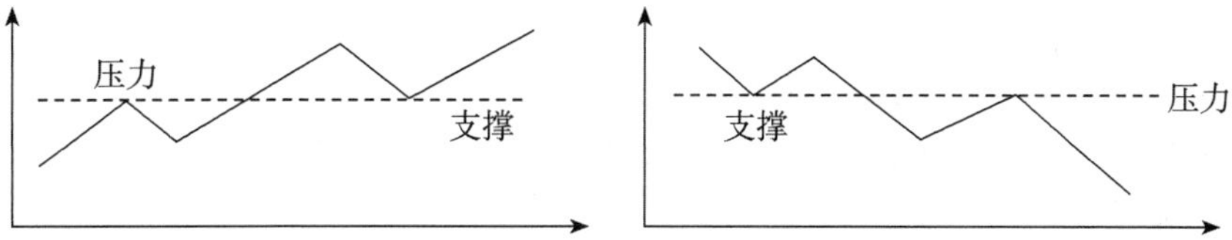

图 7-9　支撑线与压力线相互转化

每一条支撑线和压力线的确认都是人为进行的，主要是根据股价变动所画出的图表，这里面有很大的人为因素。一般来说，一条支撑线或压力线的确认可从三个方面来考虑：一是股价在这个区域停留时间的长短；二是股价在这个区域的成交量大小；三是这个支撑区域或压力区域发生的时间距离当前这个时期的远近。很显然，股价停留的时间越长，伴随的成交量越大，离现在越近，则这个支撑或压力区域对当前的影响就越大；反之就越小。

上述三个方面是确认一条支撑线或压力线的重要识别手段。有时，由于股价的变动，会发现原来确认的支撑线或压力线可能不真正具有支撑或压力的作用，比如说，不完全符合上面所述的三个条件，这时，就有一个对支撑线和压力线进行调整的问题，这就是支撑线和压力线的修正。对支撑线和压力线的修正过程其实是对现有各个支撑线和压力线的重要性的确认。每条支撑线和压力线在人们心目中的地位是不同的。股价到了这个区域，投资者心里清楚，它很有可能被突破；而到了另一个区域，投资者心里明白，它不容易被突破。这为进行买卖提供了一些依据，不至于仅凭直觉进行买卖决策。

3.趋势线和轨道线

趋势线是衡量股价波动方向的，由趋势线的方向可以明确地看出股价运行的方向。

在上升趋势中，将两个低点连成一条直线，就得到上升趋势线；在下降趋势中，将两个高点连成一条直线，就得到下降趋势线，如图 7-10 所示。上升趋势线起支撑作用，下降趋势线起压力作用。

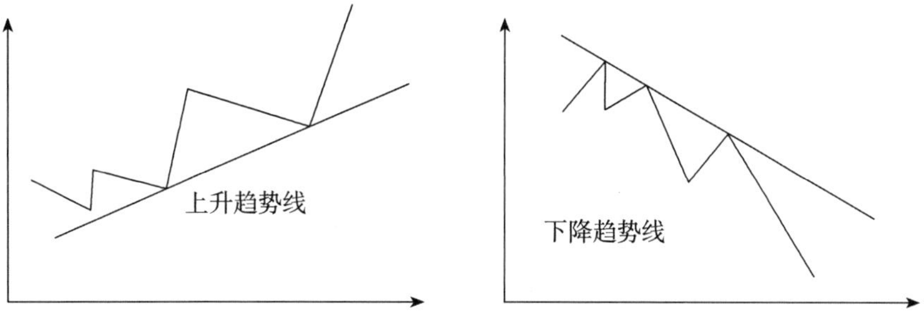

图 7-10　趋势线

要得到一条真正起作用的趋势线，要经过多方面的验证才能最终确认。首先，必须确实有趋势存在。其次，画出直线后，还应得到第三个点的验证才能确认这条趋势线是有效的。当趋势线被突破后，股价原来的变动趋势将发生改变，即上升趋势变成下降趋势，下降趋势变成上升趋势。

趋势线的基本研判规则如下：

（1）股价触及趋势线的次数愈多，其趋势的支撑或压力越强，可靠性越高。一旦突破，其反转的信号更为明显。

（2）趋势线所跨越的时间越长，其可靠性越高。一经突破反转信号相当明确，即预示着多头市场或空头市场的结束。

（3）越陡峭的趋势线，支撑或压力的力量越弱，因此可靠性较差，容易被突破；反之，较平缓的趋势线，支撑或压力都较强，不易被突破，但一旦被突破，其突破的可能性就较大。

（4）股价向上突破下跌趋势线时，需要大的成交量的配合，但向下突破上升趋势线时，往往不需要有大的成交量的支持，如带量向下突破，有效性较强。

（5）股价若有效突破较平缓的趋势线后，趋势线的支撑或压力作用将互为转换，当股价再度回试其延长后的趋势线时，是买进或卖出的好时机，如图7-11所示。

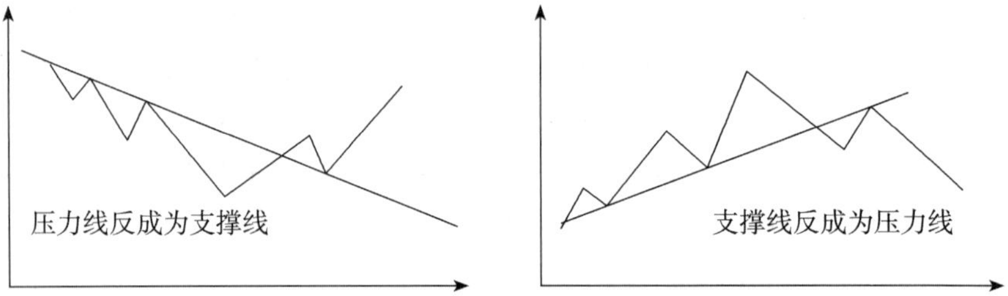

图7-11　趋势线的突破

轨道线又称通道线或管道线，是基于趋势线的一种方法。在已经得到了趋势线后，通过第一个峰和谷可以作出这条趋势线的平行线，这两条平行线就是轨道线。两条平行线组成一个轨道，这就是常说的上升和下降轨道。轨道的作用是限制股价的变动范围。

上升趋势通道与下降趋势通道如图7-12所示。

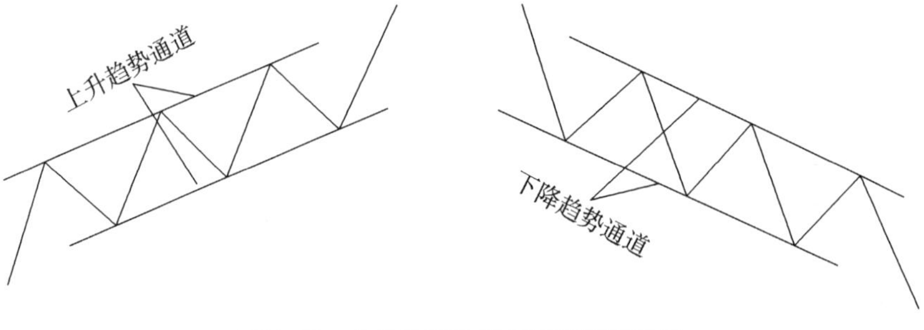

图7-12　上升趋势通道与下降趋势通道

对上面的或下面的直线的突破将意味着有一个大的变化。与突破趋势线不同，对轨道线的突破并不是趋势反向的开始，而是趋势加速的开始，如图7-13所示。轨道线的另一个作用是提出趋势转向的警报。如果在一次波动中未触及轨道线，离得很远就开始掉头，这往往是趋势将要改变的信号。这说明，市场已经没有力量继续维持原有的上升或下降的规模了。轨道线和趋势线是相互合作的一对。很显然，先有趋势线，后有轨道线，趋势线比轨道线重要得多。趋势线可以独立存在，而轨道线则不能。

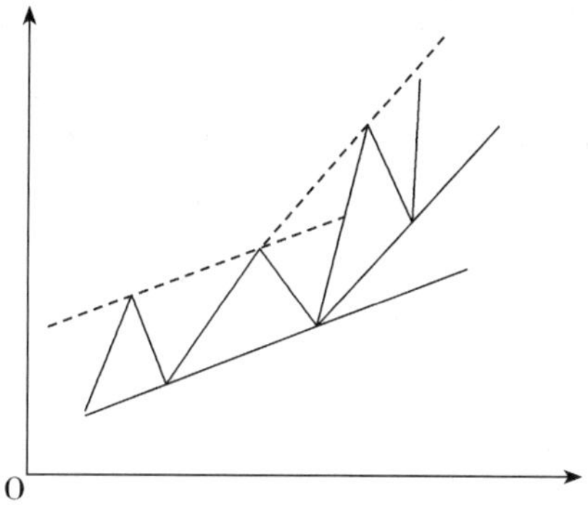

图7-13　轨道线的突破

4.黄金分割线和百分比线

这两种切线注重支撑线和压力线所在的价位，而对什么时间达到这个价位不过多关心。很显然，斜的支撑线和压力线随着时间的向后移动，支撑位和压力位也会不断地变化。向上斜的切线价位会变高，向下斜的切线价位会变低。对于水平切线来说，每个支撑位或压力位相对来说较为固定。为了弥补它们的不足，往往在画水平切线时多画几条，也就是说，同时提供好几条支撑线和压力线，并指望被提供的这几条中最终确有一条能起到支撑和压力的作用。为此，在应用水平切线的时候，应注意它们同别的切线的不同。水平切线中最终只有一条被确认是支撑线或压力线，这样，别的被提供的切线就不是支撑线和压力线了，它们应当被自动取消，或者说在图形上消失，只保留那条被认可的切线。这条保留下来的切线就具有一般的支撑线或压力线所具有的全部特性和作用。

黄金分割线是一种古老的数学方法。对于它的各种神奇的作用和魔力，数学上至今还没有明确的解释，只是发现它屡屡在实际中发挥我们意想不到的作用。

画黄金分割线的第一步是记住若干个特殊的数字：

0.191　0.382　0.5　0.618　0.809　1.191　1.382　1.618　1.809　2

这些数字很重要，股价极容易在由这些数字产生的黄金分割线处产生支撑和压力。

第二步是找到一个点。这个点是上升行情结束，调头向下的最高点，或者是下降行情结束，调头向上的最低点。当然，我们知道这里的高点和低点都是就一定范围而言的，是局部的。只要我们能够确认一个趋势（无论是上升还是下降）已经结束或暂时结束，则这个趋势的转折点就可以作为进行黄金分割的点，这个点一经选定，我们就可以画出黄金分割线了。

在上升行情开始调头向下时，我们极力关心这次下落将在什么位置获得支撑。黄金分割提供的是由这次上涨的顶点价位分别乘以上面所列特殊数字中的几个，作为可能获得支撑的参考价位。这些数字中的0.382、0.618、1.382和1.618最为重要，股价极容易在由这四个数产生的黄金分割线处产生支撑和压力。

百分比线考虑问题的出发点是人们的心理因素和一些整数位的分界点。

当股价持续向上涨到一定程度，肯定会遇到压力，遇到压力后，就要向下回撤，回撤的位置很重要。黄金分割提供了几个价位，百分比也提供了几个价位。

以上涨开始的最低点和开始向下回撤的最高点两者之间的差，分别乘以几个特殊的百分比数，就可以得到未来支撑位可能出现的位置。

设低点是10元，高点是22元。这些百分比数一共10个，它们是：

1/8　1/4　3/8　1/2　5/8　3/4　7/8　1　1/3　2/3

按照上面所述方法我们将得到10个价位，如图7-14所示。

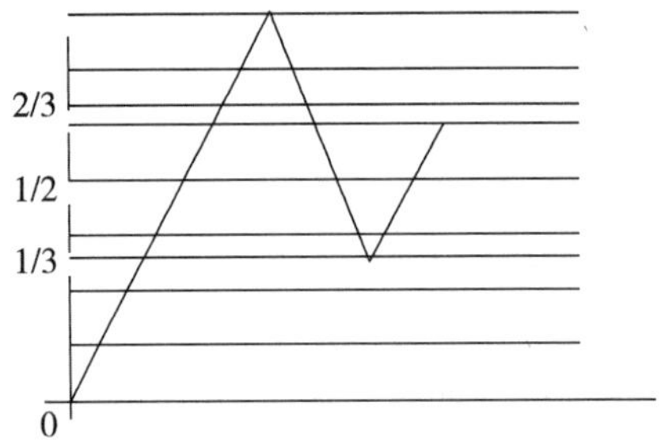

图7-14　百分比线

这里的百分比线中，1/2、1/3、2/3的这三条线最为重要。在很大程度上，这三条线是人们的一种心理倾向。如果没有回落到1/3以下，就好像没有回落够似的；如果已经回落了2/3，人们自然会认为已经回落够了，在应用时，以1/3和2/3为主。

切线为我们提供了很多价格移动可能存在的支撑线和压力线，这些直线有很重要的作用。但是，支撑线、压力线有被突破的可能，它们的价位只是一种参考，不能把它们当成万能的工具。

7.2.3　形态理论

前面K线理论已经告诉我们一些有关判断今后股价运动方向的方法，同时也指出不能单纯凭一根或几根K线来对未来股价运动进行判断，尤其是对于时间长一点的预测，往往要用若干K线的组合，将K线组成一条上下波动的曲线。这条曲线就是股价在这段时间移动的轨迹，它比前面K线理论中的单个K线或几根K线组合情况所包括的内容要全面得多。这条曲线的上下波动实际上仍然是多空双方进行争斗的结果。不同时期多空双方力量对比的大小就决定了曲线是向上还是向下，这里的向上和向下所延续的时间要比K线理论中所说的向上和向下所延续的时间长得多。

形态理论就是通过研究股价变动的轨迹，分析和挖掘出曲线告诉我们的一些多空双方力量的对比结果，进而指导我们的行动。趋势的方向变化一般不是突然来到的，变化都有一个发展的过程。形态理论通过研究股价曲线的各种形态，发现股价正在进行的变化方向。

1.股价移动规律和两种形态类型

（1）股价移动规律。

股价的移动是由多空双方力量大小决定的。在一个时期内，多方处于优势，力量增强，股价向上移动；在另一个时期内，空方处于优势，则股价向下移动。股价移动的规律是完全按照多空双方力量对比的大小和所占优势的大小而行动的。根据多空双方力量对比可能发生的变化，可以知道股价的移动应该遵循这样的规律：第一，股价应在多空双方取得均衡的位置上下来回波动；第二，原有的平衡被打破后，股价将寻找新的平衡位置。

可以用下面的表示方法具体描述股价移动的规律：

持续整理，保持平衡→打破平衡→新的平衡→再打破平衡→再寻找新的平衡→……

股价的移动就是按这一规律循环往复、不断地进行的。股市中的胜利者往往是在原来的平衡快要打破之前或者是在打破的过程中采取行动而获得收益的。原来的平衡已经打破，新的平衡已经找到，这时才开始行动，就已经晚了。

（2）股价移动的两种形态类型。

股价的移动主要是保持平衡的持续整理和打破平衡的突破这两种过程。这样，我们把股价曲线的形态分成两个大的类型：持续整理形态和反转突破形态。前者保持平衡，后者打破平衡。平衡的概念是相对的，股价只要在一个范围内变动，都属于保持了平衡。这样，这个范围的选择就成为判断平衡是否被打破的关键。

（3）形态改变（突破）的确认。

股价的平衡被打破称为被突破，同支撑线、压力线被突破一样，平衡的打破也有被确认的问题。刚打破一点，不能算真正打破。反转突破形态存在种种假突破的情况，假突破给某些投资者造成的损失有时是很大的。一般而言，在形态分析中对于突破的确认也有一些判断标准（有些与前述改变趋势的判断相似），当股票的收盘价或收盘指数突破颈线幅度超过股票市价3%时为有效突破。股价向下突破颈线时成交量不一定放大，但反弹至颈线附近成交量会放大，并且在以后的下跌过程中成交量会放大；另外在时间上也有一些要求。

虽然我们对形态的类型进行了分类，但是有些时候是不容易区分其究竟属于哪一类。对于形态的判断带有一定的主观性，不同的人有时有不同的判断，这也是其魅力所在。例如，一个局部的三重顶（底）形态，在一个更大的范围内有可能被认为是矩形形态的一部分。一个三角形形态有时也可以被当成反转突破形态，尽管多数时候我们都把它当成持续整理形态。

2.反转形态

反转形态的出现表示股价运动将出现方向性转折，即由原来的上升行情转变为下跌行情或由原来的下跌行情转变为上升行情。反转形态出现的前提条件是原来确实存在着股价上升或下降的趋势，而当股价运动打破了一条重要趋势线时，可认为大势将发生反转。通常反转形态的规模越大，即形态中股价波动幅度越大，形态跨越区域越大，形成时间越长，则形态潜在的能量也越大，一旦反转后价格变动也越剧烈；反之，则股价变动幅度也越小。反转形态主要有头肩形、双重形、圆弧形、V形等多种形态。

（1）反转形态的基本特征：①存在一定的趋势；②重要趋势线的突破是形态突破的依据；③形态形成的时间越长，规模越大，则反转后带来的市场波动也就越大；④顶形比底形形成期短，易变性也强。

（2）双重顶和双重底。

双重顶和双重底就是市场上众所周知的M头和W底，这种形态在实际中出现得非常频繁，如图7-15所示。

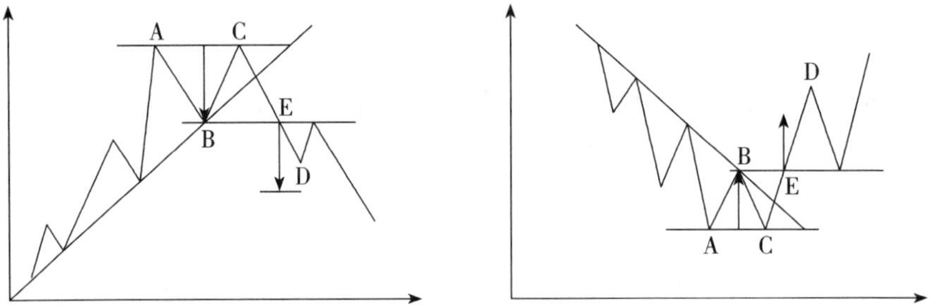

图7-15　双重顶和双重底

从图7-15中可以看出，双重顶（底）一共出现两个顶（底），也就是两个高点或低点（高点与低点不一定一样，但一般两顶（底）价差不会太大）。下面以M头为例说明一下双重顶（底）形成的过程。

在上升趋势过程的末期，股价在第一个高点A建立了新高点之后进行正常的回落，受上升趋势线的支撑，这次回档将在B点附近停止。往后就是继续上升，但是力量不够，上升高度不足，在C点（与A点几乎等高）遇到压力，股价向下，这样就形成A和C两个顶的形状。

M头形成以后，有两种可能趋势：第一是未突破B点的支撑位置，股价在A、B、C三点形成的狭窄范围内上下波动。第二是突破B点的支撑位置继续向下，这种情况才是双重顶反转突破形态的真正出现。前一种情况只能说是出现了一个潜在的双重顶反转突破形态。

在B点作平行于A、C连线的直线，就得到一条非常重要的直线——颈线。A、C连线是趋势线，颈线是与这条趋势线对应的轨道线，轨道线在这里起的是支撑作用。

一个真正的双重顶反转突破形态的出现，除了必要的两个相同高度的高点以外，还应该向下突破B点支撑。突破颈线就是突破轨道线、突破支撑线。双重顶反转突破形态一旦得到确认，就可以用它进行对后市的预测了。它的主要功能是测算。从突破点算起，股价将至少要跌到与形态高度相等的距离。

所谓形态高度，就是从A或C到B的垂直距离，亦即从顶点到颈线的垂直距离。如图7-15中左图右箭头所指的是股价至少要跌到的位置，换句话说，股价必须在这条线之下才能找到像样的支撑，它之前的支撑都不足取。

对于双重底，有完全相似或者说完全相同的分析方法。只要将双重顶的介绍反过来叙述就可以了。比如，向下说成向上，高点说成低点，支撑说成压力。

（3）头肩形态。

头肩形态包括头肩顶和头肩底，是实际股价形态中出现得最多的形态，是最著名和最可靠的反转突破形态。图7-16是这种形态的简单形式。

头肩顶形态的前提条件是，股价在长期上升后堆积了大量成交量，获利回吐压力增强，上升趋势慢慢失去能量，升幅趋缓。头肩顶的形成是左肩（A点）成交量大，随后出现股价回落至B点。股价回升创新高（C点），价位超过左肩，但成交量有所减少，头部形成。股价第三次上升，价位达不到左肩的高度即回跌，成交量显著下降。在两肩的颈部B点和D点之间画一条趋势线，即颈线。当股价第三次下跌急速穿过颈线时，头肩顶完成，如图7-16左图所示。

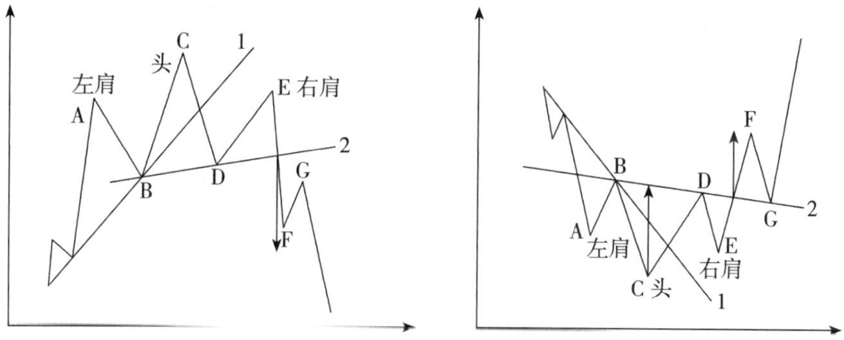

图7-16　头肩顶和头肩底

从图7-16中可以看出，这种形态一共出现三个顶或底，也就是要出现三个局部的高点或局部低点。中间的高点（低点）比另外两个都高（低），称为头，左右两个相对较低（高）的高点（低点）称为肩，这就是头肩形名称的由来。以下以头肩顶为例对头肩形进行介绍。

在上升趋势中，不断升高的各个局部的高点和低点保持着上升的趋势，然后在某一个地方的上涨势头将放慢。图7-16左图中A和B的上涨势头还没有放慢的迹象，但在C和D点已经有了势头受阻的信号，这说明这一轮上涨趋势可能已经出现了问题。最后，股价走到了E和F点，这时反转向下的趋势已不可阻挡。

这种头肩顶反转向下的道理与支撑线和压力线有密切关系。图7-16左图中的直线1和直线2是两条明显的支撑线。从C点到D点突破直线1说明上升的势头已经遇到了阻力，从E点到F点的突破则是趋势的转向。另外，E点的反弹高度没有超过C点，也是上升趋势出现了问题的信号。

图7-16左图中的直线2其实就是头肩顶形态中极为重要的直线——颈线，我们已经知道，在头肩顶形态中，它是支撑线，起支撑作用。头肩顶形态走到了E点并调头向下，只能说是原有的上升趋势已经转化成了横向延伸，还不能说已经反转向下了。只有当图形走到了F点，即股价向下突破了颈线，才能说头肩顶反转形态已经形成。

头肩顶突破之后，从突破点算起，股价将至少要跌到与形态高度相等的距离。形态高度的测算方法是这样的，量出从头到颈线的距离（如图7-16左图中的C点向下的箭头长度），这个长度就是头肩顶形态的形态高度。上述原则是股价下落的最起码的深度，是最近的目标，价格实际下落的位置要根据很多别的因素来确定。

对头肩底而言，除了在成交量方面与头肩顶有所区别外，其余可以说与头肩顶一样，只是方向正好相反。例如，上升改成下降，高点改成低点，支撑改成压力。

值得注意的是，头肩顶形态完成后，向下突破颈线时，成交量不一定扩大，但日后继续下跌时，成交量会放大。头肩底向上突破颈线，若没有较大的成交量出现，可靠性将降低，或者会再跌回底部整理一段时间，积蓄买方力量才能上升。

（4）三重顶和三重底。

三重顶和三重底是相对较少见的反转形态，从本质上来说属于头肩形态和双重形态的变形，它们之间的主要区别在于：三重顶的三个波峰或波谷位于大致相近的价位上，而头肩形中间的头部明显高于或低于双肩；三重顶底的颈线和顶部及底部连线是近似水平的。三重顶和双重顶也十分相似，只是多了一个顶，而且分得更开。三重顶和三重底比双重顶和双重底多一个顶部和底部，完成形态所需时间较长，常出现在长期或中期趋势的反转过程中。三重顶的三个顶峰之间时间跨度不一定相等，三个顶点的股价水平也不一定完全相等，只要相近即可，但三个顶峰的成交量有逐渐减少的趋势，当第三个顶峰成交量非常小时就出现了下跌征兆。重要的是当股价跌破颈线，即跌破两个谷底的支撑价位时，三重顶形态才算完成。预计股价跌破颈线后的最小跌幅为从顶部最高价至颈线的距离。三重底是三重顶形态的倒影，分析方法相同。

三重顶和三重底如图7-17所示。

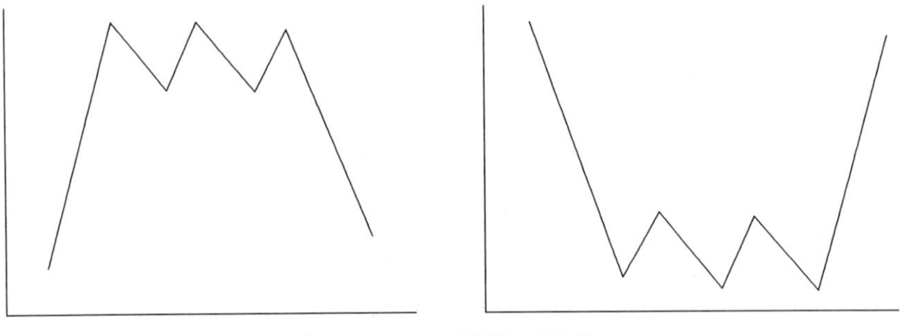

图7-17 三重顶和三重底

（5）圆弧顶和圆弧底。

圆弧顶和圆弧底也是反转形态，但较少出现。圆弧顶是指将股价在一段时间内的顶部高点用折线连起来，每一个局部的高点都考虑到，有时可能得到一条类似于圆弧的弧线，盖在股价之上。圆弧底的形态是股价缓慢地下跌，成交量也逐渐萎缩，直至股价和成交量都达到无法再下降的水平，股价又渐渐上升，成交量也伴随着增加，走出一个圆弧形态。圆弧顶则是在股价走势的顶部走出一个圆弧形态，股价随之下跌反转。圆弧顶和圆弧底的未来股价走势没有精确的测量方法，但圆弧形持续的时间越长，潜在的能量越大，反转后股价走势越强劲。

圆弧顶和圆弧底如图7-18所示。

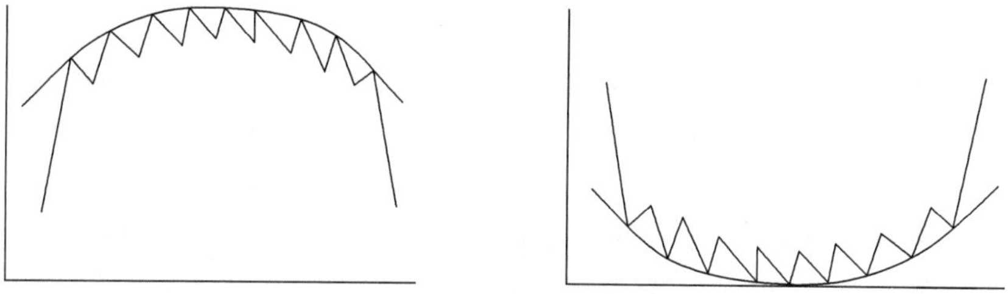

图7-18　圆弧顶和圆弧底

（6）V形和伸延V形。

V形和伸延V形是较难把握的一种剧烈反转形态，是描述股价走势类似V字和倒V字的急剧变化图形，常出现在暴涨暴跌中，多是由于受到消息面的影响或是市场情绪化操作而作出的反应。当它发生时，几乎没有预兆。别的反转形态一般是由市场原有趋势逐渐发生改变并最终发生反转，走到原有趋势的相反方向，表现为多空力量从相持不下渐变到此强彼弱的过程，市场在发生反转之前都会有一个缓冲阶段，是一个从量变到质变的循序渐进的过程，但V形顶与V形底（如图7-19所示）却与市场逐步改变方向的习惯大相径庭，是近乎于火箭式的直线涨跌。其中，V形顶是由于前期持续上涨，未经充分调整，积累了大量获利盘，出现了过度投机，产生了严重泡沫，狂热的抢购氛围无法理性地自我调整，一旦有风吹草动，涨过头后便会选择暴风骤雨般的大跌；而V形底的形成刚好相反，前期非理性恐慌抛售，随后迎来的自然就是报复性狂涨。相对而言，伸延V形（如图7-20所示）在剧烈反转的过程中有一定的调整。

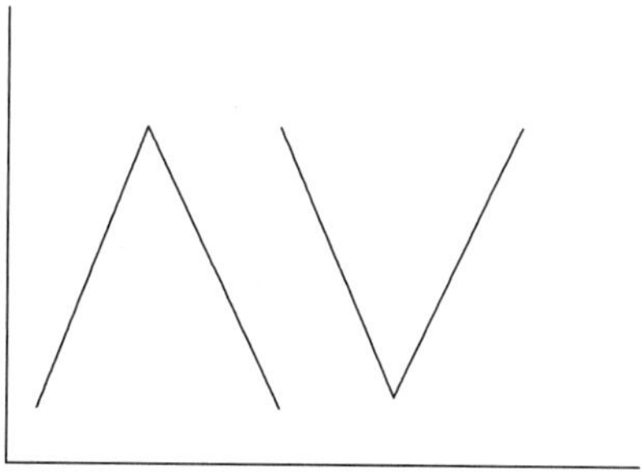

图7-19　V形顶和V形底

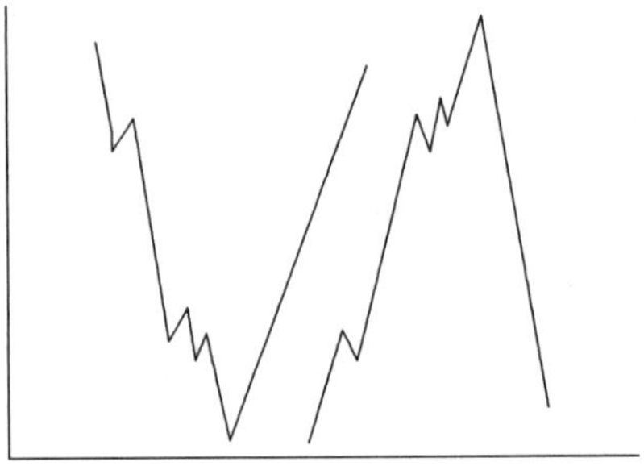

图7-20 伸延V形

3.整理形态

所谓整理形态，是指股票价格维持原有的运动轨迹。市场事先确有趋势存在，是整理形态成立的前提。市场经过一段趋势运动后，积累了大量的获利筹码，随着获利盘纷纷套现，价格出现回落，但同时对后市继续看好的交易者大量入场，对市场价格构成支撑，因而价格在高价区小幅震荡，市场采用横向运动的方式消化获利筹码，重新积聚能量，然后又恢复原先的趋势。整理形态表现为市场的横向运动，它是市场原有趋势的暂时休止。

与反转形态相比，整理形态形成的时间较短，这可能是市场惯性的作用，保持原有趋势比扭转趋势更容易。在整理形态形成的过程中，价格震荡幅度应当逐步收敛，同时，成交量也应逐步萎缩。最后在价格顺着原趋势方向突破时，应当伴随大的成交量。整理形态包括三角形态、矩形形态、旗形形态、楔形形态等。

(1) 三角形态。

三角形态一般有对称三角形、上升三角形和下降三角形三种形式。

①对称三角形。

对称三角形由一系列的价格变动所组成，其变动幅度逐渐缩小，也就是说每次变动的最高价低于前次的水准，而最低价比前次水准要高，呈一压缩图形，如从横的方向看股价变动领域，其上限为向下斜线，下限为向上倾线，把短期高点和低点分别以直线连接起来，就可以形成一相当对称的三角形。对称三角形成交量因愈来愈小幅度的股价变动而递减，然后当股价突然跳出三角形时（对于对称三角形的突破，既可能向上突破，又可能向下突破，如图7-21所示），成交量随之变大。

对称三角形具有两条逐渐聚拢的趋势线，上面的直线下倾，下面的直线上升。左侧的垂直虚线，表示形态的高度，称为底边，两条直线在右侧相交，交点被称为顶点。收盘价超过颈线，形态完成。对称三角形属于一种常见的整理形态，在整理形态内股价变动幅度逐渐减小，最高价渐次降低，最低价渐次提高，成交量也相应萎缩，形成一对称三角形形态。

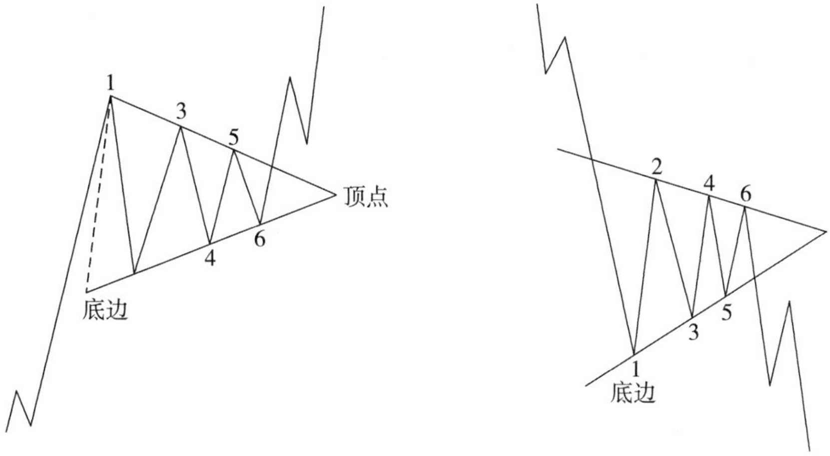

图 7-21　对称三角形

整理形态并不改变原来的股价变动方向。如果原来是上升趋势，股价于三角形底部 1/2 ~ 3/4 处以长阳线与大成交量配合突破是有效突破，表明股价已脱离盘局，即将展开新的一轮上升趋势。如果原来是下降趋势，股价于三角形底部 1/2 ~ 3/4 处以长阴线向下跌破，跌后不久成交量放大为有效突破，表明股价还将继续下跌。如果股价盘整至超过三角形底部 3/4 处尚未突破，三角形盘整形态基本失效，表示股价还将盘整。股价突破三角形后，上涨下跌的最小幅度为三角形的高度，显然，三角形形态越大，股价脱离盘整后的走势越强劲。

②上升三角形和下降三角形。

股价在某水平呈现强大的卖压，价格从低点回升到水平便告回落，但市场的购买力十分强，股价未回至上次低点即告弹升，此种情形持续使股价随着一条水平阻力线波动日渐收窄。我们若把每一个短期波动高点连接起来，可画出一条水平阻力线；而每一个短期波动低点则可相连出另一条向上倾斜的线，这就是上升三角形。成交量在形态形成的过程中不断减少。下降三角形的形状与上升三角形恰好相反，股价在某特定的水平出现稳定的购买力，因此股价每回落至该水平便告回升，形成一条水平的需求线。可是市场的沽售力量却不断加强，股价每一次波动的高点都较前次为低，于是形成一条向下倾斜的供给线。成交量在完成整个形态的过程中一直是十分低迷。

上升三角形和下降三角形如图 7-22 所示。

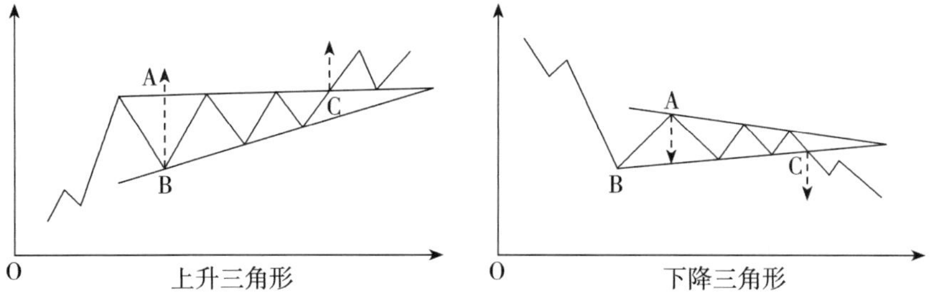

图 7-22　上升三角形和下降三角形

两者都是对称三角形的变体，但与对称三角形不同。上升三角形或下降三角形无论出现在趋势的哪个部分，都具有明确的预测意义。上升三角形看涨，下降三角形看跌。上升三角形和下降三角形均被称为直角三角形。

上升三角形显示买卖双方在该范围内的较量，但买方的力量在争持中已稍占上风。卖方在其特定的股价水平不断沽售，不急于出货，但却不看好后市，于是股价每升到理想的沽售水平便沽出，这样在同一价格的沽售形成了一条水平的供给线。不过，市场的购买力量很强，不待股价回落到上次的低点，更急不可待地购进，因此形成一条向右上方倾斜的需求线。另外，也可能是有计划的市场行为，部分机构有意把股价暂时压低，以达到逢低大量吸纳之目的。

下降三角形同样是买卖双方在某价格区域内的较量表现，然而买卖双方力量却与上升三角形所显示的情形相反。卖方不断地增强沽售压力，股价还没回升到上次高点便再沽出，而买方坚守着某一价格的防线，使股价每回落到该水平便获得支持。此外，这种形态的形成亦可能是有机构在托价出货，直到沽清为止。

（2）矩形形态。

矩形又称箱形，表现为股价在两条平行线的区间内横向盘整，成交量也相应萎缩。如果在这一矩形形态中股价上升时成交量大于下降时的成交量，表示股价有可能向上突破形态；反之，股价则可能向下突破形态。股价向上突破要有成交量放大相伴，突破后股价将继续上升，向下突破则不一定要有成交量放大。股价突破后的最小涨跌幅度为矩形的高度。

向上突破的矩形和向下突破的矩形如图7-23所示。

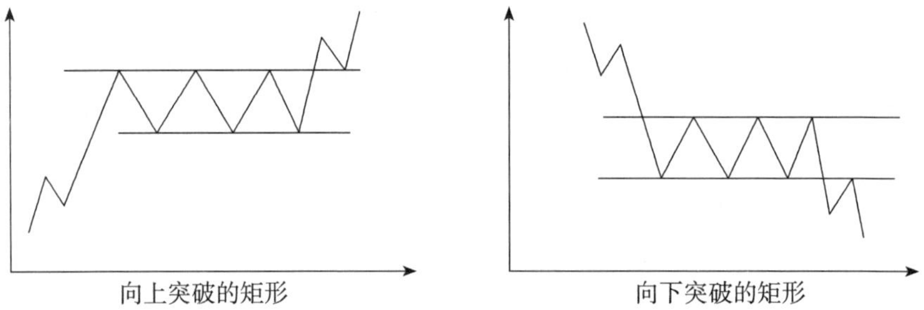

图7-23　向上突破的矩形和向下突破的矩形

（3）旗形形态。

旗形形态就像一面挂在旗杆顶上的旗帜，这种形态通常在急速而又大幅的市场波动中出现，股价经过一连串紧密的短期波动后，形成一个稍微与原来趋势呈相反方向倾斜的长方形，这就是旗形走势。旗形走势又可分为上升旗形和下降旗形。在股价急速上升一段后升势受阻，股价开始小幅盘跌，一波比一波低，形成向下倾斜的小平行四边形，成交量很小，股价看似要反转下降，但到旗形末端，突然放量上升，又恢复原来的上升趋势，这种旗形为上升旗形。在股价急速下跌途中跌势受阻，股价开始小幅盘升，一波比一波高，形成向上倾斜的平行四边形，成交量也开始减少，但当股价向下突破时成交量大增，股价又回复至下降趋势，这种旗形为下降旗形。

上升旗形和下降旗形如图7-24所示。

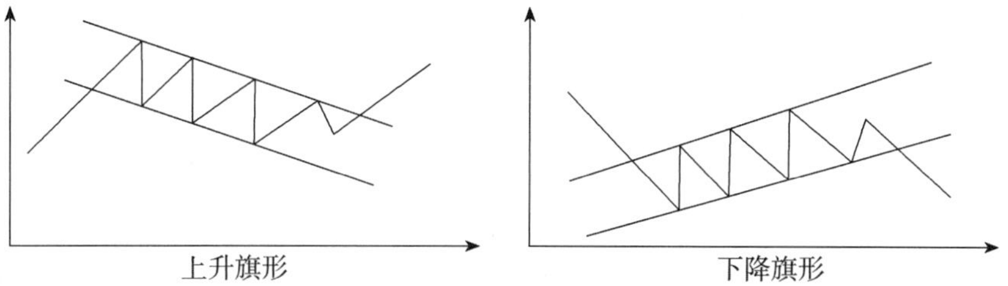

图7-24　上升旗形和下降旗形

旗形是个整理形态，即形态完成后股价将继续沿原来的趋势方向移动，上升旗形将向上突破，而下降旗形则往下跌破。旗形形态可量度出最小升/跌幅，其量度方法是突破旗形（上升旗形和下降旗形相同）后最小升/跌幅，等于整支旗杆的长度，至于旗杆的长度，则是从形成旗杆的突破点开始，直到旗形的顶点为止。

对于旗形，必须在急速上升或下跌之后出现，成交量则必须在形成形态期间不断地显著减少。当上升旗形往上突破时，必须要有成交量激增的配合；当下降旗形向下跌破时，成交量也是大幅增加的。在旗形形态的形成中，若股价趋势形成旗形，而其成交量为不规则或很大又非渐次减少时，下一步将是很快的反转，而不是整理，即上升旗形往下突破，而下降旗形则向上升破。因此，成交量的变化在旗形走势中是十分重要的，它是观察和判断形态真伪的唯一方法。

（4）楔形形态。

楔形与三角形相似，也是一种与原有趋势方向相反的带有倾斜角度的整理形态，只是它的两条趋势线是收敛的。与三角形的不同之处在于两条界线同时上倾或下斜。成交量变化和三角形一样向顶端递减。楔形又分为上升楔形和下降楔形。向下倾斜的楔形是上升趋势中的中期整理；向上倾斜的楔形则是下跌趋势中的中期整理。在形态之内成交量缩小，而突破形态时成交量放大。突破楔形，股价沿原来方向移动。

向上突破的楔形和向下突破的楔形如图7-25所示。

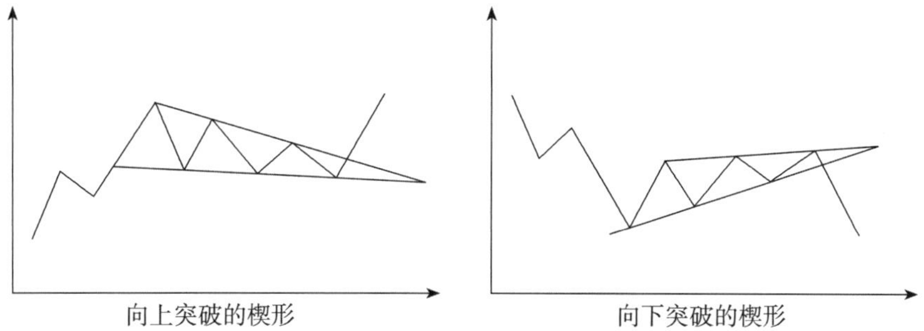

图7-25　向上突破的楔形和向下突破的楔形

上升楔形指股价经过一次下跌后有强烈技术性反弹，价格升至一定水平又掉头下落，但回落点较前次为高，又上升至新高点，比上次反弹点高，又回落，形成一浪高一浪之势，把短期高点相连、短期低点相连形成两条向上倾斜的直线，下面一条则较为陡峭。下降楔形则相反，高点一个比一个低，低点亦一个比一个低，形成两条同时下倾的斜线。两种楔形都是越接近端部成交量越少。

4.应用形态理论应注意的问题

形态理论是比较早就得到应用的方法，相对比较成熟，尽管如此也应正确使用。一方面，站在不同的角度，对同一形态可能产生不同的解释，例如，头肩形是反转形态，但有时从更大的范围去观察，则有可能是整理形态；另一方面，进行实际操作时，形态理论要求形态完全明朗才能行动，从某种意义上讲，有错过机会的可能。因此，在应用形态理论时应注意：①形态识别的多样性；②形态突破真假的判断；③信号“慢半拍”，获利不充分；④形态规模的大小影响预测结果，规模（宽度与高度、时间与空间）越大，其结果就越具有稳定性和持续性，越不容易被改变。

7.2.4 缺口理论

1.缺口的意义

缺口，通常又称为跳空，是指证券价格在快速大幅波动中没有留下任何交易的一段真空区域。从这个意义上说，缺口也属于形态的一种。缺口的出现往往伴随着向某个方向运动的一种较强动力。缺口的形成必是当日开盘价出现跳空高开继续高走或是跳空低开继续低走的结果（若体现在日K线图上，就是本交易日的最低价高于上一交易日的最高价，或本交易日的最高价低于上一交易日的最低价，如图7-26所示中的阴影部分，对于其他周期的K线图同理）。在K线图中，若K线实体间有空当而影线相连的情况不能称为缺口。缺口的宽度表明这种运动的强弱。一般来说，缺口愈宽，运动的动力愈大；反之，则愈小。不论向何种方向运动所形成的缺口，都将成为日后较强的支撑或阻力区域，不过这种支撑或阻力效能依不同形态的缺口而定。

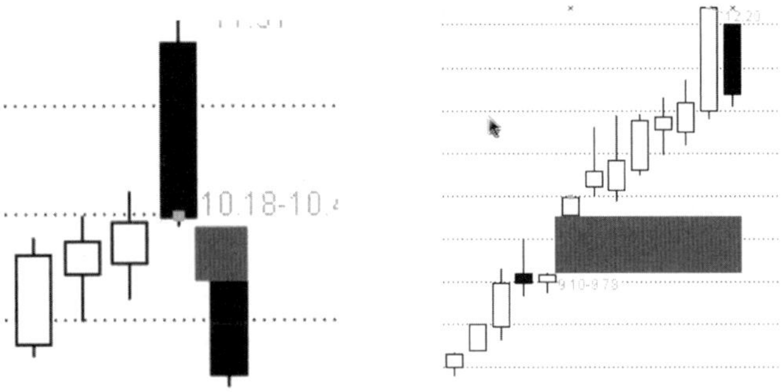

图7-26　向下缺口和向上缺口

缺口一般都会被未来股价的变动封闭，称之为“缺口必补”。一般认为缺口会在短期内被下一个次级趋势封闭，如果未能在短期内被封闭就有可能被下一个中级趋势封闭，甚至被下一个长期趋势封闭。缺口的出现是多空双方力量对比相差悬殊的表现，而缺口的封闭则是双方力量发生转化的结果。缺口分析就是根据股价变动形成缺口的位置及大小，预测股价走势的强弱，判断股价是整理、突破还是已接近涨跌趋势的尽头。

2.缺口的类型及特征

（1）普通缺口。

普通缺口经常出现在股价形态中，特别是出现在矩形和对称三角形中。由于矩形和对称三角形多半是整理形态，因此如果在这两种形态中出现缺口，股价尚未脱离形态上升或下降，可判断短期内股价仍处于盘整阶段，也就是说形态内的缺口并不影响股价在短期内的走势，因此，它几乎没有什么技术操作上的意义。普通缺口具有的一个比较明显的特征是，它一般会在3日内回补；同时，成交量很小，很少有主动的参与者。如果不具备这些特点，就应考虑该缺口是否属于普通缺口形态。普通缺口的支撑或阻力效能一般较弱。

普通缺口的这种短期内必补的特征，给投资者短线操作带来了一个简便机会。当向上方向的普通缺口出现之后，在缺口上方的相对高点抛出证券，待普通缺口封闭之后买回证券；而当向下方向的普通缺口出现之后，在缺口下方的相对低点买入证券，待普通缺口封闭之后再卖出证券。这种操作方法的前提是必须判明缺口是否为普通缺口，且证券价格的涨跌是否达到一定的幅度。

（2）突破缺口。

突破缺口是股价跳出形态而产生的缺口。当股价跳出交易密集区域并产生一个缺口，表明价格走势已突破盘局将以相当的动能向突破方向推进，这是真正意义的突破。股价一旦跳出交易密集的形态，则原来的形态就成了支撑地带或阻力地带。突破缺口蕴含着较强的动能，常常表现为激烈的价格运动，具有极大的分析意义，一般预示行情走势将要发生重大变化。通常导致突破缺口的K线是强有力的长阳线或长阴线，表示多空双方的力量对比发生了显著的变化。突破缺口越大，表示未来行情变动的力度越大。突破缺口向上突破必须要有大的成交量的配合，随着股价的向上一跃，成交量也随之放大，表明股价上升的动能很大，缺口不会在短期内被封闭，突破的有效性可信度增强。股价向下突破成交量不放大，也可确信它的有效。突破缺口在技术分析上有很重要的参考价值。一般来说，突破缺口形态确认以后，无论价位（指数）的升跌情况如何，投资者都必须立即作出买入或卖出的指令，即向上突破缺口应确认立即买入；向下突破缺口应确认立即卖出，因为突破缺口一旦形成，行情走势必将由突破方向纵深发展。

（3）持续缺口。

持续缺口又称逃逸缺口，是股价突破形态后在大幅度急速直线运行的途中产生的缺口，表明买卖双方力量对比悬殊，股价还会有上升或下跌行情，缺口一般不会在短期内被封闭。持续缺口又称测量缺口，因为它可粗略地测出未来股价涨跌的幅度。如果在行情急速移动的过程中出现两个缺口，则未来股价变动的中点就在这两个缺口之间，因此可以预计未来股价变动的终点价位。如果在股价急速行进过程中连续出现持续缺口，表示股价离行情终点已不远了。持续缺口出现的机会较少，判断它的方法是在股价突破形态后快速运动过程中的第一个缺口，一般是持续缺口，持续缺口已脱离交易密集区，且在股价直线运动的过程中产生。

持续缺口是在证券价格向某一方向有效突破之后，由于急速运动而在途中出现的缺口，它是一个趋势的持续信号。在缺口产生的时候，交易量可能不会增加，但如果增加的话，则通常表明一个强烈的趋势。

（4）竭尽缺口。

竭尽缺口又称终止缺口、衰竭缺口，是股价已达快速变动的终点，即将进入一个反转或整理形态而产生的缺口。由于终止缺口是多头市场或空头市场已近尾声的信号，股价在近日内会跌落或回升，因此多半会在3～5日内被封闭。

判断终止缺口的依据是在上升行情中出现缺口的当日或次日成交量特别大，预计将来一段时间内不可能出现比这个更大的成交量或维持这一成交量，在下跌行情中出现缺口当日成交量则极度萎缩；终止缺口出现在股价已快速运行了一段时间，已远离密集成交区后；股价跳出形态后的第一个缺口是持续缺口，以后的每一个缺口都可能是终止缺口；终止缺口的跳空距离一般比前一个缺口大。如果缺口出现后的第二日股价有当日反转情况，而收盘价停在缺口边缘，就更加可以肯定是终止缺口。终止缺口的技术分析含义也是十分明确的，它清晰地告诉投资者原来的上升或下跌行情已告一段落。

竭尽缺口一般发生在行情趋势的末端，表明股价变动的结束。若一轮行情走势中已出现突破缺口与持续缺口，那么随后出现的缺口就很可能是竭尽缺口。判断竭尽缺口最简单的方法就是考察缺口是否会在短期内封闭，若缺口封闭，则竭尽缺口形态可以确立。竭尽缺口容易与持续缺口混淆，它们的最大区别是：竭尽缺口出现在行情趋势的末端，而且伴随着大的成交量。

由于竭尽缺口形态表明行情走势已接近尾声，因此，在上升行情中出现竭尽缺口时，投资者应及时卖出证券，而在下跌趋势中出现竭尽缺口时买入证券。

缺口的类型如图7-27所示。

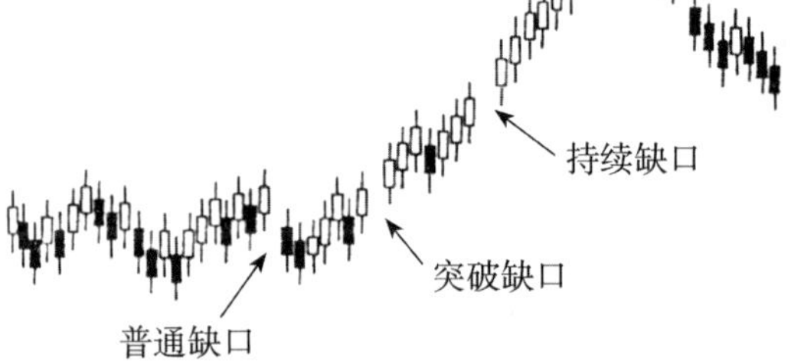

图7-27　缺口的类型

7.2.5　波浪理论

波浪理论是技术分析大师艾略特（R. E. Elliot）所发明的一种价格趋势分析工具，它是一套完全靠观察得来的规律，可用以分析股市指数、价格的走势，它也是世界股市分析中运用最多而又最难于了解和精通的分析工具。

艾略特认为，不管是股票还是商品价格的波动，都与大自然的潮汐、波浪一样，一浪跟着一浪，周而复始，具有相当程度的规律性，展现出周期循环的特点，任何波动均有迹可循。因此，投资者可以根据这些规律性的波动预测价格未来的走势，在买卖策略上进行运用。

1.波浪理论的主要内容

（1）波浪理论考虑的因素。

波浪理论考虑的因素主要有三个方面：第一，价格形态；第二，高低点比率；第三，价格变动的时间。其中，以形态最为重要。

（2）波浪的基本形态。

① 股价指数的上升和下跌将会交替进行。

② 推动浪和调整浪是价格波动的两个最基本的形态，而推动浪（即与大市走向一致的波浪）可以再分割成五个小浪，一般用第 1 浪、第 2 浪、第 3 浪、第 4 浪、第 5 浪来表示，调整浪也可以划分成三个小浪，通常用a浪、b浪、c浪表示。

③ 在上述八个波浪（五上三落）完毕之后，一个循环即告完成，走势将进入下一个八波浪循环。

④ 时间的长短不会改变波浪的形态，因为市场仍会依照其基本形态发展。波浪可以拉长，也可以缩细，但其基本形态永恒不变。

总之，波浪理论可以用一句话来概括，即“八浪循环”，如图 7-28 所示。

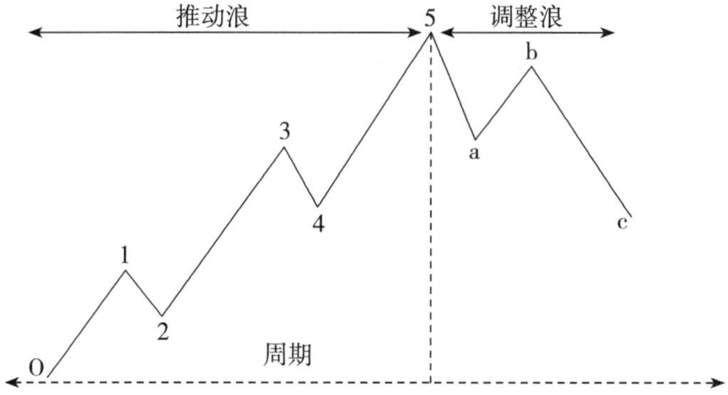

图 7-28　八浪循环

波浪理论认为股市波动的基本形态是先五浪上涨，随之有三浪下跌，一个完整的周期正好包含八浪。时间的拉长或缩短不会改变波浪的基本形态。

（3）各浪的表现和特性。

第 1 浪：①几乎半数以上的第 1 浪，是属于营造底部形态的第一部分，第 1 浪是循环的开始，由于这段行情的上升出现在空头市场跌势后的反弹和反转时，买方力量并不强大，加上空头继续存在卖压，因此，在第 1 浪上升之后出现第 2 浪调整回落时，其回档的幅度往往很深；②另外约半数的第 1 浪，出现在长期盘整完成之后，在这类第 1 浪中，其行情上升幅度较大，从经验来看，第 1 浪的涨幅通常是五浪中最短的行情。

第 2 浪：这一浪是下跌浪，由于市场人士误以为熊市尚未结束，其调整下跌的幅度相当大，几乎吃掉第 1 浪的升幅，当行情在此浪中跌至接近底部（第 1 浪起点），市场出现惜售心理，抛售压力逐渐衰竭，成交量也逐渐缩小时，第 2 浪调整才会宣告结束，在此浪中经常出现转向形态，如头底、双底等。

第 3 浪：第 3 浪的涨势往往是最大、最有爆发力的上升浪，这段行情持续的时间与幅度经常是最长和最大的，市场投资者信心恢复，成交量大幅上升，常出现传统图表中的突破信号，如缺口跳升等，这段行情走势非常猛烈，一些图形上的关卡，非常轻易地被突破，尤其在突破第 1 浪的高点时，是最强烈的买进信号，由于第 3 浪涨势凶猛，经常出现“延长波浪”的现象。

第 4 浪：第 4 浪是行情大幅劲升后的调整浪，通常以较复杂的形态出现，经常出现“倾斜三角形”的走势，但第 4 浪的低点不会低于第 1 浪的顶点。

第 5 浪：在股市中第 5 浪的涨势通常小于第 3 浪，且经常出现失败的情况，在第 5 浪中，二、三类股票通常是市场内的主导力量，其涨幅常常大于一类股（绩优蓝筹股、大型股），即投资人士常说的“鸡犬升天”，此期市场情绪表现相当乐观。

第 a 浪：在第 a 浪中，市场投资人士大多数认为上升行情尚未逆转，此时仅为一个暂时的回档现象，实际上，第 a 浪的下跌，在第 5 浪中通常已有警告信号，如成交量与价格走势背离或技术指标上的背离等，但由于此时市场仍较为乐观。第 a 浪有时出现平势调整或者“之”字形态运行。

第 b 浪：第 b 浪表现经常是成交量不大，一般而言是多头的逃命线，然而由于是一段上升行情，很容易使投资者误以为是另一波段的涨势，形成“多头陷阱”，许多人士在此浪惨遭套牢。

第 c 浪：第 c 浪是一段破坏力较强的下跌浪，跌势较为强劲，跌幅大，持续的时间较长久，而且出现全面下跌。

（4）波浪之间的比例。

波浪理论推测股市的升幅和跌幅采取黄金分割率和神秘数字来计算。一个上升浪可以是上一次高点的 1.618，另一个高点则再乘以 1.618，依此类推。

另外，下跌浪也是这样，一般常见的回档幅度比率有 0.236（0.382×0.618）、0.382、0.5、0.618 等。

2. 波浪的层次与级别

根据道氏理论，股价变动存在三种趋势，对于趋势，有长达百年的超级大循环，也有短至几小时的小循环，但基本的八浪循环形式不变。每一级别的浪都可以向下一层次划分为更小的浪，同时又都是上一层次浪的组成部分。

艾略特将趋势划分为九个层次，每个层次的浪有不同的名称和标志，分别以三套阿拉伯数字和罗马数字大、小写交替标示，如图7-29所示。投资者只要根据标示就可知道目前市场的位置即目前市场的走势在更广阔的范围内处在什么阶段。一般应用中只要辨明相对级数即可。

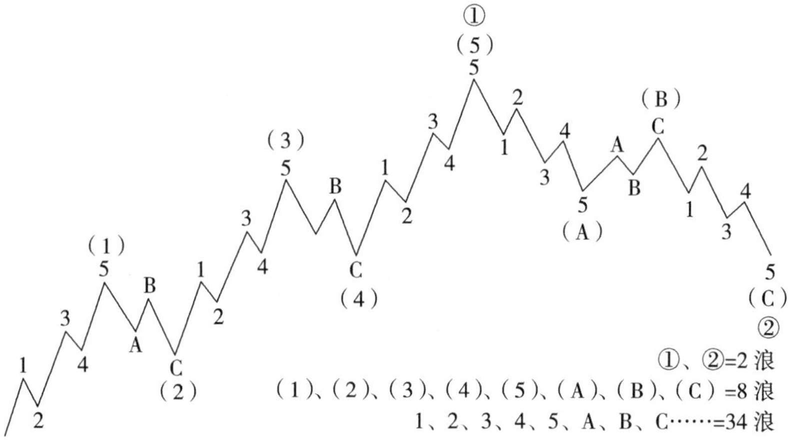

图7-29　波浪的层次与级别

一个完整的市场循环如图7-30所示。

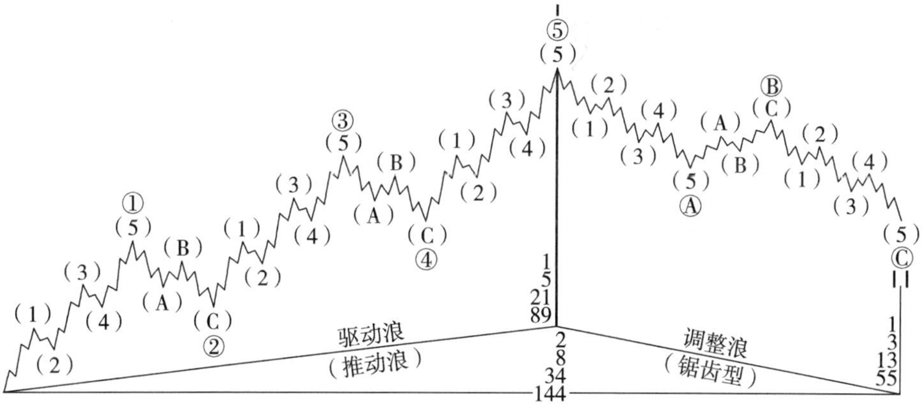

图7-30　完整的市场循环

3.应用波浪理论应注意的问题

波浪理论最大的不足是应用上的困难。波浪理论从理论上讲是八浪结构完成一个完整的过程，但是，主浪的变形和调整浪的变形会产生复杂多变的形态，波浪所处的层次又会产生大浪套小浪、浪中有浪的多层次形态，这些都会使应用者在具体数浪时发生偏差。浪的层次的确定和浪的起始点的确认是应用波浪理论的两大难点。波浪理论的第二个不足是面对同一个形态，不同的人会产生不同的数法，而不同的数浪法产生的结果可能相差很大。

波浪理论只考虑了价格形态上的因素，而忽视了成交量方面的影响，这给人为制造形状的人提供了机会。这正如在形态学中有假突破一样，波浪理论中也可能造成一些形态让人上当。当然，这个不足是很多技术分析方法都存在的。另外，在应用波浪理论时，我们会发现，当事情过去以后，回过头来观测已经走过的图形，用波浪理论的方法是可以很完美地将其划分出来的。但是，在形态形成途中，对其进行波浪的划分是一件很困难的事情。波浪理论从根本上说是一种主观的分析工具。

§7.3 技术指标分析

7.3.1 技术指标概述

技术指标分析是技术分析中极为重要的分支，20世纪70年代之后，技术指标逐步得到流行。由于有计算机的帮助，使得人们的计算量大大地减小了，同时也产生了越来越多的技术指标，据不完全统计，全世界各种各样的技术指标至少有上千个，不同的投资者有不同的偏好，在不同的条件下运用不同的技术指标，并在实际应用中取得了一定的效果。

1.技术指标的定义

所谓技术指标，就是按照事先规定好的固定方法（采用相应的数学模型或公式）对证券市场的原始数据进行处理，处理后的结果是某个具体的数字，这个数字就是技术指标值。将连续不断得到的技术指标值制成图表，并根据所制成的图表对市场进行行情研判，这样的方法就是技术指标法。

在计算技术指标时采用的原始数据指的是开盘价、最高价、最低价、收盘价、成交量和成交金额，简称4价2量。绝大多数的技术指标仅仅涉及这6个数据。个别技术指标涉及成交笔数、财务指标和股本结构等其他类型的数据。在其他一些市场，由于交易制度和金融工具不同，原始数据所包含的内容有所变化，例如期货市场中有持仓兴趣。

2.运用技术指标分析的主要方法

（1）技术指标的背离。

指标的背离是指技术指标曲线的波动方向与价格曲线的趋势方向不一致。实际中的背离有两种表现形式：第一种是顶背离；第二种是底背离。技术指标与价格背离表明价格的波动没有得到技术指标的支持。技术指标的波动有超前于价格波动的“功能”，在价格转折之前，技术指标提前指明未来的趋势。技术指标的背离是使用技术指标最为重要的一点，在后面具体技术指标中将作详细的解释说明。

技术指标与价格的背离，如图7-31所示。

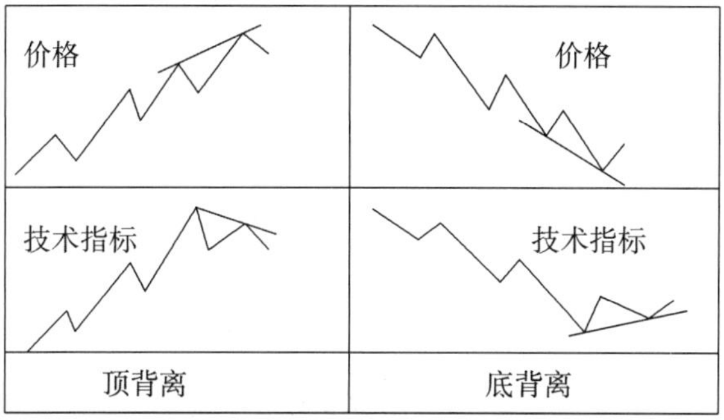

图7-31 技术指标与价格的背离

（2）技术指标的交叉。

指标的交叉是指技术指标图形中的两条曲线发生了相交现象，如图7-32所示。实际中有两种类型的指标交叉：第一种是同一个技术指标的不同参数的两条曲线之间的交叉，常说的黄金交叉和死亡交叉就属于这一类；第二种是技术指标曲线与固定的水平直线之间的交叉。水平直线通常是横坐标轴，横坐标轴是技术指标取值正负的分界线，技术指标与横坐标轴的交叉表示技术指标由正变负或由负变正。技术指标的交叉表明多空双方力量对比发生了改变，至少说明原来的力量对比受到了“挑战”。

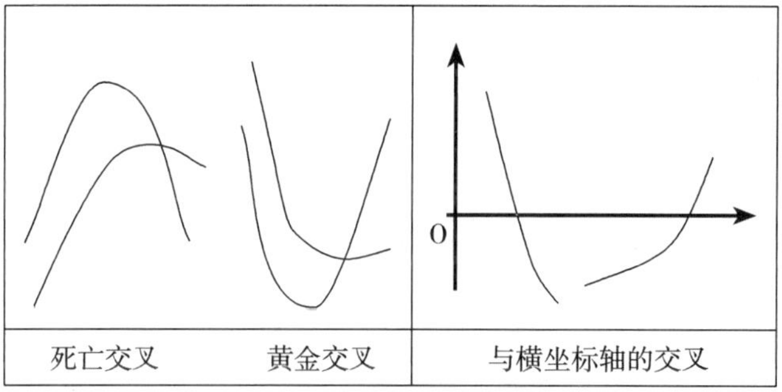

图7-32 技术指标的交叉

（3）技术指标的极端值。

技术指标取极端值是指技术指标的取值极其大或极其小，技术术语上将这样的情况称为技术指标进入“超买区和超卖区”。大多数技术指标的“初衷”是用一个数字描述市场的某个方面的特征，如果技术指标值的数字太大或太小，就说明市场的某个方面已经达到了极端的地步，应该引起注意。

（4）技术指标的形态。

技术指标的形态是指在技术指标曲线的波动过程中出现了形态理论中所介绍的反转形态，如图7-33所示。在实际中，将各时点上技术指标值制成图表，得到相应的曲线，对于曲线的形态可以利用前面形态分析的方法进行分析。

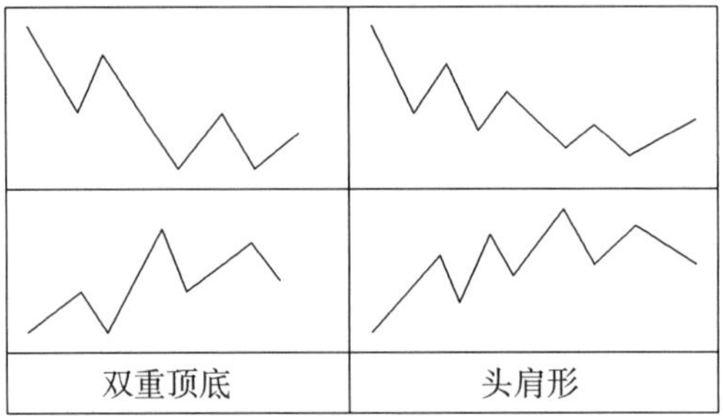

图7-33 技术指标的形态

（5）技术指标的转折。

技术指标的转折是指技术指标曲线在高位或低位调头。有时，这种调头表明前面过于极端的行动已经走到了尽头，或者暂时遇到了“麻烦”；有时，这种调头表明一个趋势将要结束，而另一个趋势将要开始。技术指标中转折的典型代表是方向指标DMl。

（6）技术指标的盲点。

技术指标的盲点指技术指标在大部分时间里是无能为力的。也就是说，在大部分时间里，技术指标都不能发出买入或卖出的信号。这是因为在大部分时间里，技术指标是处于“盲”的状态，只有在很少的时候，技术指标才能“看清”市场，发出信号。

3.应用技术指标应注意的问题

人们在使用技术指标时，常犯的错误是机械地照搬结论，而不问这些结论成立的条件和可能发生的意外。先是盲目地绝对相信技术指标，出了错误以后，又走向另一个极端，认为技术指标一点用也没有。这显然是错误的认识，只能说是不会使用技术指标。

由于技术指标的计算和运用技术指标进行研判时都涉及参数或周期的选择，而选择不同的参数或周期对结论有较大的影响，因此主观因素在技术指标使用中有很重要的影响，不同的使用者有不同的偏好；每种指标都有自己的盲点，也就是指标失效的时候。在实际中应该不断地总结和比较，在众多的技术指标中选择适合自己的指标（包括类型、参数和周期），同时应将不同的技术指标结合起来，将技术指标分析和其他分析方法结合起来使用。

7.3.2 趋势指标分析

趋势指标以追踪市场的实际趋势为目的，主要适用于市场趋势明确存在的市场阶段，它以移动平均线（MA）、指数平滑异同移动平均线（MACD）为代表，还包括乘离率（BIAS）、动向指数（DMI）等。

1.移动平均线

移动平均线是指运用统计分析的方法，将一定时期内的证券价格（指数）加以平均，并把不同时间的平均值连接起来，形成一条平均线，用以观察证券价格变动趋势的一种技术指标。移动平均线分析法就是根据各个相同时期股价平均数变化的趋势来预测和分析股票价格变化趋势的一种方法。移动平均线反映了一定时期内股价平均值的变动趋势，这种趋势虽然较为缓慢，但它却能反映出股价的实际变动趋势，因而在证券投资实践中有较为广泛的应用价值。移动平均线的画法是将过去连续若干天的股价每日往后移动一个时间单位计算出股价平均值，再将这些移动平均值连接成线，就形成了移动平均线。天数就是MA的参数。例如，10日的移动平均线简称为10日线（MA（10））。我国目前一般以5日、10日、30日、60日移动平均线来分析股市趋势。

（1）MA的计算公式。

$$MA=(P_1+P_2+P_3+\cdots+P_n)\div n$$

其中：P_1为第一日收盘价，依此类推；n为移动平均数周期。

天数n是MA的参数，例如，10日的MA简称为“10日线”。同理，有5日线、15日线等概念。

根据计算期的长短，MA又可分为短期、中期和长期移动平均线。由于短期移动平均线较长期移动平均线更易于反映行情价格的涨跌，所以一般又把短期移动平均线称为“快速MA”，把长期移动平均线称为“慢速MA”。

（2）MA的特点。

MA的基本思想是消除股价随机波动的影响，寻求股价波动的趋势。它有以下几个特点：

① 追踪趋势。MA能够表示股价的趋势方向，并追踪这个趋势。如果能从股价的图表中找出上升或下降趋势，那么，MA将与趋势方向保持一致。原始数据的股价图表不具备这个追踪趋势的特性。

② 滞后性。在股价原有趋势发生反转时，由于MA追踪趋势的特征，使其行动往往过于迟缓，调头速度落后于大趋势。这是MA一个极大的弱点。

③ 稳定性。根据移动平均线的计算方法，要想较大地改变移动平均的数值，当天的股价必须有很大的变化，因为MA是股价几天变动的平均值。这个特点也决定了移动平均线对股价反映的滞后性。这种稳定性有优点，也有缺点，在应用时应多加注意，掌握好分寸。

④ 助涨助跌性。当股价突破移动平均线时，无论是向上还是向下突破，股价都有继续向突破方向发展的愿望。

⑤ 支撑线和压力线的特性。由于MA的上述四个特性，使得它在股价走势中起支撑线和压力线的作用。MA被突破，实际上是支撑线和压力线被突破，从这个意义上就很容易理解后面将介绍的葛兰威尔法则。

MA的参数作用实际上就是调整MA上述几方面的特性。参数选择得越大，上述的特性就越大。比如，突破5日线和突破10日线的助涨助跌的力度完全不同，10日线比5日线的力度大。

（3）MA的应用法则——葛兰威尔（Granvile）法则（简称“葛氏法则”）。

在MA的应用上，最常见的是葛兰威尔的“移动平均线八大买卖法则”。此法则是以证券价格（或指数）与移动平均线之间的偏离关系作为研判的依据。八大法则中有四条是买进法则，有四条是卖出法则（如图7-34所示）。

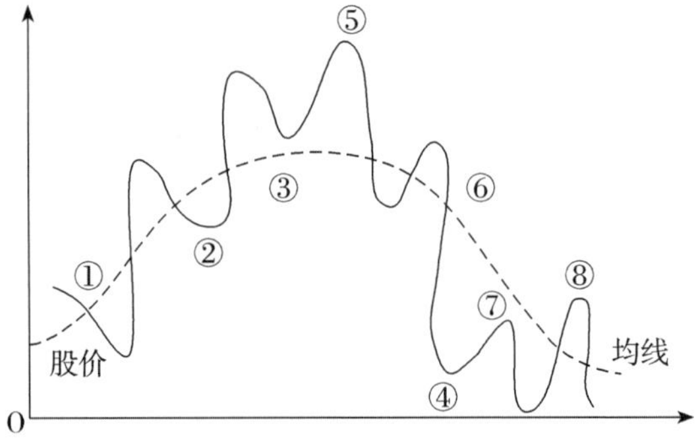

图7-34　葛氏买卖法则

葛氏法则的内容是：平均线从下降开始走平，股价从下上穿平均线（①点处）；股价跌破平均线，但平均线呈上升态势（②点处）；股价连续上升远离平均线，突然下跌，但在平均线附近再度上升（③点处）；股价跌破平均线，并连续暴跌，远离平均线（④点处）。以上四种情况均为买入信号。移动平均线呈上升状态，股价突然暴涨且远离平均线（⑤点处）；平均线从上升转为盘局或下跌，而股价向下跌破平均线（⑥点处）；股价走在平均线之下，且朝着平均线方向上升，但未突破平均线又开始下跌（⑦点处）；股价向上突破平均线，但又立刻向平均线回跌，此时平均线仍持续下降（⑧点处）。以上四种情况均为卖出信号。

（4）MA的组合应用。

①“黄金交叉”与“死亡交叉”。

一般情况下，投资者可利用短期和长期两种移动平均线的交叉情况来决定买进和卖出的时机。当现在价位站稳在长期与短期MA之上，短期MA又向上突破长期MA时，为买进信号，此种交叉被称为“黄金交叉”（如图7-35左图所示）；反之，若现在行情价位处于长期与短期MA之下，短期MA又向下突破长期MA时，则为卖出信号，此种交叉被称为“死亡交叉”（如图7-35右图所示）。

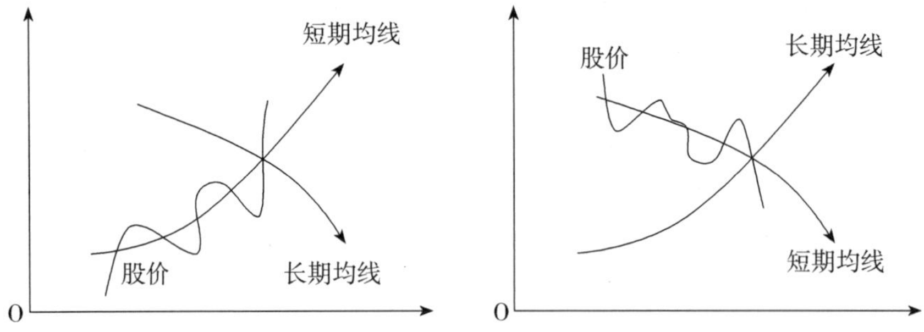

图7-35　移动平均线的交叉

黄金交叉和死亡交叉，实际上就是向上突破压力线或向下突破支撑线。

②长、中、短期移动平均线的组合使用。

在实际应用中，常将长期MA、中期MA、短期MA结合起来使用，分析它们的相互关系，判断股市趋势。三种移动平均线的移动方向有时趋于一致，有时不一致，人们可以通过MA曲线形成的交叉和排列来对其走势进行判断（如图7-36所示）。

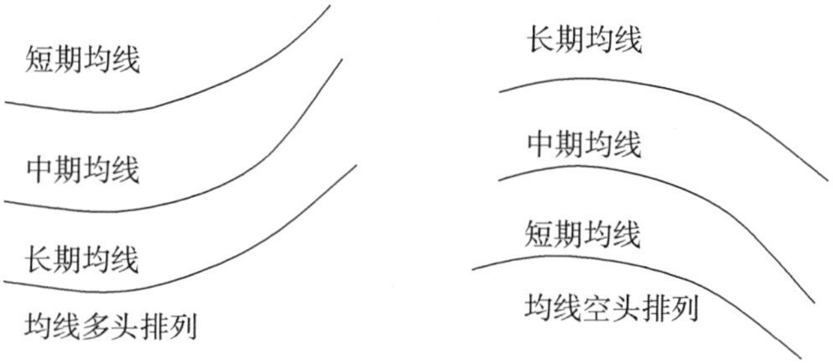

图7-36　移动平均线的排列

移动平均线是实际中常用的一类技术指标，它的分析方法和思路对后面的指标有重要的影响。但该指标也存在一些盲点，特别是在盘整阶段或趋势形成后中途休整阶段，以及局部反弹或回落阶段，MA极易发出错误的信号，这是使用MA时最应该注意的。另外，MA只是作为支撑线和压力线，站在某线之上，当然有利于上涨，但并不是说就一定会涨，支撑线也有被击穿的时候。

2.平滑异同移动平均线（MACD）

MACD是运用快速与慢速移动平均线聚合和分离的征兆，加以双重平滑运算，用以研判证券买进与卖出时机的方法。

（1）MACD的计算。

首先计算出快速移动平均线（即EMA1）和慢速移动平均线（即EMA2），以此两个数值作为测量两者（快慢速线）间的离差值（DIF）的依据，然后求DIF的N周期的平滑移动平均线DEA（也叫MACD、DEM）。

以EMA1的参数为12日、EMA2的参数为26日、DIF的参数为9日为例来看看MACD的计算过程。

①计算移动平均值（EMA）。

12日EMA的计算式为：

EMA（12）=前一日EMA（12）×11÷13＋今日收盘价×2÷13

26日EMA的计算式为：

EMA（26）=前一日EMA（26）×25÷27＋今日收盘价×2÷27

②计算离差值（DIF）。

DIF=今日EMA（12）-今日EMA（26）

③计算DIF的9日EMA。

根据离差值计算其9日的EMA，即离差平均值，是所求的MACD值。为了不与指标原名相混淆，此值又名DEA或DEM。

今日DEA（MACD）=前一日DEA×8÷10＋今日DIF×2÷10

计算出的DIF和DEA的数值均为正值或负值。

理论上，在持续的涨势中，12日EMA线在26日EMA线之上，其间的正离差值（+DIF）会越来越大；反之，在跌势中离差值可能变为负数（-DIF），也会越来越大，而在行情开始好转时，正负离差值将会缩小。指标MACD正是利用正负的离差值（±DIF）与离差值的N日平均线（N日EMA）的交叉信号作为买卖信号的依据，即再度以快慢速移动线的交叉原理来分析买卖信号。另外，MACD指标在股市软件上还有个辅助指标——BAR柱状线，其公式为“BAR=2×（DIF-DEA）”。我们还可以利用BAR柱状线的收缩来决定买卖时机。

在实践中，将各点的DIF和DEA（MACD）连接起来就会形成在零轴上下移动的两条快速（短期）和慢速（长期）线，此即为MACD图。

（2）买卖信号的判断。

利用MACD进行行情预测，主要是从两个方面进行：

第一，以DIF和DEA的取值和这两者之间的相对取值对行情进行预测。其应用法则如下：

DIF和DEA均为正值时，属多头市场。DIF向上突破DEA是买入信号；DIF向下跌破DEA只能认为是回落，作获利了结。

DIF和DEA均为负值时，属空头市场。DIF向下突破DEA是卖出的信号；DIF向上穿破DEA只能认为是反弹，作暂时补空。

第二，指标背离原则。如果DIF的走向与股价走向相背离，则此时是采取行动的信号，至于是卖出还是买入要依DIF的上升或下降而定。

MACD的优点是去掉了MA产生的频繁出现的买入卖出信号，使发出的信号的要求和限制增加，避免假信号的出现，用起来比MA更有把握。但它的缺点同MA一样，在股市没有明显趋势而进入盘整时，失误的时候极多。另外，对未来股价的上升和下降的深度不能提供有帮助的建议。

7.3.3 超买、超卖指标分析

超买、超卖指标分析是指将原本沿一定方向上下变动的价格走势通过一定的计算将其转换成仅围绕一水平轴的上下摆动运动，然后加以分析研判。这类指标包括威廉指标（WMS%）、相对强弱指标（RSI）、随机指标（KDJ）、动量指标（MTM）等。

1.威廉指标（WMS%）

威廉指标由Tarry Williams创造，是一种利用振荡点来反映市场超买超卖现象，预测循环周期内的高点和低点，从而提出有效的信号来分析市场短期行情走势，判断股市强弱分界的技术指标。

（1）计算方法。

HY=N天中的最高价

LY=N天中的最低价

Q=HY-今天的收盘价

R=HY-LY

威廉指标（WMS%）=Q/R×100

威廉指标的数值在0～100之间波动。不同的是，威廉指标数值越小，表明市场买气越重，要提防回落；反之，其值越大，表明市场卖气越浓，要注意反弹。

（2）运用法则。

① 当WMS%高于80时，即处于超卖状态，行情即将见底，应当考虑买进。

② 当WMS%低于20时，即处于超买状态，行情即将见顶，应当考虑卖出。

③ 在WMS%进入低数值区位后，一般要回头，如果这时股价还继续上升，这就产生背离，是卖出的信号。

④ 在WMS%进入高数值区位后，一般要反弹，如果这时股价还继续下跌，这就产生背离，是买进的信号。

⑤ WMS%在连续几次撞顶（底），局部形成双重或多重顶（底），则是卖出（买进）的信号。

在使用威廉指标对行情进行研判时，最好能够同时使用RSI配合验证。同时，当WMS%线突破或跌穿50中轴线时，亦可用以确认RSI的信号是否正确。

2.相对强弱指标（RSI）

相对强弱指标是根据一定时期内上涨和下跌幅度之和的比率制作出的一种技术曲线，能够反映出市场在一定时期内的景气程度。相对强弱指标最早被应用于期货买卖，后来人们发现在众多的图表技术分析中，相对强弱指标的理论和实践极其适合于股票市场的短线投资，于是被用于股票升跌的测量和分析中。外汇交易同期货买卖、股票买卖相同之处是汇价的升跌最终取决于供求关系，因此，相对强弱指标在分析外汇行情中也有着广泛的应用。

（1）RSI的计算。

RSI（n）=n日内收盘价涨数平均值÷（n日内收盘价涨数平均值+n日内收盘价跌数平均值）×100

（2）运用法则。

① RSI值于0～100之间呈常态分配。

② RSI值保持高于50为强势市场；反之，低于50为弱势市场。

③ RSI值多在70与30之间波动。当6日指标上升到达80时，表示股市已有超买现象，如果一旦继续上升，超过90时，则表示已到严重超买的警戒区，股价已形成头部，极可能在短期内反转。当6日指标下降至20时，表示股市有超卖现象，如果一旦继续下降至10以下时则表示已到严重超卖区域，股价极可能有止跌回升的机会。

④ RSI一般选用6天、12天、24天作为参考基期，基期越长越有趋势性。同理，RSI也可分为慢速RSI与快速RSI。当快速RSI由下往上突破慢速RSI时，为买

进时机；当快速RSI由上往下跌破慢速RSI时，为卖出时机。

⑤ 每种类型股票的超卖超买值是不同的。超买及超卖范围的确定还取决于两个因素：第一是市场的特性，起伏不大的稳定的市场一般可以规定70以上为超买，30以下为超卖。变化比较剧烈的市场可以规定80以上为超买，20以下为超卖。第二是计算RSI时所取的时间参数。

⑥ 相对强弱指标与股价或指数比较时，常会产生先行显示未来行情走势的特性，亦即股价或指数未涨而相对强弱指标先上升，股价或指数未跌而相对强弱指标先下降，其特性在股价的高峰与谷底反映最明显。

⑦ 当相对强弱指标上升而股价反而下跌，或是相对强弱指标下降而股价反趋上涨，这种情况被称为“背离”。当RSI在70至80时，价位破顶而RSI不能破顶，这就形成了“顶背离”，而当RSI在30至20时，价位破底而RSI不能破底，这就形成了“底背离”。这种相对强弱指标与股价变动产生的背离现象，通常被认为是市场即将发生重大反转的信号。和超买及超卖一样，背离本身并不构成实际的卖出信号，它只是说明市场处于弱势。实际的投资决定应当在价格本身也确认转向之后才作出。

3.随机指标（KDJ）

随机指标（KDJ）在图表上是由%K和%D两条线所形成的，因此也称为KD线。随机指标作为股市的中短期测市工具，颇为实用有效。在应用时主要从四个方面进行考虑：KD取值的绝对数；KD曲线的形态；KD指标的交叉；KD指标的背离。

（1）KDJ的原理。

KDJ是根据统计学的原理，通过一个特定的周期（通常为9日、9周等）内出现过的最高价、最低价及最后一个计算周期的收盘价及这三者之间的比例关系，来计算最后一个计算周期的未成熟随机值RSV，然后根据平滑移动平均线的方法来计算K值、D值与J值，并绘成曲线图来研判股票走势。

KDJ是以最高价、最低价及收盘价为基本数据进行计算的，得出的K值、D值和J值分别在指标的坐标上形成一个个点，连接无数个这样的点位，就形成一个完整的、能反映价格波动趋势的KDJ指标。它是利用价格波动的真实波幅来反映价格走势的强弱和超买超卖现象，在价格尚未上升或下降之前发出买卖信号的一种技术工具。它在设计过程中主要是研究最高价、最低价和收盘价之间的关系，同时也融合了动量观念、强弱指标和移动平均线的一些优点，因此，能够比较迅速、快捷、直观地研判行情。

KDJ最早是以KD指标的形式出现的，而KD指标是在威廉指标的基础上发展起来的。不过威廉指标只判断股票的超买超卖现象，在KDJ指标中则融合了移动平均线速度上的观念，形成比较准确的买卖信号依据。在实践中，将K线与D线配合J线组成KDJ指标来使用。由于KDJ线本质上是一个随机波动的观念，故其对于掌握中短期行情走势比较准确。

（2）KDJ的计算。

KDJ的计算比较复杂，首先要计算周期（n日、n周等）的RSV值，即未成熟随机指标值，然后再计算K值、D值、J值等。以日KDJ数值的计算为例，其计算公式为：

$$n日RSV=(C_n-L_n)\div(H_n-L_n)\times100$$

其中：C_n为第n日收盘价；L_n为n日内的最低价；H_n为n日内的最高价。

RSV值始终在1～100间波动。

其次计算K值与D值：

当日K值=2/3×前一日K值＋1/3×当日RSV值

当日D值=2/3×前一日K值＋1/3×当日K值

若无前一日K值与D值，则可分别用50来代替。

以9日为周期的KD线为例。首先须计算出最近9日的RSV值，即未成熟随机值，计算公式为：

$$9日RSV=(C-L_9)\div(H_9-L_9)\times100$$

C为第9日的收盘价；L_9为9日内的最低价；H_9为9日内的最高价。

K值=2/3×前一日K值＋1/3×当日RSV值

D值=2/3×前一日D值＋1/3×当日K值

若无前一日K值与D值，则可以分别用50代替。

J值=3×当日K值-2×当日D值

（3）应用法则。

① 超买超卖区域的判断：%K值在80以上，%D值在70以上，为超买的一般标准；%K值在20以下，%D值在30以下，为超卖的一般标准。

② 背驰判断：当股价走势一峰比一峰高时，随机指数曲线一峰比一峰低，或股价走势一底比一底低时，随机指数曲线一底比一底高，这种现象被称为背驰。随机指数与股价走势产生背驰时，一般为转势的信号，表明中期或短期走势已到顶或见底，此时应选择正确的买卖时机。

③ %K线与%D线交叉突破判断：当%K值大于%D值时，表明当前是一种向上涨升的趋势，因此%K线从下向上突破%D线时，是买进的信号；反之，当%D值大于%K值时，表明当前是向下跌落的趋势，因此%K线从上向下跌破%D线时，是卖出的信号。%K线与%D线的交叉突破，在80以上或20以下较为准确，KD线与强弱指标的不同之处是，它不仅能够反映市场的超买或超卖程度，还能通过交叉突破实现发出买卖信号的功能，但是，当这种交叉突破在50左右发生，走势又陷入盘局时，买卖信号应视为无效。

④ K线形状判断：当%K线倾斜度趋于平缓时，是短期转势的警告信号，这种情况在大型热门股及指数中准确度较高，而在冷门股或小型股中准确度则较低。

⑤ 随机指标还有一些理论上的转向信号：K线和D线上升或下跌的速度减弱，出现弯曲，通常都表示短期内会转势；K线在上升或下跌一段时期后，突然急速穿越D线，显示市势短期内会转向：K线跌至零时通常会出现反弹至20至25之间，短期内

应回落至接近零。这时，市势应开始反弹。如果K线升至100，情况则刚好相反。

思政课堂

技术分析有用吗？

【思政元素】理性思维；科学思维。

一直以来，市场上对技术分析到底有没有用，存在着巨大的分歧。有人觉得技术分析一无是处，完全是历史遗留的糟粕。有人则觉得，技术分析非常有用，而且花费大量时间去研究。那么技术分析到底有没用呢？

技术分析是一种市场分析方法，它基于过去的市场数据和价格运动，通过研究图表和指标来预测未来的价格走势。尽管技术分析已经被用于金融市场多年，但对于它到底有没有用这一问题，仍存在争议。

首先，技术分析的优点在于其简单易用。技术分析所需的工具很少，大部分人都可以使用，不需要较深的金融知识和专业背景。因此，它比基本面分析看起来更加容易掌握，故而也深受散户朋友的喜爱。

我们知道股票不是涨就是跌，那么这里面就有多空两种力量，K线走势就是这两种力量博弈后的结果。这里打个简单的比方：就拿很多人玩的王者荣耀来说，双方哪边多推了几个塔，经济优势就大一些，而这些数据是可以很直观地看出来的。有经验的人一眼就能看出哪方占优势。这些数据在股市里，就类似于K线走势图。同理，有经验的人一眼就能看出是多方占优势还是空方占优势。

再比如一场足球比赛，有经验的人，一看场上局势，也很容易看出哪方占优势。在K线走势中，同样有着类似的局势。这样讲是不是就很容易理解呢？

但是，由于市场变化无常，正如一场比赛，你可以判断哪方优势，但是却不能断定哪一方一定会赢。故而仅依靠技术分析来作出决策可能存在不足，需要配合其他方面来提高准确率。这就是一个数学概率问题了。

其次，技术分析可以帮助交易者识别趋势。技术分析使用图表和指标来展示市场的价格走势，这有助于交易者了解市场的趋势和方向。例如，如果一只股票价格一直在上升，技术分析可以帮助交易者确认这个趋势，并根据这个趋势作出相应的决策。但是，这种趋势可能会突然发生变化，这就需要交易者随时进行调整。

想象一下你正在冲浪，你需要观察海浪的大小和方向来选择最好的冲浪时间。技术分析就像是观察海浪，可以帮助你了解当前海浪的大小和方向。但是，海浪的大小和方向随时可能变化，就像市场价格一样。因此，你需要时刻留意海浪的变化，并根据实际情况作出决策。

总之，技术分析是一种有用的分析方法。但是，由于其准确率不是100%的，故而掌握起来并没有普通人想象的那么容易，需要合理运用。

资料来源：逍遥财之道．技术分析到底有用吗［EB/OL］．［2023-06-03］．https://zhuanlan.zhihu.com/p/634403361.

本章小结

1.技术分析是根据证券市场的历史交易资料，运用统计方法计算技术指标的数值并绘制相应的图表，通过图表或技术指标的数值，研究市场过去及现在的行为反应，以推测未来价格的变动趋势。技术分析的基本要素主要有成交价格、成交数量、时间及空间。

2.技术分析的基本假定主要有三个方面：市场行为涵盖（反映）一切信息、价格沿一定趋势运行、历史会重演。

3.道氏理论的基本要点：①股票价格运动有基本趋势、次级趋势和短期趋势三种趋势；②可以通过工业股价平均数和运输业股价平均数这两种分类指数的互证来预测主要趋势和次要趋势的变化；③成交量在确定趋势中起很重要的作用；④只有当出现了明确的反转信号时，才意味着一轮趋势的结束。

4.图形分析是通过总结和归纳证券价格变化图上以往价格的演化形态来预测未来价格走势的一种分析方法。图形分析主要包括：第一种为K线图分析；第二种为切线图分析，包括趋势分析、支撑和压力分析、趋势线和轨道线分析、黄金分割线和百分比线分析；第三种为形态图分析，包括持续整理形态和反转突破形态两大类型。

5.指标分析是按照事先规定好的固定方法（采用相应的数学模型或公式）对证券市场的原始数据进行处理，处理后得到相应技术指标值，然后根据技术指标的数值和图形对市场行情研判的一种分析方法。指标分析主要包括趋势指标分析、超买超卖指标分析、人气指标分析、大势型指标分析。

综合训练

7.1 单项选择题

1.证券投资技术分析的目的是预测证券价格涨跌的趋势，主要解决的问题是（　　）。

A.买卖何种证券　　B.投资何种行业

C.何时买卖证券　　D.投资何种上市公司

2.证券投资分析的四个基本要素是（　　）。

A.理论、信息、实践和方法　　B.价、量、时、空

C.理论、信息、步骤和方法　　D.策略、数据、信息、理论

3.我们把根据证券市场本身的变化规律得出的分析方法称为（　　）。

A.技术分析　　B.基本分析　　C.定性分析　　D.定量分析

4.MACD指标出现顶背离时应（　　）。

A.买入　　B.卖出　　C.观望　　D.无参考价值

5.早晨之星通常出现在（　　）。

A.上升趋势中　　B.下降趋势中　　C.横盘整理中　　D.顶部

6. 描述股价与移动平均线相距远近程度的指标是（　　）。

A. RSI　　B. PSY　　C. WR%　　D. BIAS

7. 以一特定时期内股价的变动情况推测价格未来的变动方向，并根据股价涨跌幅度显示市场强弱的指标是（　　）。

A. PS　　B. BIAS　　C. RSI　　D. WMS%

8. 属于持续整理形态的有（　　）。

A. 菱形　　B. 钻石形　　C. 圆弧形　　D. 三角形

9.KDJ 指标的计算公式考虑的因素有（　　）。

A. 开盘价，收盘价　　B. 最高价，最低价

C. 开盘价，最高价，最低价　　D. 收盘价，最高价，最低价

10. 波浪理论的创始人是（　　）。

A. 马柯威茨　　B. 罗斯　　C. 艾略特　　D. 夏普

7.2　多项选择题

1. 三角形态是一种重要的整理形态，根据图形可分为（　　）。

A. 对称三角形　　B. 等边三角形　　C. 直角三角形

D. 上升三角形　　E. 下降三角形

2. 具有明显的形态方向且与原有的趋势方向相反的整理形态有（　　）。

A. 菱形　　B. 三角形　　C. 矩形

D. 旗形　　E. 楔形

3. 在切线理论的趋势分析中，趋势的方向有（　　）。

A. 上升方向　　B. 下降方向　　C. 水平方向

D. 垂直向上方向　　E. . 垂直向下方向

4. 技术分析方法的基本假设主要有（　　）。

A. 市场行为包含一切信息　　B．市场总是错误的

C. 价格沿趋势移动　　D. 历史会重复

E. 市场是弱式有效的

5. 属持续整理形态的有（　　）。

A. 菱形　　B. 旗形　　C. 楔形

D. 三角形　　E. W 形

6. 技术分析作为一种分析工具，其广泛地运用于（　　）。

A. 证券市场　　B. 外汇市场　　C. 期货市场

D. 期权市场　　E. 现货市场

7. 在关于波浪理论的描述中，下列正确的有（　　）。

A. 一个完整的周期通常由 8 个子浪形成

B. 第 4 浪的浪底一定比第 1 浪的浪尖高

C. 第 5 浪是上升的最后一浪，所以第 5 浪的浪尖是整个周期的最高点

D. 波浪理论中的任何一浪，要么是主浪，要么是调整浪

E. 完整周期的波浪数目与弗波纳奇数列有密切关系

8.K线又称蜡烛线，是目前普遍使用的图形，其基本种类有（　　）。

A. 阳线　　B. 阴线　　C. 十字线

D. 阴阳线　　E. 一字线

9.缺口的类型有很多种，除了常见的普通缺口，还有（　　）。

A. 突破缺口　　B. 持续缺口　　C. 终止缺口

D. 岛形缺口　　E. 竭尽缺口

10.下列属于超买超卖型的指标有（　　）。

A. BLAS　　B. MACD　　C. 威廉指标

D. KDJ　　E. MA

11.在应用KDJ指标时，可加以考虑的方面主要有（　　）。

A. KD取值的绝对数　　B. KD曲线的形态　　C. KD指标的交叉

D. KD指标的背离　　E. KD的阴阳线

7.3　思考题

1.简述技术分析与基本分析的区别。

2.简述技术分析的基本假定。

3.简述道氏理论的主要内容。

4.简述波浪理论的主要内容。

5.简述技术分析的基本要素。

6.简述技术分析的主要类型。

7.简述K线图的组成与类型。

8.简述支撑与压力的作用。

9.试比较反转形态的几种类型。

10.试论述如何运用技术分析指标来对证券价格变动进行分析。

本章参考文献

[1] 李向科．证券投资技术分析［M］．4版．北京：中国人民大学出版社，2012.

[2] 罗闻全，哈桑霍德齐克．技术分析简史［M］．朱振坤，译．北京：机械工业出版社，2014.

[3] 阿基利斯．技术分析指标大全［M］．应展宇，译．北京：机械工业出版社，2011.

[4] 吴晓求．证券投资学［M］．5版．北京：中国人民大学出版社，2020.

[5] 墨非．金融市场技术分析［M］．丁圣元，译．北京：地震出版社，2010.

[6] 中国证券业协会．金融市场基础知识［M］．北京：中国财政经济出版社，2023.

[7] 中国证券业协会．证券市场基本法律法规［M］．北京：中国财政经济出

版社，2023.

[8] GRINBLATT M，HAN B.Prospect theory，mental accounting，and momentum [J]. Journal of Financial Economics，2005.

[9] ROBERTS H. Stock market patterns and financial analysis：methodological suggestions [J]. Journal of Finance，1959.

第8章

投资组合理论

导读

现代投资组合理论（portfolio theory）是证券选择理论在证券市场投资领域取得的里程碑式的成果。该理论运用于证券市场投资则推导出投资组合理论。一般认为，投资组合理论是由马柯维茨（Harry Markowitz）于1952年创立的，他在1952年3月发表的题为《证券组合的选择》的论文中提出了确定最小方差证券组合集合的思想和方法，开了对证券投资进行整体管理的先河。

关键概念

风险　证券组合　风险厌恶者　风险中立者　风险偏好者　效用函数　无差异曲线　因子模型

§8.1 证券的收益与风险

本节首先介绍证券收益与风险及其统计特征，然后介绍证券组合的收益与风险的计算。在分析证券组合时，把无风险证券（安全证券）与风险证券的组合单独进行介绍，这是为了配合后续内容的需要，实际上，无风险证券与风险证券的组合只是证券组合中的特例。

8.1.1 证券收益及其统计特征

证券收益与证券的估值是相互关联的。所有证券都是从预期现金流量中得到价值的。在对证券进行估值时，需要对未来预期现金流量进行折现以得到证券的现值。假定讨论某种证券在一个持有期（例如1年）的价值问题，可以用一个简单的模型进行估值：

$$P_0 = \frac{CF + EP_1}{1 + r} \tag{8.1}$$

其中：P_0为证券的现值；CF为期内收到的预期现金流量（例如红利或利息）；EP_1为期末的预期价格；r为折现率。

该式表明，要进行证券估值，就必须对期内现金流量、期末价格和折现率进行必要的预期，预期是否准确，直接影响估值的准确性。

折现率也称为收益率。如果把证券的现行价格看成现值，收益率的计算可以从式（8.1）得到：

$$r = \frac{CF + (EP_1 - P_0)}{P_0} \tag{8.2}$$

收益率的这个计算比较简单，原因是只考虑了一期投资，如果考虑多期投资，收益率需要从下式中得到：

$$P_0 = \sum_{t=1}^{n} \frac{CF_t}{(1 + r)^t} + \frac{EP_n}{(1 + r)^n} \tag{8.3}$$

其中：P_0为证券的现行价格；CF_t为第t期内收到的预期现金流量；EP_n为第n期期末的预期价格；r为收益率。

利用式（8.2）或式（8.3）计算的收益率是名义收益率，即直接用货币单位计量的收益率，它由名义无风险收益率和风险溢价两部分构成。由于名义无风险收益率等于真实无风险收益率与通货膨胀率之和，因此：

名义收益率=名义无风险收益率+风险溢价

=真实无风险收益率+通货膨胀率+风险溢价

各种证券工具提供的收益率之所以不完全相等，原因就在于它们的风险水平不相同，因而风险溢价不同。另外，同一种证券工具在不同时期的收益率也不同，这与不同时期的通货膨胀率存在差异有关系。

在投资没有结束之前，证券的预期收益能否实现是不能确定的。因为有多种风险因素的影响，可能产生多种可能的投资结果，投资者最多只能知道各种可能的投资结果是按照何种随机过程变化的。通常，在被观察的样本数足够多时，都会呈现出正态分布的特征，而正态分布具有依均值（期望值）和方差两个参数将随机过程特定化的性质。由于投资活动的未来收益的确具有多种可能性，所以可以把投资收益的未来分布看成符合正态特征的概率分布。

令投资收益r为随机变量，它与n个可能发生的状态相对应的值为r_1，r_2，r_3，…，r_n，与r_i对应的概率为p_i（i=1，2，3，…，n），存在$\sum_{i=1}^{n} p_i = 1$。

正态分布的均值是全部可获得的变量值与其发生的概率的乘积的加权平均值。在这里，用均值表示证券的预期平均收益率，即：

$$E(r) = \mu = \sum_{i=1}^{n} r_i \cdot p_i \tag{8.4}$$

【例8-1】一分析师估计一只股票在不同经济状况下收益的概率，见表8-1。

表8-1　某股票在不同经济状况下收益的概率

经济状况	概率	收益（%）
好	0.1	15
一般	0.6	13
差	0.3	7

这只股票的预期收益率为多少？

根据所提供的预期数据，可以计算出股票的预期收益率：

$E(r) = 15\% \times 0.1 + 13\% \times 0.6 + 7\% \times 0.3 = 11.4\%$

然而，在现实中，要获得收益率的概率分布是很难的，上述例子不过是一个简化了的案例。在现实中，可以通过抽样得到收益率容量为N的样本（r_1，r_2，r_3，…，r_N），通过这个样本对收益率进行估计：

$$E(r) = \frac{1}{N}\sum_{i=1}^{N} r_i \tag{8.5}$$

【例8-2】表8-2是浦发银行（600000）2004年1月至2008年8月共55个月的投资收益率（2006年4月停牌），利用这55个数据构成的样本，可以计算浦发银行的收益率均值为2.2%，并把该均值作为浦发银行的预期收益率。

表8-2　浦发银行月投资收益率（%）

月份	2004年	2005年	2006年	2007年	2008年
1	7.9	6.6	14.0	15.0	-13.0
2	-8.3	4.9	7.3	-8.3	-8.3
3	0	-10.1	-5.2	18.2	-14.8
4	-11.4	1.4	停牌	0	-14.8

续表

月份	2004年	2005年	2006年	2007年	2008年
5	−8.5	8.6	−2.4	21.6	−14.8
6	−6.4	13.1	−0.8	8.5	−20.6
7	3.1	9.3	−10.8	26.0	2.2
8	−3.8	1.7	11.0	35.0	−2.1
9	−2.8	−2.0	7.8	−5.1	E（r）=2.2
10	−12.1	2.9	27.1	9.5	
11	−2.0	3.6	19.6	−10.5	
12	−2.9	10.0	25.5	2.8	

投资收益呈正态分布的假定，是近似于现实的一种假说，依据正态分布的假定，不但能够使有关投资收益的理论分析简化，而且对实证分析也极其有利。

值得注意的是，预期收益率并不代表将来可能获得的收益，而只是反映了投资者对一切可能的有关信息进行合理分析后对证券获利能力的一种估计。

8.1.2　证券风险及其统计特征

风险是能够影响一个或多个目标的不确定性。不确定性指事件发生的最终结果的多种可能状态。也许这些可能状态的数量及其可能程度可以根据经验知识或历史数据进行事前估计，但事件的最终结果将呈现出何种状态，不能在事前准确预知。

不确定性与确定性相对应。所谓确定性，是指投资者的预期是单一取值的，即各个投资者所预期的收益是某一特定的数值，而不是一系列可能的结果。有时，确定性也被定义为投资者对于未来收益的预期是在某一限定的较窄区间取值。如果不考虑短期内不太可能发生的风险，如战争、政变、发行者违约等，以及通货膨胀的影响，则短期国债、资信等级很好的短期公司债券，都可以看成是具有确定性收益的投资工具。

从风险与收益的关系来看，风险是实际收益偏离预期收益的可能性。在正态分布中，这种偏离可以用方差或标准差进行衡量，即：

$$\sigma^2 = \sum_{i=1}^{n}[r_i - E(r)]^2 \cdot p_i \tag{8.6}$$

$$\sigma = \sqrt{\sum_{i=1}^{n}[r_i - E(r)]^2 \cdot p_i} \tag{8.7}$$

从正态分布特征的角度来说，标准差是指各实际收益偏离预期收益的距离的平均数。方差则是这个距离的平方值。方差（标准差）越大，实际收益与预期收益的偏离越大，风险就越大。

在上述例子中，分析家得出这只股票的风险是：

$$\sigma^2 = (15\% - 11.4\%)^2 \times 0.1 + (13\% - 11.4\%)^2 \times 0.6 + (7\% - 11.4\%)^2 \times 0.3 = 0.0009$$

$$\sigma = \sqrt{0.0009} = 0.029$$

考虑到获得收益率的概率分布很难，采取抽样计算，取得收益率容量为N的样本（r_1，r_2，r_3，…，r_N），通过这个样本对方差进行估计：

$$\sigma^2 = \frac{1}{N-1}\sum_{i=1}^{N}[r_i - E(r)]^2 \tag{8.8}$$

式（8.8）中的系数为$\frac{1}{N-1}$，而不是$\frac{1}{N}$，这是出于无偏估计的需要。所谓无偏估计，即样本期望值等于总体期望值。当样本容量较大时，$\frac{1}{N-1}$与$\frac{1}{N}$差别很小，当样本容量较小时，$\frac{1}{N-1}$与$\frac{1}{N}$差别较大，计算方差就必须用$\frac{1}{N-1}$。

根据表 8-2 中的数据计算，浦发银行在这 55 个月内的方差为 1.46%，标准差为 12.10%。

方差（标准差）的大小反映了实际收益偏离预期收益的程度，而这种偏离程度是各种风险共同影响的结果，因此，用方差（标准差）所测定的风险是证券所承受的全部风险，即总风险。

实际上，引起风险的因素可以分为两类：一类是能够影响整个金融市场的风险因素，如宏观经济周期性波动，国家的货币政策、财政政策、汇率政策、收入政策等宏观经济政策的调控，政治局势的动荡等，这类因素引起的风险不能通过分散投资相互抵消或者削弱，被称为系统风险或不可分散风险；另一类是只能影响特定公司或行业的因素，如公司的经营管理、财务状况、市场销售、重大投资活动等方面的变化，行业的市场需求变化等，这类因素与经济、政治和其他影响所有金融变量的因素无关，这类因素引起的风险可以通过分散投资进行降低，如果分散是充分有效的，这种风险还可以被消除，因而这类因素引起的风险被称为非系统风险或可分散风险。

一般来说，系统风险占证券收益全部方差值的 30% 左右，而非系统风险占 70% 左右。

8.1.3　证券组合收益与风险的计算

为了降低投资风险，常常需要进行组合投资（分散投资）。在组合投资中，投资者关心的重点不再局限于单个证券的收益与风险，而是整个投资集合的总体收益水平和风险水平。这种投资集合被称为证券组合，组合中可能包括银行储蓄、债券、股票、房地产、贵金属和其他投资品等各种品种。因为本教材仅限于分析证券投资品种，故所讨论的组合是指各种证券组成的组合。

证券组合的收益与风险的计算方法同样适用于对非证券组合的分析。

1.由两个证券构成的组合的收益与风险

（1）组合的收益。

假设投资者准备投资于证券1和证券2，他认为证券1的预期收益为$E(r_1)$，风险为σ_1，证券2的预期收益为$E(r_2)$，风险为σ_2。投资者准备投资于证券1的资金比例为$x_1 = x$，投资于证券2的资金比例为$x_2 = 1 - x$。那么由证券1和证券2构成的组合的收益率为：

$$E(r_p) = x_1E(r_1) + x_2E(r_2) = xE(r_1) + (1 - x)E(r_2) \tag{8.9}$$

其中：$E(r_p)$为组合的预期收益。

【例8-3】假定某投资者认为证券A的预期收益为18.63%，证券B的预期收益为29.87%，他准备投资1万元购买这两只证券，其中购买证券A的资金为4 000元，购买证券B的资金为6 000元。求该投资者的收益率。

根据式（8.9），可得：

$$E(r_p) = \frac{4\,000}{10\,000} \times 18.63\% + \frac{6\,000}{10\,000} \times 29.87\% = 25.37\%$$

可能有人会产生疑问，既然证券B的预期收益高达29.87%，为什么还要把资金分散在证券A和B两只证券上，导致组合后的预期收益降为25.37%？实际上，通过进行证券A和B的组合，不但可以影响预期收益水平，还可以影响预期风险水平。关于这一点，稍后进行介绍。

值得注意的是，组合的预期收益不仅和组合中每一只证券的预期收益有关，还和资金比例的构成有关。在这个例子中，如果投资者向经纪人借入4 000元的证券A并卖掉，用得到的4 000元追加对证券B的购买，即投资于证券B的资金为14 000元，那么，新的组合的预期收益为：

$$E(r_p) = \frac{-4\,000}{10\,000} \times 18.63\% + \frac{14\,000}{10\,000} \times 29.87\% = 34.37\%$$

得到的预期收益会大大超过证券B。稍后的分析会发现，此时组合的风险也增大了。

卖空机制可能产生虚拟的供给和需求表象，导致市场信号失真，从而扰乱市场的正常秩序，所以许多国家和地区的证券监管机构不允许进行卖空交易。即使某些国家和地区允许进行卖空交易，对这种交易行为也有较严厉的监管措施，如在中国香港联合证券交易所，在进行卖空操作时，不但投资者要向经纪人支付必要的保证金，而且，卖空交易必须在交易所的自动对盘系统中成交。卖方在把沽空盘（卖空盘）输入自动对盘系统时，必须标明该盘为沽空盘，即对卖空交易的信息披露是即时的。一般情况下，在沽空（卖空）指定股票时不可以低于当时“最高沽盘价”进行，这就是所谓的“卖空价规则”。交易所对卖空交易的监管权力也较大，可以不经事先通知就暂停某一证券的卖空交易，随时对卖空数量定出数量限额；可以要求某一市场参与者暂时或永久停止对一只或多只证券的卖空活动；可以随时要求交易所的参与者披露其本身或为其客户所持指定证券的卖空净头寸。当然，并不是所有的上市股票都可以卖空，香港交易所每季对可作卖空的指定股票按一定标准进行调整，投资者可以查阅香港交易所网站《可进行卖空的指定证券名单》。

还有另外一种方法计算组合的预期收益。假定经济环境存在n种可能的状态，每一种状态发生的概率依次为p_i（i=1，2，3，…，n），证券1在每一种状态下的收益依次为$r_{1,1}$，$r_{1,2}$，$r_{1,3}$，…，$r_{1,n}$，证券2在每一种状态下的收益依次为$r_{2,1}$，$r_{2,2}$，$r_{2,3}$，…，$r_{2,n}$。证券1的资金比例为x，证券2的资金比例为1 − x。那么在每一种经济状态下，组合的收益为：

$$r_{p,1} = xr_{1,1} + (1-x)r_{2,1} \tag{8.10}$$

$$r_{p,2} = xr_{1,2} + (1-x)r_{2,2} \tag{8.11}$$

$$r_{p,3} = xr_{1,3} + (1-x)r_{2,3} \tag{8.12}$$

$$\vdots$$

$$r_{p,n} = xr_{1,n} + (1-x)r_{2,n} \tag{8.13}$$

因此，组合的预期收益为：

$$E(r_p) = \sum_{i=1}^{n} r_{p,i} \cdot p_i \tag{8.14}$$

其中：$r_{p,i}$为在第i种经济状态下组合的收益水平。

（2）组合的风险。

计算组合的风险要用到方差的一个性质：

$$\sigma_p^2 = E(r_p^2) - [E(r_p)]^2 \tag{8.15}$$

将式（8.9）和式（8.10）至式（8.13）的一般形式代入式（8.15），得：

$$\sigma_p^2 = E[xr_1 + (1-x)r_2]^2 - [xE(r_1) + (1-x)E(r_2)]^2 \tag{8.16}$$

展开，有：

$$\begin{aligned}\sigma_p^2 &= x^2E(r_1)^2 - x^2[E(r_1)]^2 + (1-x)^2E(r_2)^2 - (1-x)^2[E(r_2)]^2 \\ &\quad +2x(1-x)E(r_1r_2) - 2x(1-x)E(r_1)E(r_2)\end{aligned} \tag{8.17}$$

由于$E(r_1r_2) - E(r_1)E(r_2) = \sigma_{12} = \rho\sigma_1\sigma_2$，所以：

$$\begin{aligned}\sigma_p^2 &= x^2\sigma_1^2 + (1-x)^2\sigma_2^2 + 2x(1-x)\sigma_{12} \\ &= x^2\sigma_1^2 + (1-x)^2\sigma_2^2 + 2x(1-x)\rho\sigma_1\sigma_2\end{aligned} \tag{8.18}$$

其中：σ_{12}为$E(r_1)$与$E(r_2)$的协方差；ρ为$E(r_1)$与$E(r_2)$的相关系数。

对比式（8.9）和式（8.18）可知，影响组合预期收益的因素只有证券各自的预期收益和持有比例，而影响组合风险的因素除了证券各自的风险水平和持有比例以外，还有一个重要因素，即证券预期收益之间的相关系数。

相关系数表示两个变量之间符合线性关系的程度，其大小在-1~+1，其绝对值越接近“1”，表示两个变量间符合线性关系的程度越高，越接近“0”，表示两个变量间符合线性关系的程度越低。

以下分析随着相关系数的不同，由两个证券构成的组合，其预期收益与风险的关系。为了书写方便，以μ代替E(r)。

将式（8.9）和式（8.18）联立起来，得：

$$\begin{cases}\mu_p = x\mu_1 + (1-x)\mu_2 \\ \sigma_p^2 = x^2\sigma_1^2 + (1-x)^2\sigma_2^2 + 2x(1-x)\rho\sigma_1\sigma_2\end{cases} \tag{8.19}$$

消除x，合并二式并整理，得：

$$(\mu_1 - \mu_2)^2\sigma_p^2 = (\mu_p - \mu_2)^2\sigma_1^2 + (\mu_1 - \mu_p)^2\sigma_2^2 + 2(\mu_p - \mu_2)(\mu_1 - \mu_p)\rho\sigma_1\sigma_2 \tag{8.20}$$

依据ρ的不同取值，该方程可以进一步简化。

①ρ = 1时的简化。

ρ = 1时称证券1的收益与证券2的收益完全正相关，二者的关系如图8-1所示。

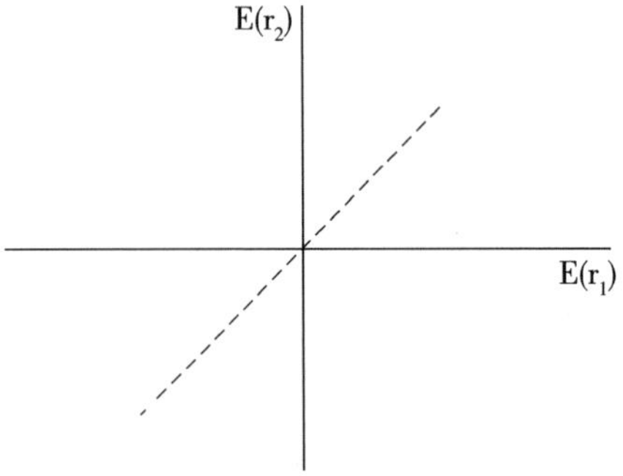

图8-1　E(r₁)与E(r₂)的完全正相关关系

式（8.20）可以简化为：

$$\mu_p = \frac{\mu_1 - \mu_2}{\sigma_1 - \sigma_2}\sigma_p + \frac{\mu_1\sigma_2 - \mu_2\sigma_1}{\sigma_1 - \sigma_2} \tag{8.21}$$

这表明当两个收益完全正相关的证券构成组合时，组合的收益与风险呈线性关系，如图8-2所示。

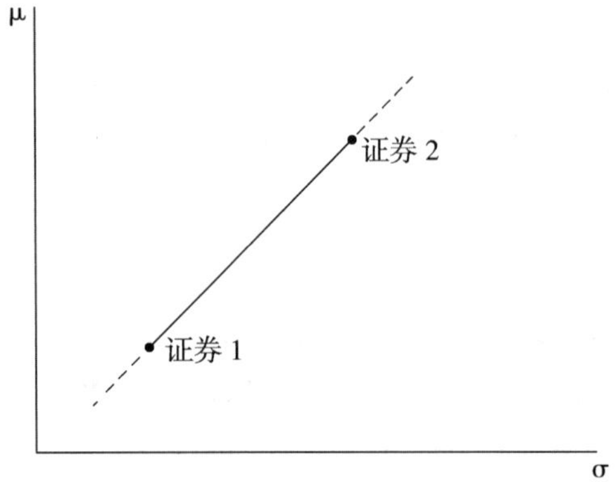

图8-2　收益完全正相关的证券构成的组合

图8-2中位于证券1和证券2之间的实线部分表示非卖空条件下，组合的预期收益与风险的关系。如果组合中证券1的占有比例较高，则组合的位置靠近证券1，如果证券2的占有比例较高，组合的位置就靠近证券2。在证券1和证券2外侧的延长部分，则表示在卖空条件下，组合的分布状况，其中证券1的外侧表示卖空证券2时所持有的组合，证券2的外侧表示卖空证券1时所持有的组合。卖空比例越大，组合在两侧延长线的位置将离证券1或证券2越远。

②$\rho=-1$时的简化。

$\rho=-1$时称证券 1 的收益与证券 2 的收益完全负相关，二者的关系如图 8-3 所示。

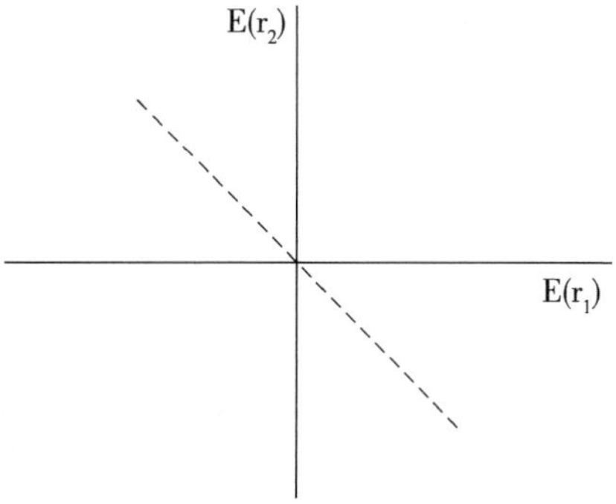

图 8-3　$E(r_1)$与$E(r_2)$的完全负相关关系

式（8.20）可以简化为：

$$\sigma_p=\left|\frac{\mu_p-\mu_2}{\mu_1-\mu_2}\sigma_1-\frac{\mu_1-\mu_p}{\mu_1-\mu_2}\sigma_2\right| \tag{8.22}$$

当$(\mu_p-\mu_2)\sigma_1>(\mu_1-\mu_p)\sigma_2$时，可得：

$$\mu_p=\frac{\mu_1-\mu_2}{\sigma_1+\sigma_2}\sigma_p+\frac{\mu_1\sigma_2+\mu_2\sigma_1}{\sigma_1+\sigma_2} \tag{8.23}$$

当$(\mu_p-\mu_2)\sigma_1<(\mu_1-\mu_p)\sigma_2$时，可得：

$$\mu_p=-\frac{\mu_1-\mu_2}{\sigma_1+\sigma_2}\sigma_p+\frac{\mu_1\sigma_2+\mu_2\sigma_1}{\sigma_1+\sigma_2} \tag{8.24}$$

比较式（8.23）和式（8.24）可知，这两个方程是截距相等、斜率相反的线性方程，由这两个方程共同反映的由完全负相关的证券构成的组合的收益与风险的关系如图 8-4 所示。

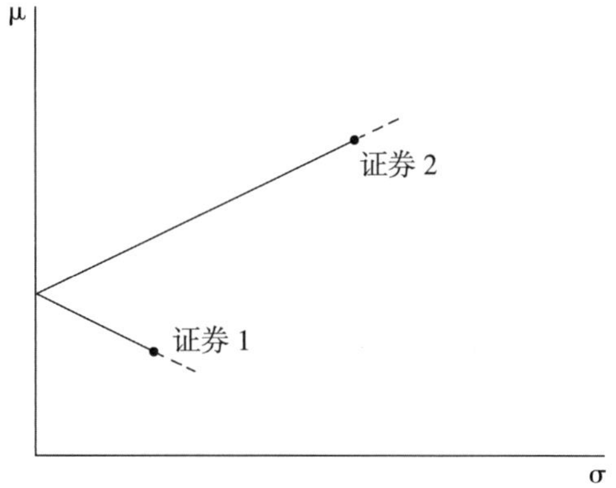

图 8-4　收益完全负相关的证券构成的组合

与图 8-2 类似，位于证券 1 和证券 2 之间的实线部分表示在非卖空条件下，组合的预期收益与风险的关系。如果组合中证券 1 的占有比例较高，组合分布在下面一条直线上，如果证券 2 的占有比例较高，组合分布在上面一条直线上。在证券 1 和证券 2 外侧的延长部分，各自表示卖空证券 2 和证券 1 时所持有的证券组合。

③$\rho = 0$时的简化。

$\rho = 0$时称证券 1 的收益与证券 2 的收益完全不相关，二者的关系如图 8-5 所示。

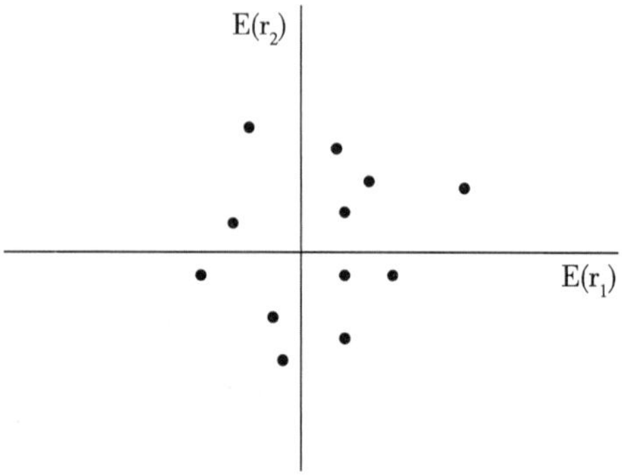

图 8-5　$E(r_1)$与$E(r_2)$的完全不相关关系

式（8.20）变为：

$$(\mu_1 - \mu_2)^2\sigma_p^2 = (\mu_p - \mu_2)^2\sigma_1^2 + (\mu_1 - \mu_p)^2\sigma_2^2 \tag{8.25}$$

该式实际上是双曲线方程，可以把它进一步整理，成为下式：

$$\frac{(\mu_1 - \mu_2)^2}{a - c}\sigma_p^2 - \frac{(\sigma_1^2 + \sigma_2^2)}{a - c}(\mu_p - b)^2 = 1 \tag{8.26}$$

式中 a、b 和 c 的大小如下：

$$a = \mu_2^2\sigma_1^2 + \mu_1^2\sigma_2^2 \quad b = \frac{\mu_2\sigma_1^2 + \mu_1\sigma_2^2}{\sigma_1^2 + \sigma_2^2} \quad c = \frac{(\mu_2\sigma_1^2 + \mu_1\sigma_2^2)^2}{\sigma_1^2 + \sigma_2^2}$$

考虑到证券组合的实际情况，由两种完全不相关的证券构成的组合，其收益与风险的关系符合双曲线的右支所描绘的规律（如图 8-6 所示）。

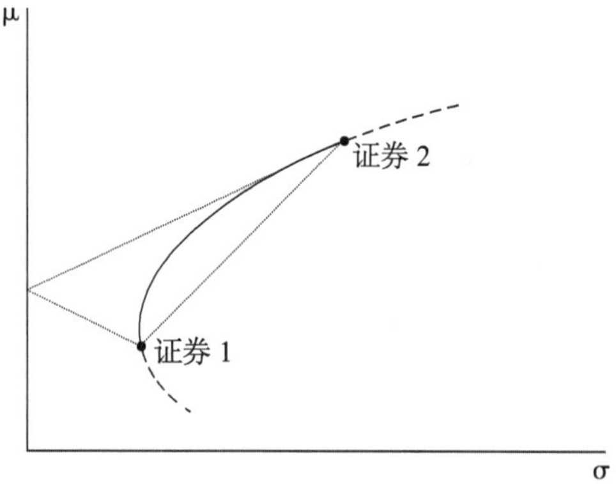

图 8-6　收益完全不相关的证券构成的组合

位于证券 1 和证券 2 之间的实线部分表示在非卖空条件下，组合的预期收益与风险的关系。在证券 1 和证券 2 外侧的延长部分，各自表示卖空证券 2 和证券 1 时所持有的证券组合。

上述三种情况毕竟只是极端的例子，实证研究发现，证券收益之间出现完全相关或完全不相关的情况是极其罕见的。通常，任意两证券收益之间的相关系数会在［-1，1］之间变换。根据统计意义，一般认为，当$|\rho|>0.5$时，可以认为两证券收益之间存在显著相关性，当$|\rho|<0.3$时，可以认为两证券收益之间不存在相关性。

实际上，式（8.20）就是一个双曲线方程，只是这个方程的表达式比较复杂，有兴趣的同学可以自己推导试试。曲线的弯曲程度取决于相关系数，当相关系数接近“1”时，曲线靠近完全正相关时的直线，相关系数接近“-1”时，曲线靠近左侧的折线。无论如何，曲线不会超过由直线和折线构成的三角区域。

2.由多个证券构成的组合的收益与风险

三种以上的证券构成的组合，其收益与风险的计算与两种证券构成的组合的收益与风险的计算方法相同。

分析一个由n种证券构成的组合的收益与风险。设各证券的收益率为r_i（i=1，2，…，n），且服从正态分布。投资于证券i的比例为x_i（$\sum x_i=1$），由这n种证券构成的组合的收益率为r_p，期望收益率为$E(r_p)$，方差为σ_p^2，它们分别可由下列公式求出：

$$r_p = \sum_{i=1}^{n} x_i r_i \tag{8.27}$$

$$E(r_p) = E\left[\sum_{i=1}^{n} x_i r_i\right] = \sum_{i=1}^{n} x_i E(r_i) \tag{8.28}$$

式（8.28）表明由多个证券构成的组合，它的期望收益率决定于各证券的期望收益率和各自的投资比例。

$$\begin{aligned}\sigma_p^2 &= E(r_p^2) - [E(r_p)]^2 \\ &= E\left(\sum_{i=1}^{n} x_i r_i\right)^2 - \left[\sum_{i=1}^{n} x_i E(r_i)\right]^2\end{aligned} \tag{8.29}$$

进一步展开，可得：

$$\begin{aligned}\sigma_p^2 = &\sum_{i=1}^{n} x_i^2 E(r_i^2) + \sum_{i=1}^{n}\sum_{\substack{j=1\\ j\neq i}}^{n} x_i x_j E(r_i r_j) \\ &-\sum_{i=1}^{n} x_i^2 [E(r_i)]^2 - \sum_{i=1}^{n}\sum_{\substack{j=1\\ j\neq i}}^{n} x_i x_j E(r_i)E(r_j)\end{aligned} \tag{8.30}$$

因为$\sigma_i^2 = E(r_i^2) - [E(r_i)]^2$且$E(r_i r_j) - E(r_i)E(r_j) = \sigma_{ij}$，所以上式可以变为：

$$\sigma_p^2 = \sum_{i=1}^{n} x_i^2 \sigma_i^2 + \sum_{i=1}^{n}\sum_{\substack{j=1\\ j\neq i}}^{n} x_i x_j \sigma_{ij} \tag{8.31}$$

式（8.31）表明，组合的方差是两部分的和，第一部分是成分证券的方差按各自的投资比例的平方为权重的加权和，第二部分是成分证券两两之间的协方差按各自投资比例之积为权重的加权和。

组合的方差主要是由后一部分决定的，特别是当组合中的证券数量比较多时。直观的理解是，在组合中，只有n个证券的方差，却有n(n - 1)个协方差，所以成分证券的协方差项对组合总风险的影响大于成分证券的方差项的影响。

除了直观理解之外，还可以证明这一点。假设组合中各成分证券之间的协方差平均值为$\bar{\sigma}_{ij}$，资金被平均分派在成分证券上，即每一种证券所占的投资比例均为$\frac{1}{n}$，那么：

$$\sigma_p^2 = \frac{1}{n^2}\sum_{i=1}^{n}\sigma_i^2 + \frac{1}{n^2}\sum_{i=1}^{n}\sum_{\substack{j=1 \\ j \neq i}}^{n}\sigma_{ij} \tag{8.32}$$

因为：

$$\sum_{i=1}^{n}\sum_{\substack{j=1 \\ j \neq i}}^{n}\sigma_{ij} = n(n-1)\bar{\sigma}ij \tag{8.33}$$

所以：

$$\sigma_p^2 = \frac{1}{n^2}\sum_{i=1}^{n}\sigma_i^2 + \frac{n(n-1)}{n^2}\bar{\sigma}ij \tag{8.34}$$

当$n \to \infty$时，上式存在极限：

$$\lim_{n \to \infty}\sigma_p^2 = \lim_{n \to \infty}\left[\frac{1}{n^2}\sum_{i=1}^{n}\sigma_i^2 + \frac{n(n-1)}{n^2}\bar{\sigma}_{ij}\right] = \bar{\sigma}ij \tag{8.35}$$

可见，当组合中的证券种类达到无穷多时，组合的方差就等于成分证券两两之间协方差的平均值。

3.由无风险证券与风险证券构成的组合的收益与风险

无风险证券与风险证券构成组合的方法与风险证券之间的组合方法并无不同，但因为无风险证券具有零风险的特征，它与任何风险证券都是完全不相关的，这使得无风险证券与风险证券的组合比风险证券之间的组合更好。

假设有两种证券：一种是无风险证券1，它的收益为r_f；另一种是风险证券2，它的预期收益为$E(r_2)$，风险为σ_2。投资于这两种证券，构成组合p，其中投资于无风险证券的资金比例为x，投资于风险证券的资金比例为1 - x，则组合的预期收益为：

$$E(r_p) = xr_f + (1-x)E(r_2) \tag{8.36}$$

组合的风险为：

$$\sigma_p = (1-x)\sigma_2 \tag{8.37}$$

联立式（8.36）和式（8.37），消除x，得到组合的预期收益与风险之间的关系：

$$E(r_p) = r_f + \frac{E(r_2) - r_f}{\sigma_2}\sigma_p \tag{8.38}$$

这是一个线性方程，在E(r)轴上的截距为r_f，斜率为$\frac{E(r_2) - r_f}{\sigma_2}$，如图8-7所示。

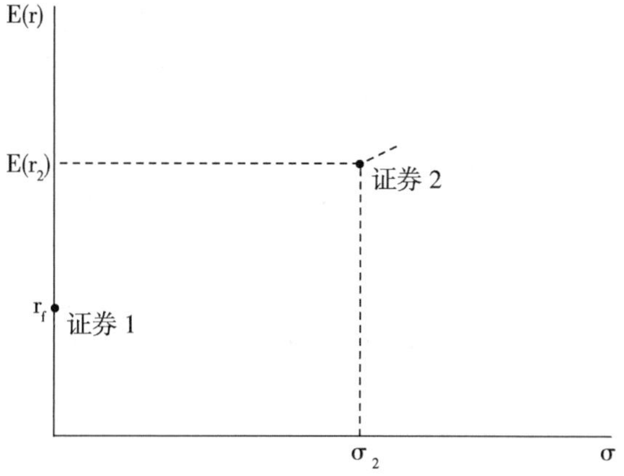

图 8-7　无风险证券与风险证券构成的组合

无风险证券与单个风险证券进行组合的原理对无风险证券与风险证券组合再进行组合也是适用的，只需要把证券 2 看成一个风险证券组合即可。

4.证券组合的风险分散作用

对市场的观察发现，不同的投资品种在同一市场上的发展状况和趋势往往存在差异，无论股价指数怎样波动，市场中总有一部分证券的价格在上涨，另一部分证券的价格在下降，或者虽然价格都在波动，但波动的幅度不一样。这就使得，当进行证券组合投资时，组合中一部分证券的价格下降带来的损失，可能会由另一部分证券的价格上涨带来的盈利所弥补，从而使得投资者减小风险，降低损失。这就是证券组合的风险分散作用。

这个风险分散作用也可以从理论上进行令人信服的证明。由于 $\sigma_{ij} = \rho_{ij}\sigma_i\sigma_j$，式（8.31）可以写成：

$$\sigma_p^2 = \sum_{i=1}^{n} x_i^2\sigma_i^2 + \sum_{i=1}^{n}\sum_{\substack{j=1 \\ j \neq i}}^{n} x_i x_j \rho_{ij}\sigma_i\sigma_j \tag{8.39}$$

因为 $\rho_{ij} \leqslant 1$，所以：

$$\sum_{i=1}^{n} x_i^2\sigma_i^2 + \sum_{i=1}^{n}\sum_{\substack{j=1 \\ j \neq i}}^{n} x_i x_j \rho_{ij}\sigma_i\sigma_j \leqslant \sum_{i=1}^{n} x_i^2\sigma_i^2 + \sum_{i=1}^{n}\sum_{\substack{j=1 \\ j \neq i}}^{n} x_i x_j \sigma_i\sigma_j \tag{8.40}$$

而式（8.37）的右边是一个完全平方公式，它有更简洁的表现形式：

$$\sum_{i=1}^{n} x_i^2\sigma_i^2 + \sum_{i=1}^{n}\sum_{\substack{j=1 \\ j \neq i}}^{n} x_i x_j \sigma_i\sigma_j = \left(x_i\sigma_i\right)^2 \tag{8.41}$$

根据式（8.39）、式（8.40）和式（8.41），可以得到如下结论：

$$\sigma_p \leqslant x_i\sigma_i \tag{8.42}$$

当证券之间不是完全正相关时（$\rho_{ij} < 1$），上式变成：

$$\sigma_p < \sum_{i=1}^{n} x_i\sigma_i \tag{8.43}$$

这说明，只要证券之间不是完全正相关，那么任意取一部分证券构成组合，其组合后的总风险，都会比构成这个组合的全部证券的加权风险总和要小。这就是证券组合分散风险的效应。

组合的这种分散风险的效应随着加入组合的证券数量的增多而递减。法玛（Fama，1976）曾经对证券组合风险与证券组合中证券数量的关系进行了实证研究，他通过计算得出：当股票数量增加到30种以上时，继续分散将得不偿失（即降低风险的效果不敌成本）。所以，证券组合中的证券种类最多不能超过15~25种。这种当加入组合的证券数量增加的时候，组合风险呈现出减速下降的情形如图8-8所示。而且，组合的风险不可能被无限降低或分散，被降低或分散的只是非系统风险，其极限状态就是组合的风险中仅剩下系统风险（非系统风险全部被分散）。

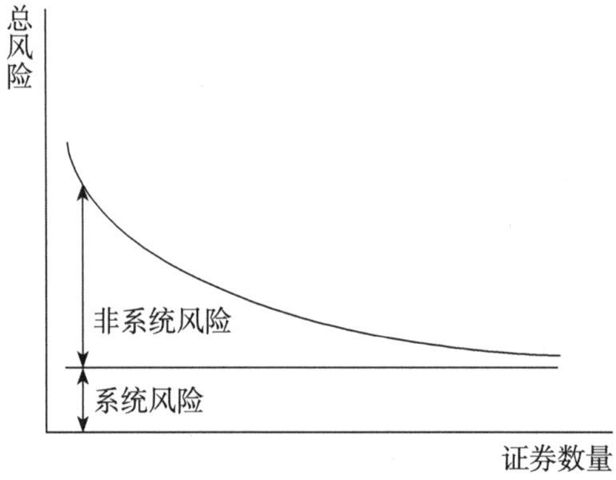

图8-8　证券数量与证券组合风险的关系

§8.2　投资者偏好与证券选择准则

在了解如何评价证券和证券组合的预期收益和风险之后，接下来的问题是如何进行证券选择。例如，给出5种可选证券，估计它们有表8-3所示的预期收益和风险水平，如果要从中选择最优证券，应该如何进行选择呢？

表8-3　证券选择

	证券1	证券2	证券3	证券4	证券5
预期收益（%）	12	15	28	28	22
标准差（%）	13	13	15	18	14

证券1和证券2有相同的风险，但是证券2的预期收益高于证券1；证券3和证券4有相同的收益，但是证券3的风险低于证券4；证券5的预期收益和风险水平都是中等。投资者究竟应该取哪一个为最优选择呢？这实际上不仅仅是一个投资选择问题，还和投资者自身对风险的态度有密切关系。投资选择的过程，不但是投资者对预期收益的选择过程，也是他们对愿意承担的风险的选择，而这和他们对风险的态度有关系。

8.2.1　投资者效用函数及其类型

投资者究竟依据何种标准进行证券选择？经济学认为，经济主体行为的最终目的是实现效用最大化。所谓效用，是指经济主体欲望的满足程度。在经济学中，我们往往是以消费品作为效用函数的自变量，即消费品能给人带来效用。**鉴于投资学的研究主题，我们认为，期望收益倾向于增加效用，而风险倾向于降低效用，即效用是期望收益的增函数，是风险的减函数，这就是效用函数的基本内容。**

马柯维茨在1952年首次提出了投资者的最优投资行为准则。他认为投资者的行为准则是：（1）对每一个可能的结果他都有对应的效用水平；（2）当面对各种可供选择的机会时，他选择期望效用最大的那一种。如果越来越多的收益只会带来越来越少的效用增加，投资者通常会选择多元化的证券组合。

不同投资者应用期望效用最大化准则进行证券选择时，结果可能不一样，要理解这一点，就需要了解投资者的分类。这个工作是由托宾（1965）完成的。托宾根据投资者对风险和收益的主观评价不同，将投资者分为三种类型：风险厌恶者（risk averter）、风险中立者（risk neutral）和风险偏好者（risk lover）。托宾认为，绝大多数投资者都是风险厌恶者，风险中立者和风险偏好者都只是极少数。以下分析三种投资者的效用规律曲线。

1.风险厌恶者及其效用函数

风险厌恶者是边际效用递减的投资者。对这种投资者而言，收益增大使其效用增加，但是风险的增大又会使其效用降低，由于收益增大总是伴随着风险的增大，所以风险厌恶者的效用增加比投资对象收益的增加慢，即投资者的边际效用递减。

令效用函数为U(r)，风险厌恶者的效用函数曲线具有如下特征：

$U'(r) \geq 0$，$U''(r) < 0$

图8-9描绘了风险厌恶者的效用函数，它是下凹的曲线。

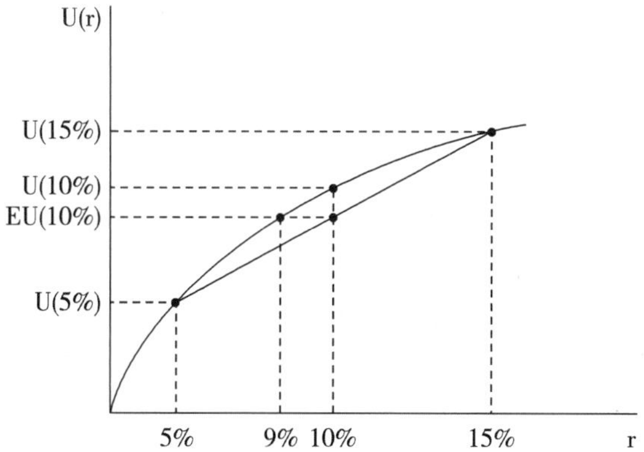

图8-9　风险厌恶者的效用函数

从图8-9中可知，当收益从5%增加到10%，从10%增加到15%，投资者的效用都增大了，但是前者所带来的效用增加要大于后者，所以说对该投资者来说其边际效用递减。

如果提供两种证券让风险厌恶者进行选择，一种是收益为10%的安全证券（标准差为0），另一种是预期收益为10%的风险证券（风险证券各有50%的机会得到5%或15%的收益）。这种投资者会选择收益为10%的安全证券，因为从图8-9中可以看出，10%预期收益的效用EU（10%）低于10%实际收益的效用U（10%），根据最大效用原理，他会选择安全证券。

事实上，即使安全证券的收益略低，只要它能提供比风险证券预期收益的效用更高的效用，投资者仍然会选择安全证券而舍弃风险证券，直到安全证券的收益降到如图8-9所示的9%的水平，此时安全证券的效用和风险证券预期收益的效用相等。如果安全证券的收益继续降低，投资者的效用就会低于风险证券提供的预期效用，投资者就不会选择安全证券了。因此，投资者用安全性换取风险性愿意支付的最大代价是1%的收益（即10%-9%）。

投资者愿意用安全性换取风险性所愿意支付的最大代价越大，表明在他看来，这种风险证券的风险越高。

2.风险中立者及其效用函数

风险中立者是边际效用不变的投资者。风险中立者通常既不回避风险，也不主动追求风险。他们选择证券的唯一标准是预期收益的大小，而不管风险状况如何。预期收益相同的证券将给他们带来同样的效用。

风险中立者的效用函数曲线具有如下特征：

$U'(r) \geq 0，U''(r) = 0$

图8-10描绘了风险中立者的效用函数，它是过原点的射线。

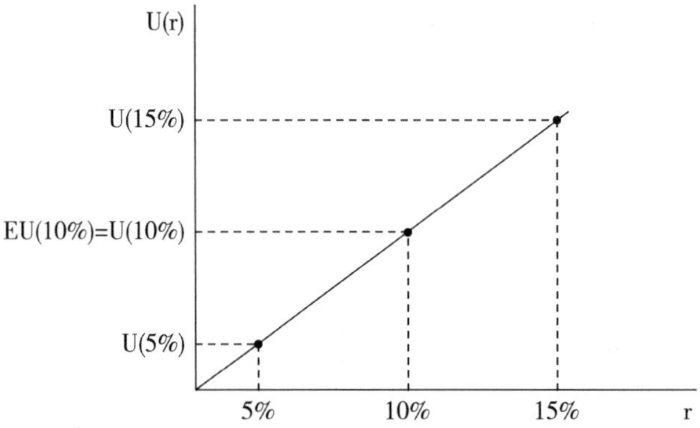

图8-10　风险中立者的效用函数

当收益从5%增加到10%，从10%增加到15%时，投资者的效用增加是相等的，即投资者的边际效用不变。

在这种投资者看来，前述提供给风险厌恶者的两种证券没有区别，因为10%的安全证券带来的效用和预期收益为10%的风险证券带来的预期效用相等，即U（10%）=EU（10%）。

3.风险偏好者及其效用函数

风险偏好者是边际效用递增的投资者。对这种投资者而言，收益增大使其效用增加，风险的增大也使其效用增加，由于收益增大和风险增大都将导致其效用增加，所以风险偏好者的效用增加比收益增加更快，投资者的边际效用递增。

风险偏好者的效用函数曲线具有如下特征：

$U'(r) \geqslant 0$，$U''(r) > 0$

图 8-11 描绘了风险偏好者的效用函数，它是上凹的曲线。

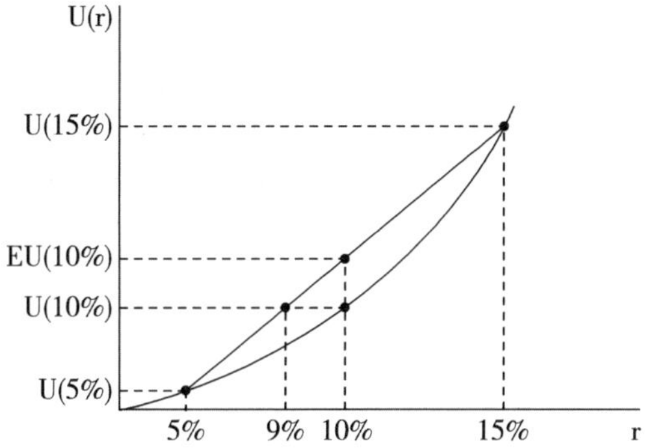

图 8-11　风险偏好者的效用函数

当收益从 5% 增加到 10%，从 10% 增加到 15%，投资者的效用都增加了，但是后者所带来的效用增加要大于前者，所以说对该投资者来说其边际效用递增。

如果把前述提供给风险厌恶者的那两种证券提供给风险偏好者，他会选择预期收益为 10% 的风险证券。因为从图 8-11 中可以看出，10% 预期收益的效用 EU（10%）高于 10% 实际收益的效用 U（10%），根据最大效用原理，他会选择风险证券。

事实上，即使风险证券的预期收益略低，只要它能提供比安全证券的效用更高的效用，投资者仍然会选择风险证券而舍弃安全证券，直到风险证券的收益降到如图 8-11 所示的 9% 的水平，此时风险证券的效用和安全证券的效用相等。如果风险证券的预期收益继续降低，投资者的效用就会低于安全证券提供的效用，投资者就不会选择风险证券了。因此，这个投资者用风险性换取安全性愿意支付的最大代价是 1% 的收益（即 10%-9%）。

由于从本质上来看，投资者都是在回避风险的同时追求较高收益，因此风险厌恶者更具一般性，以下的投资理论也是基于风险回避者的角度展开的。金融界有一个广泛使用的效用函数，称为均值-方差效用函数。其函数形式如下：

$$U = E(r) - 0.005A\sigma^2 \tag{8.44}$$

其中：A 为投资者的风险厌恶系数。

该函数表明，证券的预期收益越高，投资者的效用越高。但是风险对效用的影响则取决于A，即投资者对风险的厌恶程度。A值越大，风险对投资者效用的降低作用就越大。

8.2.2 均值-方差准则

虽然式（8.44）是一个具有代表性的效用函数，但是由于投资者的效用规律复杂多变，式（8.44）并不一定能准确地描绘出投资者效用的真实状态。一个投资者心目中各种证券的效用排序，很难被其他人把握，同时，不同投资者心目中各种证券的效用排序也可能是完全不相同的，所以利用最大效用原理进行选择，无法得到一种公认的最优选择结果。

均值-方差准则解决了效用排序的问题。在此基础上，添加关于效用水平的无差异曲线，可以找到所谓的最优选择。

对于风险厌恶者来说，存在着选择证券的均值-方差准则：

有两个证券A和B，当满足下列条件（1）和条件（2）中的任何一个时，投资者将选择证券A作为投资对象：

（1）$E(r_A) \geq E(r_B)$且$\sigma_A^2 < \sigma_B^2$；

（2）$E(r_A) > E(r_B)$且$\sigma_A^2 \leq \sigma_B^2$。

条件（1）说的是，证券A的预期收益不比证券B的预期收益小，但是方差却比它小。

条件（2）说的是，证券A的预期收益比证券B的预期收益大，但是方差却不比它大。

以上两种情况都说明证券A优于B。值得注意的是，均值-方差准则中所说的证券既可以是单项证券，也可以是证券组合。

利用均值-方差准则可以把证券或证券组合进行分类，如把表8-3中所列的5种证券逐一进行对比，证券2的风险不比证券1的风险大，但是预期收益却比它大，所以证券2优于证券1；证券3的预期收益不比证券4的预期收益小，但是风险却比它低，所以证券3优于证券4；最后拿证券2、证券3和证券5对比，发现三种证券无法继续排序。这样，5种证券被分为两类：一类如证券2、证券3和证券5，是利用均值-方差准则筛选后保留的证券，称为有效证券；另一类如证券1和证券4，是不符合均值-方差准则的证券，称为无效证券。

在有效证券或证券组合中，哪一种是最优证券或证券组合，这个问题用均值-方差准则是不能完成的，在介绍了无差异曲线后，我们再来讨论这个问题。

§8.3 证券组合的有效集与最优组合的选择

8.3.1 证券组合的有效集

有效集是符合均值-方差准则的证券或证券组合的集合。

在均值-标准差坐标系中，每一种组合方式都依照其均值和标准差的大小而进行分布。在8.1节中，我们分析了由两种证券构成的组合的分布规律，知道两种证券的组合，通常是按照一条双曲线规律分布的，现在来看三种以上证券构成的组合，究竟是如何分布的。

一般来说，由多种证券构成的组合，会分布在如图8-12所示的阴影区域内，依赖所包含的证券的不同，这个区域可能更右或更左、更高或更低、更“胖”或更“瘦”一些。这个阴影区域被称为可行集，所有由风险证券构成的组合都应该分布在这个区域内。

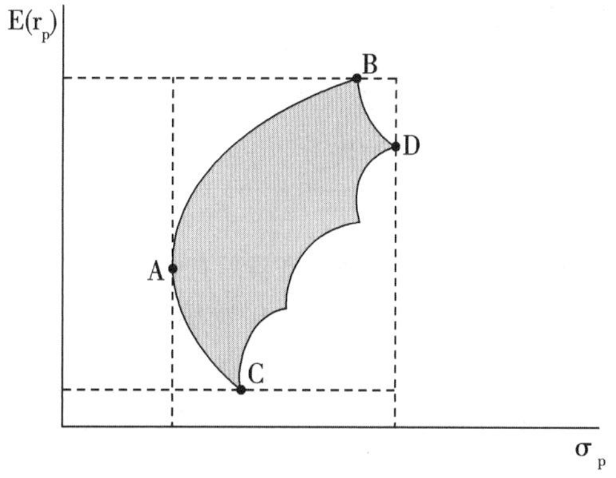

图8-12　有效集的确定

根据均值-方差准则，投资者在选择最优组合时，会从下列组合中进行：

（1）对每一风险水平，提供最大预期收益率；

（2）对每一预期收益率，提供最小的风险。

符合这两个条件的组合集是经由均值-方差准则筛选出来的组合集，被称为有效集。

首先，分析符合第一个条件的组合的分布。在图8-12中，没有哪一个组合提供的风险比A更小，因为如果过A点画一条垂线，在区域中没有哪一个点位于这条线的左边。同时也没有一个组合提供比D更大的风险，因为过D点画一条垂线，区域中没有哪一点位于这条直线的右边。因此，随着风险的变化，提供最大预期收益的组合都分布在介于A和D之间的“北部”边界上。

其次，分析符合第二个条件的组合的分布。没有哪一个组合提供的预期收益比B更高，同时也没有一个组合提供比C更小的预期收益。因此，随着预期收益的变化，提供最小风险的组合都分布在介于B和C之间的“西部”边界上。

为了确定有效集，两个条件都必须同时满足，所以只有位于A和B之间的“西北部”边界上的组合符合要求。所以，这些组合形成有效集，投资者将从这个有效组合的集合中发现其最优组合。

这个结论在引入无风险证券后有所变化。在上述基础上考虑加入无风险证券，在理论上，无风险证券可以跟图8-12中的任何风险证券组合再进行组合，如图8-13

所示，那些射线是无风险证券分别与组合A、B、D、M等再进行组合后的最终组合的分布线。但是，根据均值-方差准则的要求进行筛选，结果只有r_fM线上的组合是有效组合，所以r_fM线就是此时的有效集，而该射线及以下部分都是可行集。

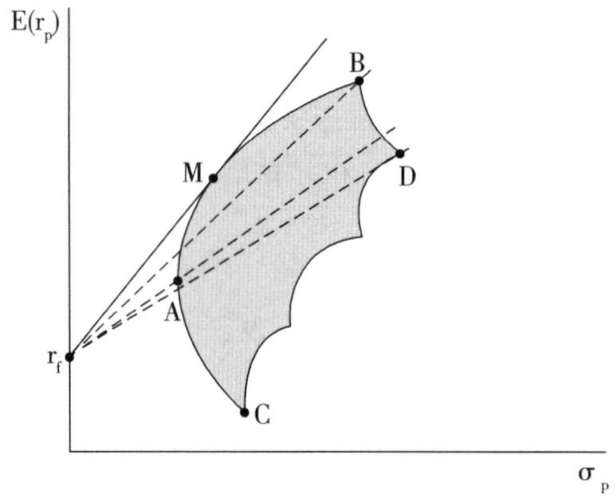

图8-13 引入无风险证券后有效集的确定

从图8-13中可以看出，M点是r_fM线与有效集（有效边界）的切点，如果进行组合的是市场上全部的证券，则这一点具有特殊意义。首先，这是有效集中的一种组合形式，包含了市场上全部可以进行投资的证券；其次，这一组合是由所有入选证券按照特定比例构成的，在考虑加入无风险证券的前提下，这种特定比例是最佳风险资产比例（在图8-13中不可能存在比r_fM线上的组合更好的组合方式）。M点的组合被称为市场组合。在现实市场中，由于这样的市场组合难以确定，通常用市场指数来代替。

8.3.2 最优组合的选择

1.无差异曲线

在利用均值-方差准则进行证券选择的基础上，必须考虑投资者的无差异曲线，才能找到投资者心目中的最优投资组合。

在经济学中，无差异曲线是用来表示两种商品的不同数量的组合给消费者所带来的效用完全相同的一条曲线。在投资学里引入**无差异曲线，它表示的是使投资者的效用保持不变的各种组合的集合。**对这种无差异曲线的分析如下：

如图8-14所示，在均值-方差坐标系中，以组合P为中心，把平面分成Ⅰ、Ⅱ、Ⅲ、Ⅳ四个区域。根据均值-方差准则可知，Ⅳ区的组合提供的效用都比组合P的效用低，因为Ⅳ区的组合都有比组合P更低的预期收益和更高的风险；Ⅱ区的组合提供的效用都比组合P的效用高，因为Ⅱ区的组合都有比组合P更高的预期收益和更小的风险。Ⅰ区的组合有比组合P更高的预期收益和更高的风险，更高的预期收益会带来更高的效用，但是更高的风险又会令效用下降，结果，有可能在Ⅰ区找到一些组合，它们所提供的效用与组合P的效用相等；Ⅲ区的组合有比组合P更低的预期收益和更低的风险，更低的预期收益会带来更低的效用，但是更低的风险又会使效用提高，所以在III区也能找到一些组合，它们提供的效用与组合P的效用相等。把这些效用相等的组合连接起来，就得到一条无差异曲线，它是一条由西南走向东北的曲线（如图 8-14 所示）。

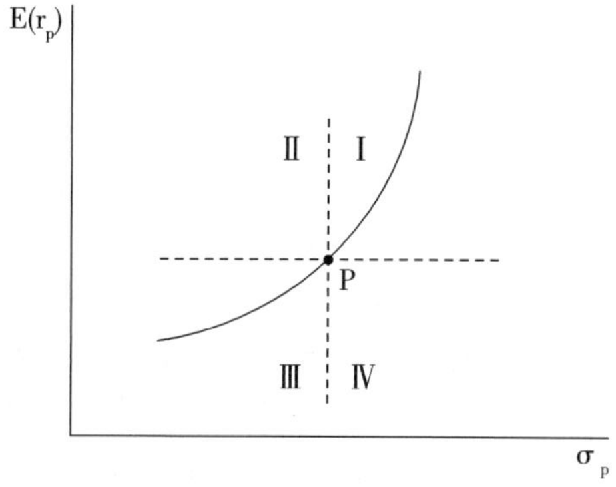

图 8-14　无差异曲线

对于每一个投资者而言，这样的无差异曲线有无数条。无差异曲线具有以下三个特点：

（1）上方的无差异曲线表示的效用水平比下方的无差异曲线表示的效用水平高一些；

（2）同一个投资者的无差异曲线不可能相交；

（3）风险厌恶程度较低的投资者，无差异曲线较平缓，风险厌恶程度较高的投资者，无差异曲线较陡峭。

关于第（1）和第（2）个特点，请读者自己分析，第（3）个特点是因为，对于风险厌恶程度较低的投资者而言，风险提高时投资者要求得到的收益补偿较小，所以无差异曲线比较平缓；而对于风险厌恶程度较高的投资者而言，风险提高时投资者要求得到的收益补偿较大，所以无差异曲线比较陡峭。

2.最优组合的选择

投资者如何选择最优组合呢？这个选择需要用有效集结合投资者的无差异曲线来完成，如图 8-15 所示。

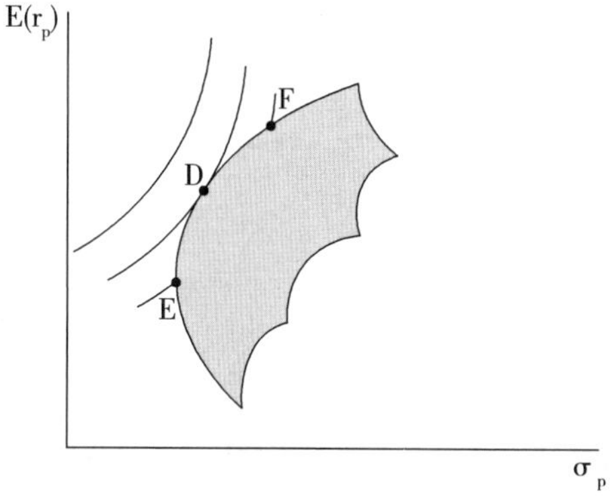

图 8-15　最优组合的选择

图8-15是叠加了无差异曲线的可行集，其中最上面的无差异曲线对应的效用水平最高，但却是现有证券组合无法提供的，下面的两条无差异曲线与可行集相交，不过，图8-15中的E和F这样的组合，并不能给投资者带来最高效用，根据期望效用最大化原理，只有D点的组合提供的效用是最高的，D点是某一条无差异曲线与有效边界的切点。因此，对于有如图8-15中所示的无差异曲线的投资者来说，D点的组合就是他的最优组合。

由于不同投资者对风险的态度不同，有的投资者风险厌恶程度较低，有的投资者风险厌恶程度较高，他们的无差异曲线的倾斜程度也不相同，这使得他们各自选择的最优证券组合不同。如图8-16所示，风险厌恶程度较高的投资者，无差异曲线较陡峭，与有效集的切点G偏左下方，所以他们选择的最优证券组合具有较低的风险和预期收益；而风险厌恶程度较低的投资者，无差异曲线较平缓，与有效集的切点H偏右上方，所以他们选择的最优证券组合具有较高的风险和预期收益。

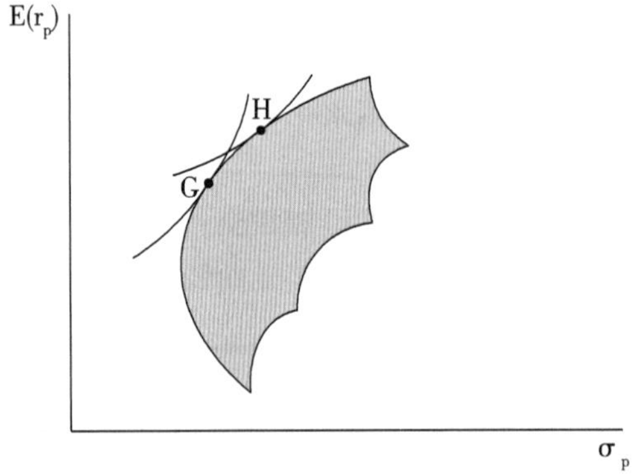

图8-16　不同投资者的最优证券组合

在引入无风险证券后，最优组合是在r_fM线上结合无差异曲线进行选择的，如图8-17所示。

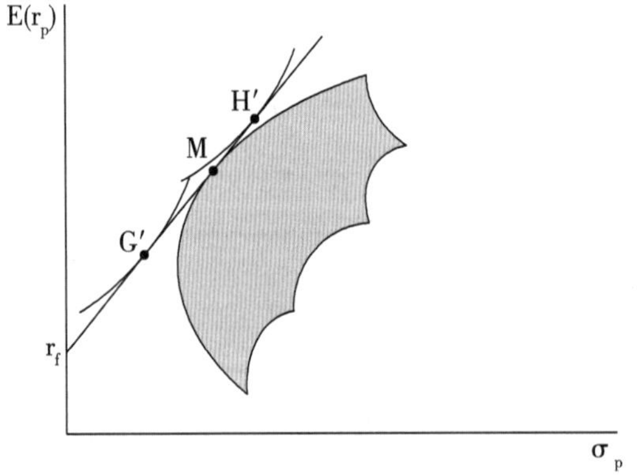

图8-17　引入无风险证券后不同投资者的最优证券组合

§8.4　因子模型

利用式（8.31）可以计算由多种证券构成的组合的风险水平，但是，首先必须对所选择的证券之间的协方差进行估计。如果证券数目太大，就必须进行大量的协方差估计，这个工作量是比较大的。例如，如果要计算由n种证券构成的组合的风险，需要掌握三个方面的基本数据：（1）每一种证券的预期收益率$E(r_i)$，共有n个；（2）每一种证券的收益的方差σ_i^2，共有n个；（3）两两证券之间的相关系数ρ_{ij}，共有$n\times(n-1)/2$个。总计需要$2n+n\times(n-1)/2$个基础性数据。对于每天追踪30~50种证券的投资机构来说，每天需要处理495~1 325个数据；对于每天追踪150~250种证券的投资机构来说，每天需要处理11 475~31 625个数据。显然，这是一件很耗时的事情。**因此，如何使投资组合理论和方法有效实用，简便易行，真正为金融财务工作者服务，就成了金融财务经济学家极为关心的问题。因子模型能有效地克服这一困难，使得确定证券组合的方差计算过程变得简单。因子模型分为单因子模型和多因子模型。**

8.4.1　单因子模型

单因子模型也称为夏普单因子模型，是威廉·夏普（William Shape）在1963年发表的《对于“资产组合”分析的简化模型》一文中提出的。

在证券市场中，当市场投资组合（如股票市场指数）的收益率显著上升或下降时，几乎所有证券的收益率都随之上升或下降，虽然可能有一些证券的收益率比另一些证券的收益率上升或下降得要快，但总的来说都是呈相同趋势变化的。这意味着，市场投资组合收益率的变化能充分反映各种证券的共同变化趋势，因此对各个证券收益率之间的协方差的计算，可以用每一证券收益率与市场投资组合收益率之间的协方差代替。单因子模型就是在假定证券的收益率只受市场投资组合即单因子收益率的影响下确定证券组合的权重。

单因子模型的表现形式如下：

$$r=A+\beta r_m+\varepsilon \tag{8.45}$$

其中：r为证券的收益率；r_m为市场投资组合的收益率；A和β为待估参数，其中A为证券与市场投资组合收益率无关的平均收益率，β为证券的贝塔因子；ε为残差。

假如市场中有n个证券，则每个证券的收益率均满足：

$$r_i=A_i+\beta_i r_m+\varepsilon_i\ (i=1,\ 2,\ \cdots,\ n) \tag{8.46}$$

单因子模型隐含的假设引起证券收益率变化的有两类事件。

第一类事件为宏观事件（macro event），例如未预期的通货膨胀率的变化、基准利率的变化等。在每种情况下，宏观事件均会产生广泛而深远的影响。它们对每一家公司都会产生一定的影响，从而对证券价格产生一个整体的影响。它们还会对市场证券组合的收益率产生影响，并通过市场的力量，影响证券的收益率。

第二类事件是微观事件（micro event）。微观事件会对某个公司产生影响，但是不会影响其他公司，例如开发出新产品或是旧产品突然过时，也可能是当地罢工、发生火灾、公司里关键人物的辞职或死亡。这些事件只影响单个公司，它们被认为对其他公司是没有影响的，因而它们对市场证券组合的价值或收益率也就不会产生影响。但是微观事件确实影响了单个证券的收益率，它们导致证券收益率比正常收益率（考虑了市场证券组合收益率的影响）更高或更低，因而微观事件导致了残差的出现。

其他类型的事件在模型中则不作假定。例如行业事件（industry event），此类事件对同一行业的公司产生一般影响，但是该影响还不足以大到对整个经济体或市场证券组合构成冲击。此类事件对残差也会产生影响，但是单因子模型假设残差总是由微观事件引起的。

因此，对证券i，j = 1，2，…，n建立如下三个假设：

$$\mathrm{cov}(\varepsilon_i,\ \varepsilon_j) = 0\ (i \neq j) \tag{8.47}$$

$$E(\varepsilon_i) = 0 \tag{8.48}$$

$$\mathrm{cov}(\varepsilon_i,\ \varepsilon_m) = 0 \tag{8.49}$$

式（8.47）表明证券i和j的残差不相关，即引起证券i和j的收益发生变化的微观因素各不相同；式（8.48）表明残差的均值为零，即从样本整体来看，残差项不影响r_i和r_m的线性关系，但是对任一时期而言，允许残差为正或负；式（8.49）说明证券残差与市场投资组合收益率不相关，即引起证券收益发生变化的微观因素与宏观因素不相关。

由式（8.46）、式（8.47）和式（8.48）可得：

$$E(r_i) = A_i + \beta_i E(r_m) \tag{8.50}$$

$$\begin{aligned}\sigma_i^2 &= E(r_i)^2 - [E(r_i)]^2 \\ &= E(A_i + \beta_i r_m + \varepsilon_i)^2 - [A_i + \beta_i E(r_m)]^2 \\ &= \beta_i^2\sigma_m^2 + \sigma_{\varepsilon_i}^2 \end{aligned} \tag{8.51}$$

$$\begin{aligned}\mathrm{cov}(r_i,\ r_m) &= E(r_i r_m) - E(r_i)E(r_m) \\ &= E[(A_i + \beta_i r_m + \varepsilon_i)r_m] - [A_i + \beta_i E(r_m)]E(r_m) \\ &= \beta_i\sigma_m^2 \end{aligned} \tag{8.52}$$

式（8.50）被称为证券i的特征方程，表明证券i的预期收益与市场组合的预期收益之间的线性关系。

式（8.51）是证券i的方差的计算式。该式的右边第一项称为投资的系统风险，在单因子模型中，它代表证券方差中不可分散的部分，这部分即使在高度分散化的组合中也同样存在。系统风险是两项之积：第一项是证券的β因子，它表示证券收益率随市场投资组合的变动而受影响的程度；第二项是市场投资组合收益率的方差，表示市场投资组合收益率的变化程度。右边第二项称为残差方差或非系统风险，它代表证券总方差中可以被分散的部分。由于残差方差的存在，组合的方差就比组合中各个证券方差的加权平均小。

β因子的大小可以由式（8.52）求得，即：

$$\beta_i = \frac{cov(r_i, r_m)}{\sigma_m^2} \tag{8.53}$$

考虑在单因子模型下证券组合的结构。假设存在满足单因子模型的n个证券的证券组合p，则这个组合的单因子模型形式如下：

$$r_p = \sum_{i=1}^{n} x_i r_i = \sum_{i=1}^{n} x_i A_i + \left(\sum_{i=1}^{n} x_i \beta_i\right) r_m + \sum_{i=1}^{n} x_i \varepsilon_i \tag{8.54}$$

$$E(r_p) = \sum_{i=1}^{n} x_i A_i + \left(\sum_{i=1}^{n} x_i \beta_i\right) E(r_m) \tag{8.55}$$

$$\beta_p = \frac{cov(r_p, r_m)}{\sigma_m^2} = \frac{cov(\sum_{i=1}^{n} x_i r_i, r_m)}{\sigma_m^2} = \frac{\sum_{i=1}^{n} x_i cov(r_i, r_m)}{\sigma_m^2} = \sum_{i=1}^{n} x_i \beta_i \tag{8.56}$$

式（8.51）不论对证券还是证券组合均成立。对于组合，表达式为：

$$\sigma_p^2 = \beta_p^2 \sigma_m^2 + \sigma_{\varepsilon_p}^2 \tag{8.57}$$

由于：

$$\sigma_{\varepsilon_p}^2 = \sum_{i=1}^{n} x_i^2 \sigma_{\varepsilon_i}^2$$

所以，式（8.57）的具体形式是：

$$\sigma_p^2 = \left(\sum_{i=1}^{n} x_i \beta_i\right)^2 \sigma_m^2 + \sum_{i=1}^{n} x_i^2 \sigma_{\varepsilon_i}^2 \tag{8.58}$$

该式表示：

组合总方差=组合系统风险+组合残差方差

现在来看看利用单因子模型计算组合方差的好处。

利用单因子模型计算组合方差需要的基本数据大大减少，统计如下：

（1）n个与市场组合无关的平均收益率A_i，i=1，2，…，n；

（2）n个独立的风险指标$\sigma_{\varepsilon_i}^2$，i=1，2，…，n；

（3）n个市场风险敏感测度β_i，i=1，2，…，n；

（4）1个市场组合预期收益率$E(r_m)$；

（5）1个市场组合风险指标σ_m^2。

总共需要3n + 2个基本数据。这样，对于每天追踪30~50种股票的投资者来说，每天需要收集处理92~152个数据；对于每天追踪150~250种股票的机构投资者来说，每天仅需要收集处理452~752个数据。这与原来的计算要求相比，已经大大减少了工作量。

单因子模型虽然把计算组合风险的过程进行了简化，但是计算结果的精确度稍显不足。因为单因子模型假定残差（微观事件引致的风险）在不同的公司之间是不相关的，因而它所计算出的方差只是真实方差的一个近似值。即使模型中对贝塔因子和残差方差估计得非常准确，组合方差的估计值充其量也只是一个近似值。

专栏8-1

β因子的预测能力

单因子模型的应用是建立在一系列预期基础上的，包括市场组合的预期收益率、证券的与市场组合无关的平均收益率、市场组合方差、证券收益方差、β值等，都需要事先进行预测。在理论上，要进行准确预期，就需要掌握准确的信息，对未来的经济形势、市场环境和证券个体的全部可能状态有全面的把握，这实际上几乎是不可能的事情，而利用历史数据进行估算并把估算结果作为对未来的预期，在实际工作中却比较容易，且应用广泛。

单因子模型中的β值就是利用收益率的历史数据估算出来的，由于β值常被用来作为投资决策的依据，因此，一个很重要的问题便是，用历史的β值来预测未来的可靠性有多大？

1971年3月，美国学者布朗姆（Blume）在Journal of Finance上发表了一篇论文，题目是On the Assessment of Risk，专门研究了这一问题。他采集了1926—1968年纽约证券交易所上市公司所有普通股的月收益率值，并把1926—1968年分成6个时间段，分别计算每一时间段的各种股票的β值，然后，随机选择股票，逐一计算1~100种股票证券组合的β值，最后计算两个相邻时间段各证券组合β值的相关系数。其中，1954—1961年和1961—1968年这两个时间段各β值的相关系数见表8-4。

表8-4　1954—1961年和1961—1968年这两个时间段各β值的相关系数

证券组合中的证券数量	相关系数	可决系数
1	0.60	0.36
3	0.73	0.53
4	0.84	0.71
7	0.88	0.77
10	0.92	0.85
20	0.97	0.94
35	0.97	0.94
50	0.98	0.96

根据表8-4，随着证券组合中证券数量的增多，前后两个时间段内β值的相关系数和可决系数（相关系数的平方值）也越大。当证券组合中只有1种证券时，相关系数只有0.6，可决系数仅为0.36，历史β值只能说明未来β值的36%，而当证券组合中有50种证券时，相关系数高达0.98，可决系数为0.96，历史β值能说明未来β值的96%。因此，对于单个证券而言，β值的预测能力很差，而随着证券组合的扩大，β值的预测能力才能有所改善。

资料来源：吴晓求．证券投资学［M］．5版．北京：中国人民大学出版社，2020.

8.4.2　多因子模型

在单因子模型中，假定所有证券的收益率都只受单个因素（一般是市场投资组合，即市场指数）的影响。这种模型虽然处理起来比较容易，但是却忽略了除市场指数以外的其他因素对证券收益的影响，而这些因素的影响常常是不能被忽视的。

在更多的情况下，证券的收益率受到包括市场因素在内的多种因素共同作用的影响。这些因素可能是一系列的经济指标，如通货膨胀率、失业率、利率、工业增长率、广义货币增长率等。设有s个影响因素，把这些因素作为因子，它们的收益率分别用I_1，I_2，…，I_S表示。

各因子收益之间存在相关关系，它们既相互影响，又对证券收益率产生共同作用。所以，在考虑各因子收益之间存在相互关系的基础上来研究它们对证券收益的影响作用，是一件非常复杂的工作。为了简化问题，在下面的分析中，假设各因子收益之间不存在相关性。

设证券i的收益率可以表示成如下的多因子模型：

$$r_i = A_i + \beta_{ij} I_j + \varepsilon_i \tag{8.59}$$

其中：A_i为证券i的与各因子无关的平均收益率；I_j为影响证券收益率的第j个因子的收益率（j = 1，2，…，s）；β_{ij}为度量第j个因子收益率变化对证券i收益率影响的因子；ε_i为证券i收益率与各因子无关的残差。

在多因子模型中，假设：

$$E(\varepsilon_i) = 0 \tag{8.60}$$

$$\text{cov}(I_j,\ I_k) = 0 \ (j \neq k,\ j,\ k = 1,\ 2,\ \cdots,\ n) \tag{8.61}$$

$$\text{cov}(\varepsilon_i,\ I_j) = 0 \ (j = 1,\ 2,\ \cdots,\ n) \tag{8.62}$$

$$\text{cov}(\varepsilon_i,\ \varepsilon_l) = 0 \ (i \neq l) \tag{8.63}$$

式（8.60）表示证券i收益的残差均值为0；式（8.61）表示因子j和k的收益不相关；式（8.62）表示证券i收益的残差与因子j的收益不相关，即证券i的非系统风险与模型中的所有因子都无关；式（8.63）表示证券i收益的残差和证券l收益的残差不相关，即证券i的非系统风险与证券l的非系统风险无关。

在上述假设下，可以得到类似单因子模型的结论：

$$E(r_i) = A_i + \sum_{j=1}^{s} \beta_{ij} E(I_j) \tag{8.64}$$

$$\sigma_i^2 = \sum_{j=1}^{s} \beta_{ij}^2 \sigma_j^2 + \sigma_{\varepsilon_i}^2 \tag{8.65}$$

$$\text{cov}(r_i,\ I_j) = \beta_{ij} \sigma_j^2 \ (j = 1,\ 2,\ \cdots,\ s) \tag{8.66}$$

对于证券组合，有：

$$r_p = \sum_{i=1}^{n} x_i A_i + \sum_{j=1}^{s} \sum_{i=1}^{n} x_i \beta_{ij} I_j + \sum_{i=1}^{n} x_i \varepsilon_i \tag{8.67}$$

$$E(r_p) = \sum_{i=1}^{n} x_i A_i + \sum_{j=1}^{s} \sum_{i=1}^{n} x_i \beta_{ij} E(I_j) \tag{8.68}$$

$$\sigma_p^2 = \sum_{j=1}^{s}\left(\sum_{i=1}^{n} x_i \beta_{ij}\right)^2 \sigma_{I_j}^2 + \sum_{i=1}^{n} x_i^2 \sigma_{\varepsilon_i}^2 \tag{8.69}$$

其中：$\sum_{i=1}^{n} x_i \beta_{ij}$是组合相对于因子$I_j$的β系数，它等于组合中各证券相对于因子$I_j$的贝塔因子$\beta_{ij}$的加权和，权重为各证券的持有比例$x_i$。

当用来解释证券收益之间相关因素的因子有4~5个时构造的多因子模型效果最好。

在使用多因子模型时，所需要估计的数据有：

（1）n个与市场指数无关的平均收益率A_i，i=1，2，…，n；

（2）n个证券的残差方差$\sigma_{\varepsilon_i}^2$，i=1，2，…，n；

（3）n × s个贝塔系数β_{ij}，i=1，2，…，n；j=1，2，…，s；

（4）s个因子的预期收益率$E(I_j)$，j=1，2，…，s；

（5）s个因子收益率的方差$\sigma_{I_j}^2$，j=1，2，…，s。

总计需要$(2 + s)n + 2s$个基本数据。

思政课堂

A股正式“入摩”，开启国际化新篇章

【思政元素】改革开放；国际化。

2018年6月1日，历经5年反复沟通与协商，226只中国A股正式纳入MSCI（Morgan Stanley Capital International，摩根士丹利资本国际公司，又称“明晟”）新兴市场指数。

在中国大力推进金融对外开放之际，许多分析人士认为，这将推动包括A股在内的中国金融市场加速完善和成熟，也将为国际投资者分享中国经济成长红利提供更好的渠道和机会。

证监会新闻发言人常德鹏表示，A股正式纳入MSCI新兴市场指数，是中国资本市场国际化进程中的一个重要里程碑，是全球投资者顺应时代潮流的明智选择，也是中国资本市场国际化建设水到渠成的必然结果。

MSCI董事长兼首席执行官亨利·费尔南德兹在接受媒体采访时预测，A股正式纳入MSCI将为中国资本市场带来源源不断的资金，未来会有更多国际资本进入中国市场。

根据MSCI此前公告，首次被纳入MSCI指数的成分股名单包括234只A股。5月30日，MSCI发布临时公告，将纳入A股的234只成分股调整为226只。海南橡胶、中国中铁、太钢不锈、中兴通讯和东方园林5只个股截至5月30日尚在停牌，暂时不被纳入。

“A股纳入MSCI指数是中国资本项目开放过程中的重要一步，是中国资本市场与国际市场连通的标志性事件。中国股票市场正式与国际接轨，这是继人民币被纳

入SDR货币篮子之后第二个里程碑事件。”摩根大通首席经济学家朱海斌对《中国经济周刊》记者分析说。

“以后随着中国资本项目进一步开放，以及中国金融市场的深化改革和发展，我们预计A股在MSCI的转换系数会从今年的5%逐步上升。”朱海斌对《中国经济周刊》记者表示。

“关于A股未来的进程，我们不倾向于多次、小百分比地去纳入，因为这样我们需要很长时间来完成这个工作。更大的可能性是每次纳入涉及更大的百分比，往后的步伐会更快、更大。”亨利·费尔南德兹表示。

上海证券交易所总经理蒋锋表示，这次A股成功纳入MSCI，缘于QFII（合格境外机构投资者）、RQFII（人民币合格境外机构投资者）以及沪港通等多种投资渠道的建设、各项交易制度的完善和政策的开放，更源于国际投资者对中国资本市场改革开放成果的认可，印证了中国资本市场正逐渐扩大的国际知名度和国际影响力，“成功纳入，不是终点而是起点”。

瑞银资产管理发表评论称，A股“入摩”将带来多方面期待：海外投资者更积极地参与A股市场；内地上市的公司将面临更严格的监管，必须将信息披露和治理实践与国际标准接轨；未来内地股市将会被全面纳入全球指数，加入MSCI只是其中一步；A股市场的结构和基本面将得到改善等。

资料来源：谢玮. A股正式“入摩”，开启国际化新篇章[J]. 中国经济周刊，2018（23）. 此处有删减.

本章小结

1.证券的收益是证券投资活动中直接取得的经济利益。证券的收益通常采用预期收益指标来度量。

2.风险是能够影响一个或多个目标的不确定性。风险用正态分布中的方差或标准差表示。

3.对于两个证券构成的组合，收益为：$E(r_p)=x_1E(r_1)+x_2E(r_2)$；方差为：$\sigma_p^2=x_1^2\sigma_1^2+x_2^2\sigma_2^2+2x_1x_2\sigma_{12}$。对于多个证券构成的组合，收益为：$E(r_p)=\sum_{i=1}^{n}x_iE(r_i)$；方差为：$\sigma_p^2=\sum_{i=1}^{n}x_i^2\sigma_i^2+\sum_{i=1}^{n}\sum_{\substack{j=1\\ j\neq i}}^{n}x_ix_j\sigma_{ij}$。

4.证券组合对风险具有分散作用，但分散的仅是非系统风险，且随着加入组合的证券的数量增加，风险以递减的速度降低。

5.投资者按照其对风险的态度，被分为风险厌恶型、风险中立型和风险偏好型三种。三者的效用函数具有不同特征。

6.对于风险厌恶者来说，存在着选择证券的均值-方差准则：有两种证券A和B，当满足下列条件中的任何一个时，投资者将选择证券A作为投资对象：（1）$E(r_A)\geqslant E(r_B)$且$\sigma_A^2<\sigma_B^2$；（2）$E(r_A)>E(r_B)$且$\sigma_A^2\leqslant\sigma_B^2$。

7.证券组合的有效集是符合均值–方差准则的证券或证券组合的集合。

8.最优证券组合是投资者的无差异曲线与有效集相切的那一点所对应的组合。这种最优组合的选择在实际工作中是以寻找能实现预期收益率目标的最小方差资产组合的面貌出现的。

9.因子模型可以使证券组合的计算过程大大简化，因子模型包括单因子模型和多因子模型。

综合训练

8.1 单项选择题

1.某风险资产组合有40%的概率取得12%的收益，有60%的概率取得2%的收益。已知国库券支付6%的收益率。风险厌恶型投资者是否愿意投资于这样一个风险资产组合？（ ）。

A.愿意，因为他们获得了风险溢价　　B.不愿意，因为他们没有获得风险溢价

C.不愿意，因为风险溢价太小　　D.不能确定

2.在均值–标准差坐标系中，有关风险厌恶者的无差异曲线的描述正确的是：（ ）。

A.它是有相同预期收益率和不同标准差的投资组合轨迹

B.它是有相同标准差和不同收益率的投资组合轨迹

C.它是收益和标准差提供相同效用的投资组合轨迹

D.它是收益和标准差提供了递增效用的投资组合轨迹

3.有风险资产组合的方差是（ ）。

A.组合中各个证券方差的加权和

B.组合中各个证券方差的和

C.组合中各个证券协方差的加权和

D.组合中各个证券方差和协方差的加权和

4.N种风险证券组合的有效组合（ ）。

A.由收益率最高的证券组成，不考虑它们的标准差

B.对给定风险水平有最高的预期收益率

C.由最低标准差的证券组成，不考虑它们的收益率

D.有最高风险和收益率

5.A股票的因子模型估计结果是：$r_A = 0.01 + 0.8r_m + \varepsilon$，$\sigma_m = 0.20$，$\sigma_\varepsilon = 0.10$，A股票的标准差是（ ）。

A.0.0356　　B.0.1886　　C.0.1600　　D.0.6400

8.2 多项选择题

1.下列说法不正确的有（ ）。

A.风险厌恶者拒绝任何风险

B.风险中立者只通过预期收益评价风险证券

C.风险厌恶者只通过风险评价风险证券

D.风险偏好者不会购买无风险资产

2.风险资产的有效集是（　　）。

A.在最小方差边界上的上半部分的投资机会

B.代表最高的收益/方差比的投资机会

C.具有最小标准差的投资机会

D.具有零标准差的投资机会

3.用来测度两种风险证券的收益是否同向变动的统计量是（　　）。

A.方差　　B.标准差　　C.协方差　　D.相关系数

4.有关资产组合分散化，下列论断不正确的有（　　）。

A.正确的分散化投资可以减少或消除系统风险

B.只有在证券组合中有10~15只以上证券时，分散化投资降低风险的效果才比较明显

C.因为分散化投资降低了证券组合整体风险，它必然也会减少组合的收益率

D.一般来说，当更多的股票加入证券组合时，整体风险降低的速度会越来越慢

5.多因子模型比单因子模型有所改进之处在于（　　）。

A.对公司收益率的组成结构进行了更加详细、系统的模型分析

B.可以把公司个别因素引入定价模型

C.允许多个宏观经济因素有不同的作用

D.计算时需要估计的基本数据大大减少

8.3　思考题

1.华夏大盘精选（基金代码000011）是一只股票型基金，自2004年8月成立以来，净值增长率高达506.94%。假如该基金的预期收益率为13.72%，标准差为2.84%，同期短期国债利率3.66%。你用60 000元投资于该基金，40 000元投资于短期国债，则你的资产组合的期望收益率与标准差各是多少？

2.风险厌恶型投资者总是在回避风险吗？使其放弃无风险证券而投资于风险证券的条件是什么？

3.风险偏好型投资者总是偏好风险吗？他们何时会放弃风险偏好而追求安全性？

4.你关注过证券分析师们推荐股票的节目吗？如果你关注过，你会发现，所有分析师推荐的股票都是不完全相同的，你能利用本章所学的知识给予解释吗？

5.EAFE指数是摩根士坦利编制的欧洲、大洋洲与远东价格指数。已知Ch国际基金与EAFE指数的相关性为1.0，EAFE指数期望收益率为11%，Ch国际基金的期望收益率为9%，EAFE国家的无风险收益率为3%，以此分析为基础，则Ch国际基金隐含的贝塔值是多少？

本章参考文献

[1] 张亦春，郑振龙．金融市场学 [M]. 6版．北京：高等教育出版社，2020.

[2] BODIE Z, KANE A, MARCUS A J. Investments [M]. 9th ed. New York: McGraw-Hill, 2011.

[3] BODIE Z, MERTON R C, CLEETON D L. Financial economics [M]. 2nd ed. Englewood Cliffs: Pearson Education, 2009.

[4] MAGINN J L. Managing investment portfolios is a dynamic process [M]. 3rd ed. New York: John Wiley & Sons, Inc, 2007.

[5] MISHKIN F S. Financial markets and institutions [M]. 7th ed. Englewood Cliffs: Pearson Education, 2012.

[6] REILLY F K, BROWN K C. Investment analysis & portfolio management [M]. Stamford: Cengage Learning, 2012.

[7] SHARPE W F. A simplified model for portfolio analysis [J]. Management Science, 1963 (2).

[8] STATMAN M. How many stocks make a diversified portfolio [J]. Journal of Financial and Quantitative Analysis, 1987.

[9] TREYNOR J, BLACK F. How to use security analysis to improve portfolio selection [J]. Journal of Business, 1973.

第9章

资产定价理论

导读

在数十年的资产定价发展历程中，产生了多种多样的资产定价模型，形成了资本市场均衡理论体系。所有这些模型要解决的问题是共同的，即在资本市场中，在市场均衡状态下，资产的价格是如何依风险而确定的。其中，最具代表性的有：由威廉·夏普（William Sharpe）在1964年根据马柯维茨（Markowitz）最优资产组合选择的思想提出来的资本资产定价模型、由斯特芬·罗斯（Stephen Ross）于1976年创立的套利定价模型。

关键概念

资本市场线　资本资产定价模型　证券市场线　套利　因子模型　单因子APT　多因子APT

§9.1 资本资产定价模型

9.1.1 资本资产定价模型的假设前提

在投资结果不能确定时，投资者采取的最佳决策行动就是其在回避风险时的最优资产组合选择。当所有投资者都按各自的最优方案进行投资选择的时候，市场最终会形成一个均衡价格，这个价格是市场均衡条件下的价格，对这一价格的讨论，理论上是通过建立资本资产定价模型来确定的，这一模型又叫市场均衡模型。它是在市场均衡状态下，对于风险资产预期收益的一种预测模型。

构成模型的最终目的是利用它来恰当地说明现实的证券市场。由于模型中主要的解释变量往往被认为是影响价格的主要因素，因此，有必要通过一些简化假定，忽略干扰因素。这些简化假定包括如下几个内容：

（1）投资者依靠均值-方差准则评价和选择投资组合；

（2）每一个资产都可以无限细分；

（3）投资者可以进行无风险借贷，且无风险借贷利率相同；

（4）税收和交易成本均忽略不计；

（5）所有投资者均有相同的投资期限；

（6）信息均衡（即信息是免费且能立即获得的，无须付出成本）；

（7）投资者具有相同的预期，即他们对预期回报率、标准差和证券之间的协方差具有相同的理解。

上述假定意味着投资者以同一方式来分析和处理信息，证券市场是完全信息市场。这样，通过考察市场上所有投资者的集体行动，可获得每一种证券的风险和收益之间均衡关系的特征。

9.1.2 资本资产定价模型

1.市场投资组合与资本市场线

在上述假定基础上，投资者所选择的风险资产组成的有效边界是图9-1中的曲线AB，如果引入无风险资产（安全借贷），考虑用无风险资产和风险资产组合构成再组合的需要，则投资者的最佳风险组合选择是M点组合，这是所有投资者都按同一比例选择风险资产的结果。M点就是市场投资组合（简称为市场组合）。在理论上，M点应当包括普通股、优先股和公司债券及不动产等风险资产，但由于这样的M点非常难以确定，通常用普通股形成的组合替代。

根据均值-方差准则可知，投资者的有效组合落在直线r_fM上，由于在这一直线上的所有组合都是建立在风险市场组合与无风险资产的基础上的，包括了市场上的全部资产，因此这一直线被称为资本市场线（capital market line，CML）。资本市场线是指表明有效组合的期望收益率和标准差之间简单线性关系的一条射线。

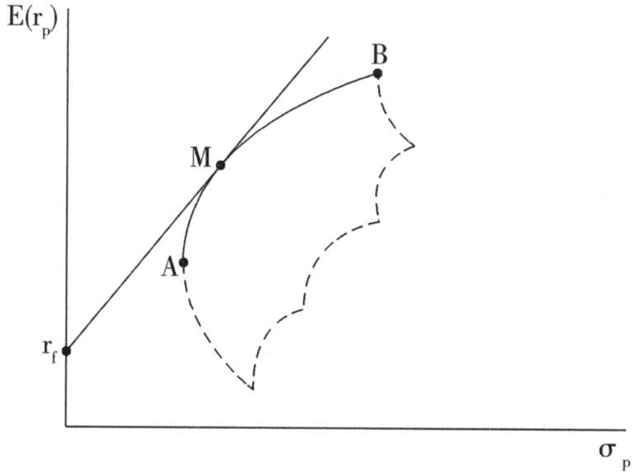

图9-1 市场投资组合与资本市场线

它是沿着投资组合的有效边界，由风险资产和无风险资产构成的投资组合。

考虑资本市场线方程的表达形式。令无风险资产的收益为r_f，无风险资产占用的资金比例为x；市场组合的预期收益为$E(r_m)$，风险为σ_m，市场组合占用的资金比例为1 - x。用无风险资产与市场组合构成组合p，则p组合的预期收益为：

$$E(r_p) = xr_f + (1 - x)E(r_m) \tag{9.1}$$

p组合的风险：

$$\sigma_p = (1 - x)\sigma_m \tag{9.2}$$

p点在资本市场线上哪一位置，决定于投资者对风险的回避态度（M点右侧表示卖空安全资产形成的杠杆组合）。

联立二式，消除x，得到组合的预期收益与风险之间的关系：

$$E(r_p) = r_f + \frac{E(r_m) - r_f}{\sigma_m}\sigma_p \tag{9.3}$$

可见，资本市场线所表示的是有效组合的收益与风险之间的一种线性关系，方程的斜率$\frac{E(r_m) - r_f}{\sigma_m}$表示单位市场风险能得到的风险溢价，也称为风险的价格。

把式（9.3）改写成下式，更易于理解：

$$E(r_p) - r_f = \frac{E(r_m) - r_f}{\sigma_m}\sigma_p \tag{9.4}$$

式（9.4）的含义是：有效组合的风险溢价等于风险的价格与有效组合风险的乘积。因此，式（9.3）说明的是：有效组合的预期收益等于无风险收益与有效组合的风险溢价之和。这实际上就是有效组合的定价模型。

资本市场线的意义不仅在于此，它还有另外一个更重要的结论：在引入无风险资产借贷的前提下，所有投资者都必将选择同一个风险资产组合M，因为只有M可以使无风险资产与风险资产的再组合有效率（即为有效组合）。此时，投资者对最优风险资产组合的选择是与投资者的风险态度无关的。进而可以说，投资者选择持有哪几种风险资产组合与确定拥有几种无风险资产的决策也是无关的。

2.资本资产定价模型

资本市场线解决了有效组合的定价问题，但市场上更多的是单个证券和无效组合。**单个证券或无效组合的定价问题需要用资本资产定价模型（capital assets pricing model，CAPM）解决。具体来说，CAPM要解决的是在市场均衡状态下，某项风险证券的预期收益与风险之间的关系。**

（1）资本资产定价模型的推导。①

CAPM可以用资本市场线和市场组合进行推导。

如图9-2所示，假设要建立一个风险证券i和市场组合M的再组合p，组合p一定是沿着曲线iMi′分布的，其中曲线的Mi′部分表示卖空证券i的结果。

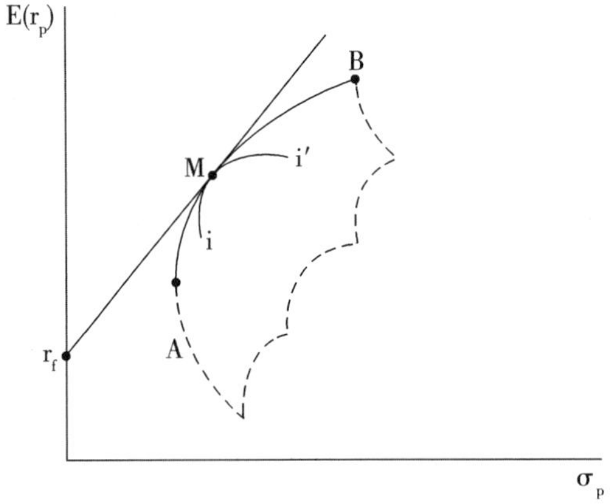

图9-2 资本资产定价模型的推导

p的预期收益和风险分别为（设风险证券i占有资金比例为x）:

$$E(r_p)=xE(r_i)+(1-x)E(r_m) \tag{9.5}$$

$$\sigma_p^2=x^2\sigma_i^2+(1-x)^2\sigma_m^2+2x(1-x)\sigma_{im} \tag{9.6}$$

式（9.5）和式（9.6）一起决定了曲线iMi′的形状。该曲线的切线方程可以通过求$E(r_p)$对σ_p的一阶导数得出。其中，曲线的过M点的切线与资本市场线是重合的，即曲线在M点的切线的斜率与资本市场线的斜率是相等的。

曲线的切线方程为:

$$\begin{aligned}\frac{d[E(r_p)]}{d(\sigma_p)}&=\frac{dE(r_p)}{dx}\cdot\frac{dx}{d\sigma_p}\\&=[E(r_i)-E(r_m)]\cdot\frac{\sqrt{x^2\sigma_i^2+(1-x)^2\sigma_m^2+2x(1-x)\sigma_{im}}}{x(\sigma_i^2+\sigma_m^2-2\sigma_{im})+\sigma_{im}-\sigma_m^2}\end{aligned} \tag{9.7}$$

在M点，有x = 0（即由i与M构成的组合中只有M，没有i），因此曲线在M点的切线斜率为:

$$\frac{dE(r_m)}{d\sigma_m}=[E(r_i)-E(r_m)]\cdot\frac{\sigma_m}{\sigma_{im}-\sigma_m^2} \tag{9.8}$$

① 推导过程的内容选修。

而资本市场线的斜率为$\frac{E(r_m)-r_f}{\sigma_m}$，这两个斜率是相等的，所以：

$$[E(r_i)-E(r_m)]\cdot\frac{\sigma_m}{\sigma_{im}-\sigma_m^2}=\frac{E(r_m)-r_f}{\sigma_m} \tag{9.9}$$

变形后得：

$$E(r_i)=r_f+[E(r_m)-r_f]\frac{\sigma_{im}}{\sigma_m^2} \tag{9.10}$$

由于$\beta_i=\frac{\sigma_{im}}{\sigma_m^2}$，所以上式可以改写为：

$$E(r_i)=r_f+[E(r_m)-r_f]\beta_i \tag{9.11}$$

这就是CAPM的数学形式。模型表示的是任一证券的收益与风险之间的关系。

CAPM的含义是，风险证券的收益由两部分构成：无风险收益r_f和市场风险补偿$[E(r_m)-r_f]\beta_i$。它说明了两个问题：一是各种风险证券预期收益的差异完全是由各自的风险因子β_i值的不同引起的（公式中的r_f和$E(r_m)$对所有证券都是相同的）；二是并非风险证券承担的全部风险都能产生风险溢价，只有系统风险能产生风险溢价，非系统风险则不能。

由于风险证券实际获得市场风险溢价的大小取决于β值，因此β值在CAPM中成为衡量市场风险的一个标准。根据

$$\beta_i=\frac{\sigma_{im}}{\sigma_m^2}=\frac{\rho\sigma_i\sigma_m}{\sigma_m^2}=\frac{\rho\sigma_i}{\sigma_m} \tag{9.12}$$

可知，当$\rho>0$时（证券i与市场组合正相关），其β值为正，证券i的预期收益比无风险收益高，大多数风险证券属于这种情况；当$\rho=0$时（证券i与市场组合完全不相关），其β值为0，证券i的预期收益与无风险收益相等；当$\rho<0$时（证券i与市场组合负相关），其β值为负，根据CAPM的原理，这种证券的预期收益会小于无风险收益。β值为负数的证券是与市场整体的变化趋势呈相反现象的证券，某些公司的商品销售状况如果是反经济周期的，即在经济萧条期销售良好，而在经济繁荣期反而不好，则这样的公司的证券的β值是小于零的，如生产廉价商品的公司、讨债公司等。

（2）证券市场线。

把CAPM所反映的风险证券的预期收益与市场风险的关系用图像进行表示，有利于深化对该模型的认识。**CAPM的图像建立在以预期收益和贝塔值为坐标轴的坐标系中，是一条过r_f的直线，称为证券市场线（security market line，SML），如图9-3所示。**

该直线的斜率是$[E(r_m)-r_f]$，即证券的β值每增加1个单位，该证券的预期收益将增加$[E(r_m)-r_f]$个单位。这充分体现了高风险高收益的原则。

考虑市场组合的β值。根据式（9.12），可知$\beta_m=1$。由此得到如下结论：

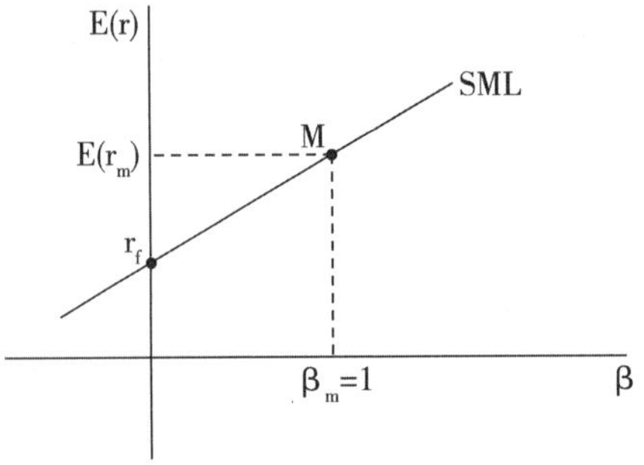

图9-3　证券市场线

当$\beta_i>1$时，证券i的预期收益变化总是比市场平均收益的变化快，这样的证券被称为进取型证券。进取型证券在牛市中上涨比较快，但在熊市中下降也比较快，因而在牛市中具有相对优势。

当$\beta_i<1$时，证券i的预期收益变化总是比市场平均收益的变化慢，这样的证券被称为防守型证券。防守型证券在牛市中上涨比较慢，但在熊市中下降也比较慢，和进取型证券相比，防守型证券在熊市中的损失会比进取型证券低，因而在熊市中具有相对优势。

当$\beta_i=1$时，证券i的预期收益变化总是和市场平均收益的变化同步，这样的证券被称为中性证券。无论在牛市还是熊市中，中性证券都没有相对优势。

SML的一个重要用途是帮助投资者判断证券定价的合理性。

根据CAPM的定价原理，只有位于SML上的证券是合理定价的，因为只有该直线上的证券，其预期收益才严格地与市场风险相对应。在SML上侧或下侧的证券都是定价不合理的证券，或称为估价失误的证券，它们的预期收益都不能完全由市场风险所解释，这表明该类证券的收益存在不合理成分。

如图9-4所示，证券i、证券i′和证券i″具有相同的系统风险，证券i位于SML上，属于定价合理的证券；证券i′位于SML上侧，表明其收益要高于按照CAPM预测的水平，也即用CAPM来判断其预期收益，会低估其收益水平，因此证券i′被称为被低估的证券；证券i″位于SML下侧，表明其收益要低于按照CAPM预测的水平，用CAPM来判断其预期收益，会高估其收益水平，因此证券i″被称为被高估的证券。

被低估的证券一旦被发现，会成为投资者的惜售或购买对象，从而导致对被低估证券的需求增加，促使其市场价格提高，在其他条件不变的前提下，证券的市场价格提高会导致其预期收益下降，亦即证券i′会逐渐向证券i靠拢，直至完全与证券i重合，估价失误的现象完全消失。

同样，被高估的证券会成为投资者抛售或拒买的对象，从而导致被高估证券的市场价格下跌，在其他条件不变的前提下，证券的市场价格下跌会导致其预期收益提高，亦即证券i″会逐渐上移，向证券i靠拢，直至完全与证券i重合，估价失误的现象完全消失。

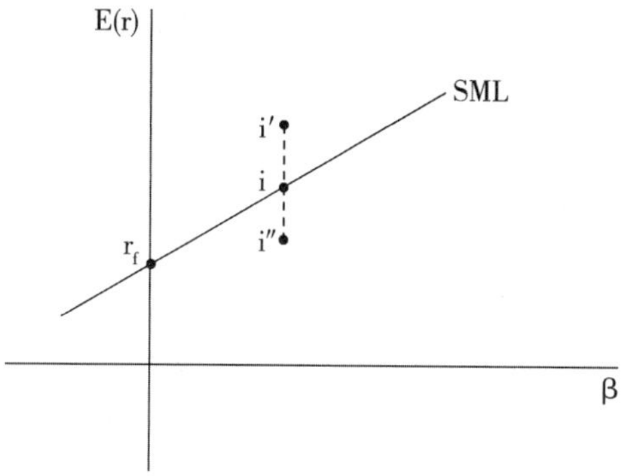

图9-4　估价失误的证券

【例9-1】有两只股票A和B，它们的期望收益和风险水平见表9-1，已知无风险收益为0.06，市场组合的预期收益为0.09，应该买入哪只股票？为什么？

表9-1　股票A和B的期望收益和风险水平

股票	预期收益	β塔值
A	0.10	1.5
B	0.15	1.8

分别计算股票A和B的符合CAPM的预期收益：

$$E(r_A) = r_f + [E(r_m) - r_f]\beta_A = 0.06 + (0.09 - 0.06) \times 1.5 = 0.105$$

$$E(r_B) = r_f + [E(r_m) - r_f]\beta_B = 0.06 + (0.09 - 0.06) \times 1.8 = 0.114$$

可知，股票A被高估，股票B被低估，所以应该买入股票B。

利用CAPM计算的证券预期收益指在遵守CAPM假设的前提条件下，在市场达到均衡时的预期收益，而在现实的市场中，对证券的预期值由于受到某些条件的约束，使得其预期值和用CAPM计算的理想值可能出现偏差，这就是定价误差。因此，如图9-3所示的证券市场线只是一种理想状态，大部分证券总是或多或少地偏离该直线。在考虑上述各种原因的前提下，只要这种偏离不是很大，也可以认为证券的定价是合理的。

最后来比较一下SML与CML的不同。首先，二者的适用范围不同。CML只适用于描述有效组合的预期收益和风险的关系；SML描述的是任何一种资产或资产组合的预期收益和风险的关系。其次，二者选择的风险指标不同。CML采用的是总风险σ；SML采用的是市场风险β。

（3）资本资产定价模型的应用。

CAPM的思想在消极的组合管理和积极的组合管理中都可应用。在消极的组合管理中，根据CAPM，投资者可以按照自己的风险偏好，选择一种或几种无风险资产和一种风险资产的市场组合进行资源配置，只要投资偏好不改变，资产组合就可不变。

在积极的组合管理中，投资者依据CAPM理论，预测市场走势，计算资产的β

值，根据市场走势，调整资产组合的结构，当预测市场价格将上升时，投资者可在保持无风险资产和风险资产比例的情况下，增加高β值资产的持有量；反之，则增加低β值资产的持有量。

（4）资本资产定价模型的结论。

虽然资本资产定价模型有很强的假设条件，但它也提供了可以检验的结论：

① 所有的投资者都将在两种资产中分配他们的财富，即以市场价值为比例持有包括所有风险资产在内的市场投资组合和无风险资产。

② 任何资产的风险都可以通过测定它给市场投资组合增加的风险来度量，而这一加入风险则是通过估算该资产的收益与市场投资组合收益的协方差来取得的，获得的协方差除以市场方差进行标准化，就可以得到该项资产的β值。

③ 任何资产的预期收益与β值构成线性关系，即β值越大，预期收益越高；反之则越低。

专栏9-1

资本资产定价模型的检验综述

自从CAPM创立以来，关于它的争议就从未中断过。一方面，CAPM在证券行业中是一个被接受的模型，公司用它作出资本预算或其他决策，评级机构用它评价投资基金经理的业绩；另一方面，对CAPM进行检验的论文不下数千篇，CAPM的有效性问题却仍然悬而未决。

早期对CAPM的检验是给定市场组合的有效性，以检验证券市场线的性质为主。早期检验中有代表性的是布莱克、詹森和舒尔斯检验（1972），以及法玛-麦克贝斯检验（1974）。布莱克、詹森和舒尔斯（Black，Jensen and Scholes，BJS）以1926—1965年纽约证券交易所（NYSE）交易的所有股票为样本，把所有股票的简单加权平均作为市场指数，计算所有股票的贝塔值，并根据贝塔值的高低排序，依次构成10个组合，计算考察期间每一个组合的收益率，对贝塔值和平均收益率进行线性回归，检验回归直线（证券市场线）的斜率是否等于市场组合的预期风险溢价。BJS认为，他们的实证结果与允许无风险贷出但不允许无风险借入情况下的CAPM是一致的。法玛-麦克贝斯（Fama and Macbeth，FM）也得到了与BJS相同的结论，他们所用的数据与BJS一样，也构造了同样的市场指数，只是取样的考察期略有不同，他们的考察期为1926—1968年，所不同的是他们把考察期分为若干时间区间，在前一区间对组合的月收益率与市场指数收益率回归，得到的贝塔值作为后一区间组合贝塔值的预期值，然后在后一区间用该贝塔值与组合收益率进行线性回归，以检验证券市场线的有效性。为了检验证券市场线是否存在非线性，FM还把贝塔的平方和回归方程残差的平方也加入方程。

理查德·罗尔（Richard Roll，1977、1978）批评了CAPM检验。他认为，BJS和FM的结果是同义反复的，即不管在现实世界中证券是如何通过风险进行定价的，都有可能得到上述结果。而如果这是真的，则他们的检验并不能了解证券价格的结构，从而CAPM也就没有真正被检验过。BJS和FM所构造的市场指数不一定是有效的，但是他们都没有注意到这一点。罗尔认为，CAPM唯一真正的假设是市场组合是有效的，这才是应该检验的。可是市场组合应该包括国际经济体系中的每一种资产，因而不可能判别在预期收益率—标准差坐标系中的某一个组合是否是有效的（那个坐标系中的资产只包括了金融资产，未包括非金融资产，特别是某些不能用预期收益率和标准差进行定价的非金融资产）。如果连判断一个组合是否是有效的都做不到，那么CAPM也就无法被检验。

自从罗尔批评了CAPM检验的方法以后，后来的检验转为着重检验该模型的主要假设：市场组合是有效的。

法玛和弗伦奇（Fama and French，1992）进一步扩展了FM的研究，他们发现对以市场价值为权重的NYSE指数的波动率贡献较大的股票并没有获得更高的预期收益率。在控制公司规模以后，平均收益率和贝塔值之间变为负相关关系。这就是说，不能证明系统风险最大的股票能够使投资者获得高于平均的收益率。与此同时，法玛和弗伦奇发现每股收益除以股票价格的比率或每股账面价值除以股票价格的比率较低的股票，收益率较高。他们认为，尽管这与CAPM不一致，但这些衡量低估的方式也许可以作为衡量风险的其他方式。换言之，法玛和弗伦奇相信低估股票的高收益率是投资者所预期的，因为这些低估股票可能是无利益的或处于财务困境。他们相信投资者要求且最终将在低估股票上实现更高的收益。

克萨里、尚肯和斯隆（Kothari，Shanken and Sloan，1995）从另一方面争论道，法玛和弗伦奇的结果大部分是由于生存者偏差造成的。法玛和弗伦奇研究的公司的样本系统地剔除了大量在其研究期间破产的公司。法玛和弗伦奇认为低估股票风险比较大，因为它们处于财务困境当中，所以剔除许多破产公司会导致低估股票过去的业绩整体向上偏。但是，常、杰格迪会什和雷克尼斯索克（Chan，Jegadeesh and Lakonishok，1995）认为生存者偏差的影响并不能完全解释低估股票的正的支付。此外，法玛和弗伦奇认为在任何情况下，生存者偏差都不能被用来解释为什么在任何横截面股票收益率中贝塔值都不具备明显的正的支付。

对CAPM最具杀伤力的是因子模型的巨大成功。这些模型用许多共同反映公司特征的因素成功地预测了股票的未来收益率。风险的衡量，包括贝塔因子，是这些模型中对未来收益率预测能力最差的。相反，低估因素的衡量，诸如每股收益除以股票价格，则是预测能力最强的。这些度量是否能够成为风险的真正替代物，并最终将在某些仍未发现的资产定价模型中发挥作用？或者说它们只是对市场过度反应进行修正的结果？

拉勃塔、雷克尼斯索克、斯利弗和维什尼（LaPorta，Lakonishok，Shleifer and Vishny，1997）对后一个论点提供了有力的证据。他们发现在公司盈利公告后，低估股票很快就能获得大部分超额收益。根据公告前后三天股票的收益率，低估股票倾向于获得意外的高收益（相对于预期水平），而高估股票则获得低收益。

有意思的是，一方面CAPM的有效性不断受到质疑，另一方面该模型又广泛地被应用，许多学者在探讨释放CAPM严格的假设条件下，CAPM的新的表现形式，取得了一些令人称道的成果。

资料来源：豪根. 现代投资理论［M］. 郑振龙，等译. 北京：北京大学出版社，2005：233-252.

§9.2 套利定价模型

虽然有许多学者对CAPM进行了实证检验，但是他们都难以解决如何确定市场组合这个关键问题，所以实际上CAPM是不可检验的，即使有不少学者尝试进行检验，但是他们却找到了不支持CAPM的证据，发现了比CAPM更好的定价方式（见专栏9-1），于是其他资产定价模型纷纷产生，其中最具竞争力的是套利定价模型（arbitrage pricing theory，APT）。

APT是由美国经济学家斯特芬·罗斯（Stephen Ross）于1976年创立的。这种定价模型背后的逻辑基础与资本资产定价模型类似，都是投资者只有在承担了不可分散的风险时才能获得补偿。APT模型也是一个均衡模型，与CAPM相比，APT的前提假设更为简洁，它舍弃了证券组合分析的框架，在保留每一个投资者对证券预期收益率和协方差都具有相同的估计下，取而代之的是关于证券收益率的线性生成过程假设。APT的支持者认为，与CAPM相比，APT具有两个方面的优点：一是较小限制了投资者对风险与收益的偏好假设，这使得该模型更适合于解释现实市场中证券收益与风险的关系；二是该模型可以进行实证检验。但当证券收益被假定由市场组合产生时，其检验仍然会遇到与CAPM检验相同的困难，即市场组合的确定问题悬而未决。

9.2.1 套利的原理

1.套利的概念与原理

套利是指利用同一资产在不同市场或不同资产在同一市场上存在的价格差异，采用低买高卖的策略而获利的行为。换言之，套利是利用资产定价的错误、价格联系的失常，以及市场缺乏有效性的其他机会，通过买进价格被低估的资产，同时卖出价格被高估的资产来获取无风险收益的行为。套利行为在衍生品市场和外汇市场是一种普遍的交易策略，例如，利用同一货币在不同外汇市场汇率的差异，在汇率过低的市场买进，同时在汇率过高的市场卖出，就可以获取套利利润。这种套利行为直接改变着两个市场上该种货币的供求，最终导致二者的供求实现均衡，套利机会消失。

在套利过程中，有两个特征值得注意：一是套利所获取的投资收益是确定的，没有风险或风险极小；二是在整个套利交易过程中，投资者的投资金额为零。在套利交易中，投资者买入某种资产的资金是通过卖出另一种资产所得。在一个高度竞争的、流动性很强的市场中，套利机会一旦被发现，就立即会引起市场反应，而这也推动着资产价格向其均衡价格趋近，促进有效市场的形成。

APT要研究的是，在每一个投资者对证券预期收益和协方差都有相同估计的前提下，各种证券的预期收益的决定原理。投资者要做的工作共四步：首先，判断市场是否处于均衡状态，有无套利机会；其次，如果市场是非均衡的，分析如何行动以获取套利利润，消除非均衡；再次，分析投资者的行动会如何影响市场并最终使市场达到均衡；最后，分析在市场均衡状态下，证券的预期收益由什么因素决定，以及如何决定。

因子模型表明，具有相同因素敏感性的资产或资产组合，除了非系统风险外，将因为因素影响而作出相同的变化。因而，具有相同因素敏感性的资产或资产组合必然要求有相同的预期收益率。如若不然，“准套利”机会便会存在，投资者必将利用这一机会，而他们的行动将最终使套利机会消失，均衡价格得以形成。这就是套利定价理论逻辑推演的核心。

2.因子模型与套利组合

APT模型是基于因子模型建立的。因子模型认为证券的预期收益与某些因子线性相关，这些因子可能是市场指数，也可能是一些宏观经济指标，如国民生产总值、国内生产总值，甚至是中央银行的基础货币、广义货币等。

因子模型的具体形式如下：

$$r_i = a_i + \sum_{j=1}^{k} b_{ij} I_j + \varepsilon_i \quad (i = 1,\ 2,\ \cdots,\ n) \tag{9.13}$$

其中：r_i为证券i的收益率；I_J为因子j的收益率；a_i为证券i的与因子无关的平均收益率；b_i为证券i的因子敏感系数；ε_i为证券i的收益率与因子无关的残差。

关于残差项，有如下三个假设：

$$E(\varepsilon_i) = 0 \tag{9.14}$$

$$E(\varepsilon_i \varepsilon_j) = 0 \tag{9.15}$$

$$E(\varepsilon_i I_j) = 0 \tag{9.16}$$

式（9.14）表明残差的均值为零，即从样本整体来看，残差项不影响r_i和I_j的线性关系；式（9.15）表示不同证券的残差不相关；式（9.16）表示证券i的残差与因子I_j不相关。

上述公式包含不止一个因子，所以是多因子模型，当只有一个因子时，上述模型就成为单因子模型。

下面分析套利组合是如何构造的，以及套利行为对资产价格产生怎样的影响。

假设某投资者持有A、B、C三种证券，每种证券的市值为100万元，投资者投资于这三种证券的总资金为300万元。每个投资者对这三种证券的预期收益和贝塔值见表9-2。

表9-2 **三种证券的预期收益和贝塔值**

证券	预期收益	贝塔值
A	16%	0.8
B	22%	2.4
C	10%	1.6

这三种证券的价格达到均衡了吗？假如没有达到均衡，为了达到均衡，证券的价格和预期收益会发生什么样的变化呢？

要回答该问题，必须首先要了解套利组合这个概念。根据套利定价思想，在出现套利机会时，投资者将构造套利组合来增加已有投资组合的预期收益。之所以称为套利组合，是因为它应具有三个性质：构造的套利组合不应增加投资者的投资，即套利组合中总有一些资产是被卖空的；套利组合无风险，即产生风险的因子对套利组合的影响程度为零；套利组合的预期收益非负。这三个性质可以表示成：

不占用投资者资金：$\sum_{i=1}^{n} x_i = 0$ (9.17)

套利组合风险为零：$b_p = \sum_{i=1}^{n} x_i b_i = 0$ (9.18)

套利组合预期收益非负：$E(r_p) = \sum_{i=1}^{n} x_i E(r_i) \geqslant 0$ (9.19)

三个式子中的x_i表示套利组合中证券i占投资者初始资金的比率。

在这个例子中，上述条件是：

$$\begin{cases} x_A + x_B + x_C = 0 \\ 0.8x_A + 2.4x_B + 1.6x_C = 0 \\ 0.16x_A + 0.22x_B + 0.1x_C \geqslant 0 \end{cases}$$

该方程组有无穷多解，假设$x_A = 0.1$，可解得$x_B = 0.1$，$x_C = -0.2$。套利组合的收益为：

$E(r_p) = 0.1 \times 16\% + 0.1 \times 22\% - 0.2 \times 10\% = 1.8\%$

此种套利方法能够获取套利利润，说明三种证券的定价未达到均衡水平。按照计算结果，投资者卖掉占资金比例0.2的证券C，所得资金共60万元（300×0.2），分别买入30万元（300×0.1）的A和30万元（300×0.1）的B，就可以在既不外加资金又不冒风险（假设非系统风险很小，可以忽略）的情况下获利，所获利润为5.4万元（300×1.8%）。APT认为所有投资者都会利用这样的机会去套利，卖掉证券C去买入证券A和B。因此，此时证券C的供给大于需求，而证券A和B的供给小于需求，市场未达到均衡。

但不断套利的结果，会使证券价格逐渐向均衡价格趋近，直至等于均衡价格，套利机会消失。此时市场就达到均衡了。具体来说，只有在所有证券的E(r)和b之间呈线性关系时，市场才能达到均衡，只要有一个证券的E(r)和b之间不符合线性关系，就存在套利机会，市场就未达到均衡。如图9-5所示，假设证券A、B在同一直线上，如果市场只有这两种证券，那么市场是均衡的。如果加入证券C，但是C却不与它们在同一条直线上，这个市场就没有达到均衡。此时存在卖出证券C，买入由证券A和B构成的组合D的套利机会。由于大家都愿意卖掉C来买入A和B进行套利，这样对证券A和B的需求就会上升，需求大于供给，证券A和B的价格上升，而因为大家都卖掉证券C，使它的需求小于供给，从而价格下降。根据预期收益与市场价格的反向变化关系，可知证券A和B的预期收益将下降，而证券C的预期收益将上升，直至由A和B构成的组合D完全与C重合，A、B、C三者落在同一直线上（如图9-5中所示的倾斜的虚线），套利机会消失。市场重新达到均衡后，A和B的新均衡价格都下降了。

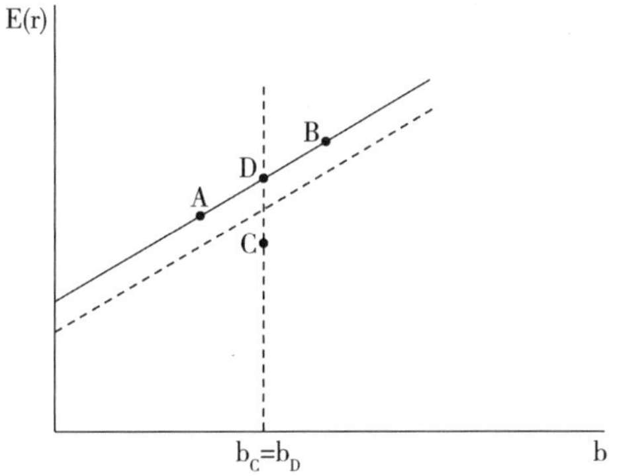

图9-5　三种证券的套利均衡

同样，若有N种证券，其中N－1种证券在同一直线上。如果第N种证券位于N－1种证券所在的直线之下，则因为存在卖掉第N种证券去买入与其因素风险相同的证券组合M（由N－1种证券构成）的套利机会，所以大家都会去卖掉第N种证券而买入M，使得第N种证券的价格下降，预期收益不断上升，而其他N－1种证券的价格不断上升，预期收益不断下降，直到所有证券的预期收益和因素敏感系数呈直线关系时，套利活动才会停止。此时，新的直线与原来的位置相比，往下移了一点（如图9-6所示）。如果第N种证券位于直线之上，则存在卖掉其他证券而去买第N种证券的机会。其过程与第N种证券位于直线之下时的情形非常类似，但新直线比原来直线的位置相对往上移了。当然，所有证券的$E(r_i)$和b_i在均衡时严格处于一条直线上只有在没有交易费用的时候才成立，如果考虑交易费用，则它们将分布在理想情况下的直线周围。

9.2.2　单因子APT

投资者套利的目标是使套利组合的预期收益最大化，基于单因子模型考虑，投资者要寻求以下优化问题的解：

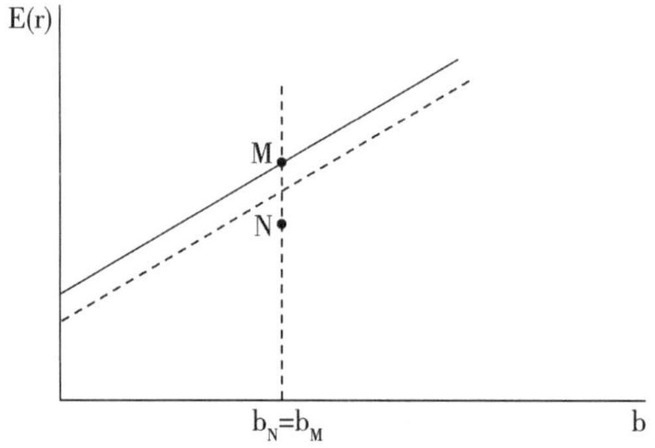

图9-6 N种证券的套利均衡

$$\max E(r_p) = \sum_{i=1}^{n} x_i E(r_i) \tag{9.20}$$

$$s.t.\begin{cases} \sum_{i=1}^{n} x_i = 0 \\ \sum_{i=1}^{n} x_i b_i = 0 \end{cases} \tag{9.21}$$

用拉格朗日乘数法解之。构造拉格朗日函数：

$$L = \sum_{i=1}^{n} x_i E(r_i) - \lambda_0 \sum_{i=1}^{n} x_i - \lambda_1 \sum_{i=1}^{n} x_i b_i \tag{9.22}$$

求L对x_i及λ_0、λ_1的偏导数并令其等于零，这是L存在最大值的必要条件，得方程如下：

$$\frac{\partial L}{\partial x_i} = E(r_i) - \lambda_0 - \lambda_1 b_i = 0\ (i = 1,\ 2,\ \cdots,\ n) \tag{9.23}$$

$$\frac{\partial L}{\partial \lambda_0} = \sum_{i=1}^{n} x_i = 0 \tag{9.24}$$

$$\frac{\partial L}{\partial \lambda_1} = \sum_{i=1}^{n} x_i b_i = 0 \tag{9.25}$$

从式（9.23）可得：

$$E(r_i) = \lambda_0 + \lambda_1 b_i\ (i = 1,\ 2,\ \cdots,\ n) \tag{9.26}$$

注意到满足式（9.23）的套利组合的收益率为：

$$E(r_p) = \sum_{i=1}^{n} x_i E(r_i) = \sum_{i=1}^{n} x_i (\lambda_0 + \lambda_1 b_i) = \left(\sum_{i=1}^{n} x_i\right)\lambda_0 + \lambda_1 \sum_{i=1}^{n} x_i b_i = 0 \tag{9.27}$$

式（9.26）反映了在无套利均衡条件下证券i的预期收益率$E(r_i)$与因子敏感系数b_i之间的线性关系，这就是单因子APT。

式（9.26）对证券组合也成立，即对证券组合，仍有：

$$E(r) = \lambda_0 + \lambda_1 b \tag{9.28}$$

对系数λ_0和λ_1的确定方法如下：对于无风险证券，$E(r_i) = r_f$，$b_i = 0$，则$\lambda_0 = r_f$；另外，构造一个纯因子组合I，其预期收益率为EI，因子敏感系数为$b_i = 1$，代入式（9.26），有$EI = r_f + \lambda_1$，故$\lambda_1 = EI - r_f$。把$\lambda_0 = r_f$，$\lambda_1 = EI - r_f$代入式（9.26），得到单因子APT的一般表达式如下：

$$E(r_i) = r_f + (EI - r_f)b_i \tag{9.29}$$

其中：r_f为无风险收益，$(EI - r_f)$为因子的风险溢价。

该模型虽然与CAPM形式一样，但是其导出过程和思想却完全不同。

【例9-2】假定两个资产组合A和B都已经充分分散化，$E(r_A) = 12\%$，$E(r_B) = 9\%$，如果影响经济的因素只有一个，并且$b_A = 1.2$，$b_B = 0.8$，试问无风险利率和该因素的预期收益率各是多少？

将两个资产组合的预期收益和因子敏感系数代入式（9.37）中，可得：

$$\begin{cases} 12\% = r_f + 1.2 \times (EI - r_f) \\ 9\% = r_f + 0.8 \times (EI - r_f) \end{cases}$$

解之，得：

$$r_f = 3\%,\ EI = 10.5\%$$

9.2.3　多因子APT

基于多因子模型考虑，投资者为了实现套利组合的预期收益最大化，就要寻求以下优化问题的解：

$$\max E(r_p) = \sum_{i=1}^{n} x_i E(r_i) \tag{9.30}$$

$$\text{s.t.}\begin{cases} \sum_{i=1}^{n} x_i = 0 \\ \sum_{i=1}^{n} x_i b_{ij} = 0 \end{cases} \quad (j = 1,\ 2,\ \cdots,\ k) \tag{9.31}$$

其中：b_{ij}为证券i相对于风险因子j的敏感系数。$\sum_{i=1}^{n} x_i b_{ij} = 0$（$j = 1,\ 2,\ \cdots,\ k$）为n种证券构成的套利组合，对所有k个风险因子而言都是无风险的。

构造拉格朗日函数如下：

$$L = \sum_{i=1}^{n} x_i E(r_i) - (\lambda_0 \sum_{i=1}^{n} x_i + \lambda_1 \sum_{i=1}^{n} x_i b_{i1} + \lambda_2 \sum_{i=1}^{n} x_i b_{i2} + \cdots + \lambda_k \sum_{i=1}^{n} x_i b_{ik}) \tag{9.32}$$

求L对x_i及λ_0，λ_1，$\cdots$，λ_k的偏导数并令其等于零，得方程如下：

$$\frac{\partial L}{\partial x_i} = E(r_i) - \lambda_0 - \lambda_1 b_{i1} - \lambda_2 b_{i2} - \cdots - \lambda_k b_{ik} = 0 \tag{9.33}$$

$$\frac{\partial L}{\partial \lambda_0} = \sum_{i=1}^{n} x_i = 0 \tag{9.34}$$

$$\frac{\partial L}{\partial \lambda_1} = \sum_{i=1}^{n} x_i b_{i1} = 0 \tag{9.35}$$

$$\frac{\partial L}{\partial \lambda_2} = \sum_{i=1}^{n} x_i b_{i2} = 0 \tag{9.36}$$

$$\vdots$$

$$\frac{\partial L}{\partial \lambda_k} = \sum_{i=1}^{n} x_i b_{ik} = 0 \tag{9.37}$$

从式（9.33）可得：

$$E(r_i)=\lambda_0+\lambda_1 b_{i1}+\lambda_2 b_{i2}+\cdots+\lambda_k b_{ik}\ (i=1,2,\cdots,n) \tag{9.38}$$

仿照单因子APT的情形，考虑无风险证券，$E(r_i)=r_f$，$b_{ij}=0$（$j=1,2,\cdots,k$），则$\lambda_0=r_f$；另外，依次构造仅依赖于一个因子的纯因子组合，将式（9.38）写成：

$$E(r_i)=r_f+[E(I_1)-r_f]b_{i1}+[E(I_2)-r_f]b_{i2}+\cdots+[E(I_k)-r_f]b_{ik} \tag{9.39}$$

式（9.39）就是多因子APT的具体形式。

【例9-3】考虑一种特定股票收益的多因子证券收益模型，资料见表9-3。

表9-3 **某多因子证券收益模型资料**

因子	风险敏感系数	风险溢价（%）
通货膨胀	1.2	6
行业生产	0.5	8
石油价格	0.3	3

目前，国库券可提供6%的收益，如果市场认为该股票是公平定价的，请求出该股票的预期收益率。

这是一个三因子APT，股票的预期收益率为：

$$\begin{aligned}E(r_i)&=r_f+[E(I_1)-r_f]b_{i1}+[E(I_2)-r_f]b_{i2}+[E(I_3)-r_f]b_{i3}\\&=6\%+6\%\times1.2+8\%\times0.5+3\%\times0.3\\&=18.1\%\end{aligned}$$

§9.3 套利定价模型与资本资产定价模型的关系

9.3.1 套利定价模型与资本资产定价模型的联系

在单因子APT的讨论中，当取因子为市场组合时，APT与CAPM有相同的结果，即套利定价理论的定价模型恰好和资本资产定价中的证券市场线是一致的，但这并不意味着CAPM是APT的特殊情形。实际上，默顿（Merton，1975）和布里登（Breeden，1979）都讨论过资本资产定价模型的多因子模型。

我们把APT和CAPM的关系分为联系和区别两方面加以阐述。

1.单因子APT与CAPM的联系

首先分析单因子APT与CAPM的联系。

CAPM如下：

$$E(r_i)=r_f+[E(r_m)-r_f]\beta_i \tag{9.40}$$

单因子APT如下：

$$E(r_i)=r_f+(EI-r_f)b_i \tag{9.41}$$

如果单因子APT中的因子恰好是市场组合，或者虽然不是市场组合，但该因子的收益率和市场组合完全正相关且同方差，则$EI=E(r_m)$，$b_i=\beta_i$，此时两个模型完全等价。

如果单因子APT中的因子不是市场组合，那么：

$$\begin{aligned}Cov\big(E(r_i),\ E(r_m)\big) &= Cov\big(a_i + b_iI + \varepsilon_i,\ E(r_m)\big)\\ &= b_iCov\big(I,\ E(r_m)\big) + Cov(\varepsilon_i,\ E(r_m))\\ &= b_iCov\big(I,\ E(r_m)\big)\end{aligned} \tag{9.42}$$

等式两边同除以σ_m^2，得：

$$\beta_i = \frac{Cov\big(E(r_i),\ E(r_m)\big)}{\sigma_m^2} = \frac{Cov\big(I,\ E(r_m)\big)}{\sigma_m^2}b_i = \beta_{Im}b_i \tag{9.43}$$

该式说明证券i相对于市场组合的贝塔系数β_i等于因子相对于市场组合的贝塔系数β_{Im}与证券i的因子敏感系数b_i之积。

将式（9.43）代入式（9.40），变为：

$$E(r_i) = r_f + [E(r_m) - r_f]\beta_{Im}b_i \tag{9.44}$$

由此可见，原来在只有单因子模型成立时，并不知道λ_1的值究竟是多少。现在当单因子APT和CAPM都成立时，有：

$$\lambda_1 = [E(r_m) - r_f]\beta_{Im} \tag{9.45}$$

若因子与市场组合正相关，则$\beta_{Im} > 0$，证券的$E(r_i)$将随因子敏感系数b_i增减而同方向变化；反之，若因子与市场组合负相关，则$\beta_{Im} < 0$，证券的$E(r_i)$将随因子敏感系数b_i增减而反方向变化。

2.多因子APT与CAPM的联系

多因子APT与CAPM的联系稍显复杂，但分析的思路与分析单因子APT与CAPM的联系是一样的。

多因子APT如下：

$$E(r_i) = r_f + [E(I_1) - r_f]b_{i1} + [E(I_2) - r_f]b_{i2} + \cdots + [E(I_k) - r_f]b_{ik} \tag{9.46}$$

由于：

$$\begin{aligned}Cov\big(E(r_i),\ E(r_m)\big) &= Cov\left(a_i + \sum_{j=1}^{k}b_{ij}I_j + \varepsilon_i,\ E(r_m)\right)\\ &= \sum_{j=1}^{k}b_{ij}Cov(I_j,\ E(r_m)) + Cov(\varepsilon_i,\ E(r_m))\\ &= \sum_{j=1}^{k}b_{ij}Cov(I_j,\ E(r_m))\end{aligned} \tag{9.47}$$

所以：

$$\beta_i = \frac{Cov\big(E(r_i),\ E(r_m)\big)}{\sigma_m^2} = \sum_{j=1}^{k}\frac{Cov(I_j,\ E(r_m))}{\sigma_m^2}b_{ij} = \sum_{j=1}^{k}\beta_{jm}b_{ij} \tag{9.48}$$

该式说明，证券i相对于市场组合的贝塔系数β_i等于各因子相对于市场组合的贝塔系数β_{jm}与证券i对该因子的敏感系数b_{ij}之积的总和。

将式（9.48）代入式（9.40），得：

$$E(r_i) = r_f + [E(r_m) - r_f]\sum_{j=1}^{k}\beta_{jm}b_{ij} \tag{9.49}$$

这说明：

$$\lambda_j = [E(r_m) - r_f]\beta_{jm}\ (j = 1, 2, \cdots, k) \quad (9.50)$$

9.3.2 套利定价模型与资本资产定价模型的区别

上面对单因子APT、多因子APT与CAPM之间的联系的分析，是建立在两种模型同时成立的前提之下的。虽然能够得到两种模型之间的关联，但是它们的区别却很明显。

首先，两种模型最大的区别是建模思想不同。CAPM建立在市场均衡和最优投资组合理论的基础上。CAPM假设投资者对证券的收益有相同的认识，只是他们的风险偏好各不相同。他们根据均值-方差准则，把市场中的证券和证券组合分为有效集合和无效集合，并根据自己的风险偏好，在有效集合中作出最优选择，当存在无风险利率时，他们建立无风险资产与市场组合的投资组合，导出每种证券的收益率与其系统风险的线性关系，并据此对市场中证券价格的合理性进行判断，从而制定投资策略。APT建立在因子模型和无套利交易策略的基础上。其出发点是通过少数投资者构造大额无风险套利组合，追求套利利润而最终使套利利润消失，迫使市场重建均衡，从而导出证券收益率与其对风险因子的敏感系数之间的线性关系。

CAPM的建立需要严格的假设条件，并以存在市场组合为前提，而APT不需要像CAPM那么多的假设条件，也不需要CAPM关于证券收益率分布的假设，但套利定价模型中关于证券收益率的线性生成结构假设却是CAPM所没有的。

其次，两种模型的可检验性也不同。对于CAPM，虽然出现过数以千计的对其进行检验的论文，却没有得到过一致性的结论。实际上，由于CAPM中的市场组合包括的资产范围太广，许多资产并不能用均值-方差进行描述，所以真正的市场组合的收益水平无法通过观测取得，在模型的应用中，通常用某些市场综合指数近似代替市场组合，但这样简单替代的结果是连这些指数本身是否是有效的都受到了质疑。所以，用这样的指数替代市场组合进行检验，很难对CAPM给出肯定或否定的结论，并且即使有明确的结论，也难以令人信服。而套利定价理论中因子模型的可检验性取决于因子的选择，因子模型中的因子可以是宏观方面的如GDP、通货膨胀率、利率、工业生产指数、货币供应量等，也可以是微观方面的如盈利增长率、股利增长率等，或者是市场方面的如市场指数或有关的贝塔因子等，只要选择的因子的收益率可以观测，就可以对套利定价理论中的因子模型进行检验。

思政课堂

中国特色估值体系

【思政元素】中国特色；道路自信。

2022年11月22日，证监会主席易会满在“2022金融街论坛年会”上提出“探索建立具有中国特色的估值体系”，随后，“中特估”提法引发市场关注。

中国特色估值体系是指中国在企业估值方面所采用的一种独特的方法和理念。

这种估值体系是基于中国特有的经济、文化和社会背景而形成的，与西方的估值体系有所不同。中国特色估值体系是一种基于中国特有的经济、文化和社会背景而形成的估值方法和理念。这种估值体系强调企业的内在价值和长期投资价值，注重企业的品牌价值、管理水平、技术创新能力、社会责任等因素的分析，通过对内外因素的综合分析，更准确地评估企业的价值和风险。

易会满指出，围绕"中国特色"和"资本市场一般规律"的有机融合，围绕各方的期待和关切，需要对中国特色现代资本市场的基本内涵、实现路径、重点任务作更加深入和系统的思考。他说，当前制约资本市场功能发挥的诸多因素中，既有对"中国特色"理解不深刻、把握不到位、落实有偏差，简单搞"拿来主义"的问题；也有对"资本市场一般规律"认识不全面、不能透过现象看本质的问题。这里面既有市场的问题，也有监管的问题，还有更深层次的文化问题。必须坚持系统观念，坚持两点论、辩证法，坚持一切从实际出发，在遵循资本市场一般规律基础上，更好体现中国特色，走好自己的路。

中金认为，A股市场估值结构有改善空间，"尤其是部分银行及国有上市企业等估值长期、普遍偏低"。"从结构上来看，A股估值并不均衡。近十年银行及国有上市公司的估值趋势回落，当前已处于历史区间偏低水平，这与近年中国银行业和国有企业的相对有韧性的基本面形成反差。"中金称，综合来看，银行及国有上市企业估值中枢有提升空间。

2023年8月29日，中国人民大学中国资本市场研究院院长、中国人民大学原副校长吴晓求在接受《经济观察报》专访时谈到了对于"中国特色估值体系"的理解与认识。吴晓求说，"中特估"的热度虽然正在过去，但问题还停留在"并没有得到完整的解释"，所以它一直是困扰中国资本市场的一个问题。吴晓求分析说，"它的第一个确定性是非常明确的：央企控股企业的确定性就是背后有国家信用，而国家信用和一般信用相比，是有信用溢价的。那么同等行业、同等规模的企业，央企控股企业和非央企控股企业应该会有国家信用溢价部分表现出来，但是目前市场上并没有体现出这种溢价，反而表现出折价，当然这个折价不是对国家信用的折价，国家信用溢价是一直存在的，一定是市场上存在某种因素把信用溢价对冲掉了。"

资料来源：作者整理、撰写。

本章小结

1.资本资产定价模型是建立在市场均衡和最优投资组合理论基础上的均衡模型，该模型的成立需要严格的假设条件。

2.资本市场线方程表示有效组合的预期收益等于无风险收益与有效组合的风险溢价之和。这实际上就是有效组合的定价模型。

3.根据资本市场线的特点，在引入无风险资产借贷的前提下，所有投资者都必将选择同一个风险资产组合——市场组合M，因为只有M可以使无风险资产与风险资产的再组合有效率（即为有效组合）。此时，投资者对最优风险资产组合的选择是与投资者的风险态度无关的。

4.资本资产定价模型表明，风险证券的收益等于无风险收益与该证券的风险溢价之和。资本资产定价模型的图示形式称为证券市场线，它可以帮助投资者判断证券定价的合理性。

5.由于交易成本、税收政策和不完全信息等因素的影响，使得证券估价失误成为市场中的常态，证券要准确落在证券市场线上的机会是很难得的，通常只要证券的位置偏离证券市场线不太远，就认为定价合理了。

6.自从资本资产定价模型产生以来，对其进行检验的论文数以千计，但没有得到一致性的结论，最关键的问题是，理论上的市场组合是一个广泛包含全部资产的组合，由于许多资本并不能以均值–方差进行描述，这样的市场组合变得不可知，通常以某些市场综合指数代替，这就使得实证结论难以服人，这也是资本资产定价模型受到质疑的关键之一。

7.套利是指利用同一资产在不同市场或不同资产在同一市场上存在的价格差异，采用低买高卖的策略而获利的行为。换言之，套利是利用资产定价的错误、价格联系的失常，以及市场缺乏有效性的其他机会，通过买进价格被低估的资产，同时卖出价格被高估的资产来获取无风险收益的行为。

8.因子模型假设证券收益与某些风险因子的收益有线性关系，在此基础上，当没有套利机会时，无套利均衡模型就建立起来了。

9.无套利均衡模型认为证券的收益与证券相对于风险因子的敏感系数构成线性关系。

10.在资本资产定价模型和套利定价模型同时成立时，二者之间存在联系，联系的关键在于风险因子有相对于市场组合的系统风险。但两个模型也存在显著的不同，二者的建模思想是不同的。此外，只要因子的收益可以观测，基于该因子的套利定价模型就是可检验的，而资本资产定价模型实际上是不可检验的。

综合训练

9.1 单项选择题

1.根据资本资产定价模型，一个充分分散化的资产组合的收益率和（　　）相关。

A.市场风险　　B.非系统风险　　C.个别风险　　D.再投资风险

2.无风险收益率和市场期望收益率分别是0.06和0.12。根据CAPM，贝塔值为1.2的证券的期望收益率是（　　）。

A.0.06　　B.0.144　　C.0.12　　D.0.132

3.某证券的期望收益率为0.11，贝塔值为1.5。无风险收益率为0.05，市场期望收益率为0.09。根据资本资产定价模型，这个证券（　　）。

A.被低估　　B.被高估　　C.定价公平　　D.无法判断

4.考虑单因子APT模型。股票A和B的期望收益率分别为15%和18%，无风险收益率为6%。股票B的贝塔值为1.0。如果不存在套利机会，那么股票A的贝塔值是（　　）。

A.0.67　　B.1.00　　C.1.30　　D.1.69

5.考虑多因子APT模型。因子组合1和因子组合2的风险溢价分别为5%和3%。无风险利率为10%。股票A的期望收益率为19%，对因子1的贝塔值为0.8。那么股票A对因子2的贝塔值是（　　）。

A.1.33　　B.1.50　　C.1.67　　D.2.00

9.2　多项选择题

1.对于市场组合，以下说法正确的有（　　）。

A.它包括所有证券

B.它在有效边界上

C.市场组合中所有证券所占比重与它们的市值成正比

D.它是资本市场线与无差异曲线的切点

2.证券市场线是（　　）。

A.对充分分散化的资产组合，描述期望收益与贝塔的关系

B.可以用于判断证券定价是否合理的线

C.与所有风险资产有效边界相切的线

D.表示出了期望收益与贝塔关系的线

3.关于充分分散化的资产组合，下列说法错误的有（　　）。

A.市场风险可以忽略　　B.系统风险可以忽略

C.非系统风险可以忽略　　D.不可分散化的风险可以忽略

4.APT的优越之处在于（　　）。

A.在决定因子组合的风险溢价时，模型有独特的考虑

B.不需要一个市场组合作为基准

C.不需要考虑风险

D.假设条件比CAPM大大简化

5.APT与CAPM的不同之处在于APT（　　）。

A.建立在因子模型和无套利交易策略的基础上

B.把分散投资的重要性最小化了

C.认识到了多个非系统风险因素

D.认识到了多个系统风险因素

9.3　思考题

1.有没有可能一种证券回报率的标准差非常高而贝塔值却很低？试作出解释。

2.设无风险利率为9%，期望的市场回报率为15%。试画出证券市场线，并指出进取型证券位于何处？防守型证券位于何处？

3.已知无风险收益率为10%，市场要求的收益率为16%，HF公司股票的贝塔

值为1.2。如果预计HF公司明年的每股红利D_1为2.10美元，红利增长率保持5%不变，求该公司的股票售价。

4.假设你用一个双因子模型估计股票z的回报率，表达式如下：

$$r_z = 0.5 + 0.8r_m + 0.2L + \varepsilon_z$$

其中：r_m为市场指数的回报率；L为未料到的流动性的变化。

如果市场回报率是10%，未料到的流动性的变化是3%，市场没有套利机会，那么股票z的回报率是多少？

5.试分析套利定价模型和资本资产定价模型的关系。

本章参考文献

[1] 吴晓求. 证券投资学 [M]. 5版. 北京：中国人民大学出版社，2020.

[2] AMIHUD Y, MENDELSON H. Liquidity and asset prices [J]. Foundations and Trends in Finance, 2005.

[3] BLACK F. Beta and return [J]. Journal of Portfolio Management, 1993.

[4] BODIE Z, KANE A, MARCUS A J. Investments [M]. 9th ed. New York: McGraw-Hill, 2011.

[5] CAMPBELL J, VUOLTEENAHO T. Bad beta, good beta [J]. American Economic Review, 2004.

[6] CROSSMAN S J, STIGLITZ J E. On the impossibility of informationally efficient markets [J]. American Economic Review, 1981.

[7] HEATON J, LUCAS D. Portfolio choice and asset prices: the importance of entrepreneurial risk [J]. Journal of Finance, 2000.

[8] JAGANNATHAN R, WANG ZHENYU. The conditional capm and the cross section of expected returns [J]. Journal of Finance, 1996.

[9] MALKIEL B G. Returns from investing in equity mutual funds [J]. Journal of Finance, 1995.

[10] ROLL R. A critique of the asset pricing theory's tests: on past and potential testability of the theory [J]. Journal of Financial Economics, 1977 (4).

[11] ROSS S A. Return, Risk and Arbitrage [M] //FRIEND, BICKSLER J. Risk and Return in Finance. Ballinger: Cambridge, 1976.

[12] SHARPE W F. Capital asset prices: a theory of market equilibrium under conditions of risk [J]. Journal of Finance, 1964.

第10章

市场有效性：争论与发展

导读

有效市场理论（efficient market hypothesis）认为市场价格反映了一切信息，因此，通过对信息进行处理和分析是无法实现超额盈利的。这一理论曾经是现代金融理论的支柱，但自20世纪80年代开始，经济学家发现不少对有效市场理论不利的证据，这些证据导致了一个新的研究领域——行为金融的诞生。行为金融从人类行为的非完全理性假定出发，重新发展了一套关于投资者行为和资产定价的理论。本章将对这两种针锋相对的理论进行介绍和评价，并给出行为金融在投资中的应用意义。

关键概念

有效市场　弱式有效市场　半强式有效市场　强式有效市场　市场异象　行为金融学　直觉推断偏差　框架依赖　无效市场

§10.1 有效市场理论

10.1.1 市场有效性的概念

可以说，自有股票市场以来，人们对股票价格波动规律的研究就从来没有停止过。人们总是试图发现股票价格的运行规律，并企图从中获利。早在1900年，法国数学家就曾使用布朗运动来描述股票价格运动的随机性。1953年，统计学家莫里斯·肯德尔（Maurice Kendall）通过各种因素试图对股价的走动进行预测，但令他惊奇的是，他发现股价的变动没有任何规律可循，公司的业绩、经济景气的变化、过去的股价资料等看起来有解释作用的变量都无法说明股价变动的轨迹，这一事实说明股价的变化是随机的。他的这一研究结论引起了人们的极大关注：难道股票市场是完全无理性的吗？它真的是由不确定的市场心理学主宰的而没有任何逻辑规律的吗？为了合理地解释这一现象，经济学家们进行了不懈的努力，最后，人们得到一个合理的解释，即股价的随机变化正好说明了市场是有效的，由此而诞生了市场有效性的理论。

1.市场有效性的定义

1970年，芝加哥大学教授法玛（Eugene Fama）正式给出了有效市场的定义：**如果在一个市场上，价格反映了所有的信息，这个市场就是一个有效市场。**或者说，在一个有效的市场中，某种证券真实价值的最佳估计是其当前的交易价格。任何可用于预测股票价格表现的信息都已经反映在当前的股价上了，股票的价格变动呈现随机漫步的态势，已经存在的信息不能对它作出任何解释。

为了正确理解市场有效性的定义，应该把握以下几个要点：

（1）市场有效性并不要求在任何时刻市场价格都等于其真实价值。它所要求的是市场价格对于其真实价值的误差是无偏的，也就是说，市场价格可以大于或小于其真实价值，只要这些偏差是随机的。

（2）可能出现随机偏差的特性表示在任意时刻股票被低估或高估的可能性基本上是相等的。也就是说，在一个有效市场上，尽管各种股票不一定与其真实价值（基本面价值）都相等，但它被高估的可能性与被低估的可能性既不会大，也不会小。

（3）如果价格与真实价值的偏差是随机的，则表明任何投资者都不可能通过采用任何投资策略而系统性地找到被低估或高估的股票。

要理解有效市场这一概念，我们不能完全机械地理解。我们认为，有两点值得特别注意：第一，不是所有市场都是有效市场，有的市场有效，而有的市场是无效的；有的市场有效程度高，而有的市场有效程度低。第二，同一市场对于不同的投资者而言，有不同的有效性层次存在，或者说，同一市场对某些投资者有效而对另一些投资者无效。总之，不是所有市场对所有投资者都同等有效。

2. 市场有效性的内涵

市场有效性的一个直接含义就是没有任何投资者能通过运用普通的投资策略而长时间系统性地胜过市场。在一个有效市场中，一些公认的投资策略和行为变得不再有效。具体来说，市场有效性意味着：

（1）在一个有效市场中，对于股票的研究和评估是劳而无功的。在这样的市场找到其价值被低估的股票的可能性总是一半对一半，这反映了有效市场中股票定价误差的随机性。收集信息和进行股票研究的最好报偿只不过是填补进行这些研究的成本。

（2）在一个有效市场中，"随机分散"的投资策略，由于几乎不含信息成本和只有极少的执行成本，将胜过任何包含大量信息成本和执行成本的所谓"深思熟虑"的策略，因为这些策略不会给组合管理者和投资者带来任何追加价值。

（3）在一个有效市场中，尽量减少交易的投资策略，即构造一个组合后，除非需要现金才交易的策略优于需要频繁交易的策略。

但是，我们也不应该将这一概念进行无谓的泛化，即不应该注意市场有效性所不包含的意义。具体来说，市场有效性并不表明以下几点不成立：

第一，股票价格不能偏离其价值。事实上，这种价格偏离的程度还可能很大。有效性的唯一要求就是这种偏离是随机的。

第二，任何投资者在任何时刻都不能"胜过"市场。相反，研究表明，大约半数的投资者在扣除交易成本前都是"胜过"市场的。这是因为股票市场本身就有一定的成长性，即股票价格是一个有正趋势的"随机游走"。

第三，长期来看，没有任何投资者群体可以"胜过"市场。给定金融市场上投资者的数量，概率论的规则表明在长时期内相当大一部分投资者能系统性地"胜过"市场，原因不在于他们的投资策略，而在于他们的幸运。但是，如果很大一部分投资者采用同样的投资策略，则不可能长时期地"胜过"市场。

同时，还应该注意到，在一个有效市场，某一时期的投资收益尽管从短期看可能与预期收益有所偏离，但从长期看，任何投资的预期收益都将与该投资的风险一致。

3. 市场有效性的必要条件

市场不会自动变成有效，是投资者的行为，价格的协商过程，以及投资者想"胜过"市场而采用的有效措施使市场变得有效。消除市场非有效性的必要条件主要包括两个方面的因素：一些因素与资产及其特性有关；另一些因素与投资者的特性有关。

（1）与资产及其特性有关的因素。

因为市场非有效是采取"胜过"市场措施和取得超常收益的基础，而要使投资者采取措施和策略，应该具备如下条件：

① 导致非有效的资产必须有交易，如果该资产没有交易或交易困难，则非有效性难以消除；

② 执行该措施或策略的交易成本应该小于从该措施中所获得的预期利润，否则措施或策略的结果得不偿失，投资者会放弃执行该措施或策略，已经存在的非有效性也会继续存在。

（2）与投资者特性有关的因素。

市场上必须有追求利润最大化的投资者，他们必须：

① 能认识到市场非有效性之所在，并敏感地意识到获得超常收益的可能性；

② 可以有效地调整自己的组合，果断采用能取得超常收益的措施；

③ 具有足够的资金使之在股市上进行交易，一直到非有效性消除为止。

如前所述，投资者在一个有效市场不可能“胜过”市场。追求利润最大化的投资者不断地寻求“胜过”市场的方法，从而使得市场变成有效。如果一旦市场真的变成有效，投资者将停止寻找非有效性，这样会使市场再一次变成非有效。所以，应该把有效市场看作一个自我校正的机制，其中非有效性规律性地出现，而一旦投资者发现了非有效性并采取相应的措施，非有效性随即消失。

4.市场为什么会达到有效

证券价格之所以趋向于反映所有相关信息，是市场竞争的结果。当投资者花费时间和金钱去收集、分析各类信息时，这些活动应该能够提高投资者的期望收益，否则将得不偿失。由于市场上存在着大量的投资者，这些投资者都在努力寻求一切可能的获利机会，都在把自己掌握的信息用于投资活动从而反映在证券价格上。因此，我们可以期望在市场均衡的条件下，证券价格将反映所有有关的信息，而一旦市场偏离均衡，出现了某种获利机会，也会有人在极短的时间内去填补这一空隙，使市场恢复均衡。

因此，虽然我们不能绝对地说证券价格已反映了全部相关信息，其价格的未来变化是无法预期的，但我们至少要考虑到证券市场是一个充满竞争的市场，在这个市场上存在着许多训练有素、技术和分析能力都很强的投资者，在这样一个市场上，要预测证券价格的未来变化，寻找获利机会是相当困难的。特别是考虑到扣除为获取信息所付出的种种成本后的实际收益，这一问题表现得更为明显。

10.1.2 市场有效性的三个层次

由前述市场有效性的定义我们可以看到，市场有效性还与投资者所掌握的信息及其在价格上的反映的假设有关。法玛于1970年给出了关于市场有效性的最早分类。他认为，根据价格所反映的市场信息的类型，市场有效性可以分成如下三个层次：

1.弱式有效市场

在弱式有效（weak-form）市场上，股票价格已经反映了所有的历史信息。也就是说，股价已经反映了全部能从市场交易数据中得到的信息，这些信息包括譬如过去的股价、交易量、空头的利益等。该假定认为市场的技术分析是徒劳的，过去的股价资料是公开的且是几乎毫不费力就可以获得的。弱式有效假定坚持认为，如果这样的数据曾经传达了未来业绩的可靠信号，那所有投资者肯定已经学会如何运用这些信号了。随着这些信号变得广为人知，它们最终会失去其价值。

设想某种交易策略建议在一种股票连涨三天后买入，在连跌三天后卖出。这个交易策略仅仅使用过去价格的信息，而没有使用任何其他的信息，例如盈利信息、兼并信息、预测结果或货币供应量等。如果资本市场达到弱式有效，使用上述交易策略无法获取利润。我们通常用以下数学公式来表示弱式效率：

$$P_t = P_{t-1} + \text{期望收益} + \text{随机误差} \tag{10.1}$$

式（10.1）表明：某种证券今天的价格等于“最近的观测价格”加上“证券的期望收益值”，再加上这段时间发生的“随机收益值”。其中，最近的观测价格可以是昨天出现的价格、上周出现的价格、上月出现的价格，取决于我们确定的时间区间（t-1，t）。证券的期望收益是该种证券所承受风险的函数，可以根据我们在前两章讨论的模型来确定。随机误差是由某种与证券有关的新信息引起的，可能是正数，也可能是负数，因此这一随机项无法根据历史价格来预测。

由于历史的股票价格信息是最容易获取的信息，因此弱式有效是资本市场所能表现出的最低形式的效率。如果我们能够从股票价格的历史信息中发现某种可以获得超常利润的趋势，那么每个人也能够做到，结果超常利润将在争夺中消失。图 10-1 展示了这种竞争的作用。假设某种股票的价格呈现出一种周期性波动态势。聪明的投资者将在低点买入，推动价格上涨；反之，在高点卖出，迫使价格下跌。通过这样的竞争，上述周期性的规律将会迅速地消失，留下的只是价格的随机波动。所以，以过去价格变动预测未来股价的“技术分析”方法并不能带来利润。

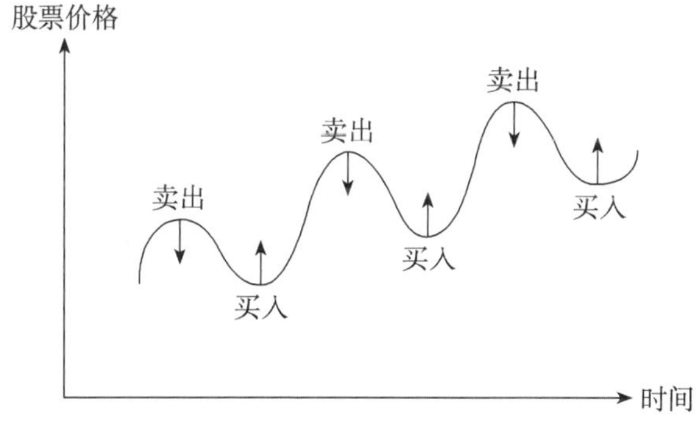

图 10-1　投资者行为消除股价波动的周期性

2. 半强式有效市场

如果某一资本市场上的证券价格充分地反映了所有公开可用的信息，包括公司公布的财务报表和历史上的价格信息，那么该资本市场就达到了“半强式有效”。

半强式效率与强式效率之间的差别在于半强式效率说明资本市场上的证券价格不仅充分地反映了历史的信息，而且充分地反映了所有公开发布的如公司生产基本数据、管理质量、资产负债表组成、持有的专利、利润预测以及会计实务等可用信息。

假定某家公司盈利上升，某一投资者可能会在听到这一信息后就投资这一股票。但如果市场处于半强式有效，价格将在这一信息公布后立即上升。因此，投资者最后仍然付出较高的价格，获利的机会随之消失。

证券价格对各种最新消息的反应速度是衡量市场效率的关键。如图10–2所示，在t=0时刻之前证券价格的运动是随机游走，在t=0时发布了有关该证券的利好消息，从而导致了证券价格的上升。如果从消息公布到价格上升再到一个新的均衡点要经过时间期间n，如图10–2左图所示，则这一市场的效率较低，达不到半强式有效市场的要求。如果消息一公布证券价格立刻上升到了新的均衡点，如图10–2右图所示，则该市场为半强式有效市场。

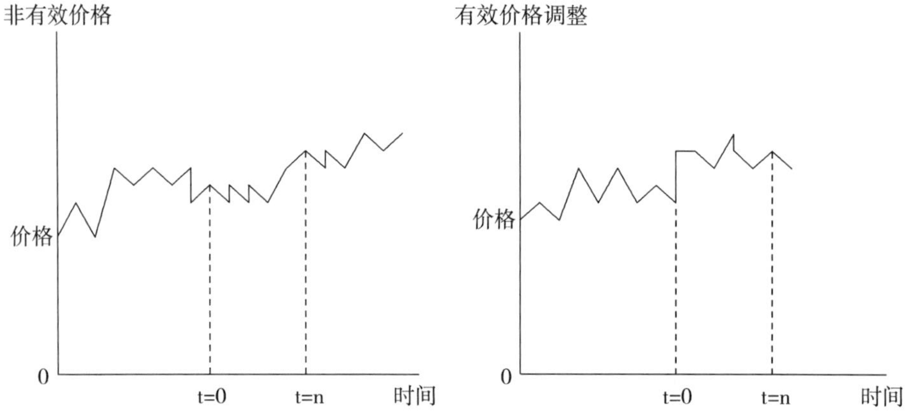

图10–2　半强式有效市场的价格调整

证券价格的基本分析，就是对公开发布的各种消息对有关企业的经营现金流量的影响进行分析，并据此确定该公司股票的价值及未来的变化趋势，指导证券投资，以期获得高于一般投资者的超额利润。但在半强式有效的证券市场上，基本分析并不能为投资者带来超额利润。

3.强式有效市场

如果某一资本市场上的证券价格充分地反映了所有的信息，包括公开的和内幕的信息，那么该资本市场就达到了“强式有效”。

强式效率假设理论强调指出，任何与股票价值有关的信息，即使是只有一个投资者知道的信息，实际上都已经充分地反映在了股票价格之中。因此，即使某个投资者得到了某金矿公司探明一个大型金矿的“内幕消息”，他也无法借此在一个强式有效的资本市场上获利。因为只要这个内幕者企图利用这一信息进行交易的时候，市场将立即确认所发生的事情，金矿公司的股票价格在这位内幕者购买该公司的股票之前就将冲高上涨。换个角度看，强式有效市场理论认为，不存在真正的“内幕消息”，公司一旦探明金矿，消息将立即传开。

4.三者的关系及评价

历史价格信息集是公开可用信息集的一个子集，而公开可用信息集又是所有相关信息集的一个子集。这三类信息之间的相互关系如图10–3所示。正因为如此，强式效率包含着半强式效率，半强式效率包含着弱式效率。

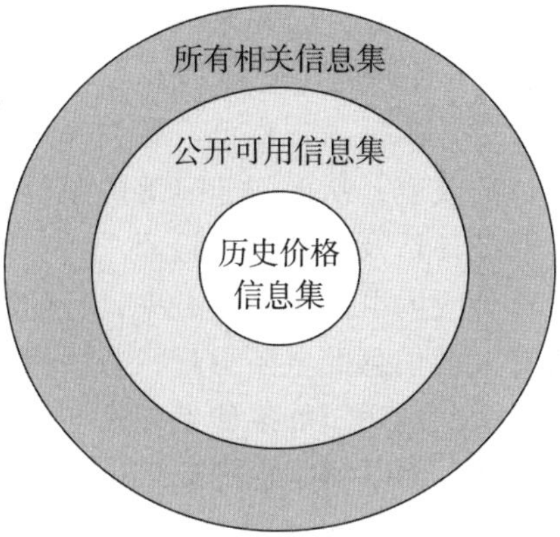

图10-3　三类信息间的关系

哪种有效市场理论很好地描述了证券市场的运作机制呢？在这一问题上，专家的意见并不统一。当然，支持半强式有效市场的证据比支持强式有效市场的证据更加令人置信。

预期市场达到弱式有效的原因之一是发现股票价格变动规律是十分容易的。任何懂得计算机编程和一些统计学知识的人都可以研究和发现这些规律。这就支持了这样一种观点：如果存在这样一些规律，而且大家都去研究和挖掘，那么这一研究和挖掘的过程将导致这些规律迅速消失。

与弱式效率相比较，半强式效率使用更加复杂的信息和推理。投资者必须掌握经济学和统计学的技术知识，并且对各种行业和公司的特征有深入了解。此外，掌握和使用这些技术需要才华、能力和时间，而且成功案例很少见。

相比之下，强式效率不太切合实际。很难相信市场已经如此高效率，以至于那些内幕人士都不能通过利用这些信息获利。同时，也很难发现有关市场达到强式有效的证据。到目前为止，我们所拥有的证据基本上都否定强式有效市场的假设。

10.1.3　市场的有效性检验

1.检验的具体内容

对市场有效性的检验，主要从以下几个方面进行：测试某些交易规则的预测能力；事件研究；对职业经理人的业绩评估及内部交易检验。

（1）测试某些交易规则的预测能力。

这类检验研究的是与收益的可预测性有关的检验，包括用股利报酬率、利率等变量预测收益。由于有效市场理论与均衡定价理论密不可分，讨论可预测性也包括资产定价模型检验和在检验中发生的一些异象（如规模效应）。此外，关于季节效应（如元月效应）和关于证券价格波动的研究也包括在其中。如果市场存在某种交易规则可以对收益进行准确的预测，则表明市场缺乏效率。

（2）事件研究。

事件，通常指公司公开发布信息、公司某些特定行为（如发放股利）或者政府行为（如有关法律的修正）。事件研究以一至数天为时间窗口长度，以这段时间的累计股票收益和年（季）度会计指标为观察值，旨在确定该事件是否引起投资者对企业未来现金流量的期望值的改变，从而引起显著的股价变动。

（3）对职业经理人的业绩评估及内部交易检验。

检验的对象是专业投资者或内幕人士的收益率，目的在于研究是否有投资者或机构组织拥有与价格形成有关的信息的垄断力量，若该假设成立，则说明投资者即使拥有内幕消息也无法获得超额利润。如果能发现某一专业投资者具有重复的超常表现，则表明他具有预测能力，而其所掌握的信息也就没有被市场价格所吸收。

2.在各层次市场上的应用

（1）弱式有效市场检验——市场收益率的随机游走检验。

对弱式有效市场的检验，一是要看连续的价格是否独立；二是要看据此能否获得超额利润。对此的检验存在不同的结论。Fama、Fisher等学者的结论是股价基本符合随机游走假设。但一些学者包括Lo和Mackinlay利用方差比例法，对美国股市进行检验，发现单只股票收益率序列接受随机游走假设，而组合收益率序列拒绝随机游走假设。

（2）半强式有效市场的检验——事件研究。

对半强式有效市场检验，在于测试现实中所有能获得的公开信息和宣布的信息，是否迅速、充分地反映在股票价格上以及利用这些信息能否获得超额利润。Ball、Brown、Fama等的研究均表明存在半强式有效市场。但在20世纪80年代的事件研究中，发现了一种所谓的“宣布后的漂移”现象，即市场对公司业绩信息的反映出现滞后现象。这一现象显然不支持半强式有效市场假说。

（3）强式有效市场的检验——私人信息的检验。

这一研究是检验公司的知情人员或专业投资者是否利用掌握的内部信息来获得超额收益，也就是检验他们掌握的内部信息是否反映在股票的价格上。强式有效市场假说认为，所有信息包括内部和私人信息，全部反映在股票价格上，拥有内部信息的人也不能获得超额利润。由于私人信息的代表是共同基金，所以这方面的检验往往针对的是共同基金。Friend、Brown等人的研究表明，从整体上看，共同基金的业绩不比市场的平均收益高或低，而且证券交易和当年或下一年的证券业绩并没有稳定的联系。一些学者随后的研究也基本上支持了强式有效市场假说。但另外一些研究却表明，证券交易所的专营经纪人利用控制指令的条件获取了额外收益。

10.1.4 市场有效性与投资策略

有效市场理论对华尔街的影响是深远的，因为它完全颠覆了传统的积极投资理念。显然，如果市场是有效的，任何人都不可能长期“打败”市场，这将会导致很多业内人士失去他们存在的价值。因此，这一理论的诞生注定了它将始终伴随着理论和实践上的争论。

1.主动投资策略

(1) 技术分析。

技术分析（technical analysis）本质上是对股价的起伏周期和预测模式的寻找。尽管技术分析家们承认信息对公司未来经济前景的价值，但是，他们仍然相信这类信息对证券投资并非必要。因为假如股价的反应足够慢，不管股价变动的根本原因是什么，分析家都能够确定一个能在调整期内被利用的方向。成功的技术分析的关键是：股价对基本供求要素反应迟钝。

当然这个先决条件恰恰与市场有效性的观点相悖。技术分析家有时也被人称为“股市图表专家”，因为他们研究历史股价的记录或图表，指望能找到可以用来构造盈利的投资组合的模式。第9章对技术分析作了较为系统的阐述，该章中所介绍的一些技术图表和指标就显示了一些图表专家希望能确定的模式的类型。图表专家可以在一天的高低价位之间连线，用以考查股价的走向（趋势线）。更复杂的形式，诸如“缺口”以及“头肩顶”“头肩底”等，也被认为是传达了明显的买卖信号。一旦右肩突破颈线，技术分析家就会认为股票面临着大幅度的涨跌。

市场有效性假定意味着技术分析毫无可取之处。价格和交易量的历史数据是花费最少的公共信息。因此，任何由分析过去价格而获得的信息已经在股价中得到反映。当投资者们争相利用他们对股价历史的平凡知识时，他们必然把股价推向期望收益率与风险正好相抵的水平。在这样的水平上，我们不可能指望有非常规的收益。

(2) 基本分析。

基本分析（fundamental analysis）是利用公司的盈利和红利前景、未来利率的预期以及对公司风险的评估来决定适当的股票价格。其实质是，通过对未来公司股利的折现得到其内含价值。如果这个价值超过了股价，基本分析者将建议购买该股票。

基本分析通常由对公司以往盈利的研究和对公司资产负债表的考察开始，并包括对公司管理素质、公司在行业内的地位以及该行业前景的整体评估。其目的是获得对尚未被市场认识到的公司未来表现的洞察，以获得超额收益。

有效市场假定认为，基本分析也是注定要失败的。如果分析者依赖那些公开的利润及行业信息资料，那么其对于公司前景的评估就不太可能比他的竞争者更精确多少。很多信息灵通、资金雄厚的公司都在做市场研究，因此要发掘别人尚未知的信息是很困难的。

所以，基本分析的秘诀不在于确认公司是否良好，而在于要能发现比别人的估计要好的公司。因此，当价值被低估了时，诸如ST、PT板块里也存在具有投资价值的公司。

2.被动投资策略

有效市场假定认为，主动管理基本上是白费精力并且未必值得花这么多钱。因此，其提倡一种被动投资策略（passive investment strategy），该策略并不试图“战胜”市场，取得超额收益。被动投资策略的目的在于建立一个充分分散化的证券投资组合，而不徒劳地寻找那些过低或过高定价的股票。

被动管理常被描述为一种购入-持有策略。因为有效市场理论指出，当给定所有已知信息时，股价的水平是公正的，频繁地买入或抛出股票是没有意义的，这只会浪费大笔佣金而不会提高期望业绩。

被动管理的一个常用策略是建立指数基金（index fund），它按照目标指数的证券构成种类和比例持有股票，其收益率与该目标指数相同。例如，在1976年，美国前卫集团组织了一个被称为指数500资产组合的共同基金，该基金持有的股票的种类及权重与标准普尔500股指中的成份股相同。这项基金的投资者仅花费较少的管理费就能获得广泛的多样化。实际上，当一项主动管理基金的年费超过资产的1%时，前卫指数500基金只支付比0.2%还要低的费用。

3.市场有效性与投资组合管理

如果市场是有效的，是否意味着理性的投资组合管理没用了呢？结论是否定的。

第一，我们知道在资产组合选择中的一项基本原则就是分散化，即使所有股票的定价都是公正的，每一种股票仍具有公司的特有风险，而这种风险是可以通过分散化来消除或降低的。因此，即使是在一个有效的市场中，理性的证券选择也要求有一个与投资者所需的系统风险水平相匹配的充分分散化的资产组合。

第二，理性的投资同样要求在证券选择时反映赋税要求，使投资的税后收益率最佳。

第三，理性资产组合管理也与投资者的特定风险范畴有关。例如，一个商业银行的经理人员，其收入水平视商业银行的利润情况而定，为了分散风险，通常其不应在银行股上作过多的投资。

此外，对于不同年龄的投资者，也应考虑风险容忍度而选择不同的资产组合策略。

总的来说，即使是在一个有效的市场中，资产组合管理仍然有其发挥作用的空间。

§10.2　市场异象与行为金融的兴起

20世纪80年代初，当人们普遍接受了市场有效性理论的时候，一些来自美国等市场的实证研究结论却对该理论提出了严峻挑战，这些现象都从不同的侧面对市场有效性的理论提出了质疑。到底是市场有效性不成立，还是有其他原因可以解释这些被称为市场异象的现象？人们对这些问题进行了进一步的研究。这些异象可以分成两类：一类是与公司特征有关的市场异象；另一类是与时间有关的市场异象。

10.2.1　与公司特征有关的市场异象

研究结果所表明的与公司特征有关的市场异象表现在三个方面：一是与公司规模有关的市场异象；二是与公司的股票价格/收益比有关的市场异象；三是与公司股票的市场价格/公司每股的账面价值有关的市场异象。

1.小公司效应

将全部上市公司按其规模（股票的市场价值）大小进行分类，然后研究在相同风险条件下不同规模的公司的收益水平，结果发现，规模较小的公司有较高的收益率，也即存在小规模公司投资的溢价。这一现象被称为小公司效应。小公司效应不仅在美国市场上存在，在法国、德国、英国等国的市场上也同样存在。

美国学者班茨（Banz）于1981年首先发现了这一现象，即总收益率和风险调整后的收益率都有随公司的相对规模（由其现有资产净值的市值表示）的上升而下降的趋势。①班茨把所有在纽约证券交易所上市的股票按公司规模分成五组，他发现，最小规模组的平均年收益率比那些最大规模组要高19.8%。

如果市场是有效的，那么，当人们发现小公司存在投资的超额收益时，会争相购买小公司的股票，从而使其价格上升，收益下降至正常水平，超额收益随之消失。但是，实际的状况是，小公司正的超额收益长期存在，因此市场有效性受到挑战。

到底是什么原因使得小公司效应出现呢？人们从如下几方面进行了解释：

（1）成本大小的影响。由于与大公司相比，小规模公司的股票通常都有较大的交易成本，而小公司的收益是在扣除交易成本之前计算的，因此有一定程度的高估。如果考虑了交易成本的因素，则小公司不再有超额投资收益。

（2）风险的度量不恰当。有人认为，根据资本资产定价模型对小公司的风险采用贝塔值来衡量并不合适，因为这样会低估其风险值。正因为贝塔值对小公司的风险有所低估，所以，与同样风险的大公司股票的收益相比而出现了溢价的假象。

2.市净率效应

美国学者法玛、弗伦奇以及莱因格纳姆证明了②，市净率即公司股票市值与净资产之比是证券收益的有利的预测工具。法玛和弗伦奇依照市净率把公司分成10组，并考察了从1963年7月到1990年12月这段时期内每组的平均月收益率。市净率最低的10家公司的平均月收益率为1.65%，而最高的10家公司的平均月收益率则只有0.72%。图10-4显示了各组的情况。

---

① BANZ R.The Relationship between Return and Market Value of Common Stocks［J］. Journal of Financial Economics，1981（9）.

② EUGENE F. FAMA，KENNETH R，FRENCH. The Cross Section of Expected Stock Returns［J］. Journal of Finance，1992（47）.

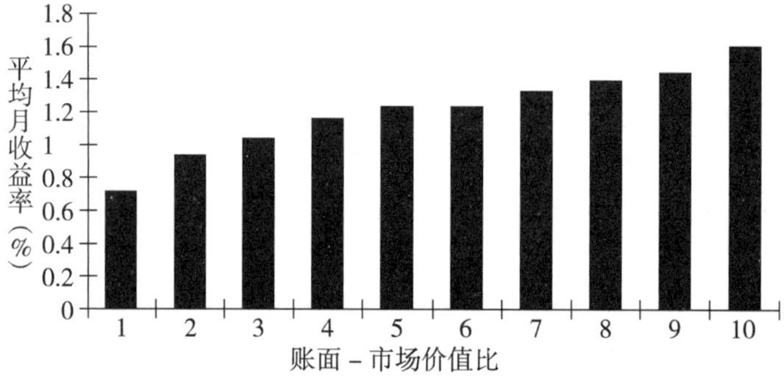

图 10-4　作为市净率函数的平均月收益率

收益对市净率如此强的依赖性是与β值无关的，这意味着要么是低市净率的公司定价相对较低，要么就是市净率正充当着影响均衡的期望收益的风险要素的替代物。事实上，法玛和弗伦奇发现，β值似乎对解释证券均衡收益无能为力，这个发现对理性市场是个严峻的挑战。

10.2.2　与时间有关的市场异象

人们所观察到的与时间有关的异象有两种：一种为1月效应；另一种为周末效应。

1.1月效应

研究者发现，如果将一年的各个月份的收益进行测算并进行比较，那么，1月份的收益在全年中是最高的。人们将这种现象称为1月效应或年末效应。

对美国1926—1983年间的情况进行研究，结果显示：1月份的收益显著高于一年中的其他月份，特别是1月份的头两个星期，其收益率水平最高。

将1月效应与小公司效应联系起来进行研究：小公司的1月效应更为明显，而且小公司超额收益中将近一半是在1月份的头两天获得的。

图10-5为1963—1979年小公司超额收益率在不同月份的差别。

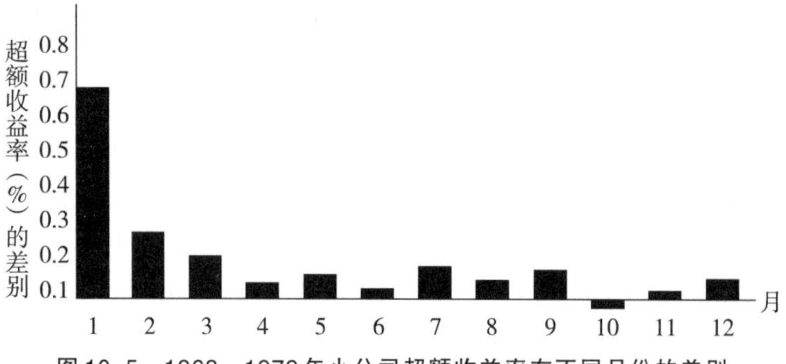

图 10-5　1963—1979 年小公司超额收益率在不同月份的差别

为什么会存在1月效应呢？人们试图找出答案。一种观点认为，产生1月效应的原因在于，投资者往往在年末出售“赔钱”的股票以获得由于资本损失而带来的避税收益，出售股票的结果使其价格下降，其价格可能下降到低于其实际价值的水平。到了1月份，投资者又买回相同的股票，致使其价格大幅上涨。另一种观点认为，1月效应的存在与投资者个人交易行为有关，由于年末个人投资者的股票购买量减少，从而导致了年末的股价下跌；而在1月份，个人购买量显著上升，导致其价格上升。

在许多国家和地区的证券市场中，1月效应都是显著存在的。

2.周末效应

对一周内五个交易日的收益进行分析，发现星期一的收益明显低于一周中的其他各天，这种现象被称为周末效应。与1月效应一样，周末效应也是广泛存在于世界各国证券市场中的一种现象。而且，对美国证券市场1962—1978年间的数据进行研究，结果表明：星期一的收益为负，而其他各天为正，如图10-6所示。

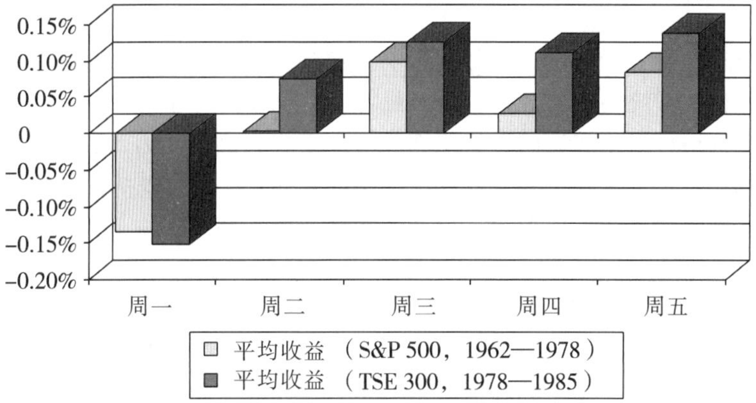

图10-6　一周的平均日收益率

周末效应的原因在于坏消息一般都是在星期五交易结束后的周末公布的，正是这些坏消息导致了周一股票价格的下跌。但是，这种说法并不能解释为什么周末效应长时间存在。因为坏消息是可以预期的，理性的投资者可以将这种预期充分地反映到星期五的股票价格之中，从而使周末效应消失。**正因为这些现象还缺乏很有力的解释，所以称之为市场异象。**

同时考虑上海和深圳A股市场和B股市场，国内学者对我国股票市场研究后发现，1995—1997年期间四个市场上周末效应较为明显，表现为星期二的收益率在一周内最低，并且显著为负。A股市场上除了星期二有异常表现外，星期五的收益率达到一周内的最高并且显著为正。在1998—2002年期间，除了深圳A股市场外，其他市场的周末效应都有逐渐消失的趋势。这一趋势可能与投资者的套利行为有关。

10.2.3　对有效市场异象的解释

众多异象引起了人们的重视，对于产生异象的原因人们也作了许多分析，主要有两种观点：一种观点认为这些效应可以解释为风险溢价的典型表现，从而仍然维持有效市场假说；另一种观点则与此相反，认为上述异象是市场无效的表现，并引入行为金融学的理论来进行解释。

行为金融学的前提是常规金融理论忽视了现实的人们如何作决策以及人与人之间的差别。越来越多的经济学家将异常现象解释为个体在作复杂决策时表现出的非理性行为。非理性产生的两个主要前提是：一是投资者在处理信息时不总是正确的，因而会错误地推断未来收益率的概率分布，具体体现在信息处理存在系统性偏差，包括预测失误、过度自信、忽略样本的代表性以及保守主义等；二是即使给定概率分布，投资者常常作出不一致的决策或系统地作出次优的决策，这些行为偏差集中表现为框架效应、心理账户、逃避后悔等。

§10.3 行为金融学

行为金融学是关于心理因素如何影响金融行为的科学。行为金融学认为：投资者处理信息存在系统性的非理性，预测经常是有偏差的；市场中的套利手段总是受到限制的，价格可以是错误的，但仍然不易产生获利机会，因此获利机会不存在并不说明市场必然是有效的。根据舍夫林（Hersh Shefrin）的概括，行为金融学主要包括三大主题，即直觉推断偏差、框架依赖和无效市场。①

10.3.1 直觉推断偏差

直觉推断（heuristic）是指人们发现事物的时候通常采用试错法，并由此发展出来的一些经验法则。由于经验法则不一定与理性推理相一致，这一过程经常会带来一些偏差，即为直觉推断偏差。例如，过度自信、表征推断等现象，都表明投资者在决策过程中并不总是伴随着理性计算，而往往是依赖经验法则。

1.过度自信

人类倾向于从无序中看出规律，尤其是从一大堆随机的经济数据中推出所谓的规律。Tversky 提供了大量的统计数据说明许多事件的发生完全是运气和偶然因素的结果。由于认知和判断上的偏差（biases of judgment），而将偶然的成功归因于自己操作的技巧，将失败的投资操作归因于外界的无法控制因素，由此产生了所谓的过度自信（overconfidence）的心理现象。过度自信是指人们对自己的判断能力过于自信。投资者趋向于认为别人的投资决策都是非理性的，而自己的决策是理性的，是在优势信息的基础上进行操作的，但事实并非如此。Daniel Kahnemn 认为：过度自信来源于投资者对概率事件的错误估计，人们对小概率事件发生的可能性产生过高的估计，认为其总是可能发生的，这也是各种博彩行为的心理依据；而对于中等偏高程度的概率性事件，易产生过低的估计；但对于90%以上的概率性事件，则认为肯定会发生，这是过度自信产生的一个主要原因。此外，参与投资活动会让投资者产生一种控制错觉（illusion of control），控制错觉也是产生过度自信的一个重

---

① 舍夫林．超越恐惧和贪婪：行为金融学与投资心理诠释［M］．贺学会，等译．上海：上海财经大学出版社，2005.

要原因。

2.表征推断

表征推断（representativeness）是指当个体在进行判断时，将所得信息与头脑中已存在的类似某种原型的概念进行比较，当偏差较小时，个体便迅速判断该信息很可能代表该原型概念。代表性启发式使个体不必经过复杂的计算而对概率作出迅速的判断。然而这种判断方式却使个体忽视了进行客观概率判断所需考虑的前提条件（如事件的独立性、先验概率及样本大小等），从而判断失误引发决策错误。正由于在金融市场上投资者的决策受到代表性启发式的影响，DeBondt 和 Thaler（1985）指出，投资者在进行概率修正时常倾向于反应过度，对近期的信息赋予过高的权重，而对整体的基率数据赋予较低的权重，其对盈利数据的过度反应会推动股票价格偏离基本面价值。由此推论，在前段时期表现不佳的股票很可能比表现出色的股票更具有投资价值。

3.自我归因偏向

投资者通常都是过于偏爱自己所掌握的信息，从而在判断股票价格时对自己所掌握的信息作出过度反应，这被称为自我归因偏向（biased self-attribution）。有偏的自我归因使投资者低估关于股票价值的公开信息，特别是当公共信息与他们的个人信息相悖时。当公共信息与投资者的个人信息相一致时，投资者的信心增加；但当公共信息与投资者的个人信息不一致时，投资者信心的降低幅度较低。在有偏的自我归因指导下的投资行为必然导致股票回报的短期连续性和长期的反转。

事实上，除了这里所描述的现象之外，现实中投资者身上还存在着许多其他的直觉推断法，如乐观主义、有效性幻觉、后见之明、控制幻觉等。这些直觉推断法表现在许多不同的情境中，如分析师的盈利预测、投资者对基金业绩的评估、公司并购决策等。

4.理念坚守

心理学研究证明，人们的心理总是会存在着确认偏差，即一旦人们形成先验信念，他们就会有意识地寻找有利于证实先验信念的各种证据，而不论事后的结果正确与否，这就是理念坚守（belief perseverance）。这在金融市场上，就会使投资者坚持错误的交易策略，导致金融产品定价偏差的持续存在，直到非常强有力的证据出现才能迫使其改变原有信念。

10.3.2 框架依赖

这里的框架（frame）是指决策问题的表达方式或思考方式。简单地说，框架是形式。在传统理论中，形式并不重要，重要的是内容，或者说是本质。然而，行为金融学的研究表明，事实上，在投资者决策过程中，形式至关重要，会直接影响到投资者的决策结果。**人们往往会将决策问题局限在一个很窄的框架范围内，而不是在更广阔的视野中，即框架依赖。**另外，当投资者面对盈利和亏损时，你会发现他们会有不同的风险态度，而不是传统理论中所设定的“风险厌恶”的统一模式。

1.狭隘框架

狭隘框架（narrow framing）又称情景依赖，是指决策者并不是孤立地知觉和记忆素材，他们是根据过去的经验以及素材发生的背景来解释新的信息。在一种情形下，一个刺激物以一种方式被感知，而在另一种情形下，同样的刺激物，可能会产生非常不同的感知。因此，事物的表面形式也即框架会影响人们对事物本质的看法；人们的决策在很大程度上取决于他所用的特殊的框架，这种由框架依赖导致的认知与判断的偏差即为框架偏差，它是指人们的判断与决策依赖于所面临的决策问题的形式，即尽管问题的本质相同但因形式不同也会导致人们作出不同的决策。

2.损失厌恶

期望理论的重要发现之一是：人们在面对收益和损失的决策时表现出不对称性。Kahneman和Tversky的实验结论是：人们并非厌恶风险，当他们认为合适时，他们会选择赌上一把，但如果不是厌恶风险又是什么呢？他们认为，人们的动机总是要躲避损失，而不是那么厌恶不确定性，人们厌恶的是损失，损失总比收益更突出、感受更强烈。损失厌恶（loss aversion）是指人们面对同样数量的收益和损失时，损失对他们产生更大的情绪影响。他们发现，同量的损失带来的负效用为同量收益正效用的2.5倍。期望理论认为，损失厌恶反映了人们的风险偏好并不是一致的，当涉及的是收益时，人们表现为风险厌恶；当涉及的是损失时，人们则表现为风险寻求。在股票投资中，长期收益可能会周期性地被短期损失所打断，短视的投资者把股票市场视同赌场，过分地强调潜在的短期损失。投资者不愿意承受这种短期损失的现象被称为“短视的损失厌恶”。这些投资者可能没有意识到，通货膨胀的长期影响可能会远远超过短期内股票的涨跌。如果人们将注意力集中在几十年的长期收入，他们可能拥有更多的权益资产，与赌场不同，投资于股权的长期回报预期是正值。由于“短视的损失厌恶”，人们在其长期资产的配置中可能过于保守。

10.3.3 无效市场

市场到底是不是有效的，这是行为金融学挑战传统理论的核心命题。显然，如果市场普遍存在着直觉推断偏差和框架依赖，投资者的行为就会经常与错误相随，从而导致价格偏离其基本面价值，并直接导致市场的无效。**行为金融学认为，直觉推断偏差会导致错误定价，框架依赖同样会导致价格长期偏离公司基本面，如果这种推理成立的话，那么市场将不可能是有效的。**

行为金融学有两大主要理论支柱：一是套利的有限性；二是人类理性的有限性。首先，传统金融学认为，套利保证同一质量的商品只能有一个相同的价格，即一价定律成立。但行为金融学认为，套利受到成本、信息、资金来源等多方面的制约。由于套利的这种有限性，市场不可能完全消除“免费的午餐”，因此有效市场不可能完全实现。其次，传统金融学继承了经济学中的一个传统假设，即人类是完全理性的，他们具有无限的认知和计算能力。心理学研究证明，人类的智力、生理能力受到各方面的约束，因此人类的理性是有限的。行为金融学认为，由于前面提到的那些直觉推断偏差和框架依赖效应，在不确定条件下的决策过程中，人类的有限理性会导致其决策出现偏差。这些偏差汇总后，就会给我们展示出一个无效的市场。

如前文所述，有效市场理论从它诞生开始，就始终伴随着争议。行为金融学产生后，意味着有效市场理论有了一个系统理论作为其对手，这预示着这种争议不仅将会持续，而且会更加激烈。

10.3.4　行为金融学在市场中的应用

行为金融学对金融理论最大的贡献在于其基本完成了金融学理论研究范式的转变，初步建立了结合金融学、心理学、行为学、社会学、人类学等多种学科在内的分析框架，从而拓宽了金融学的发展空间。行为金融学以全新的视角比较系统地解释了资本市场上发生的种种“异象”，大大促进了人们对异象的理解和理论研究，从而提高了金融学的解释力。行为金融理论初步揭开了投资者的实际决策过程这一“黑箱”，比较系统地揭示了人们在不确定状态下的实际判断和决策过程，从而对资本市场上投资者的实际决策具有积极的指导意义。

行为金融学对投资者调整投资理念的建议：在行为金融理论看来，投资者的行为偏差是异常现象的成因，投资者要想“战胜”市场，就必须不断完善自己的行为决策能力及过程。行为金融理论认为，人的决策行为可以通过正规的统计学训练和正确应用直觉决策过程的教育来改善，受教育程度的提高有利于改善决策行为。从决策角度出发，行为金融理论为投资者提出了不少有价值的建议，如不断反思自己的决策过程与行为特征，检查自己是否过于自信，是否对投资失败的股票持有太长时间或忽视不利于自己投资的负面消息；与观点相左的人进行讨论，避免只关注自己阵营内部的讨论；勇于向股票推介者质疑；比较空方与多方的观点，去发现谁是市场上空方与多方的代表者；“锄定”一个预期是合理的，但是应尽可能地不断对其进行修正；“羊群精神”是否过强；寻找专有信息，研究少数人的观点并检查他们的可信性等。

行为金融学给我们的启示是，如果我们能找到一种稳定的价格波动模式（异象），即可从中获得可稳定获利的投资策略。例如，根据前文述及的异象，我们可以相应地构造反向投资策略、成本平均策略和时间分散策略以及小盘股投资策略。

1.反向投资策略

由于股票市场经常是反应过度和反应不足，对反应过度的修正会导致过去的输家将来的表现高于市场平均水平，从而产生长期超常回报现象。作为对此的反应，反向投资策略就是买进过去表现差的股票而卖出过去表现好的股票来进行套利的投资方法。Debondt和Thaler（1985）的研究表明，这种投资策略每年可获得大约8％的超常收益。

2.成本平均策略和时间分散策略

由于投资者并不总是风险规避的，投资者在损失时所感受到的痛苦通常又远大于盈利时所获得的愉悦，因此投资者在进行股票投资时，应该事先制订一个计划，根据不同的价格分批投资，以备不测时摊低成本，即成本平均策略。时间分散策略是指股票的投资风险将随着投资期限的延长而降低，投资者在年轻时应将其资产组合中的较大比例用于投资股票，随着年龄的增长逐渐减少股票投资比例而增加债券投资比例的策略。

3.小盘股投资策略

小公司的规模用流通盘来表示就是小盘股。由于小盘股存在一种明显的1月效应，因此一种有效的投资策略就是在1月初买进小公司股票而在1月底卖出小公司股票。对中国股市而言，虽然不存在明显的1月效应，但小盘股由于易受庄家控制而具有较高的收益率，小盘股投资策略仍然不失为一种有效的投资策略。

专栏10-1

用行为金融学指导理性的市场投资

※用行为金融学理论分析当前市场投资者的行为特征

我国的市场结构具有一些独有的特征，这些特征可以成为很好的行为分析对象。例如，我国投资者结构中个体投资者比例相对较高，这可能导致非理性行为更为严重，从而可能存在更多的盈利机会；公司盈利的稳定性较低，这可能会产生更多的“意外”（surprise），从而创造更多的价格漂移现象；而由于我国机构投资者短线盈利目标和操纵动机更为明显，市场可能会表现出更为严重的短期反应不足和长期反应过度现象；由于政府对市场的干预较多，市场会形成对政府行为的期待惯性（如要求政府救市等），从而加剧羊群行为等。

这些不够理性的行为特征，可能也在我们每一个投资者的身上显现，但如果我们能够以正确的眼光看待它们，则我们就可能成为市场的“清醒者”，从而将它们挖掘成我们的盈利机会。

※独特的思维方式是成功投资的钥匙

从行为金融学的发展脉络和核心概念中，我们都可以看到，行为金融学是一门应用导向的学科，它的意义就在于分析人的行为，并从这些行为中得到市场的均衡。对于这样一门应用性强而又精密的新兴学科，我们实在应该投入一些精力，加深对其基本概念的理解，并将其应用到我们的日常工作和投资行为中去，实实在在地为我们实现“自由、自主、自在”的理财生活服务。

要做到学以致用，必须经过两个阶段：第一，必须对核心概念和要素有深入的理解。真正理解了，你才有可能在此基础上开发出自己的投资系统，形成自己独特的盈利模式。第二，在学习过程中，你必须将这些理论概念不断比对自己的行为，从而逐步剔除自己的非理性行为模式，确立正确的投资理念。如果能对这些核心概念的本质有深刻的理解，你就离成功不远了。

资料来源：贺学会．用行为金融学指导理性的市场投资［N］．期货日报，2008-08-13.

思政课堂

人是理性的吗?

【思政元素】科学思维；全面认知。

传统金融学认为人都是理性的（rational），人都是风险厌恶的（risk-averse），是自利人（self-interested），追求效用最大化。理性人也被称为“经济人”（economic man），又称“理性-经济人”“实利人”“唯利人”。经济人假设被作为现代经济研究的基本假设而广泛传播。所谓经济人假设，是指作为个体，无论处于什么地位，其人的本质是一致的，即以追求个人利益、满足个人利益最大化为基本动机。

在经济人假设下，人是理性的，而理性的特点在于追求利益最大化。利益最大化原则构成了西方经济学最重要的基础，是微观经济学中各种经济主体（居民、厂商）的目标函数：居民追求效用最大化，厂商追求利润最大化。最大化原则也为微观经济学进行数学分析奠定了基础，因为最大化问题可以用数学上的求极值方法来解决。

而行为金融学认为，并非所有人都是理性人，人并非在所有时候都是理性的，人是有限理性的。2017年，理查德·塞勒（Richard Thaler）因行为金融学方面的贡献获得诺贝尔经济学奖，行为金融学的许多观点被更大范围地重视和传播。

塞勒是行为经济学和行为金融学领域的重要代表人物。塞勒的学术观点是：完全理性的经济人不可能存在，人们在现实生活中的各种经济行为必然会受到各种“非理性”的影响。很多从传统经济学角度看来是“错误”的行为，经常被忽视，但往往是这些行为导致了那些“看起来很美”的决策最终失效甚至酿成恶果。

在人是理性的、是经济人的假设推演下，往往导致形成精致的利己倾向。固然，人追求利益时会有最大化的期望。但是，人是生活在社会现实中的，人追求利益的同时，但还有“君子爱财，取之有道”的价值观作为原则、底线，还有法律规范、道德规范以及社会准则规范作为约束。强调理性人的观点，忽略了人是有情绪的，最突出的就是贪婪和恐惧情绪。人不是机器，在决策时，会受情绪影响，不一定作出最科学的决策。更进一步，人是有精神意志的。理性人趋利避害，但是现实中也有虽千万人吾往矣、有舍身炸碉堡的豪情壮志。

因此，人更多的是有限理性的。理性人、经济人的假设只是极致条件，在介绍理性的同时，一定要阐述清楚其只是最严格的前提条件，以免将理性人、经济人的思维漫延过应有的边界。

资料来源：作者撰写。

本章小结

1.传统金融理论认为，金融市场是有效的，即市场价格反映了一切信息。根据该理论，任何投资者都不可能在长期内“打败”市场（即获取超额收益）。根据市场所反映的信息集，有效市场可分为三个层次，即弱式有效、半强式有效和强式有效。弱式有效是指价格反映了所有的历史信息；半强式有效是指价格反映了所有公开可得的信息；强式有效是指价格反映了所有信息，包括公开的和内幕的。

2.有效市场理论自始至终充满着争议。自20世纪80年代开始，金融学家发现市场上存在着很多与有效市场理论不相符合的事实，这些事实被称为“异象”。这些异象包括小公司效应、市净率效应、1月效应和周末效应等。其中，前两者是与公司特征有关的，后者是与时间（日历）有关的。

3.为了对金融市场行为提供更加合理的解释，金融学家将心理因素引入金融行为，并由此发展出行为金融学。行为金融学以有限理性和套利限制作为其理论基础，发展出一套完整的投资行为和资产定价理论。根据舍夫林的概括，行为金融学主要包括直觉推断偏差、框架依赖和无效市场三大主题。

4.金融市场有效性对投资决策具有极为重要的影响。如果市场是有效的，则任何积极的投资策略都将无法在长期内“打败”市场，因此，可奉行买入—持有法、跟踪指数等消极投资策略。如果认为市场像行为金融学所宣称的那样是无效的，则可构造积极的投资策略，利用大多数投资者的心理偏差，获取超越市场的收益。

综合训练

10.1　单项选择题

1.在半强式有效市场中，下列说法正确的是（　　）。

A.因为价格已经反映了所有的历史信息，所以，技术分析是无效的

B.因为价格已经反映了所有公开获得的信息，所以，技术分析是无效的

C.因为价格已经反映了包括内幕信息在内的所有信息，所以，基本分析和技术分析都是无效的

D.因为价格已经反映了所有公开获得的信息和所有历史信息，所以，基本分析和技术分析都是无效的

2.如果市场是弱式有效的，则以下结论中成立的是（　　）。

A.基本分析将无法获取超额利润

B.技术分析将无法获取超额利润

C.基金经理将无法获取超额利润

D.资本市场将不存在获取超额利润的机会

3.如果某投资者经过分析，认为均线系统出现多头排列，并由此判断股票将出现一波涨势，则可判断出该投资者的立场是（　　）。

A.相信市场无效

B.相信市场弱式有效

C.相信市场半强式有效

D.相信市场强式有效

4.如果某投资者运用股票估值模型，认为某股票价格呈低估状态，并由此判断

该股票将出现上升行情，则可判断出该投资者的立场是（　　）。

A.相信市场完全无效

B.相信市场弱式有效

C.相信市场半强式无效

D.相信市场强式无效

10.2　多项选择题

1.在下列现象中，支持有效市场理论的现象包括（　　）。

A.基金经理无法长期内跑赢大盘

B.证券分析师选股的结果无法超越随机购买股票

C.股票1月份的平均收益超过其他月份

D.持仓过周末会降低投资者的总体收益

2.行为金融学的理论基础包括（　　）。

A.人的行为平均意义上是理性的

B.套利不可能无限制地进行

C.人类总体上能够控制自己的交易情绪

D.人的行为存在着系统性偏差

3.以下投资策略中属于行为金融投资策略的是（　　）。

A.跟踪股价指数进行投资

B.买入-持有法

C.寻找超额收益个股

D.按照技术指标掌握进出时点

10.3　思考题

1.简述市场有效性的内涵及其层次。

2.20世纪80年代以来，金融学家发现许多与传统理论不相符的异象，请简述这些异象。应该如何理解这些异象？

3.行为金融学的理论基础和框架是什么？

4.你认为市场是有效的还是无效的？为什么？

本章参考文献

［1］北京金融培训中心．投资规划［M］．北京：中信出版社，2009.

［2］陈之大，曹晓东，贺学会．证券投资学［M］．成都：西南财经大学出版社，2005.

［3］舍夫林．超越恐惧和贪婪：行为金融学与投资心理诠释［M］．贺学会，等译．上海：上海财经大学出版社，2005.

［4］张亦春，郑振龙．金融市场学［M］．6版．北京：高等教育出版社，2020.

［5］BARBERIS N，HUANG M，SANTOS T. Prospect theory and asset prices［J］.

Quarterly Journal of Economics, 2001.

[6] BASU S. The investment performance of common stocks in relation to their price-earnings ratios: a test of the efficient market hypothesis [J]. Journal of Finance, 1977.

[7] CHUI A C W, TITMAN S.Individualism and momentum around the world [J]. Journal of Finance, 2010.

[8] FAMA E F. Efficient capital markets: a review of theory and empirical work [J]. Journal of Finance, 1970 (2): 384–417.

[9] FAMA E F. Efficient capital markets Ⅱ [J]. Journal of Finance, 1991.

[10] FAMA E F, FRENCH K R. Size, value, and momentum in international stock returns [J]. Journal of Financial Economics, 2012.

[11] JEGADEESH N, TITMAN S. Returns to buying winners and selling losers: implications for stock market efficiency [J]. Journal of Finance, 1993.

[12] KENDALL M. The Analysis of Economic Time series, part Ⅰ: prices [J]. Journal of the Royal Statistical Society, 1953 (1) 11–34.

第11章

投资基金

导读

投资基金是指通过发售基金单位，将众多投资者的资金集中起来，形成独立资产，由基金托管人托管，基金管理人管理，以投资组合的方法进行投资的一种利益共享、风险共担的集合投资方式。它与股票、债券一样，也是投资者进行证券投资的工具。本章主要介绍投资基金的基本概念、投资基金的分类、投资基金当事人、投资基金的运作和投资基金的收益与风险。

关键概念

投资基金　私募基金　公募基金　公司型基金　契约型基金　开放式基金　封闭式基金　ETF　LOF　基金持有人　基金管理人　基金托管人　管理费　基金资产净值

§11.1 投资基金概述

11.1.1 投资基金定义

投资基金（以下简称基金）是指通过发售基金单位（也称为基金份额或基金券），将众多投资者的资金集中起来，形成独立资产，由基金托管人托管，基金管理人管理，以投资组合的方法进行投资的一种利益共享、风险共担的集合投资方式。投资基金在不同国家或地区称谓有所不同，美国称为“共同基金”（mutual fund），英国和中国香港地区称为“单位信托基金”（unit trust），在欧洲一些国家称为“集合投资基金”或“集合投资计划”（collective investment scheme），在日本和中国台湾地区称为“证券投资信托基金”（securities investment trust）。

投资基金的产生与经济的发展有着紧密的联系。1868年11月组建的英国“海外和殖民地政府信托”，是公认设立最早的投资基金机构，以分散投资于国外殖民地的公司债为主。当时为设立投资基金而发行的债券，每100英镑面值按85英镑出售，固定利率6%，信托期限为24年，投资者可得年收益率达7%以上，而当时政府债券的利率只有3.3%，该机构成立时募集了100万英镑，并投资于伦敦交易所上市的17种政府债券，包括埃及、美国、俄国等国债券。它很快就得到了广大投资者的热烈回应。此后投资基金在英国得到了迅速发展，截至1930年，在英国有200多家投资基金公司成立。

20世纪初，美国逐渐取代英国成为世界第一经济强国后，投资基金在美国也得到了迅速发展，美国为此出台了一系列法律，把投资基金置于严格的管制与监督之下，保护投资者的利益，也为投资基金的进一步健康发展奠定了良好的法律基础。至1987年，全美投资基金已达2 300多家，资产总额达7 690亿美元，几乎每4户家庭就有1户是基金投资者，现在在美国，投资基金已成为发展最快的一个投资工具。

投资基金以其极大的优越性受到各国投资者的欢迎，在短短几十年里，这种投资方式就向全球扩展开来。二战后，日本、瑞士和其他欧洲大陆国家以及新兴工业化国家和地区纷纷引进西方的投资基金制度，新加坡、马来西亚、印度尼西亚、韩国、中国香港、中国台湾等地都建立了形式多样的投资基金。现在，投资基金已从最初单纯的个人理财工具转变为大众化的投资新方式，成为国际资本流动的一条重要渠道和发展中国家吸引外资发展本国经济的有效形式。

专栏11-1

我国投资基金的发展概况

我国投资基金的发展大致经历了以下几个阶段：

第一个阶段是从1987年至1992年，中国银行和中国国际信托投资公司等熟悉海外业务的金融机构开始在境外（中国香港等地）涉足基金业务，但在此阶段国内机构尚未介入基金业务。

第二个阶段是从1992年至1997年11月14日《证券投资基金管理暂行办法》颁布之前的早期探索阶段。1992年11月，我国国内第一家比较规范的投资基金——淄博乡镇企业投资基金（简称"淄博基金"）正式设立。该基金为公司型封闭式基金，募集资金1亿元人民币，并最早于1993年8月在上海证券交易所挂牌上市。淄博基金的设立揭开了投资基金业发展的序幕，并在1993年上半年引发了短暂的中国投资基金发展的热潮。但基金发展过程中的不规范性和积累的其他问题逐步暴露出来，多数基金的资产状况趋于恶化。从1993年下半年起，中国投资基金的发展因此陷于停滞状态。

第三个阶段是从《证券投资基金管理暂行办法》颁布实施以后至2001年8月的封闭式基金发展阶段。1997年11月14日，国务院证券管理委员会颁布了《证券投资基金管理暂行办法》，为我国投资基金的规范发展奠定了法律基础。1998年3月27日，经中国证监会批准，新成立的南方基金管理公司和国泰基金管理公司分别发起设立了规模均为20亿元的两只封闭式基金——"基金开元"和"基金金泰"，由此拉开了中国证券投资基金试点的序幕。至1999年初，我国共设立了10家基金管理公司。截至2001年9月开放式基金推出之前，我国共有47只封闭式基金，规模达689亿份。

第四个阶段是从2001年9月以来的开放式基金发展阶段。2000年10月8日，中国证监会发布了《开放式证券投资基金试点办法》。2001年9月，我国第一只开放式基金——"华安创新"的诞生，使我国投资基金的发展实现了从封闭式基金到开放式基金的历史性跨越。2003年10月28日，十届全国人大常委会第五次会议表决通过了《中华人民共和国证券投资基金法》(以下简称《基金法》)。它是继《证券法》之后规范我国证券市场的又一部重要法律，具有十分重大的现实意义和深远影响。《基金法》的颁布和实施，确立了基金业的法律地位，为基金业的发展奠定了法律基础。

《基金法》系统总结了1997年颁布的《证券投资基金管理暂行办法》实施以来的市场实践，既充分考虑了我国基金行业的实际，又借鉴了国际经验。在此基础上，《基金法》制定了基金市场的基本制度，完善了市场主体的准入和约束机制，加强了对投资者的法律保护，完善了监管机构的执法机制和手段，提高了证券监管的权威和效率，进一步规范了基金运作，健全了运行机制，维护了市场秩序，加强了对投资者权益的保护，增强了基金投资者的信心，为基金业创造了良好的法律环境和广阔的发展空间。《基金法》的颁布和实施，是中国基金业和资本市场发展历史上的又一个重要的里程碑，标志着我国基金业进入了一个崭新的发展阶段。

据中国证券投资基金业协会官微消息，截至2022年12月底，我国境内共有基金管理公司142家，其中，外商投资基金管理公司47家，内资基金管理公司95家；取得公募基金管理资格的证券公司或证券公司资产管理子公司12家、保险资产管理公司2家。以上机构管理的公募基金资产净值合计26万亿元。

11.1.2 投资基金的特点

投资基金为投资者提供了一种新型的投资渠道。与其他的投资工具相比，它具有下面几个显著的特点。

1.集合理财，专业管理

基金将众多投资者的资金集中起来，委托基金管理人进行共同投资，表现出一种集合理财的特点。通过汇集众多投资者的资金，积少成多，有利于发挥资金的规模优势，降低投资成本。基金由基金管理人进行投资管理和运作。基金管理人一般拥有大量的专业投资研究人员和强大的信息网络，能够更好地对证券市场进行全方位的动态跟踪与分析。将资金交给基金管理人管理，使中小投资者也能享受到专业化的投资管理服务。

2.组合投资，分散风险

为降低投资风险，我国《基金法》规定，基金必须以组合投资的方式进行基金的投资运作，从而使“组合投资、分散风险”成为基金的一大特色。“组合投资、分散风险”的科学性已为现代投资学所证明，中小投资者由于资金量小，一般无法通过购买不同的股票分散投资风险。基金通常会购买几十种甚至上百种股票，投资者购买基金就相当于用很少的资金购买了一篮子股票，某些股票下跌造成的损失可以用其他股票上涨的盈利来弥补，因此可以充分享受到“组合投资、分散风险”的好处。

3.利益共享，风险共担

基金投资者是基金的所有者。基金投资人共担风险，共享收益。基金投资收益在扣除由基金承担的费用后的盈余全部归基金投资者所有，并依据各投资者所持有的基金份额比例进行分配。为基金提供服务的基金托管人、基金管理人只能按规定收取一定的托管费、管理费，并不参与基金收益的分配。

党的二十大报告强调，坚持以人民为中心的发展思想。作为普惠金融工具，公募基金通过连接资产端和客户端，汇集广大投资者资金进行投资，既服务于实体经济，又帮助投资者分享经济发展与优秀企业成长，使广大投资者也能分享中国式现代化建设的发展成果。这是由公募基金本身的制度机制所决定的功能定位天然决定的。但是，现实中，公募基金管理人的绩效与基金收益不相关，无论基金盈亏，基金管理人都享受丰厚的待遇，被广大投资者所诟病，这是需要进一步完善和改革的。

11.1.3 投资基金与股票、债券的区别

1.投资者地位不同

股票持有人是公司的股东，有权对公司的重大决策发表自己的意见；债券的持有人是债券发行人的债权人，享有到期收回本息的权利；基金单位的持有人是基金的受益人，体现的是一种信托关系（但是公司型基金除外）。

2.风险程度不同

一般情况下，投资股票的风险大于基金。对中小投资者而言，由于受可支配资产总量的限制，只能直接投资于少数几只股票，当其所投资的股票因股市下跌或企业财务状况恶化时，资本金有可能化为乌有；而基金的基本原则是“组合投资、分散风险”，把资金按不同的比例分别投于不同期限、不同种类的有价证券，把风险降至最低程度。一般情况下，债券本金能够得到保证，收益相对固定，风险比基金要小。

3.收益情况不同

基金和股票的收益是不确定的，而债券的收益是确定的。一般情况下，基金收益比债券高。

4.投资方式不同

与股票、债券的投资者不同，投资基金是一种间接的投资方式，基金的投资者不再直接参与有价证券的买卖活动，不再直接承担投资风险，而是由专家具体负责投资方向的确定、投资对象的选择。

5.投资回收方式不同

债券投资是有一定期限的，期满后收回本金。股票投资是无限期的，除非公司破产、进入清算，投资者不得从公司收回投资，如要收回，只能在证券交易市场上按市场价格变现。投资基金则视所持有的基金形态的不同而有所区别：封闭式基金有一定的期限，期满后，投资者可按持有的份额分得相应的剩余资产，在封闭期内还可以在交易市场上变现；开放式基金一般没有期限，但投资者可随时向基金管理人要求赎回。

§11.2　投资基金的分类

投资基金因各国历史、社会、经济、文化等环境的不同，呈现出各种各样的形态。世界各国的基金虽然形式多样，但仍然可以根据不同的标准来对它们进行分类。根据不同的分类标准，投资基金可以区分为不同的类型，对于同一基金，由于划分的标准不同，可能属于不同的类型。

11.2.1　按资金募集的方式分

1.私募基金

私募基金是指以非公开方式向一些特定投资者募集基金资金的投资基金。在这种方式下，基金发起人通过电话、信函、面谈等方式，直接向一些老客户、相关机构等投资者推销基金证券，并由这类投资者认购。由于私募基金容易发生不规范行为，所以，一些国家的法律法规明确限定了私募基金证券的最高认购人数，超过最高认购人数就必须采用公募发行。一般来说，私募基金所需的各种手续和文件较少，因而受到的限制也较少，但以这种方式发行的基金证券一般数量不大，而且投资者的认同性较差。因此，这类基金证券的流动性较差，一般很难上市交易。

2.公募基金

公募基金是指以公开发行方式向社会公众投资者募集基金资金的投资基金。公募基金证券的发行规则与公募股票的规则基本一致。公募基金所需的各种手续和文件较多，所以受到比较严格的限制，但公募基金证券的发行范围比较广泛，发行数量较大，流动性较强，一些公募基金证券在条件成熟时，还可以申请上市交易。

专栏 11-2

对冲基金

对冲基金的英文名称为“hedge fund”，意为“风险对冲过的基金”，起源于20世纪50年代初的美国。其操作的宗旨在于利用期货、期权等金融衍生产品以及对相关联的不同股票进行实买空卖、风险对冲的操作技巧，在一定程度上可规避和化解投资风险。

在最基本的对冲操作中，基金管理者在购入一种股票后，同时购入这种股票的一定价位和时效的看跌期权（put option）。看跌期权的效用在于当股票价位跌破期权限定的价格时，卖方期权的持有者可将手中持有的股票以期权限定的价格卖出，从而使股票下跌的风险得到对冲。在另一类对冲操作中，基金管理人首先选定某类行情看涨的行业，买进该行业几只优质股，同时以一定比率卖出该行业中几只劣质股。如此组合的结果是，如该行业预期表现良好，优质股涨幅必超过其他同行业的股票，买入优质股的收益将大于卖空劣质股的损失；如果预期错误，此行业股票不涨反跌，那么较差公司的股票跌幅必大于优质股，则卖空盘口所获利润必高于买入优质股下跌造成的损失。正因为如此的操作手段，早期的对冲基金可以说是一种基于避险保值的保守投资策略的基金管理形式。

经过几十年的演变，对冲基金已失去其初始的风险对冲的内涵，对冲基金已成为一种新的投资模式的代名词，即基于最新的投资理论和复杂的金融市场操作技巧，充分利用各种金融衍生产品的杠杆效用，承担高风险、追求高收益的投资模式。

11.2.2 按法律基础和组织形态划分

1.公司型基金

公司型基金是指基金本身为一家投资公司，它通过发行受益凭证（或股份）的方式来募集资金，投资人即为公司的股东，按公司章程享受权利和承担义务，根据公司经营状况获取股息或红利。股东大会选出董事会、监事会，再由董事会、监事会选出公司总经理，负责执行基金的业务，并向股东负责，同时聘请保管机构（保管人）负责保管基金资产。

2.契约型基金

契约型基金又称信托型基金，它是指根据一定的信托契约原理，由委托人、受托者和受益者三方订立信托投资契约而组成的基金形态，三者的关系由基金投资信托契约作为彼此权利义务的依据。其运行方式是：由基金管理公司（委托人）与基金保管机构（受托人）订立托管契约，由前者负责基金的经营与管理操作，后者则负责基金信托资产的保管与处分，而投资成果由投资人（受益人）享受。这种基金以发行受益凭证的方式向投资大众筹集资金。

3.公司型基金与契约型基金的区别

（1）法律依据不同。契约型基金是依照基金契约组建的，信托法是契约型基金设立的依据；公司型基金是依照公司法组建的。

（2）投资者的地位不同。契约型基金的投资者作为信托契约中规定的受益人，对基金如何运用及所作的重要投资决策通常不具有发言权；公司型基金的投资者作为公司的股东，有权对公司的重大决策进行审批、发表自己的意见。

（3）基金运营依据不同。公司型基金跟一般的股份公司一样，除非依据公司法到了破产、清算阶段，否则公司一般都具有永久性；契约型基金则依据基金契约建立、运作，契约期满，基金运营也就终止。

11.2.3　按基金单位能否赎回和买卖方式划分

1.开放式基金

开放式基金是指基金管理公司在设立基金时，发行的基金单位总份数不固定，基金总额亦不封顶，可视经营策略和实际需要连续发行。投资者可随时购买基金单位，也可以随时将手中持有的基金单位在基金管理公司设定的内部交易营业日里转卖给基金管理公司（即基金管理公司赎回基金单位，或投资者赎回现金）。购买或赎回基金单位的价格，取决于单位基金的净资产。

2.封闭式基金

封闭式基金是指基金发行总额是限定的，在初次发行期满后，基金即宣告成立，并进行封闭，在封闭期内不再追加新的基金单位。投资人不得向发行机构请求赎回其持有的股份或受益凭证。其流通采取在交易所上市的办法，投资者可以经过经纪商在二级市场进行竞价交易，因此封闭式基金的交易类似于普通股股票。

3.开放式基金与封闭式基金的区别

（1）基金规模的可变性不同。

封闭式基金均有明确的存续期限，通常在5年以上，一般为10年或15年，在此期限内已发行的基金单位不能被赎回，因此，在正常情况下，基金规模是固定不变的；而开放式基金所发行的基金单位是可赎回的，而且投资者在基金的存续期间内也可随意申购基金单位，导致基金的资金总额每日均不断地变化，换言之，它始终处于“开放”的状态，这是封闭式基金与开放式基金的根本差别。

（2）基金单位的买卖方式不同。

封闭式基金发起设立时，投资者可以向基金管理公司或销售机构认购，在封闭期内投资者只可在证券交易所按市价买卖；而投资者投资于开放式基金时，则可以随时向基金管理公司或代销机构申购或赎回。

（3）基金单位的买卖价格形成方式不同。

封闭式基金在交易所上市，其买卖价格由市场供求关系决定（一般围绕基金单位的资产净值波动）；而开放式基金的买卖价格是以基金单位的资产净值为基础计算的，不受市场供求关系的影响，可直接反映基金单位资产净值的高低。在基金的买卖费用方面，投资者在买卖封闭式基金时与买卖上市股票一样，也要在价格之外付出一定比例的手续费；而开放式基金的投资者在申购或赎回时还要交纳申购费或赎回费。一般而言，买卖封闭式基金的费用要高于开放式基金。

（4）基金的投资策略不同。

由于封闭式基金在封闭期内不能随时被赎回，其募集到的资金可全部用于投资，这样基金管理公司便可据以制定长期投资策略，取得长期经营绩效；而开放式基金则为了应对投资者的随时赎回，要保持一定数量的现金，而不能将资金全部用于投资，同时为了保持基金资产的流动性，只能投资于变现能力强的资产。

11.2.4 交易所交易的开放式基金

1.ETF

ETF（exchange-traded fund）指的是可以在交易所交易的基金。交易所交易基金从法律结构上说仍然属于开放式基金，但它主要是在二级市场上以竞价方式交易，并且通常不准许现金申购及赎回，而是以一篮子股票来创设和赎回基金单位。对一般投资者而言，交易所交易基金主要还是在二级市场上进行买卖。

2.LOF

LOF（listed open-end fund）是指在交易所上市交易的开放式证券投资基金，也称为“上市型开放式基金”。LOF的投资者既可以通过基金管理人或其委托的销售机构以基金净值进行基金的申购、赎回，也可以通过交易所以交易系统撮合成交价进行基金的买入、卖出。

3.ETF与LOF的区别与联系

LOF与ETF的相同之处是同时具备了场外和场内的交易方式，二者同时为投资者提供了套利的可能。此外，LOF与目前的开放式基金的不同之处在于它增加了场内交易带来的交易灵活性。

二者的区别表现在：首先，ETF本质上是指数型的开放式基金，是被动管理型基金，而LOF则是普通的开放式基金增加了交易所交易方式，它可能是指数型基金，也可能是主动管理型基金；其次，在申购和赎回时，ETF与投资者交换的是基金份额和一篮子股票，而LOF则是与投资者交换现金；再次，在一级市场上，即在申购、赎回时，ETF的投资者一般是较大型的投资者，如机构投资者和规模较大的个人投资者，而LOF则没有限定；最后，在二级市场的净值报价上，ETF每15秒钟提供一个基金净值报价，而LOF则是一天提供一个基金净值报价。

11.2.5　按投资目标划分

1.成长型基金

成长型基金是基金中最常见的一种，它追求的是基金资产的长期增值。为了达到这一目标，基金管理人通常将基金资产投资于信誉度较高、有长期成长前景或长期盈余的所谓成长型公司的股票。成长型基金又可分为稳健成长型基金和积极成长型基金。

2.价值型基金（收入型基金）

价值型基金是以追求当期收入为主要目标，它的投资对象主要是绩优股、债券以及可转让大额存单等收入比较稳定的有价证券。价值型基金主要投资于价值型股票，所谓价值型股票，主要是指股价相对利润或现金流量来说较低的公司。也就是说，价值型基金寻找的是内在价值被市场低估的股票。其一般投资于市盈率较低的传统行业，如银行业、公共事业及能源行业等，这类行业的上市公司经常受到市场的冷落，市盈率低，因此投资成本较为低廉。

3.平衡型基金

平衡型基金是指以既要获得当期收入，又追求基金资产长期增值为投资目标，把资金分散投资于股票和债券，以保证资金的安全性和盈利性的基金。平衡型基金将资产分别投资于两种不同特性的证券上，并在以取得收入为目的的债券及优先股和以资本增值为目的的普通股之间进行平衡。这种基金一般将25%～50%的资产投资于债券及优先股，其余的投资于普通股。平衡型基金的主要目的是从其投资组合的债券中得到适当的利息收益，与此同时又可以获得普通股的升值收益。投资者既可获得当期收入，又可得到资金的长期增值。平衡型基金的特点是风险比较低，缺点是成长的潜力不大。

11.2.6　按投资标的划分

1.债券基金

债券基金是以债券为主要投资对象的证券投资基金，风险较低，适合于稳健型投资者。债券基金的收益会受市场利率影响，另外，汇率也会影响基金收益，管理人在购买国际债券时，往往还需要在外汇市场上做套期保值。

2.股票基金

股票基金指以上市股票为主要投资对象的证券投资基金，优点是成长潜力较大，投资者不仅可以获得资本利得，还可以通过股票基金将较少的资金投资于各类股票，从而降低风险，提高或保持高收益。

3.货币市场基金

货币市场基金是以货币市场工具为投资对象的一种基金，投资对象期限在1年以内，包括银行短期存款、国库券、公司债券、银行承兑票据及商业票据等货币市场工具，优点是资本安全性高、购买限额低、流动性强、收益较高、管理费用低，有些还不收取赎回费用。

4.指数基金

指数基金是20世纪70年代以来出现的基金品种。指数基金的特点是：投资组合等同于市场价格系数的权数比例，收益随着即期的价格指数上下波动。当价格指数上升时，基金收益增加；反之，收益减少。指数基金的优点是：第一，费用低廉，管理费用较低，尤其是交易费用较低；第二，风险较小；第三，在以机构投资者为主的市场中，指数基金可获得市场平均收益率，可以为股票投资者提供较稳定的投资回报；第四，指数基金可以作为避险套利的工具。

5.黄金基金

黄金基金指以黄金或其他贵金属及其相关产业的证券为主要投资对象的基金。其收益率一般随贵金属的价格波动而变化。

6.衍生证券投资基金

衍生证券投资基金是一种以衍生证券为投资对象的基金，包括期货基金、期权基金、认股权证基金等。这种基金的风险大，因为衍生证券一般是高风险的投资品种。

11.2.7 按基金资金来源和运用的地域划分

1.国内基金

国内基金是指由国内投资者资本组成的，投资于国内证券市场的投资基金。

2.国外基金

国外基金是指基金资本来源于国内，但投资于国外证券市场的投资基金。

3.国家基金

国家基金是指资本来源于国外，并投资于某一特定国家的投资基金。

4.海外基金

海外基金是指基金资本来源于国外，并投资于国外证券市场的投资基金（也称离岸基金）。

专栏11-3

晨星的投资风格箱分类方法

晨星投资风格箱（Morningstar Style Box）创立于1992年，旨在帮助投资人分析基金的投资风格，迅速得到机构投资者和个人投资者的广泛认同。不同的投资风格往往形成不同的风险和收益水平，因此对投资人而言，了解和考察其资产的投资风格非常重要。在此前提下，晨星投资风格箱应运而生，提供了一个直观简便的分析工具，协助投资人优化投资组合并对组合进行监控。

该方法把影响基金业绩表现的两项因素单列出来：基金所投资股票的规模和风格。晨星以基金持有的股票市值为基础，把基金投资股票的规模风格定义为大盘、中盘和小盘；以基金持有的股票价值-成长特性为基础，把基金投资股票的价值—成长风格定义为价值型、平衡型和成长型。

如图11-1所示，晨星投资风格箱是一个正方形，划分为九个网格。纵轴描绘股票市值规模的大小，分为大盘、中盘、小盘。横轴描绘股票价值-成长特性，分为价值型、平衡型、成长型。该图所显示的基金投资风格即为“大盘价值型”。投资风格箱简单直观地展现了基金的资产配置风格，投资人首次得以依据基金的投资组合而不是根据基金的名称或推销者的描述来评价基金。该方法是晨星对基金进行风格分类的基础，为基金分类和追踪基金投资组合提供了行业标准。

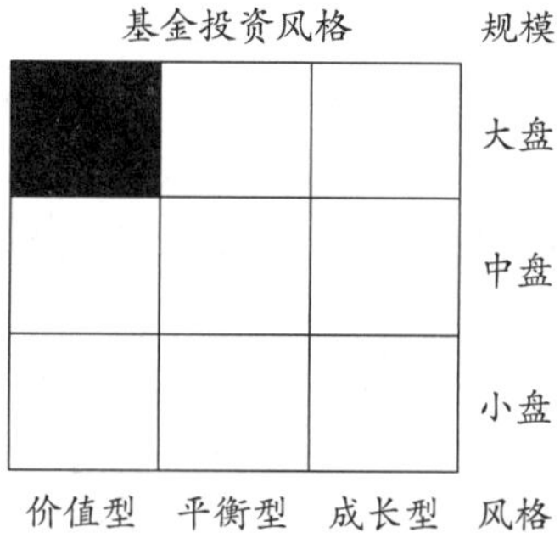

图11-1 晨星投资风格箱

对于国内A股上市公司，按照总市值的规模划分为大盘、中盘和小盘三类。

具体划分标准如下：

将股票按照其总市值进行降序排列，计算各股票对应的累计市值占全部股票累计总市值的百分比Cum-Ratio，且0 < Cum-Ratio ≤ 100%。

（1）大盘股：累计市值百分比小于或等于70%的股票，即满足Cum-Ratio ≤ 70%。

（2）中盘股：累计市值百分比在70%至90%之间的股票，即满足70% < Cum-Ratio ≤ 90%。

（3）小盘股：累计市值百分比大于90%的股票，即满足Cum-Ratio> 90%。

§11.3 投资基金当事人

11.3.1 基金持有人

基金持有人是指持有基金份额或基金股份的自然人和法人，也就是基金的投资人。他们是基金资产的实际所有者，享有基金的信息知情权、表决权和收益权。持有人是基金一切活动的中心。

1.基金持有人的权利

基金持有人的基本权利包括对基金收益的享有权、对基金单位的转让权和在一定程度上对基金经营决策的参与权。对于不同类型的基金，持有人对投资决策的影响方式是不同的。在公司型基金中，基金持有人通过股东大会选举产生基金公司的董事会来行使对基金公司重大事项的决策权，对基金运作的影响力大些；而在契约型基金中，基金持有人只能通过召开基金受益人大会对基金的重大事项作出决议，但对基金日常决策一般不能施加直接影响。根据《基金法》的规定，基金持有人享有的权利主要包括：分享基金财产收益；参与分配清算后的剩余基金财产；依法转让或者申请赎回其持有的基金份额；按照规定要求召开基金份额持有人大会；对基金份额持有人大会审议事项行使表决权；查阅或者复制公开披露的基金信息资料；对基金管理人、基金托管人、基金份额发售机构损害其合法权益的行为依法提起诉讼；基金合同约定的其他权利。

同时，我国《基金法》也规定下列事项应当通过召开基金持有人大会审议决定：提前终止基金合同；基金扩募或者延长基金合同期限；转换基金运作方式；提高基金管理人、基金托管人的报酬标准；更换基金管理人、基金托管人；基金合同约定的其他事项。

基金持有人大会由基金管理人召集；基金管理人未按规定召集或者不能召集时，由基金托管人召集。代表基金份额10%以上的基金份额持有人就同一事项要求召开基金持有人大会，而基金管理人、基金托管人都不召集的，代表基金份额10%以上的基金份额持有人有权自行召集，并报国务院证券监督管理机构备案。

2.基金持有人的义务

基金持有人必须承担一定的义务，这些义务包括：遵守基金契约；交纳基金认购款项及规定的费用；承担基金亏损或终止的有限责任；不从事任何有损基金及其他基金投资人合法权益的活动；在封闭式基金存续期间，不得要求赎回基金单位；法律、法规及基金契约规定的其他义务。

11.3.2 基金管理人

基金管理人是指负责基金发起设立与经营管理的专业性机构。我国《基金法》规定，基金管理人由依法设立的基金管理公司担任。基金管理公司通常由证券公司、信托投资公司或其他机构等发起成立，具有独立法人地位。基金管理人作为受托人，必须履行“诚信义务”。基金管理人的目标函数是受益人利益的最大化，因而不得在处理业务时考虑自己的利益或为第三者牟利。

1.基金管理人的资格

依照我国《基金法》的规定，设立基金管理公司，必须经国务院证券监督管理机构批准，并具备下列条件：（1）有符合本法和《公司法》规定的章程；（2）注册资本不低于1亿元人民币，且必须为实缴货币资本；（3）主要股东具有从事证券经营、证券投资咨询、信托资产管理或者其他金融资产管理的较好的经营业绩和良好的社会信誉，最近3年没有违法记录，注册资本不低于3亿元人民币；（4）取得基金从业资格的人员达到法定人数；（5）有符合要求的营业场所、安全防范设施和与基金管理业务有关的其他设施；（6）有完善的内部稽核监控制度和风险控制制度；（7）法律、行政法规规定的和经国务院批准的国务院证券监督管理机构规定的其他条件。

2.基金管理人的职责

我国《基金法》规定，基金管理人应当履行下列职责：（1）依法募集基金，办理或者委托经国务院证券监督管理机构认定的其他机构代为办理基金份额的发售、申购、赎回和登记事宜；（2）办理基金备案手续；（3）对所管理的不同基金财产分别管理、分别记账，进行证券投资；（4）按照基金合同的约定确定基金收益分配方案，及时向基金份额持有人分配收益；（5）进行基金会计核算并编制基金财务会计报告；（6）编制中期和年度基金报告；（7）计算并公告基金资产净值，确定基金份额申购、赎回价格；（8）办理与基金财产管理业务活动有关的信息披露事项；（9）召集基金份额持有人大会；（10）保存基金财产管理业务活动的记录、账册、报表和其他相关资料；（11）以基金管理人名义，代表基金份额持有人的利益行使诉讼权利或者实施其他法律行为；（12）国务院证券监督管理机构规定的其他职责。

我国《基金法》规定，基金管理人不得有下列行为：（1）将其固有财产或者他人财产混同于基金财产从事证券投资；（2）不公平地对待其管理的不同基金财产；（3）利用基金财产为基金份额持有人以外的第三人牟取利益；（4）向基金份额持有人违规承诺收益或者承担损失；（5）依照法律、行政法规的有关规定，由国务院证券监督管理机构规定禁止的其他行为。

3.基金管理人的更换条件

当情况发生变化时，可以更换基金管理人，我国《基金法》规定，有下列情形之一的，基金管理人职责终止：（1）被依法取消基金管理资格；（2）被基金份额持有人大会解任；（3）依法解散、被依法撤销或者被依法宣告破产；（4）基金合同约定的其他情形。

11.3.3　基金托管人

基金托管人又称基金保管人，是依据基金运行中“管理与保管分开”的原则对基金管理人进行监督和保管基金资产的机构，是基金持有人权益的代表，通常由有实力的商业银行或信托投资公司担任。基金托管人与基金管理人签订托管协议，在托管协议规定的范围内履行自己的职责并收取一定的报酬。

为充分保障基金投资者的权益，防止基金资产被挪作他用，各国的证券投资信托法规都规定：基金都要由某一托管机构，即基金托管人来对基金管理机构的投资操作进行监督和保管基金资产。例如，美国1940年《投资公司法》规定，投资公司（即基金公司）应将基金的证券、资产及现金存放于托管公司，托管公司应为基金设立独立账户，分别管理，定期检查。

1.基金托管人的条件

基金托管人的作用决定了它对所托管的基金承担着重要的法律及行政责任，因此，有必要对托管人的资格作出明确规定。概括地说，基金托管人应该是完全独立于基金管理机构、具有一定的经济实力、实收资本达到相当规模、具有行业信誉的金融机构。我国《基金法》规定，基金托管人由依法设立并取得基金托管资格的商业银行担任。

我国《基金法》规定，申请取得基金托管资格，应当具备下列条件，并经国务院证券监督管理机构和国务院银行业监督管理机构核准：（1）净资产和资本充足率符合有关规定；（2）设有专门的基金托管部门；（3）取得基金从业资格的专职人员达到法定人数；（4）有安全保管基金财产的条件；（5）有安全高效的清算、交割系统；（6）有符合要求的营业场所、安全防范设施和与基金托管业务有关的其他设施；（7）有完善的内部稽核监控制度和风险控制制度；（8）法律、行政法规规定的和经国务院批准的国务院证券监督管理机构、国务院银行业监督管理机构规定的其他条件。

2.基金托管人的职责

我国《基金法》规定，基金托管人应当履行下列职责：（1）安全保管基金财产；（2）按照规定开设基金财产的资金账户和证券账户；（3）对所托管的不同基金财产分别设置账户，确保基金财产的完整与独立；（4）保存基金托管业务活动的记录、账册、报表和其他相关资料；（5）按照基金合同的约定，根据基金管理人的投资指令，及时办理清算、交割事宜；（6）办理与基金托管业务活动有关的信息披露事项；（7）对基金财务会计报告、中期和年度基金报告出具意见；（8）复核、审查基金管理人计算的基金资产净值和基金份额申购、赎回价格；（9）按照规定召集基金份额持有人大会；（10）按照规定监督基金管理人的投资运作；（11）国务院证券监督管理机构规定的其他职责。

3.基金托管人的更换条件

我国《基金法》规定，有下列情形之一的，基金托管人职责终止：（1）被依法取消基金托管资格；（2）被基金份额持有人大会解任；（3）依法解散、被依法撤销或者被依法宣告破产；（4）基金合同约定的其他情形。

11.3.4 证券投资基金当事人之间的关系

1.基金持有人与基金管理人之间的关系

基金持有人是基金的实际所有者，而基金管理人则是凭借专门的知识与经验，运用所管理基金的资产，根据法律、法规及基金章程或基金契约的规定，按照科学的投资组合原理进行投资决策，谋求所管理基金资产的不断增值，使基金持有人获取尽可能多收益的机构。所以，基金持有人与基金管理人的关系实质上是所有者与经营者之间的关系。前者是基金资产的所有者，后者是基金资产的经营者。前者是一般的社会投资人，既可以是自然人，也可以是法人或其他社会团体；后者则是由职业投资专家组成的专门经营者，是依法成立的法人。

2.基金管理人与托管人之间的关系

管理人与托管人的关系是经营与监管的关系。基金管理人由投资专家组成，负责基金资产的经营，本身绝不实际接触和拥有基金资产；托管人由主管机关认可的金融机构担任，负责基金资产的保管，依据基金管理机构的指令处置基金资产，并监督管理人的投资运作是否合法合规。对基金管理人而言，处理有关证券、现金收付的具体事务交由基金托管人办理，自己就可以专心从事资产的运用和投资决策。基金管理人和基金托管人均对基金持有人负责。它们的权利和义务在基金契约或基金公司章程中预先界定清楚，任何一方有违规之处，对方都应当监督并及时制止，直至请求更换违规方。这种相互制衡的运行机制，极大地保证了基金信托财产的安全和基金运用的高效。但是，这种机制的作用得以有效发挥的前提是基金托管人与基金管理人必须严格分开，由不具有任何关联的不同机构或公司担任，两者在财务上、人事上、法律地位上应该完全独立。

3.基金持有人与托管人之间的关系

持有人与托管人的关系是委托与受托的关系，也就是说，基金持有人把基金资产委托给基金托管人管理。对持有人而言，把基金资产委托专门的机构管理，可以确保基金资产的安全。对基金托管人而言，必须对基金持有人负责，监管基金管理人的行为，使其经营行为符合法律、法规的要求，保证资产的安全，提高资产的报酬。

§ 11.4　投资基金的运作

11.4.1　投资基金的设立

投资基金是一种特殊的制度安排，在这种制度下，由于各当事人之间的委托—代理关系的存在，使信息不对称问题显得比较突出。为了保护投资者的利益，各国家和地区均制定了相应的法律、法规来规范投资基金的设立。由于投资基金有公募和私募之分，对于私募基金，我国目前尚无专门的法律来规范，一般是根据公司法、合伙企业法、信托法对其设立进行法律约束。对于公募基金，则要求在发行之前，先获得中国证券监督管理委员会的审批。基金是由基金发起人发起设立的。根据有关规定，在我国发起人申请设立基金，一般要完成以下工作：

1.准备文件

基金发起人申请设立基金，首先必须准备各种法律文件，如设立基金的申请报告、发起人协议书、基金契约、基金托管协议、基金招募说明书等。

其中，申请报告主要包括基金名称、拟申请设立基金的必要性和可行性、基金类型、基金规模、存续期间、发行价格、发行对象、基金的交易或申购与赎回安排、拟委托的基金管理人和基金托管人等。

发起人协议书应包括拟设立基金的基本情况、发起人的权利和义务、发起人认购基金单位的数量、拟聘任的基金管理人和基金托管人、发起人对主要发起人的授权等内容。

基金契约、托管协议、招募说明书的内容与格式，中国证监会在《证券投资基金管理暂行办法》实施准则中都有详细规定。

发起人应严格按照要求起草上述文件。

2.上报证监会

基金发起人准备好各种文件后，应上报中国证监会。中国证监会收到文件后对基金发起人资格、基金管理人资格、基金托管人资格以及基金契约、托管协议、招募说明书以及上报资料的完整性、准确性进行审核，如果符合有关标准，则正式下文批准基金发起人公开发行基金。

3.公布招募说明书

基金发起人收到中国证监会的批文后，于发行前三天公布招募说明书，并公告具体的发行方案。在《证券投资基金管理暂行办法》及其实施准则中，对申请设立的基金本身也作了一些规定，如发起人可申请设立开放式基金，也可申请设立封闭式基金，并规定封闭式基金的存续期不得少于5年，最低募集金额不得低于2亿元等。发起人申请设立基金的申报材料中有关内容必须符合上述规定，基金才有可能获得中国证监会的批准。基金经批准向社会公众公开发售后，并不表明基金已正式成立。

基金要正式成立，还必须满足一定的条件：（1）对封闭式基金来说，自该基金批准之日起，3个月内募集的资金超过批准规模的80%；（2）对开放式基金来说，批准之日起3个月内净销售额不得少于2亿元；（3）有关募集资金的数额，须经会计师事务所出具验资证明；（4）基金正式成立前，募集资金只能存入商业银行，不能动用；（5）基金正式成立后，基金管理公司才能正式承担基金资产管理的责任，使用募集资金，进行投资运作，基金不能成立时，基金发起人必须承担基金募集费用，并将募集的资金连同活期存款利息返还给投资者。

投资基金运作流程如图11-2所示。

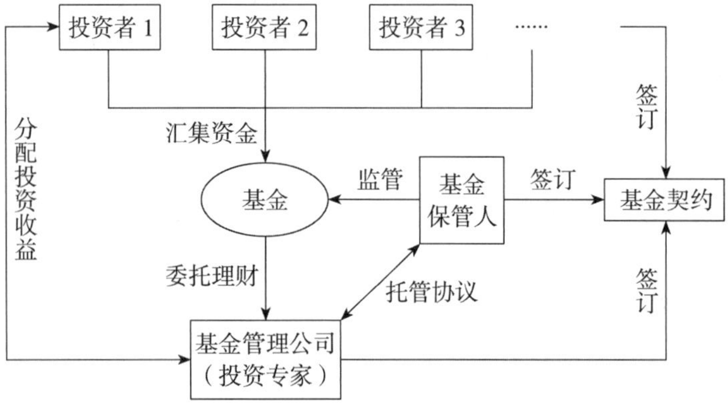

图11-2　投资基金运作流程简图

11.4.2　投资基金的发行与交易

投资基金的发行也叫基金的募集，它是指基金发起人在其设立或扩募基金的申请获得国家主管部门批准之后，向投资者推销基金单位、募集资金的行为。发行方式就是指基金募集资金的具体办法。

在国外，常见的基金发行方式有四种：(1) 直接销售发行。直接销售发行是指基金不通过任何专门的销售部门，自己销售给投资者的销售办法。(2) 包销方式。包销方式是指基金由经纪人按基金的资产净值买入，然后再以公开销售价格转卖给投资人，从中赚取买卖差价的销售办法。(3) 销售集团方式。销售集团方式是指由包销人牵头组成几个销售集团，基金由各销售集团的经纪人代销，包销人支付给每个经纪人一定的销售费用的销售方式。(4) 计划公司方式。计划公司方式是指在基金销售过程中，有一个公司在基金销售集团和投资人之间充当中间销售人，以使基金能以分期付款的方式销售出去的方式。

在我国，证券投资基金的发行方式主要有两种：上网发行方式和网下发行方式。上网发行方式是指将所发行的基金单位通过与证券交易所的交易系统联网的全国各地的证券营业部，向广大的社会公众发售基金单位的发行方式。它主要是封闭式基金的发行方式。网下发行方式是指将所要发行的基金通过分布在一定地区的证券公司或银行营业网点，向社会公众发售基金单位的发行方式。它主要是开放式基金的发行方式。基金的交易是基金成立之后进行的买卖活动。

1.封闭式基金的发行与交易

封闭式基金的发行又称“封闭式基金份额的发售”，是指基金管理公司根据有关规定向中国证监会提交募集文件、发售基金份额、募集基金的行为。封闭式基金的募集一般要经过申请、核准、发售、备案、公告五个步骤。我国基金管理人进行封闭式基金的募集，必须依据《基金法》的有关规定，向中国证监会提交相关文件。申请募集封闭式基金应提交的主要文件包括基金募集申请报告、基金合同草案、基金托管协议草案、招募说明书草案等。封闭式基金募集申请经中国证监会核准后方可发售基金份额。

封闭式基金的交易时间和竞价规则与股票交易相似。封闭式基金的报价单位为每份基金价格。基金的申报价格最小变动单位为0.001元人民币。目前，我国基金交易佣金为成交金额的0.3%，不足5元的按5元收取。除此之外，上海证券交易所还按成交面值的0.05%收取登记过户费，由证券公司向投资者收取。该项费用由证券登记公司与证券公司平分。目前，在深、沪证券交易所上市的封闭式基金不收取印花税。

对封闭式基金，投资者常常使用折（溢）价率反映封闭式基金份额净值与其二级市场价格之间的关系。折（溢）价率的计算公式为：

折（溢）价率=（二级市场价格-基金份额净值）÷基金份额净值×100%

=（二级市场价格÷基金份额净值-1）×100%

当基金二级市场价格高于基金份额净值，折（溢）价率>0，为溢价交易；当基金二级市场价格低于基金份额净值，折（溢）价<0，为折价交易。

2.开放式基金的募集与赎回

开放式基金的募集是指基金管理公司根据有关规定，向中国证监会提交募集文件，首次发售基金份额募集基金的行为。开放式基金的募集程序与封闭式基金的募集程序相似，也要经过申请、核准、发售、备案、公告五个步骤。

与封闭式基金一样，基金管理人应当自收到核准文件之日起6个月内进行开放式基金的募集。开放式基金的募集不得超过中国证监会核准的基金募集期限。开放式基金的募集期限自基金份额发售之日起计算，不得超过3个月。

开放式基金份额的发售，由基金管理人负责办理。基金管理人可以委托商业银行、证券公司等经国务院证券监督管理机构认定的其他机构代理基金份额的发售。基金管理人应当在基金份额发售的3日前公布招募说明书、基金合同及其他有关文件。

基金销售由基金管理人负责办理。基金管理人可以委托取得基金代销业务资格的其他机构代为办理。目前，我国可以办理开放式基金认购业务的机构主要包括商业银行、证券公司、证券投资咨询机构、专业基金销售机构以及中国证监会规定的其他具备基金代销业务资格的机构。

（1）认购步骤。

投资者参与认购开放式基金，分开户、认购、确认三个步骤。不同的开放式基金在开户、认购、确认的具体要求上有所不同，具体要求以基金份额发行公告为准。

（2）认购方式。

开放式基金的认购采取金额认购的方式，即投资者在办理认购申请时，不是直接以认购数量提出申请，而是以金额申请。在扣除相应费用后，再以基金面值为基准换算为认购数量。

（3）前端收费模式与后端收费模式。

在基金份额认购上存在两种收费模式：前端收费模式和后端收费模式。前端收费模式是指在认购基金份额时就支付认购费用的付费模式；后端收费模式是指在认购基金份额时不收费，在赎回基金时才支付认购费用的收费模式。后端收费模式设计的目的是为鼓励投资者能够长期持有基金，因为后端收费的认购费率一般会随着投资时间的延长而递减，甚至不再收取认购费用。

（4）认购费用与认购份额。

为统一规范基金认（申）购费用及认（申）购份额的计算方法，更好地保护基金投资人的合法权益，中国证监会于2007年3月对认（申）购费用及认（申）购份额计算方法进行了统一规定。根据规定，基金认购费率将统一按净认购金额为基础收取，相应的基金认购费用与认购份额的计算公式为：

净认购金额=认购金额÷（1+认购费率）

认购费用=净认购金额×认购费率

认购份额=（净认购金额+认购利息）÷基金份额面值

（5）不同基金类型的认购费率。

《证券投资基金销售管理办法》规定开放式基金的认购费率不得超过认购金额

的5%。在具体实践中，基金管理人会针对不同类型的开放式基金、不同认购金额设置不同的认购费率。目前，我国股票型基金的认购费率大多在1%～1.5%，债券型基金的认购费率通常在1%以下，货币型基金的认购费率一般为0。

（6）最低认购金额与追加认购金额。

一些开放式基金在认购时会设定最低认购金额。目前，我国开放式基金的最低认购金额一般为1 000元人民币。一些基金对追加认购金额有最低金额要求，而另一些基金则没有此类要求。

（7）开放式基金的申购、赎回。

投资者在开放式基金合同生效后，申请购买基金份额的行为通常被称为基金的“申购”。在基金募集期内认购基金份额，一般会享受到一定的费率优惠。除此之外，基金申购与基金认购没有本质区别。

开放式基金的赎回是指基金份额持有人要求基金管理人购回其所持有的开放式基金份额的行为。

开放式基金的基金合同生效后，可有一段短暂的封闭期。《证券投资基金运作管理办法》规定，开放式基金合同生效后，可以在基金合同和招募说明书规定的期限内不办理赎回，但该期限最长不得超过3个月。封闭期结束后，开放式基金将进入日常申购、赎回期。基金管理人应当在每个工作日办理基金份额的申购、赎回业务。基金合同另有约定的，按照其约定。

开放式基金份额的申购、赎回场所与认购渠道一样，可以通过基金管理人的直销中心与基金销售代理人的代销网点进行。投资者也可通过基金管理人或其指定的基金销售代理人以电话、传真或互联网等形式进行申购、赎回。

基金管理人应在申购、赎回开放日前3个工作日在至少一种中国证监会指定的媒体上刊登公告。申购和赎回的工作日为证券交易所交易工作日。

基金管理人办理开放式基金份额的申购，可以收取申购费，但申购费率不得超过申购金额的5%。认购费和申购费可以在基金份额发售或者申购时收取，也可以在赎回时从赎回金额中扣除。

基金管理人办理开放式基金份额的赎回，应当收取赎回费，但中国证监会另有规定的除外。赎回费率不得超过基金份额赎回金额的5%。赎回费在扣除手续费后，余额不得低于赎回费总额的25%，并应当归入基金财产。基金管理人可以根据投资者的认购金额、申购金额的数量适用不同的认购、申购费率标准。基金管理人可以对选择在赎回时交纳认购费或者申购费的基金份额持有人，根据其持有基金份额的期限适用不同的认购、申购费率标准。基金管理人可以根据基金份额持有人持有基金份额的期限适用不同的赎回费率标准。基金管理人可以从开放式基金财产中计提销售服务费，用于基金的持续销售和给基金份额持有人提供服务。具体管理办法由中国证监会另行规定。

与认购基金类似，申购基金同样可分为前端收费模式与后端收费模式。

在前端收费模式下，申购费率以净申购金额为基础计算，申购费用与申购份额的计算公式为：

净申购金额=申购金额÷（1+申购费率）

申购费用=净申购金额×申购费率

申购份额=净申购金额÷申购当日基金单位净值

赎回金额的计算公式为：

赎回金额=赎回总额-赎回费用

赎回总额=赎回数量×赎回日基金份额净值

赎回费用=赎回总额×赎回费率

赎回费率一般按持有时间的长短分级设置。持有时间越长，适用的赎回费率越低。

实行后端收费模式的基金，还应扣除后端认购/申购费，才是投资者最终得到的赎回金额，即：

赎回金额=赎回总额-赎回费用-后端收费金额

11.4.3 投资基金的投资运作

投资基金的投资运作是指基金经理人如何将所募集的资金进行投资，从而为基金持有人获取最好的收益。投资目标和投资政策是投资基金投资运作的核心问题。投资政策是基金实现投资目标的手段。不同类型的基金有不同的投资目标和投资政策。投资目标和投资政策通常在基金招募说明书中阐述。

基金管理人的投资运作方面的相关信息通过基金契约、招募说明书（扩募说明书）详细说明，主要包括：

1.投资目标

投资目标是指基金所追求的收益类型，基金投资要达到的目标，例如，是力求为投资者提供长期稳定的资本利得还是固定的股利分红收益。不同基金的目标是不相同的，所以不同的投资者应选择适合自己目标的投资基金。

2.投资范围

投资范围是指基金所投资的标的物的范围。在基金契约、招募说明书（扩募说明书）中会描述基金可能购买证券的范围，基金投资的标的物，基金如何选择它们，基金侧重购买的证券类型及在实际中如何操作。例如，基金投资的标的物一般是具有良好流动性的金融工具，包括国内依法公开发行上市的股票、债券及中国证监会允许基金投资的其他金融工具。其中又以上市公司所发行的股票为投资重点。基金投资的主要对象是指基金投资于哪一类证券或上市公司，例如，投资业绩优良并能稳定增长的上市公司的股票和具有较大成长潜力的上市公司的股票。

3.投资理念

基金秉承的投资理念是指以长期投资为主还是以积极进取为主。从国外成熟市场来看，基金的投资理念一直是基金管理人投资智慧的最好体现，也是基金投资成功的重要前提和基础。对基金投资理念作出比较分析具有十分重要的意义。不同类型的基金具有各自不同的投资理念和投资风格，对投资收益的追求与风险的控制也各不相同，对基金类型的判断和认定，将有助于投资者对适合自己风险偏好和收益目标的基金进行投资。当然由于基金的投资理念是一个比较抽象的概念，不经过长时间的考验是很难作出较为客观的比较的。

4.投资政策

基金的投资政策指的是基金对各类证券投资进行选择的原则和方针。例如，在不同的条件下，基金如何调整现金、国债、不同类型的股票或其他投资品种的比例等。

5.投资产品

基金的投资产品是指基金所投资的标的物。基金管理者所进行的投资以收益回报高、安全性和流动性好为主要目标。风险与收益关系甚为密切，基金管理者尽量希望以最低的风险获取最高的回报，而安全性与流动性又是相辅相成的。基金管理者运用基金投资工具，实现基金的投资目标的主要投资产品包括国债、新股、上市公司的股票。基金在进行股票投资的过程中，总是力图减少投资风险和提高投资收益。这需要科学的分析方法和娴熟的投资技巧，采用投资组合方式来实现。基金的投资组合的规定是为了分散投资风险、保护基金持有人的利益而制定的。

6.投资限制

为了保护投资者的利益，有关法律、法规对不同类型的基金投资均制定了一定的限制。对基金投资进行限制的主要目的：一是引导基金分散投资，降低风险；二是避免基金操纵市场；三是发挥基金引导市场的积极作用。《证券投资基金管理暂行办法》规定，基金的投资组合应当符合下列规定：（1）单只基金投资于股票、债券的比例，不得低于该基金资产总值的80%；（2）1只基金持有1家上市公司的股票，不得超过该基金资产净值的10%；（3）同一基金管理人管理的全部基金持有1家公司发行的证券，不得超过该证券的10%；（4）1只基金投资于国家债券的比例，不得低于该基金资产净值的20%。

我国《基金法》规定，基金财产不得用于下列投资或者活动：承销证券；向他人贷款或者提供担保；从事承担无限责任的投资；买卖其他基金份额，但是国务院另有规定的除外；向其基金管理人、基金托管人出资或者买卖其基金管理人、基金托管人发行的股票或者债券；买卖与其基金管理人、基金托管人有控股关系的股东或者与其基金管理人、基金托管人有其他重大利害关系的公司发行的证券或者承销期内承销的证券；从事内幕交易、操纵证券交易价格及其他不正当的证券交易活动；依照法律、行政法规的有关规定，由国务院证券监督管理机构规定禁止的其他活动。

§11.5 投资基金的收益与风险

11.5.1 投资基金的收益

投资基金的收益是基金资产在运作过程中所产生的超过本金部分的价值。基金收益的来源有两部分：一是利息收入，即基金在一定时期内收到的分红和利息收入；二是资本利得，反映基金所持有的股票与债券价格涨跌的幅度。

基金收益的来源具体如图 11-3 所示。

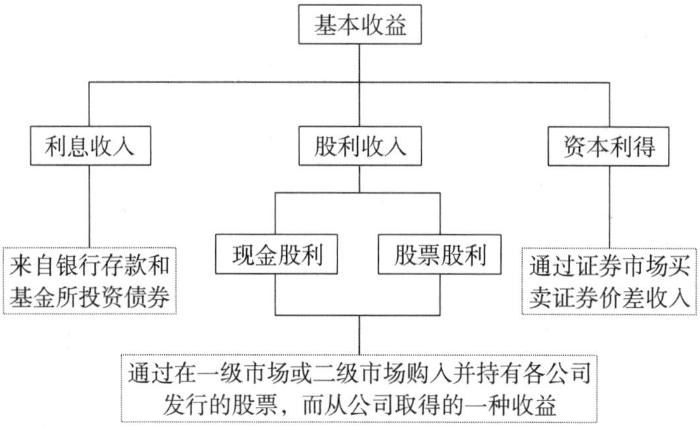

图 11-3 投资基金收益来源

11.5.2 投资基金的费用

基金是以委托的方式请专家进行投资管理和操作的，因此，从设立到终止都要支付一定的费用。通常情况下，基金所支付的费用主要有以下几项：

1.管理费

管理费是指支付给实际运用基金资产、为基金提供专业化服务的基金管理人的费用，也就是管理人为管理和操作基金而收取的费用。这笔费用用于基金管理公司各种必要的开支，包括有关登记及秘书工作的费用。基金管理费通常按照每个估值日基金净资产的一定比例（年率），逐日计算，按月支付。费率的大小通常与基金规模成反比，与风险成正比。基金规模越大，风险越小，管理费率就越低；反之，则越高。不同的国家及不同种类的基金，管理费率不完全相同。在美国，各种基金的年管理费通常在基金资产净值的1%左右。在日本，基金的年管理费为基金资产净值的1.5%，随着基金规模的扩大，将适时调低。在多种基金中，货币基金的年管理费率最低，为基金资产净值的0.25%～1%；其次为债券基金，为0.5%～1.5%；股票基金居中，为1%～1.5%；认股权证基金约为1.5%～2.5%。管理费通常从基金的股息、利息收益中或从基金资产中扣除，不另向投资者收取。有的基金也准许预提一部分管理费。

2.托管费

托管费是指基金托管人为基金提供服务而向基金收取的费用。托管费通常按照基金资产净值的一定比例提取，逐日计算并累计，按月支付给托管人。托管费率也会因基金种类不同而异，如中国香港怡富东方小型企业信托基金的托管费率为0.20%；而中国香港渣打世界投资基金支付的托管年费分得更细，股票基金为基金资产净值的0.25%，债券基金为基金资产净值的0.125%。我国内地证券投资基金的年托管费率为基金资产净值的0.25%。

3.运作费

运作费包括支付的注册会计师费、律师费、召开年会费用、中期和年度报告的印刷制作费以及买卖有价证券的手续费等。这些开销和费用是作为基金的营运成本支出的。运作费占资产净值的比率较小，通常要在基金契约中事先确定，并按有关规定支付。

一只基金运作是否有效率，主要看其运作费用是否偏高。如果运作费用较高，投资者的投资成本就高；反之，则较低。运作费用比率的高低与基金规模有关，一般情况下，基金规模越大，运作费用比率越低。另外，表现不好的基金，运作费用比率就比较高。所以，运作费用高低是投资者衡量基金效率及表现的一个依据。

运作费用比率的高低也与基金规定的最低投资额的高低有关，如果最低投资额定得太低，运作费用比率就会相应提高。此外，新设立的基金和投资于多国证券市场的国际基金，其运作费用比例也较高。

4.宣传费用

宣传费用是指基金支付的广告费、宣传品支出、公开说明书和年报、中报的印刷制作费、销售人员佣金、股票经纪人及财务顾问的佣金等营销费用。

5.清算费用

清算费用是指基金终止时清算所需的费用，按清算时的实际支出从基金资产中提取。

11.5.3　投资基金的分配

在获取投资收益并扣除费用后，投资基金需将投资利润分配给受益人。分配通常有两种方式：一是分配现金；二是分配基金单位。我国有关法律规定基金收益分配的原则是：（1）基金收益分配比例不得低于基金净收益的90%；（2）基金当年收益应先弥补上一年亏损后，才可进行当年收益分配；（3）基金投资亏损，或者基金当年虽有收益但基金份额净值低于面值，则不进行收益分配；（4）基金收益分配后基金份额净值不能低于面值；（5）每份基金份额享有同等分配权。

不同的基金分配方式有所不同，主要有下面两种类型：

（1）对于封闭式基金，投资者只能选择现金红利方式分红，因为封闭式基金的规模是固定的，不可以增加或减少。

（2）开放式基金分配可采用两种方式：①分配现金，即向投资者分配现金，这是基金收益分配的最普遍的形式。②再投资方式。再投资方式是将投资人分得的收益再投资于基金，并折算成相应数量的基金单位。这实际上是将应分配的收益折为等额的新的基金单位送给投资人，许多基金为了鼓励投资人进行再投资，往往对红利再投资低收或免收申购费率。不同基金在各自的招募说明书中明确规定自己的收益分配原则及方式，投资者应以其作为投资参考标准。

11.5.4 基金资产的估值与基金资产净值的计算

投资者投资基金是为了获取比较稳定的收益。基金管理人作为基金的受托人，必须采取一定的方式向投资者表明基金的运作情况，其主要方法是对基金资产进行估值，并定期公布基金的资产净值。计算公式为：

1.基金资产净值

基金资产净值（net asset value）是指在某一时点一个基金单位实际代表的价值。基金单位资产净值是指某一时点上某一投资基金每份基金份额实际代表的价值。计算公式为：

基金资产净值=（基金总资产-基金总负债）

基金单位资产净值=（基金总资产-基金总负债）÷基金份额总数

基金总资产是指基金拥有的所有资产的价值，包括现金、股票、债券、银行存款和其他有价证券。基金总负债是指基金应付给基金管理人的管理费和基金托管人的托管费等必要的开支。

2.基金资产的估值

基金资产的估值是指计算、评估基金资产和负债的价值，以确定基金资产净值和基金份额净值的过程。

（1）估值的目的。

基金资产估值的目的是客观、准确地反映基金资产的价值，并与一定标准比较后，衡量基金是否贬值、增值。依据经基金资产估值后确定的基金资产净值而计算出的基金单位资产净值，是计算基金申购与赎回价格的基础。

（2）基金估值的对象。

基金估值的对象指基金所持有的全部资产，包括股票、债券及配股权证等证券类资产，银行存款、清算备付金等现金类资产，应收利息等应收项目，以及按照有关法规规定应作为资产类的投资估值增值等。同时，为了计算基金资产净值，也需对基金所承担的所有负债进行评估。

（3）估值日的确定。

基金管理人应于每个交易日当天对基金资产进行估值。

（4）估值暂停。

遇到下列特殊情况，有权暂停估值：①基金投资所涉及的证券交易场所遇法定节假日或因故暂停营业时；②开放式基金出现巨额赎回的情形；③因不可抗力或其他情形致使基金管理人、基金托管人无法准确评估基金资产价值时。

（5）估值方法。

①上市流通证券，以估值日该证券收盘价（开放式基金）或市场平均价（封闭式基金）估值；估值日无交易的以最近一日收盘价或市场平均价估值。②未上市股票分两种情况处理：A.送股、转增股、配股和增发新股按估值日在证券交易所挂牌的同一股票的收盘价或市场平均价估值；B.首次发行的股票按成本价估值。③配股权证，从配股除权日起到配股确认日止，如果收盘价高于配股价，按收盘价高于配股价的差额估值；如果收盘价低于配股价，则估值增值额为零。④在银行间同业市场交易的债券按不含息成本与市价孰低法估值。⑤如有确凿证据表明上述方法对基金资产进行估值不能客观反映其公允价值，基金管理人可与基金托管人商定后，按最能反映公允价值的价格估值。⑥如有新增事项，按国家最新规定估值。

11.5.5　投资基金的风险

投资基金是一种集中资金、专家管理、分散投资、降低风险的投资工具，但投资者投资基金仍有可能面临风险。投资基金投资存在的风险主要有：

1.市场风险

投资者购买基金，相对于购买股票而言，由于能有效地分散投资和利用专家优势，可能对控制风险有利，但其风险依然存在。分散投资虽能在一定程度上消除来自于个别公司的非系统风险，但市场的系统风险却无法消除。市场风险主要有政策风险、经济周期风险、利率风险、通货膨胀风险、流动性风险、信用风险等。

2.管理风险

基金管理人的专业技能、研究能力及投资管理水平直接影响到其对信息的占有、分析和对经济形势、证券价格走势的判断，进而影响基金的投资收益水平。同时，基金管理人的投资管理制度、风险管理和内部控制制度是否健全，能否有效防范道德风险和其他合规性风险，以及基金管理人的职业道德水平等，也会对基金的风险收益水平造成影响。

3.操作和技术风险

基金的相关当事人在各业务环节的操作过程中，可能因内部控制不到位或者人为因素造成操作失误或违反操作规程而引致风险，如越权交易、内幕交易、交易错误和欺诈等。此外，在开放式基金的后台运作中，可能因为技术系统的故障或者差错而影响交易的正常进行甚至导致基金份额持有人利益受到影响。这种技术风险可能来自基金管理人、基金托管人、注册登记人、销售机构、证券交易所和证券登记结算机构等。

4.巨额赎回风险

巨额赎回风险是开放式基金所特有的风险，按照《开放式证券投资基金试点办法》的规定，当基金单个交易日的净赎回申请超过基金总份额的10%时可认定为巨额赎回。巨额赎回可能遇到顺延赎回或暂停赎回等风险。

5.其他风险

战争、自然灾害等不可抗力可能导致基金资产面临遭受损失的风险，以及证券市场、基金管理人及基金销售代理人可以因不可抗力无法正常工作，从而有影响基金的申购和赎回按正常时限完成的风险。

思政课堂

公募基金助力实现共同富裕

【思政元素】制度创新；共同富裕。

共同富裕是共同和富裕的结合。富裕是共同富裕的前提，也是共同富裕的最终目标。实现共同富裕，首先要强调经济的高质量发展，经济落后不可能实现共同富裕。

从居民收入端来看，无论是初次分配、再分配，还是三次分配，分配的财富都不可能无中生有，而只是把财富从一部分人手里转到另一部分人手里。只有实现了实体经济的高质量发展，才能有可分配的财富，“三次分配”才能更好地发挥作用。

投资上市公司股权是一件高度专业化的工作，一般公众往往缺少足够的时间、精力、信息以及方法来选出真正优质的企业，且难以承受市场的大幅波动。公募基金从诞生以来就自带“普惠”基因，为老百姓提供了专业化投资渠道——1元起投门槛的背后，是亿万个家庭的财富积累。根据基金业协会的数据，中小投资者是基民的主体，金融资产规模在50万元以下的比例超过63%，小于10万元的占比在25%左右；收入方面，税后收入在10万元至50万元的基民最多（占比55.4%），而10万元以下的客户占比36%。公募基金走进千家万户过程中，也将长期投资理念普及给每个普通投资者，使得居民资金的投资行为更加合理。

从1990年到2020年，中国的资本市场从零开始成为世界第二大资本市场，公募基金也“乘风破浪”迎来大发展。通过专业运作展现出的长期赚钱效应，是基金行业过去二十几年赢得投资者认可的基础，投资者也逐渐形成了“炒股不如买基金”的共识。2005年至2020年，代表公募股票基金平均收益水平的中证股票基金指数上涨了914.45%，代表公募债券基金平均收益水平中证债券基金指数上涨了175.32%，远高于同期中证全指462.17%和中证全债指数106.80%的回报。目前公募基金已成为资本市场重要组成部分，更为实体经济发展提供了长期资金支持。

资料来源：于善辉，孔思伟. 发展FOF基金 助力共同富裕［EB/OL］.［2021-09-27］. https://www.cs.com.cn/xwzx/jr/202109/t20210927_6206909.html.此处有删减.

本章小结

1.投资基金是指通过发售基金单位，将众多投资者的资金集中起来，形成独立资产，由基金托管人托管，基金管理人管理，以投资组合的方法进行投资的一种利益共享、风险共担的集合投资方式。在不同国家或地区称谓有所不同。它包括三个方面的含义：投资基金是一种金融市场的媒介；投资基金是一种金融信托形式；投资基金本身属于有价证券的范畴。它与股票、债券一起构成有价证券的三大品种，同时又有自己的特点和作用。

2. 根据不同的分类标准，投资基金可以分为不同的类型，对于同一基金，由于划分的标准不同，可能属于不同的类型。主要的分类标准有按资金募集的方式不同分、按法律基础和组织形态的不同分、按基金单位能否赎回和买卖方式的不同分、按基金资金来源和运用的地域不同分和按投资目标或投资标的不同分。不同的分类有不同的特色，不同的投资基金可以满足不同投资者的不同需求。

3. 投资基金当事人主要有基金持有人、基金管理人和基金托管人。《基金法》对各当事人的责、权、利予以明确的界定；明确规定了基金管理人和基金托管人的条件、职责以及更换的条件；同时也确定了三方之间的相互关系。

4. 由于有不同的分类，投资基金的运作也有所不同，主要有两个方面：一是投资基金的设立，对于公募基金和私募基金，它们发行所依据的法律是不相同的。在我国，目前公募基金是主要的形式，其发行要获得中国证券监督管理委员会的审批；二是投资基金的发行与交易，在本章中重点介绍了封闭式基金发行与交易和开放式基金的募集与赎回，它们两者之间存在显著的不同。

5. 投资基金的投资运作指的是投资基金的管理者对所募集资金的运用，以谋求获得最大的收益，也是属于投资基金运作的一个方面。投资基金的投资运作主要涉及确定投资的目标，确定投资的理念和投资政策，确定投资的范围、投资的产品以及投资的限制。

6. 投资基金的收益是基金资产在运作过程中所产生的超过本金部分的价值。基金收益的来源有两部分：一是利息收入，即基金在一定时期内收到的分红和利息收入；二是资本利得，反映基金所持有的股票与债券价格涨跌的幅度。投资基金的收益减去费用之后要按照有关的法律规定分配给基金持有人。投资基金是一种集中资金、专家管理、分散投资、降低风险的投资工具，但投资者投资基金仍有可能面临风险。

综合训练

11.1 单项选择题

1. 投资基金通过发行基金单位募集的资金，其管理和运用的当事人是（　　）。

A. 基金托管人　　B. 基金承销公司

C. 基金管理人　　D. 基金投资顾问

2. 契约型基金反映的是（　　）。

A. 产权关系　　B. 所有权关系

C. 债权债务关系　　D. 信托关系

3. 证券投资基金的资金主要投向（　　）。

A. 实业　　B. 邮票

C. 有价证券　　D. 珠宝

4.基金规模不固定，且可以随时根据市场供求情况发行新份额或由投资人赎回的投资基金，是（　　）。

A.契约型基金　　B.公司型基金

C.开放式基金　　D.封闭式基金

5.（　　）的期限是指基金的存续期，即基金从成立起到终止之间的时间。

A.开放式基金　　B.契约型基金

C.封闭式基金　　D.公司型基金

6.基金管理人和基金托管人之间的关系是（　　）。

A.所有者和监督者的关系　　B.委托和受托的关系

C.经营者和监管者的关系　　D.委托代理的关系

7.将基金划分为成长型、收入型和平衡型的依据是（　　）。

A.投资标的不同　　B.投资目标不同

C.组织形式不同　　D.交易方式不同

8.投资基金有不同的投资目的，对于收入型基金来说是（　　）。

A.资产成长的潜力较大，损失本金的风险相对较低

B.资产成长的潜力较小，损失本金的风险相对较低

C.资产成长的潜力较大，损失本金的风险相对较高

D.资产成长的潜力较小，损失本金的风险相对较高

9.一位投资人申购开放式基金，假定申购费率为2%，单位基金净值为1.5元，则申购价格是（　　）。

A.1.5元　　B.1.45元　　C.1.53元　　D.1.63元

10.决定开放式基金买卖价格的基础是（　　）。

A.基金单位的资产净值　　B.市场供求状况

C.交易所的交易制度　　D.庄家的意愿

11.2　多项选择题

1.根据基金单位是否可增加或赎回，投资基金可分为（　　）。

A.封闭式基金　　B.公司型投资基金

C.开放式基金　　D.契约型投资基金

2.根据投资风险与收益的不同，投资基金可分为（　　）。

A.成长型投资基金　　B.收入型投资基金

C.平衡型投资基金　　D.证券投资基金

3.参与基金的主体主要有（　　）。

A.基金发起人　　B.基金管理人　　C.基金托管人　　D.基金受益人

4.作为一种投资工具，投资基金的特点主要有（　　）。

A.集合理财，专业管理　　B.专家操作，没有风险

C.组合投资，分散风险　　D.利益共享，风险共担

5.按资金募集的方式不同，投资基金可分为（　　）。

A.私募基金　　B.公司型基金　　C.公募基金　　D.对冲基金

6.投资基金作为一种集合投资方式，涉及的当事人主要有（　　）。

A.基金持有人　　B.基金承销人　　C.基金管理人　　D.基金托管人

7.下列各项中，作为投资基金收益主要来源的有（　　）。

A.股息　　B.债券利息　　C.银行存款利息　　D.买卖差价收入

8.下列各种费用中，属于投资基金费用的有（　　）。

A.基金管理人的报酬　　B.广告费

C.支付的注册会计师费和律师费　　D.支付给托管人的托管费

9.投资基金的收益分配形式主要有（　　）。

A.分配股息　　B.分配基金单位　　C.分配现金　　D.配售基金

10.投资者投资基金也是有风险的，对于所有的投资基金都有的风险主要是（　　）。

A.市场风险　　B.管理风险

C.操作和技术风险　　D.巨额赎回风险

11.3　思考题

1.简述投资基金的作用。

2.简述投资基金与股票、债券的区别。

3.简述投资基金的分类。

4.简述投资基金当事人之间的关系。

5.简述封闭式基金发行与开放式基金发行的差异。

6.简述封闭式基金价格确定与开放式基金价格确定的差异。

7.试论述为何投资基金的投资要受到一定的限制。

8.试分析养老保险基金与对冲基金在对投资对象的选择上有何不同。

9.试比较开放式基金前端收费模式与后端收费模式。

10.试论述如何防范投资基金的风险。

本章参考文献

[1] 陈之大，曹晓东，贺学会．证券投资学 [M]．成都：西南财经大学出版社，2005.

[2] 陈善昂，金融市场学 [M]．5版．大连：东北财经大学出版社，2022.

[3] 吴晓灵．投资基金法的理论与实践 [M]．上海：上海三联书店，2014.

[4] 中国证券业协会．金融市场基础知识 [M]．北京：中国财政经济出版社，2023.

[5] 中国证券业协会．证券市场基本法律法规 [M]．北京：中国财政经济出版社，2023.

[6] ASNESS，CLIFFORD，KRAIL R，et al.Do hedge funds hedge? [J]．Journal of Portfolio Management，2001.

[7] BERK, JONATHAN, GREEN R. Mutual fund flows and performance in rational markets [J]. Journal of Political Economy, 2004.

[8] BODIE Z, KANE A, MARCUS A J. Investments [M]. 9th ed.New York: McGraw-Hill, 2011.

[9] COHEN, LAUREN, FRAZZINI A, et al. The small world of investing: board connections and mutual fund returns [J]. Journal of Political Economy, 2008.

[10] Edelen, Roger. Investor flows and the assessed performance of open-end mutual funds [J]. Journal of Financial Economics, 1999.

[11] Fabozzi F J. Foundation of financial markets and institutions [M]. 4th ed. Stamford: Pearson Education, 2010.

[12] GLODE VINCENT.Why mutual funds underperform [J]. Journal of Financial Economics, 2011.

[13] MISHKIN F S.Financial markets and institutions [M]. 7th ed.Englewood Cliffs: Pearson Education, 2012.

[14] PONTIFF J.Costly arbitrage: evidence from closed-end funds [J]. Quarterly Journal of Economics, 1996 (4): 1 135-1 151.

第12章

证券法规与监管

导读

证券法规是调整有价证券的发行、交易、清算以及国家在证券监管过程中所发生的各种社会关系的法律规范的总称。本章介绍证券法规的主要内容、我国的主要证券法规、证券市场监管的主要内容及监管体系、证券市场的信息披露制度、证券市场的自律等。

关键概念

证券法规　信息披露制度　证券监管　操纵市场　欺诈客户　内幕交易　证券市场自律

§12.1 证券法规概述

证券市场涉及有价证券的发行、交易、清算等各环节，涉及各个参与方的不同的利益，需要有相应的法规来进行规范。**证券法规是调整有价证券的发行、交易、清算以及国家在证券监管过程中所发生的各种社会关系的法律规范的总称。证券法规所调整的社会关系，既包括发行人、投资人以及证券中介服务机构相互之间所发生的民事关系，又包括国家证券监督管理机构对证券市场主体进行引导、组织、协调和监督过程中所发生的行政管理关系。**证券法规的作用在于排除或防止证券市场欺诈、内幕交易和人为操纵等缺陷，保护投资者的合法权益，维护证券市场秩序，从而树立投资者的信心，促进经济发展。

12.1.1 证券法规体系

由于证券市场在不同国家形成的历史不同，各国相应的法律法规体系也有所差异，目前世界各国所采取的证券法规体系可分为三类：一是美国证券法体系；二是英国证券法体系；三是欧陆证券法体系。

1.美国证券法体系

美国证券法体系的特点是对证券及其交易管理制度制定专门法律，并注重公开原则。美国证券法律主要有1933年《证券法》、1935年《公共事业控股公司法》、1939年《信托契约法》、1940年《投资顾问法》。这些法律由联邦证券交易委员会负责统一执行。此外，各州都制定了本州的证券法，即蓝天法。在政府的监督下，证券商自律性组织保留相当的自律权力，可以制定证券交易规则，从而形成了联邦立法、州立法和自律组织规则这一完整的证券法规体系，在世界上最具代表性。基本上属于该体系的国家还有日本、加拿大、菲律宾等。在美国，任何人在证券交易中受到不法侵害，都可在普通法（common law）或衡平法（equit law）、州蓝天法及联邦证券法明示或默示赔偿请求权的规定中，选择其一提起诉讼。

2.英国证券法体系

英国法律制度源于普通法，它体现在证券立法中最主要的特点是没有专门的证券法规，而是由《公司法》中有关公开说明书的规定，有关证券商的登记、防止欺诈条例和有关资本发行的管理等法规组成。对交易所及其会员则采取自由放任的态度。在传统上，伦敦证券交易所是完全自治的，不受政府的干预。这与历史上的伦敦证券交易所对本所的业务规定有严格的交易规则，并且拥有较高水准的专业性证券商和采取严格的注册制度与公开说明书制度进行自律分不开的。属于这一体系的国家基本上是英联邦的成员国。

3.欧陆证券法体系

欧陆证券法体系各国对证券采取严格的实质性管理，并在《公司法》中规定有关新公司成立与证券交易等方面的条款。欧陆证券法体系对证券发行人的特殊利益有所限制，它要求公司股东的实际出资一律公平，这一点比美英体系较为严格。但在公开原则的实行方面，欧陆证券法体系做得则不够。例如，证券的发行人通常只在认股书中对公司章程与证券的内容稍作披露，缺少充分的公开。此外，该体系的部分国家还缺少对证券进行全面性管理的专门机构。基本上属于该体系的国家除欧洲大陆的西方国家外，还有拉丁美洲和亚洲的一些国家。

12.1.2 证券法规的主要内容

证券法规涉及的范围非常广泛，除《证券法》《证券交易法》等基本法外，还包括许多相关法律，如《公司法》《银行法》《票据法》《破产法》等，从而构成了一个以证券法为核心，其他相关专门法律相配套的证券法规体系。

1.证券发行

证券发行，是指经批准符合发行条件的证券发行人，以筹集资金为目的，按照一定的程序将证券销售给投资者的行为。从本质上讲，证券发行是一种直接融资方式，投资者出让资金所有权或占有、使用权，获得收益，且必须按照法定条件和程序进行。与发行接近的用语还有证券募集、招募、招股、募股等。

证券发行的法规主要涉及的内容有：证券发行的分类；证券发行的参与主体；证券发行的方式；证券发行的监管体制；证券发行的价格确定；证券发行的条件；证券发行的程序。

2.证券上市、暂停和终止

证券上市，是指某种证券获准成为证券交易所交易对象的过程。证券上市是连接证券发行和证券交易的桥梁。证券上市是通过公司与证券交易所之间签署上市协议完成的，签署上市协议意味着公司自愿接受证券交易所的监管。公司必须遵守证券交易所颁布的规章，执行证券交易所的证券交易和信息披露规则。公司违反证券交易所的规则时，证券交易所有权终止其上市。

证券上市、暂停和终止的法规主要涉及的内容有：证券上市申请；上市保荐；上市条件；上市程序；暂停上市的条件与程序；恢复上市的条件与程序；终止上市的条件与程序。

3.证券交易

证券交易，是指当事人依法买卖证券的行为。依法的含义指买卖的证券合法、交易场所合法、交易方式合法。证券交易的前提是证券出让人对所转让的证券拥有所有权或处分权。《证券法》规定："证券交易必须是依法发行并交付的证券。非依法发行的证券不得买卖。"

证券交易的法规主要涉及的内容有：证券交易的种类；证券交易的场所；证券交易的方式；证券交易参与各主体之间的关系；限制和禁止的交易行为。

4.信息披露制度

信息披露制度，是指证券发行人在证券发行、上市、交易的过程中，依照法律规定，将一切与证券有关的重大事项予以真实、准确、完整地披露，以体现公开原

则的制度。在证券市场上，影响证券价格的因素很多，包括作为能够由发行人或上市公司自主掌握的影响证券价格的因素。为了公平起见，有必要对影响证券价格的公司内部因素实施强制披露。

信息披露制度的法规主要涉及的内容有：信息披露的义务人；信息披露的方式；信息披露的标准；证券市场的虚假陈述；信息披露的法律责任；公开发行的信息披露；持续性信息披露。

5.上市公司收购

上市公司收购分为狭义的收购和广义的收购。

狭义的收购为取得公司控制权的收购。控制权往往表现为控制一定的股份，如取得50%以上股份的为绝对控制；取得不足50%的股份，但依然对公司的主要决策起重大影响的为相对控制。一般规定取得25%股份或30%股份的为相对控制，我国规定取得30%股份的为相对控制。

广义的收购为取得超过5%公司股权的行为。当上市公司在股权分散的前提下，出现5%股份的集中可能对公司产生较大影响，为了使在这种状态下，非控制股东或小股东有充分的话语权、选择权，《证券法》也对发生5%以上股份收购的行为进行规范。该收购通常是为取得大股东地位的一般收购。

上市公司收购的法规主要涉及的内容有：收购主体与被收购主体的界定；收购方式；收购的法律强制性规定；反收购。

6.证券公司管理

证券公司，是指依照《公司法》和《证券法》规定的条件，经证券监管机构批准设立的从事证券业务的有限公司和股份公司。证券公司的称谓在美国为投资银行，证券公司作为证券市场最专业的服务机构和参与机构，是证券市场的重要组成部分，连接证券发行人、证券投资者、证券交易所、监管部门。通过证券公司的活动，证券市场的效率能得到极大的发挥。我国《证券法》规定，证券公司是特许经营的企业法人，其组织形式只能是有限责任公司和股份有限公司。

证券公司管理的法规主要涉及的内容有：证券公司的设立、变更和终止；业务范围；经营规则与风险控制；证券公司的处置。

7.证券监管

证券监管是指立法机构、行政机关、行业组织等，为了维护证券市场的正义、公平、效率，消除证券市场价格扭曲、垄断、外部性、信息不对称等缺陷，提高资本配置效率，利用行政的、法律的、经济的手段，对证券市场各个环节进行的组织、协调、控制和监督。

证券监管的法规主要涉及的内容有：证券监管的主体与对象；证券监管的手段；证券监管制度；证券监管的体系；证券监管部门的权限；问题处理的程序。

12.1.3 我国主要的证券法规

我国证券法规主要可分为三个层次：第一个层次是指由全国人民代表大会或全

国人民代表大会常务委员会制定并颁布的法律，主要包括《中华人民共和国证券法》、《中华人民共和国证券投资基金法》、《中华人民共和国公司法》以及《中华人民共和国刑法》等相关法律；第二个层次是指由国务院制定并颁布的行政法规；第三个层次是指由证券监管部门和相关部门制定的部门规章。

1.《证券法》

《证券法》于1998年12月29日由第九届全国人民代表大会常务委员会第六次会议通过，于1999年7月1日实施。2004年8月28日第十届全国人民代表大会常务委员会第十一次会议通过《关于修改〈中华人民共和国证券法〉的决定》，对部分条款进行了修正。2005年10月27日第十届全国人民代表大会常务委员会第十八次会议对《证券法》进行了第一次修订，并于2006年1月1日起生效。2019年12月28日，第十三届全国人民代表大会常务委员会第十五次会议对《证券法》进行了第二次修订，自2020年3月1日起施行。

《证券法》的调整范围涵盖了在中国境内的股票、公司债券和国务院依法认定的其他证券的发行、交易和监管，其核心旨在保护投资者的合法权益，维护社会经济秩序和社会公共利益。

《证券法》共分14章，分别为总则、证券发行、证券交易、上市公司的收购、信息披露、投资者保护、证券交易所、证券公司、证券登记结算机构、证券服务机构、证券业协会、证券监督管理机构、法律责任和附则。

2019年《证券法》共226条，虽与旧法相比只减少14条，但在内容上是作了很大的调整，总共修改了166个条款，删除了24个条款，同时新增了24个条款，旧《证券法》原文一字未动保留下来的只有52条。其中对信息披露和投资者保护新设两章内容进行专章规定，说明了本次《证券法》的修改重点之一是关注《证券法》领域的信息披露和投资者的保护，这也是证券市场能够平稳发展的重要内容。除此之外其他章节也进行或多或少的修改，其中变化之大的地方有：（1）总则中《证券法》适用范围扩大，也就是“证券”包含的内容增加，受《证券法》进行约束的行为增加；（2）证券发行由核准制改为全面推行注册制，在发行中增大发行人的控股股东、实际控制人的责任（第24条由过错责任改为过错推定责任）；（3）证券交易方面建立健全多层次资本市场体系，交易中各项制度进行优化，以及包括内幕交易、操纵市场、利用未公开信息的法律禁止性规定；（4）证券服务机构从事证券业务将资格审批改为备案，证券投资咨询服务业务除外；（5）违法行为的处罚力度大幅提高等等。

专栏12-1

《中华人民共和国证券法》2019年修订概况

2019年12月28日，十三届全国人大常委会第十五次会议审议通过了修订后的《中华人民共和国证券法》（以下简称新《证券法》），将于2020年3月1日起施行。本次《证券法》修订，按照顶层制度设计要求，进一步完善了证券市场基础制度，体现了市场化、法治化、国际化方向，为证券市场全面深化改革落实落地，有效防控市场风险，提高上市公司质量，切实维护投资者合法权益，促进证券市场服务实体经济功能发挥，打造一个规范、透明、开放、有活力、有韧性的资本市场，提供了坚强的法治保障，具有非常重要而深远的意义。

本次《证券法》修订，系统总结了多年来我国证券市场改革发展、监管执法、风险防控的实践经验，在深入分析证券市场运行规律和发展阶段性特点的基础上，作出了一系列新的制度改革完善：

一是全面推行证券发行注册制度。在总结上海证券交易所设立科创板并试点注册制的经验基础上，新《证券法》贯彻落实十八届三中全会关于注册制改革的有关要求和十九届四中全会完善资本市场基础制度要求，按照全面推行注册制的基本定位，对证券发行制度做了系统的修改完善，充分体现了注册制改革的决心与方向。同时，考虑到注册制改革是一个渐进的过程，新《证券法》也授权国务院对证券发行注册制的具体范围、实施步骤进行规定，为有关板块和证券品种分步实施注册制留出了必要的法律空间。

二是显著提高证券违法违规成本。新《证券法》大幅提高对证券违法行为的处罚力度。例如，对于欺诈发行行为，从原来最高可处募集资金百分之五的罚款，提高至募集资金的一倍；对于上市公司信息披露违法行为，从原来最高可处以六十万元罚款，提高至一千万元；对于发行人的控股股东、实际控制人组织、指使从事虚假陈述行为，或者隐瞒相关事项导致虚假陈述的，规定最高可处以一千万元罚款等。同时，新《证券法》对证券违法民事赔偿责任也做了完善。例如，规定了发行人等不履行公开承诺的民事赔偿责任，明确了发行人的控股股东、实际控制人在欺诈发行、信息披露违法中的过错推定、连带赔偿责任等。

三是完善投资者保护制度。新《证券法》设专章规定投资者保护制度，作出了许多颇有亮点的安排。这具体包括：区分普通投资者和专业投资者，有针对性地作出投资者权益保护安排；建立上市公司股东权利代为行使征集制度；规定债券持有人会议和债券受托管理人制度；建立普通投资者与证券公司纠纷的强制调解制度；完善上市公司现金分红制度。尤其值得关注的是，为适应证券发行注册制改革的需要，新《证券法》探索了适应我国国情的证券民事诉讼制度，规定投资者保护机构可以作为诉讼代表人，按照“明示退出”“默示加入”的诉讼原则，依法为受害投资者提起民事损害赔偿诉讼。

四是进一步强化信息披露要求。新《证券法》设专章规定信息披露制度，系统完善了信息披露制度。这具体包括：扩大信息披露义务人的范围；完善信息披露的内容；强调应当充分披露投资者作出价值判断和投资决策所必需的信息；规范信息披露义务人的自愿披露行为；明确上市公司收购人应当披露增持股份的资金来源；确立发行人及其控股股东、实际控制人、董事、监事、高级管理人员公开承诺的信息披露制度等。

五是完善证券交易制度。这具体包括：优化有关上市条件和退市情形的规定；完善有关内幕交易、操纵市场、利用未公开信息的法律禁止性规定；强化证券交易实名制要求，任何单位和个人不得违反规定，出借证券账户或者借用他人证券账户从事证券交易；完善上市公司股东减持制度；规定证券交易停复牌制度和程序化交易制度；完善证券交易所防控市场风险、维护交易秩序的手段措施等。

六是落实“放管服”要求取消相关行政许可。这具体包括：取消证券公司董事、监事、高级管理人员任职资格核准；调整会计师事务所等证券服务机构从事证券业务的监管方式，将资格审批改为备案；将协议收购下的要约收购义务豁免由经证监会免除，调整为按照证监会的规定免除发出要约等。

七是压实中介机构市场“看门人”法律职责。规定证券公司不得允许他人以其名义直接参与证券的集中交易；明确保荐人、承销的证券公司及其直接责任人员未履行职责时对受害投资者所应承担的过错推定、连带赔偿责任；提高证券服务机构未履行勤勉尽责义务的违法处罚幅度，由原来最高可处以业务收入五倍的罚款，提高到十倍，情节严重的，并处暂停或者禁止从事证券服务业务等。

八是建立健全多层次资本市场体系。将证券交易场所划分为证券交易所、国务院批准的其他全国性证券交易场所、按照国务院规定设立的区域性股权市场等三个层次；规定证券交易所、国务院批准的其他全国性证券交易场所可以依法设立不同的市场层次；明确非公开发行的证券，可以在上述证券交易场所转让；授权国务院制定有关全国性证券交易场所、区域性股权市场的管理办法等。

九是强化监管执法和风险防控。明确了证监会依法监测并防范、处置证券市场风险的职责；延长了证监会在执法中对违法资金、证券的冻结、查封期限；规定了证监会为防范市场风险、维护市场秩序采取监管措施的制度；增加了行政和解制度，证券市场诚信档案制度；完善了证券市场禁入制度，规定被市场禁入的主体，在一定期限内不得从事证券交易等。

十是扩大《证券法》的适用范围。将存托凭证明确规定为法定证券；将资产支持证券和资产管理产品写入《证券法》，授权国务院按照《证券法》的原则规定资产支持证券、资产管理产品发行、交易的管理办法。同时，考虑到证券领域跨境监管的现实需要，明确在我国境外的证券发行和交易活动，扰乱我国境内市场秩序，损害境内投资者合法权益的，依照《证券法》追究法律责任等。

此外，此次《证券法》修订还对上市公司收购制度、证券公司业务管理制度、证券登记结算制度、跨境监管协作制度等作了完善。

资料来源：证监会. 完善证券市场基础制度 保障资本市场改革发展［EB/OL］.［2019-12-29］. http: //www.csrc.gov.cn/csrc/c100028/c1000854/content.shtml.

2.《公司法》

《公司法》于1993年12月29日由第八届全国人民代表大会常务委员会第五次会议通过后，于1994年7月1日起实施。此后，分别于1999年12月25日由中华人民共和国第九届全国人民代表大会常务委员会第十三次会议和2004年8月28日由第十届全国人民代表大会常务委员会第十一次会议进行了两次修订。2005年10月27日第十届全国人民代表大会常务委员会第十八次会议再次进行较全面的修订，并于2006年1月1日起施行。2018年10月26日，第十三届全国人民代表大会常务委员会第六次会议对《公司法》进行了第四次修正。

《公司法》的调整范围包括股份有限公司和有限责任公司，其核心旨在保护公司、股东和债权人的合法权益，维护社会经济秩序。《公司法》确立了我国公司的法律地位及其设立、组织、运行和终止等过程的基本法律准则。

《公司法》共分13章218条，对在中国境内有限责任公司的设立和组织机构，股份有限公司的设立和组织机构，股份有限公司的股份发行和转让，公司债券，公司财务和会计，公司合并和分立，公司破产、解散和清算，外国公司的分支机构，法律责任等内容制定了相应的法律条款。

3.《基金法》

《基金法》于2003年10月28日由第十届全国人民代表大会常务委员会第五次会议通过，并于2004年6月1日起正式实施。2012年12月28日，第十一届全国人民代表大会常务委员会第三十次会议修订《基金法》，2013年6月1日起施行。

《基金法》的调整范围是证券投资基金的发行、交易、管理、托管等活动，目的是保护投资人及相关当事人的合法权益，促进证券投资基金和证券市场的健康发展。

《基金法》分为15章154条，包括总则，基金管理人，基金托管人，基金的运作方式和组织，基金的公开募集，公开募集基金的基金份额的交易、申购与赎回，公开募集基金的投资与信息披露，公开募集基金的基金合同的变更、终止与基金财产清算，公开募集基金的基金份额持有人权利行使，非公开募集基金基金服务机构，监督管理，法律责任及附则。

4.《中华人民共和国刑法》对证券犯罪的规定

《中华人民共和国刑法》（以下简称《刑法》）于1997年3月14日经第八届全国人民代表大会第五次会议修订，1997年7月1日第五届全国人民代表大会第二次会议通过并实施。1999年12月25日第九届全国人民代表大会常务委员会第十三次会议通过《中华人民共和国刑法修正案》，此后又不断以修正案的形式作了修正，2002年12月28日公布了第四次修正案。第十届全国人民代表大会常务委员会第二十二次会议于2006年6月29日通过《中华人民共和国刑法修正案（六）》，并于同日公布。《刑法》及修正案关于证券犯罪或与证券有关的主要规定有：

（1）欺诈发行股票、债券罪。

《刑法》第一百六十条规定：

在招股说明书、认股书、公司、企业债券募集办法等发行文件中隐瞒重要事实或者编造重大虚假内容，发行股票或者公司、企业债券、存托凭证或者国务院依法认定的其他证券，数额巨大、后果严重或者有其他严重情节的，处五年以下有期徒刑或者拘役，并处或者单处罚金；数额特别巨大、后果特别严重或者有其他特别严重情节的，处五年以上有期徒刑，并处罚金。

控股股东、实际控制人组织、指使实施前款行为的，处五年以下有期徒刑或者拘役，并处或者单处非法募集资金金额百分之二十以上一倍以下罚金；数额特别巨大、后果特别严重或者有其他特别严重情节的，处五年以上有期徒刑，并处非法募集资金金额百分之二十以上一倍以下罚金。

单位犯前两款罪的，对单位判处非法募集资金金额百分之二十以上一倍以下罚金，并对其直接负责的主管人员和其他直接责任人员，依照第一款的规定处罚。

（2）提供虚假财务会计报告罪。

《刑法》第一百六十一条规定：

依法负有信息披露义务的公司、企业向股东和社会公众提供虚假的或者隐瞒重要事实的财务会计报告，或者对依法应当披露的其他重要信息不按照规定披露，严重损害股东或者其他人利益，或者有其他严重情节的，对其直接负责的主管人员和其他直接责任人员，处五年以下有期徒刑或者拘役，并处或者单处罚金；情节特别严重的，处五年以上十年以下有期徒刑，并处罚金。

前款规定的公司、企业的控股股东、实际控制人实施或者组织、指使实施前款行为的，或者隐瞒相关事项导致前款规定的情形发生的，依照前款的规定处罚。

犯前款罪的控股股东、实际控制人是单位的，对单位判处罚金，并对其直接负责的主管人员和其他直接责任人员，依照第一款的规定处罚。

（3）对上市公司的董事、监事、高级管理人员违法的处罚规定。

上市公司的董事、监事、高级管理人员违背对公司的忠实义务，利用职务便利，操纵上市公司从事下列行为之一，致使上市公司利益遭受重大损失的，处3年以下有期徒刑或者拘役，并处或者单处罚金；致使上市公司利益遭受特别重大损失的，处3年以上7年以下有期徒刑，并处罚金：无偿向其他单位或者个人提供资金、商品、服务或者其他资产的；以明显不公平的条件，提供或者接受资金、商品、服务或者其他资产的；向明显不具有清偿能力的单位或者个人提供资金、商品、服务或者其他资产的；为明显不具有清偿能力的单位或者个人提供担保，或者无正当理由为其他单位或者个人提供担保的；无正当理由放弃债权、承担债务的；采用其他方式损害上市公司利益的。上市公司的控股股东或者实际控制人，指使上市公司董事、监事、高级管理人员实施前款行为的，依照前款的规定处罚。犯前款罪的上市公司的控股股东或者实际控制人是单位的，对单位判处罚金，并对其直接负责的主管人员和其他直接责任人员，依照第一款的规定处罚（第一百六十九条第一款）。

（4）对以欺骗手段取得金融机构的金融凭证给金融机构造成重大损失的处罚规定。

以欺骗手段取得银行或者其他金融机构贷款、票据承兑、信用证、保函等，给银行或者其他金融机构造成重大损失或者有其他严重情节的，处3年以下有期徒刑或者拘役，并处或者单处罚金；给银行或者其他金融机构造成特别重大损失或者有其他特别严重情节的，处3年以上7年以下有期徒刑，并处罚金。单位犯前款罪的，对单位判处罚金，并对其直接负责的主管人员和其他直接责任人员，依照前款的规定处罚（第一百七十五条第一款）。

（5）非法发行股票和公司、企业债券罪。

非法发行股票和公司、企业债券罪是指未经国家有关主管部门批准，非法发行股票或者公司、企业债券，数额巨大、后果严重或者有其他严重情节的，处5年以下有期徒刑或者拘役，并处或者单处非法募集资金金额1%以上5%以下罚金。单位犯前款罪的，对单位判处罚金，并对其直接负责的主管人员和其他直接责任人员处5年以下有期徒刑或者拘役（第一百七十九条）。

（6）内幕交易、泄露内幕信息罪。

证券、期货交易内幕信息的知情人员或者非法获取证券、期货交易内幕信息的人员，在涉及证券的发行，证券、期货交易或者其他对证券、期货交易价格有重大影响的信息尚未公开前，买入或者卖出该证券，或者从事与该内幕信息有关的期货交易，或者泄露该信息，情节严重的，处5年以下有期徒刑或者拘役，并处或者单处违法所得1倍以上5倍以下罚金；情节特别严重的，处5年以上10年以下有期徒刑，并处违法所得1倍以上5倍以下罚金。单位犯前款罪的，对单位判处罚金，并对其直接负责的主管人员和其他直接责任人员，处5年以下有期徒刑或者拘役。内幕信息、知情人员的范围，依照法律、行政法规的规定确定（第一百八十条）。

（7）编造并传播影响证券交易虚假信息罪、诱骗他人买卖证券罪。

编造并且传播影响证券、期货交易的虚假信息，扰乱证券、期货交易市场，造成严重后果的，处5年以下有期徒刑或者拘役，并处或者单处1万元以上10万元以下罚金。证券交易所、期货交易所、证券公司、期货经纪公司的从业人员，证券业协会、期货业协会或者证券期货监督管理部门的工作人员，故意提供虚假信息或者伪造、变造、销毁交易记录，诱骗投资者买卖证券、期货合约，造成严重后果的，处5年以下有期徒刑或者拘役，并处或者单处1万元以上10万元以下罚金；情节特别恶劣的，处5年以上10年以下有期徒刑，并处2万元以上20万元以下罚金。单位犯前两款罪的，对单位判处罚金，并对其直接负责的主管人员和其他直接责任人员，处5年以下有期徒刑或者拘役（第一百八十一条）。

（8）操纵证券市场罪。

《刑法》第一百八十二条第一款规定：

有下列情形之一，操纵证券、期货市场，影响证券、期货交易价格或者证券、期货交易量，情节严重的，处五年以下有期徒刑或者拘役，并处或者单处罚金；情节特别严重的，处五年以上十年以下有期徒刑，并处罚金：

（一）单独或者合谋，集中资金优势、持股或者持仓优势或者利用信息优势联合或者连续买卖的；

（二）与他人串通，以事先约定的时间、价格和方式相互进行证券、期货交易的；

（三）在自己实际控制的账户之间进行证券交易，或者以自己为交易对象，自买自卖期货合约的；

（四）不以成交为目的，频繁或者大量申报买入、卖出证券、期货合约并撤销申报的；

（五）利用虚假或者不确定的重大信息，诱导投资者进行证券、期货交易的；

（六）对证券、证券发行人、期货交易标的公开作出评价、预测或者投资建议，同时进行反向证券交易或者相关期货交易的；

（七）以其他方法操纵证券、期货市场的。

（9）对金融中介机构或其他机构违法的处罚规定。

商业银行、证券交易所、期货交易所、证券公司、期货经纪公司、保险公司或者其他金融机构，违背受托义务，擅自运用客户资金或者其他委托、信托的财产，情节严重的，对单位判处罚金，并对其直接负责的主管人员和其他直接责任人员，处3年以下有期徒刑或者拘役，并处3万元以上30万元以下罚金；情节特别严重的，处3年以上10年以下有期徒刑，并处5万元以上50万元以下罚金。社会保障基金管理机构、住房公积金管理机构等公众资金管理机构，以及保险公司、保险资产管理公司、证券投资基金管理公司，违反国家规定运用资金的，对其直接负责的主管人员和其他直接责任人员，依照前款的规定处罚（第一百八十五条第一款）。

（10）对破坏金融管理秩序和金融诈骗犯罪的处罚规定。

明知是毒品犯罪、黑社会性质的组织犯罪、恐怖活动犯罪、走私犯罪、贪污贿赂犯罪、破坏金融管理秩序犯罪、金融诈骗犯罪的所得及其产生的收益，为掩饰、隐瞒其来源和性质，有下列行为之一的，没收实施以上犯罪的所得及其产生的收益，处5年以下有期徒刑或者拘役，并处或者单处洗钱数额5%以上20%以下罚金；情节严重的，处5年以上10年以下有期徒刑，并处洗钱数额5%以上20%以下罚金：提供资金账户的；协助将财产转换为现金、金融票据、有价证券的；通过转账或者其他结算方式协助资金转移的；协助将资金汇往境外的；以其他方法掩饰、隐瞒犯罪所得及其收益的来源和性质的（第一百九十一条第一款）。

5.行政法规

证券方面主要的行政法规有：（1）《证券发行与承销管理办法》；（2）《首次公开发行股票并上市管理办法》；（3）《上市公司证券发行管理办法》；（4）《上市公司收购管理办法》；（5）《证券公司融资融券业务试点管理办法》；（6）《证券投资者保护基金管理办法》；（7）《证券公司风险处置条例》；（8）《证券公司监督管理条例》；（9）《企业债券管理条例》；（10）《内幕交易认定办法》；（11）《市场操纵认定办法》；（12）《上海证券交易所股票上市规则》；（13）《上海证券交易所交易规则》；（14）《深圳证券交易所股票上市规则》；（15）《深圳证券交易所交易规则》。

§12.2　证券市场的监管

一个高效率的证券市场，应该是运行有序、合理竞争、信息透明度高、市场机制较灵活、操作成本较低，真正贯彻“公正、公开、公平”原则的市场。因此，现代各国政府无一例外地都加强对证券市场的监管。党的二十大明确指出：“加强和完善现代金融监管，强化金融稳定保障体系，依法将各类金融活动全部纳入监管，守住不发生系统性风险底线。”

12.2.1 监管的意义与基本原则

1.证券市场监管的意义

（1）加强证券市场监管是保障广大投资者权益的需要。

投资者是证券市场的重要参与者，他们参与证券交易、承担投资风险是以获取收益为前提的。为保护投资者的合法权益，必须坚持“公开、公平、公正”的原则，加强对证券市场的监管。只有这样，才便于投资者充分了解证券发行人的资信、证券的价值和风险状况，从而使投资者能够比较正确地选择投资对象。

（2）加强证券市场监管是维护市场良好秩序的需要。

为保证证券发行和交易的顺利进行，一方面国家要通过立法手段，允许一些金融机构、中介机构和个人在国家政策法令许可的范围内买卖证券并取得合法收益；但另一方面，在现有的经济基础和条件下，市场也存在着蓄意欺诈、垄断行市、操纵交易和哄抬股价等多种弊端，为此，必须对证券市场活动进行监督检查，对非法证券交易活动进行严厉查处，以保护正当交易，维护证券市场的正常秩序。

（3）加强证券市场监管是发展和完善证券市场体系的需要。

完善的市场体系能促进证券市场筹资和融资功能的发挥，有利于稳定证券市场，增强社会投资信心，促进资本合理流动，从而推动金融业、商业和其他行业以及社会福利事业的顺利发展。

（4）准确和全面的信息是证券市场参与者进行发行和交易决策的重要依据。

一个发达、高效的证券市场也必定是一个信息灵敏的市场，它既要有现代化的信息通信设备系统，又必须有组织严密的科学的信息网络机构；既要有收集、分析、预测和交换信息的制度与技术，又要有与之相适应的、高质量的信息管理人才，而这些都只有通过相关的统一组织管理才能实现。

2.证券市场监管的目标

证券市场监管的目标主要在于以下三个方面：

（1）保护投资人利益，保障合法证券交易活动，督促证券交易机构依法经营，禁止违法交易行为，防止个别企业垄断操纵和扰乱证券市场，维持证券市场的秩序。

（2）根据国家宏观经济管理的需要，采用多种方式来调控证券市场的交易规模，引导投资方向，支持重点产业，促进国民经济持续、快速、健康发展；

（3）充分发挥证券市场的积极作用，限制其消极影响，保障证券市场的健康发展。

简言之，证券市场监管就是要建立一个公平、有秩序、有效率的证券市场。

国际证监会组织公布的证券监管的三个目标是：保护投资者利益、透明和信息公开、降低系统风险。

3.证券市场监管的原则

为保障证券市场高效、稳定、有序、顺利地运行，围绕证券监管的各项目标，证券市场的有效监管必须确立“三公”原则，“三公”指公平、公开、公正，这是证券监管最基本的原则。可以说，“三公”原则是市场经济的三大原则，是证券监管活动必须奉行的基本原则，也是各国证券市场管理的核心和灵魂所在。

（1）保护投资者利益原则。

证券市场发展的关键在于投资者对市场的信心。要确保投资者信心，必须切实保护投资者的利益。由于普通投资者在信息和资金方面一般处于劣势地位，为消除市场竞争中的不对称性，要求监管者尽力消除证券市场上的欺诈、操纵、信息偏差等问题，保证投资者利益免受侵害。

（2）依法管理原则。

依法管理有两层含义：一是要求证券法律、法规、制度的完善与具体；二是要求执法的严格和有力。一个无法可依、执法不严或以人治代替法治的证券市场必然会出现动荡甚至危机。

（3）政府监管与自律管理相结合的原则。

政府监管与自律管理是证券市场监管的总体原则。庞大而复杂的证券市场必须由国家出面制定证券法规，要有代表政府的管理机构从事监管，这是管理证券市场的保证。同时，由于证券市场的复杂性、技术性，对证券市场的管理也必须依靠证券从业者的自律，可以说，这是管理好证券市场的基础。国家监管与自我管理相结合是各国在证券市场监管中共同奉行的一条原则。即使在自律管理具有悠久传统且发挥重大作用的英国等西方国家，政府监管也正成为整个证券监管框架中不可或缺的主旋律。对于新兴证券市场，更应强调政府集中、统一的监管地位，在此基础上构建自律组织的权责和职能。

4.证券市场监管的手段

（1）法律手段。

法律手段是指通过建立完善的证券法律、法规体系和严格执法来实现监管。这是证券市场监管部门的主要手段，具有较强的威慑力和约束力。

（2）经济手段。

经济手段是指通过运用利率政策、公开市场业务、信贷政策、税收政策等经济手段，对证券市场进行干预。这种手段相对比较灵活，但调节过程可能较慢，存在时滞。

（3）行政手段。

行政手段是指通过制订计划、政策等对证券市场进行行政性的干预。这种手段比较直接，但运用不当可能违背市场规律，无法发挥作用甚至遭到惩罚。一般多在证券市场发展初期，法制尚不健全、市场机制尚未理顺或遇突发性事件时使用。

12.2.2 监管的主要类型

1.政府主导型

政府主导型也即法定型，是国家对证券市场实行统一管理居于主导地位的类型，在这种类型的证券监管体制下，往往设立一个专门的政府机关主导对证券市场的监管，各种证券自律性组织在政府的授权、监督和指导下，在一定范围内实行自律管理，为政府监管证券市场起着一种辅助作用。这种体制最为典型和最具影响力的是美国证券监管体制。

美国完整意义上的证券监管制度形成于20世纪30年代，其形成的最直接的动因是1929年的美国金融危机。这次由证券市场所引发的资本主义经济大危机迫使美国政府放弃“自由放任”的经济政策，联邦政府从1933年开始进行大规模的证券立法以规范市场行为，重新恢复整个社会对市场的信心。随后美国政府分别颁布了1933年《证券法》、1934年《证券交易法》、1935年《公用事业控股公司法》、1939年《信托条款法》、1940年《投资公司法》和《投资顾问法》等。而且，美国根据1934年《证券交易法》成立了联邦证券交易委员会来实施美国证券法律所规定的权责。它是一个只对国会负责，集立法权、行政权与司法权于一身的独立的证券监管专门机构。同时，美国联邦证券交易委员会还将全国划分为9个区，设立相应的派出机构，代表证券交易委员会监管该区的证券市场。在法律的规范和指引下，美国逐步建立起以政府统一监管为主、市场自律为辅的较为完善的证券监管体制。

美国的这种证券监管制度能够使监管的手段更加具有严肃性和稳定性，同时具有法律的权威性，使对弱者一方投资者利益的保护更加有力，而且由于联邦证券交易委员会的重要地位，使其更能有效地发挥监督作用，有效防止监管中的腐败行为。但是它的不足之处也不容忽视：首先，由于证券业具有复杂性和特殊性，证券管理更是极其复杂的系统工程，任何立法都不可能对其规定得详尽无遗，而且证券市场变化很快，这就需要有关法规及时作出调整，而立法总要经过特定的程序，很难适应市场的变化。其次，脱离证券市场的政府监督机构直接监管市场很难做到适度。最后，政府官员的专业知识和素质未必有自律者高，同时容易导致政府官员的腐败，降低政府监管的效能。

2.自律主导型

自律主导型是自律机构对证券市场的自我管理居于主导地位，这种体制的特点是：证券市场的管理主要由证券交易所和证券商协会等组织进行自律管理。除了必要的国家立法外，政府较少干预证券市场，证券监管以自律为主导。这一监管体制的典型代表是英国。

以1640年的英国资产阶级革命为开端，西方各国先后进入资本主义时代。资本主义初期，随着西方国家经济的进一步发展，产生了信用制度。随着信用制度的建立和发展，股票市场也就逐渐形成了。1623年英国仿效荷兰的做法允许其股票在市场上公开出售，于是，英国的证券市场逐渐形成。证券市场形成后，英国政府对证券市场采取放任自由的态度，这和英国当时占主导地位的经济思想是密切相关的。当时，亚当·斯密的经济学思想占有主导地位。他认为一个国家最好的经济政策就是经济自由主义，他竭力反对国家干预经济，认为每一个人都比国家或立法更能准确地判断资本用在什么产业更为有利。在亚当·斯密思想的影响下，西方许多国家对证券市场采取放任自由的制度，英国就是其中之一。在英国，对于全国证券市场的监管主要不是由政府机构完成的，而是由英国证券交易所协会、收购和合并问题专门小组以及证券业理事会这三个自律性组织实现的，监管的基本方式就是通过对会员的监管达到规范证券市场的目的。这就是英国的自律监管制度。在英国的自律监管制度下，英国没有一部专门有关证券交易的法规，规定证券交易的法规分散在其他不同的经济法规当中，如《公司法》《防止欺诈法》等。为促进证券市场的改革，英国政府于1986年才颁布了《金融服务贸易法》以取代分散法律中过时的规定。

英国的这种监管制度有其明显的优点，也有其明显的不足之处。其优点是：首先，政府的干预非常少，可以保证证券业按照市场自身的法则运转，为保护市场的竞争提供了最大的可能性。其次，敏感性和适应性好。政府置身于证券市场之外，以自律机构的自我管理为主，更能体现对市场变化的敏感性和适应性。最后，灵活性强。以自律机构自身制定的规则来管理证券市场，会促使自律机构更好地遵守以及更能根据市场的变化制定合适的规则和制度。其不足之处为：首先，重点保护证券市场的有效运转和证券交易所会员的利益，而对投资者的保护力度不够。其次，证券交易所等自律机构本身又是利益的获得者，以其制定的规则来监管证券市场，难以保证市场的公正性和公平性。再次，没有全国统一的法律监管，不具有刚性的制度，监管手段软弱。最后，缺乏全国统一的监管专门机关，不利于证券业的健康发展。

3.中间型

这种监管体制介于政府主导型与自律主导型之间，在政府监管和市场自律机制中寻找适当的平衡点，既要对证券交易实施必要而严格的中央统一监管，又要保证证券交易的参与者能够充分发挥自律监管的作用和功效，弥补政府监管的不足，提高证券监管的效率。这种监管体制也被称为政府监管和自律管理的双层监管体制。法国是这种监管体制的典型代表，同时也代表着近年来国际证券监管体制的发展趋势。在法国，证券主管机关的体系构成，包括证券交易所管理委员会、证券执行委员会和法国证券协会。证券交易所管理委员会是一个政府机构，主要职责是保护投资者利益和证券市场的有效运行；而证券执行委员会和证券协会属于自律机构，全面负责对证券商和证券市场的管理。法国的这一体制既体现了政府监管的权威性，又充分发挥了证券业的自律作用，对法国证券市场的规范和发展起到了很好的促进作用。

12.2.3 我国的证券监管体制

我国证券市场是随着经济体制改革的不断深入而产生发展起来的，其监管体制则是随着证券市场的发展不断变化的，经历了由财政部独立管理阶段、中国人民银行主管阶段、国务院证券委员会主管阶段到中国证券监督管理委员会统一监管四个阶段。目前我国实行的是以中国证券监督管理委员会（简称证监会）集中统一管理为主，证券交易所和证券业协会自律管理为辅的管理体制。它们在证券监管过程中各有分工，同时也有协作。

（1）证监会的集中统一监管。证监会是我国证券业的主管机关。

（2）证券交易所的自律监管。证券交易所是依法设立的，为证券集中交易提供场所和设施，组织和监督证券交易，实行自律管理的法人。

（3）证券业协会的自律监管。证券业协会中的会员多为团体会员，主要是证券公司或经证监会认可的基金管理公司、证券投资咨询服务机构。除了一般会员外，中国证券业协会还有特别会员。证券交易所、证券登记结算机构、证券营业机构的地方性社团组织等有关机构可以申请加入协会，成为协会的特别会员。

证券交易所和证券业协会的自律监管是政府行政监管的重要补充。

12.2.4 监管的主要内容

证券市场的监管可以说涉及整个市场的各个方面、各个组成部分，但一般而言，它包括下面几个主要的方面：

1.对证券发行的监管

证券发行监管的核心是发行决定权的归属，证券发行可以说是整个证券市场各个环节的第一环，它关系到市场参与各方的利益，各个国家的各种不同的监管体制均对证券发行有严格的管理制度，目前主要形成了注册制和核准制两种不同的制度。

注册制是指发行人在发行证券之前，必须按照有关规定向证券监管机构申请注册。发行人必须披露发行人自身及与证券发行有关的一切信息，并保证所披露信息的真实、准确、完整。如果发行人符合上述要求，就可公开发行证券。在这种制度下，证券监管机构关注的是发行人信息披露的质量，而不是发行人本身的质量，因此注册制并不禁止质量差、风险高的证券发行上市。注册制要求投资者具备依据公开信息作出正确判断的能力，对投资者的要求较高。目前实行注册制的代表国家有美国、加拿大和英国等证券市场比较发达、机构投资者比重较高的国家。

核准制是指发行人发行证券必须获得证券监管机构或者证券交易所的核准。核准制下公司发行证券需要满足两个条件：一是与注册制相同，需要公开披露所有相关信息；二是还要符合法律规定的若干实质条件。实质条件是指发行人的财务状况、资产结构、盈利记录、公司独立性等一系列标准。核准机构有权否决不符合法定条件的公司发行证券的申请。核准制遵循的是实质管理原则，它是在信息公开的基础上，再把不符合条件的低质量公司拒之门外。这种管理制度对证券市场发展历史不长的发展中国家较为适用。

注册制比较适合发展达到较高成熟度的证券市场，注册制的核心是只要证券发行人提供的材料不存在虚假、误导或者遗漏。这类发行制度的代表是美国和日本。核准制则适合证券市场处于发展初期，法律法规的健全尚需一个相当的过程，而证券市场的投资者结构不甚合理的国家和地区。

我国设立证券市场以来，在很长一段时间内证券发行实行的是核准制。它不但要求发行人申请发行证券时要公开披露与发行证券有关的信息、符合《公司法》和《证券法》所规定的条件，而且要求发行人将发行申请报请证券监管部门进行审核。推行核准制的重要基础是中介机构尽职尽责。与核准制相配合，我国还辅以证券发行上市保荐制度。企业发行上市不但要有保荐人进行保荐，还需要具有保荐代表人资格的从业人员具体负责保荐工作。监管部门对符合条件的证券公司及其从业人员注册登记为保荐人和保荐代表人。

2015年12月9日，国务院常务会议审议通过了拟提请全国人大常委会审议的《关于授权国务院在实施股票发行注册制改革中调整适用〈中华人民共和国证券法〉有关规定的决定（草案）》。2015年12月27日，中国国务院实施股票发行注册制改革的举措获得中国最高立法机关的修法授权，于2016年3月起施行股票发行注册制。

2023年2月1日，全面实行股票发行注册制改革正式启动。2023年2月17日，中国证监会发布全面实行股票发行注册制相关制度规则，自公布之日起施行。证券交易所、全国股转公司、中国结算、中证金融、证券业协会配套制度规则同步发布实施。

企业首次公开发行和上市公司再次公开发行证券都需要保荐人和保荐代表人保荐。保荐期间分尽职推荐和持续督导两个阶段，各个阶段都有明确的保荐期限。保荐人和保荐代表人在向监管部门推荐企业上市前，要对企业进行辅导和尽职调查，要在推荐文件中对发行人的信息披露质量、发行人的独立性和持续经营能力等作出必要的承诺。

2.对证券交易所的监管

证券交易所应当为组织公平的集中交易提供保障，公布证券交易即时行情，并按交易日制作证券市场行情表，予以公布。证券交易所应当对证券交易实行实时监控，并按照国务院证券监督管理机构的要求，对异常的交易情况提出报告。证券交易所应当对上市公司及相关信息披露义务人披露的信息进行监督，督促其依法、及时、准确地披露信息。证券交易所根据需要，可以对出现重大异常交易情况的证券账户限制交易，并报国务院证券监督管理机构备案。

3.对操纵市场行为的监管

证券市场中的操纵市场行为是指某一组织或个人以获取利益或者减少损失为目的，利用其资金、信息等优势，或者滥用职权，影响证券市场价格，制造证券市场

假象，诱导或者致使投资者在不了解事实真相的情况下作出证券投资决定，扰乱证券市场秩序的行为。

操纵市场行为包括：(1) 单独或者通过合谋，集中资金优势、持股优势或者利用信息优势联合或者连续买卖，操纵证券交易价格或数量；(2) 与他人串通，以事先约定的时间、价格和方式相互进行证券交易，影响证券交易价格或者证券交易量；(3) 在自己实际控制的账户之间进行证券交易，影响证券交易价格或者证券交易量；(4) 以其他手段操纵证券市场。

对操纵市场行为的监管包括事前监管与事后处理。

事前监管是指在发生操纵行为前，证券管理机构采取必要手段以防止损害发生。为实现这一目的，各国证券立法和证券管理机构都在寻求有效的约束机制。例如，美国《证券交易法》第21条赋予证券管理机构广泛的调查权以约束种类繁多的市场危害行为。

事后处理是指证券管理机构对市场操纵行为者的处理及操纵者对受损当事人的损害赔偿，主要包括两个方面：第一，对操纵行为的处罚；第二，操纵行为受害者可以通过民事诉讼获得损害赔偿。

4.对欺诈客户行为的监管

欺诈客户是指以获取非法利益为目的，违反证券管理法规，在证券发行、交易及相关活动中欺诈客户、虚假陈述等行为。

欺诈客户行为包括：(1) 违背客户的委托为其买卖证券；(2) 不在规定时间内向客户提供交易的书面确认文件；(3) 挪用客户所委托买卖的证券或者客户账户上的资金；(4) 未经客户的委托，擅自为客户买卖证券，或者假借客户的名义买卖证券；(5) 为牟取佣金收入，诱使客户进行不必要的证券买卖；(6) 利用传播媒介或者通过其他方式提供、传播虚假或者误导投资者的信息；(7) 其他违背客户真实意思表示，损害客户利益的行为。

对欺诈客户行为的监管：禁止任何单位或个人在证券发行、交易及其相关活动中欺诈客户。证券经营机构、证券登记或清算机构以及其他各类从事证券业的机构有欺诈客户行为的，将根据不同情况，对其限制或者暂停证券业务以及加以其他处罚。因欺诈客户行为给投资者造成损失的，应当依法承担赔偿责任。

5.对内幕交易行为的监管

所谓内幕交易，又称知内情者交易，是指公司董事、监事、经理、职员、主要股东、证券市场内部人员或市场管理人员，以获取利益或减少经济损失为目的，利用地位、职务等便利，获取发行人未公开的、可以影响证券价格的重要信息，进行有价证券交易或泄露该信息的行为。

(1) 内幕交易的行为主体。

证券交易内幕信息的知情人包括：发行人的董事、监事、高级管理人员；持有公司百分之五以上股份的股东及其董事、监事、高级管理人员，公司的实际控制人及其董事、监事、高级管理人员；发行人控股的公司及其董事、监事、高级管理人员；由于所任公司职务可以获取公司有关内幕信息的人员；证券监督管理机构工作人员以及由于法定职责对证券的发行、交易进行管理的其他人员；保荐人、承销的证券公司、证券交易所、证券登记结算机构、证券服务机构的有关人员；国务院证券监督管理机构规定的其他人员。

（2）内幕信息的界定。

在证券交易活动中，涉及公司的经营、财务或者对该公司证券的市场价格有重大影响的尚未公开的信息为内幕信息。下列信息皆属于内幕信息：《证券法》所列重大事件；公司分配股利或者增资的计划；公司股权结构的重大变化；公司债务担保的重大变更；公司营业用主要资产的抵押；出售或者报废一次超过该资产的百分之三十；公司的董事、监事、高级管理人员的行为可能依法承担重大损害赔偿责任；上市公司收购的有关方案；国务院证券监督管理机构认定的对证券交易价格有显著影响的其他重要信息。

（3）内幕交易的行为方式。

内幕交易的行为方式主要表现为：行为主体知悉公司的内幕信息，且从事有价证券的交易或其他有偿转让行为，或者泄露内幕信息或建议他人买卖证券等。

（4）对内幕交易的监管。

我国《证券法》第五十三条规定："证券交易内幕信息的知情人和非法获取内幕信息的人，在内幕信息公开前，不得买卖该公司的证券，或者泄露该信息，或者建议他人买卖该证券。持有或者通过协议、其他安排与他人共同持有公司百分之五以上股份的自然人、法人、非法人组织收购上市公司的股份，本法另有规定的，适用其规定。内幕交易行为给投资者造成损失的，应当依法承担赔偿责任。"

（5）内幕交易的法律责任。

我国《证券法》第 ·百九十一条规定："证券交易内幕信息的知情人或者非法获取内幕信息的人违反本法第五十三条的规定从事内幕交易的，责令依法处理非法持有的证券，没收违法所得，并处以违法所得一倍以上十倍以下的罚款；没有违法所得或者违法所得不足五十万元的，处以五十万元以上五百万元以下的罚款。单位从事内幕交易的，还应当对直接负责的主管人员和其他直接责任人员给予警告，并处以二十万元以上二百万元以下的罚款。国务院证券监督管理机构工作人员从事内幕交易的，从重处罚。"

§ 12.3 信息披露制度

信息披露制度是世界各国对上市公司进行规范和管理的主要制度之一，持续向投资者披露其经营状况和财务状况是上市公司最基本的义务。投资者依据披露信息，作出投资选择。因此，各国证券法律均对上市公司信息披露责任作出了明确具体的规定。上市公司及其董事会信息披露必须真实、准确、完整，不得有虚假记载、误导性陈述或者重大遗漏，禁止欺诈行为及内幕交易。作为一个完整的体系，信息披露制度涉及信息披露主体，信息披露的时间、形式、内容、手段及法律责任等多方面的内容。各国均以强制方式要求信息披露。

我国证券市场虽然建立时间短，但是在上市公司信息披露规则建设方面已基本与国际接轨。自1993年中国证监会发布《公开发行股票公司信息披露实施细则》以来，目前已形成包括法律、行政法规、部门规章和交易所自律规则在内的四个层次的信息披露规范体系。

1.信息披露的意义

制定证券发行信息披露制度的目的是通过充分公开、公正的制度来保护公众投资者，使其免受欺诈和不法操纵行为的损害。

2.信息披露的标准

信息披露必须符合一定的要求，即必须符合一定的标准。我国《证券法》第六十三条规定："发行人、上市公司依法披露的信息，必须真实、准确、完整，不得有虚假记载、误导性陈述或者重大遗漏。"

（1）真实性。

所谓信息披露的真实性，是指信息披露的义务人应当以信息的真实面目来披露，即必须是客观存在的事实或者是以具有客观事实基础的判断和意见为基础的真实状况。

（2）准确性。

所谓信息披露的准确性，是指信息披露义务人在信息披露的内容和表达方式上尽量精确而不含糊，不得有误导性陈述。

（3）完整性。

信息披露的完整性，又称信息披露的全面性，是指信息披露应当按照规定披露所有的信息，不得有故意隐瞒或重大遗漏。信息披露的完整性强调信息的整体性，要求公司全面地披露所有可能影响投资者决策的信息，既包括对公司证券价格有利的信息，也包括对公司证券价格不利的信息。公司除了依照法律的规定披露相关信息之外，还应该完整地公开重大事件。

（4）及时性。

信息披露的及时性，是指义务人必须在合理的时间内尽可能迅速地披露其应该披露的信息，不能超过法定期限或合理期限。

3.信息披露的类型

（1）初始信息披露。

初始信息披露（又称首次披露）是指证券发行的信息披露，是证券发行时发行人依法所承担的信息披露义务，是为了向社会公众募集或发行证券而进行的信息披露。依照内容的不同，首次披露可以分为首次公开发行并上市的信息披露与上市公司公开发行证券的信息披露。

首次披露包括的内容主要有招股说明书及上市公告书。招股说明书是发行人向投资者作出招股要约的法律文件，其基本原则是要求发行人将一切对投资者进行投资判断有重大影响的信息予以充分披露，以利于投资者更好地作出投资决策。上市公告书是股票上市申请经证券交易所同意后，上市公司必须在上市交易前向公众公告的有关股票上市的文件。

（2）持续性信息披露。

持续性信息披露是指发行人在证券发行后，仍然要依照法律的要求持续性地向投资者披露对其决策具有重大影响的信息。世界各国的证券法都规定了发行人的持续性披露信息的义务。从时间上看，持续性信息披露是发行性信息披露的继续，是发行人在二级市场的义务。为了让二级市场的投资者能够及时、准确、完整地了解所投资的证券的信息，同时防止证券交易市场上的欺诈和操纵行为，发行证券的公司必须定期向社会公众披露其经营和财务状况，或者不定期且及时地提供对上市公司证券交易具有重大影响的任何信息，保护投资者的交易安全。

世界各国证券法对持续性信息披露的形式均作了规定，一般包括定期报告和临时报告。我国《证券法》明确规定了年度报告、中期报告、临时报告等持续性信息披露形式。证监会发布的《公开发行证券的公司信息披露编报规则》以及上海与深圳证券交易所的《股票上市规则》将定期报告规定为年度报告、半年度报告和季度报告。年度报告是上市公司和公司债券上市交易的公司，应当在每一会计年度结束之日起4个月内，向国务院证券监督管理机构和证券交易所报送并公告的定期披露文件。中期报告是指上市公司和公司债券上市交易的公司，应当在每一会计年度的上半年结束之日起2个月内，向国务院证券监督管理机构和证券交易所报送并予以公告的信息披露文件。季度报告是指在每个会计年度的前3个月、9个月结束后，由上市公司依法制作并提交的，反映公司季度基本经营状况、财务状况等重大信息的文件。季度报告也属于中期报告的一种形式。定期报告是上市公司在法定期限内制作并作公告的公司文件，其中年度报告与中期报告统一适用于上市公司和公司债券上市交易的公司，季度报告则适用于上市公司。

证券发行人应当保证及时给投资者提供投资判断的资料。因此，各国《证券法》除了规定定期报告之外，还规定了临时报告。临时报告，又称为重大事件临时报告，是指上市公司就发生的可能对上市公司证券交易产生较大影响的、投资者尚未得知的重大事件，为说明事件的实质而出具的临时性信息披露文件。发生可能对上市公司股票交易价格产生较大影响的重大事件，投资者尚未得知时，上市公司应当立即将有关该重大事件的情况向国务院证券监督管理机构和证券交易所报送临时报告，并予以公告，说明事件的起因、目前的状态和可能产生的法律后果。属于重大事件的有：公司的经营方针和经营范围的重大变化；公司的重大投资行为和重大的购置财产的决定；公司订立重要合同，可能对公司的资产、负债、权益和经营成果产生重要影响；公司发生重大债务和未能清偿到期重大债务的违约情况；公司发生重大亏损或者重大损失；公司生产经营的外部条件发生的重大变化；公司的董事、三分之一以上监事或者经理发生变动；持有公司百分之五以上股份的股东或者实际控制人，其持有股份或者控制公司的情况发生较大变化；公司减资、合并、分立、解散及申请破产的决定；涉及公司的重大诉讼，股东大会、董事会决议被依法撤销或者宣告无效；公司涉嫌犯罪被司法机关立案调查，公司董事、监事、高级管理人员涉嫌犯罪被司法机关采取强制措施；国务院证券监督管理机构规定的其他事项。

§12.4 证券市场的自律组织

证券市场自律是指证券市场参与者组成自律组织，在国家有关证券市场的法律、法规和政策的指导下，依据证券行业的自律规范和职业道德，实行自我管理、自我改革的行为。证券市场的自律性组织包括证券交易所和证券业协会。

1.证券交易所

根据我国《证券法》和《证券交易所管理办法》的规定，证券交易所是指依法设立的，不以营利为目的，为证券的集中和有组织交易提供场所、设施，履行国家有关法律、法规、规章、政策规定的职责，实行自律性管理的会员制事业法人。证券交易所的设立和解散，由国务院决定。证券交易所章程的制定和修改，必须经国务院证券监督管理机构批准。

与证券公司等证券经营机构不同，证券交易所本身并不从事证券买卖业务，只是为证券交易提供场所和各项服务，并履行对证券交易的监管职能。从组织形式上看，目前我国的上海、深圳证券交易所都实行会员制。上海、郑州、大连三家期货交易所也属于会员制。中国金融期货交易所属于公司制。

一般来讲，作为证券市场的组织者，证券交易所具有以下功能：①提供证券交易场所。由于这一市场的存在，证券买卖双方有集中的交易场所，可以随时把所持有的证券转移变现，保证证券流通的持续不断进行。②形成与公告价格。在交易所内完成的证券交易形成了各种证券的价格。由于证券的买卖是集中、公开进行的，采用双边竞价的方式达成交易，其价格在理论水平上是近似公平与合理的，这种价格及时向社会公告，并被作为各种相关经济活动的重要依据。③集中各类社会资金参与投资。随着交易所上市股票的日趋增多，成交数量日益增大，可以将极为广泛的资金吸引到股票投资上来，为企业发展提供所需资金。④引导投资的合理流向。交易所为资金的自由流动提供了方便，并通过每天公布的行情和上市公司的信息，反映证券发行公司的获利能力与发展情况，使社会资金向最需要和最有利的方向流动。

证券交易所负责提供交易场所及设施，制定交易规则，并监管在该交易所上市的证券以及会员交易行为的合规性、合法性，确保市场公平等。

2.证券业协会

证券业协会是证券业的自律性组织，是社会团体法人。证券业协会的权力机构是全体会员组成的会员大会。证券业协会章程由会员大会制定，并报国务院证券监督管理机构备案。

证券业协会应当履行协助证券监督管理机构组织会员执行有关法律、维护会员的合法权益，为会员提供信息服务，制定规则，组织培训和开展业务交流，调解纠纷，就证券业的发展开展研究，监督、检查会员的行为及证券监督管理机构赋予的其他职责。

证券业协会履行下列职责：教育和组织会员遵守证券法律、行政法规；依法维护会员的合法权益，向证券监督管理机构反映会员的建议和要求；收集整理证券信息，为会员提供服务；制定会员应遵守的规则，组织会员单位从业人员的业务培训，开展会员间的业务交流；对会员之间、会员与客户之间发生的证券业务纠纷进行调解；组织会员就证券业的发展、运作及有关内容进行研究；监督、检查会员的行为，对违反法律、行政法规或者协会章程的，按照规定给予纪律处分；证券业协会章程规定的其他职责。

思政课堂

2022年四部门发布打击证券犯罪典型案例

【思政元素】法治建设；崇法守信。

2022年9月9日，最高人民检察院联合最高人民法院、公安部、中国证监会发布五宗证券犯罪典型案例。此次典型案例的发布，既是证监会贯彻落实中办、国办联合印发的《关于依法从严打击证券违法活动的意见》，依法严厉查处证券犯罪案件，向市场明确传递“零容忍”信号的重要举措，也是向市场揭示证券违法犯罪手段，普及证券法律法规知识，加强投资者教育与保护的重要方式。

此次发布的5个典型案例涉及违规披露、不披露重要信息罪，操纵证券市场罪，利用未公开信息交易罪，内幕交易罪，背信损害上市公司利益罪等证券犯罪，涵盖了资本市场常见的多发犯罪和近年增多的新型犯罪，反映了当前证券犯罪的特点、趋势，明确了相关法律适用。5起典型案例分别为：马某田等人违规披露、不披露重要信息、操纵证券市场案；郭某军等人违规披露、不披露重要信息案；姜某君、柳某利用未公开信息交易案；王某、李某内幕交易案；鲜某背信损害上市公司利益、操纵证券市场案。

这批典型案例的查办具有以下特点：

一是亮明了“零容忍”惩治证券犯罪的决心态度。综合运用行政处罚、市场禁入、刑事制裁、民事赔偿法律手段，以执法司法实际行动加大资本市场违法成本。依法严厉打击“关键少数”，亦不放过在犯罪中起较大作用的一般财务人员。

二是突出保障资本市场深化改革中心工作。典型案例辐射证券违法犯罪高发领域与重点环节，覆盖上市公司实控人、重大资产重组交易对手方、公私募基金从业人员、内幕信息知情人等多元化主体。

三是彰显证券行政执法与刑事司法打击合力。案件的成功突破，既取决于行政执法人员的专业判断、小心求证、细致工作，也得益于公安司法机关的执法手段措施与准确适用法律。

四是兼顾释法说理与引导宣传的社会效果。典型案例在发挥正向聚焦、强化警示作用的同时，将为市场主体的行为后果提供稳定的预期管理，有助于增强法治保护意识。下一步，证监会将继续深入贯彻落实《关于依法从严打击证券违法活动的意见》，坚持“零容忍”的工作方针，不断加强与公检法机关的工作协同，依法严厉打击证券违法犯罪活动，充分发挥典型案件的示范教育作用，持续强化“严”的监管氛围，共同推动形成崇法守信的良好资本市场生态。

资料来源：吴倩.四部门发布从严打击证券违法犯罪典型案例[EB/OL]. [2022-09-09].https://baijiahao.baidu.com/s?id=1743495860004492867&wfr=spider&for=pc.此处有删减.

本章小结

1.证券法规是调整有价证券的发行、交易、清算以及国家在证券监管过程中所发生的各种社会关系的法律规范的总称。证券法规所调整的社会关系，既包括发行人、投资人以及证券中介服务机构相互之间所发生的民事关系，又包括国家证券监督管理机构对证券市场主体进行引导、组织、协调和监督过程中所发生的行政管理关系。目前世界各国所采取的证券法规体系可分为三类：一是美国证券法体系；二是英国证券法体系；三是欧陆证券法体系。

2.虽然各国的证券法规体系有所不同，但其包括的内容主要有：证券的发行与交易；证券上市、暂停和终止；信息披露制度；上市公司收购；证券市场的监管等。

3.我国证券法规主要可分为三个层次：第一个层次是指由全国人民代表大会或全国人民代表大会常务委员会制定并颁布的法律；第二个层次是指由国务院制定并颁布的行政法规；第三个层次是指由证券监管部门和相关部门制定的部门规章。

4.加强对证券市场监管具有四个方面的意义：第一是保障广大投资者权益的需要。第二是维护市场良好秩序的需要。第三是发展和完善证券市场体系的需要。第四是准确和全面的信息是证券市场参与者进行发行和交易决策的重要依据。证券市场监管的目标是：保护投资者利益、透明和信息公开、降低系统风险。

5.证券市场监管的原则主要有：保护投资者利益原则、依法管理原则、政府监管与自律管理相结合的原则。证券市场监管的手段主要有：法律手段、经济手段、行政手段。

6.证券市场监管的主要内容包括：对证券发行的监管、对证券交易所的监管、对操纵市场行为的监管、对欺诈客户行为的监管、对内幕交易行为的监管。

7.信息披露制度是世界各国对上市公司进行规范和管理的主要制度之一，持续向投资者披露其经营状况和财务状况是上市公司最基本的义务。投资者依据披露信息，作出投资选择。因此，各国证券法律均对上市公司信息披露责任作出了明确具体的规定。信息披露制度一般包括初始信息披露与持续性信息披露。

8.证券市场自律是指证券市场参与者组成自律组织，在国家有关证券市场的法律、法规和政策的指导下，依据证券行业的自律规范和职业道德，实行自我管理、自我改革的行为。证券市场的自律性组织包括证券交易所和证券业协会。

综合训练

12.1　单项选择题

1.目前世界各国所采取的证券法规体系中不包括（　　）。

A.美国证券法体系　　B.亚非证券法体系

C.英国证券法体系　　D.欧陆证券法体系

2.美国的《证券法》制定的年份是（　　）。

A.1930年　　B.1929年

C.1932年　　D.1933年

3.我国规定上市公司收购中取得公司相对控制权的股份标准是（　　）。

A.51%股份　　B.50%股份

C.30%股份　　D.20%股份

4.我国规定上市公司收购中取得大股东地位的股份标准是（　　）。

A.50%以上　　B.30%以上

C.5%以上　　D.2%以上

5.在我国证券法规体系中不包括的主要层次是（　　）。

A.全国人民代表大会或全国人民代表大会常务委员会制定并颁布的法律

B.由国务院制定并颁布的行政法规

C.由地方各级政府和部门制定的规章

D.由证券监管部门和相关部门制定的部门规章

6.我国首部《证券法》的制定年份是（　　）。

A.1999年　　B.1998年

C.2004年　　D.2005年

7.我国首部《公司法》的制定年份是（　　）。

A.1994年　　B.1993年

C.2005年　　D.2006年

8.我国首部《证券投资基金法》的制定年份是（　　）。

A.1997年　　B.1998年

C.2003年　　D.2004年

9.我国对证券市场进行监管的政府部门是（　　）。

A.国务院　　B.中国人民银行

C.中国证监会　　D.公安部

10.上市公司向国务院证券监督管理机构和证券交易所报送并公告的年度报告应当披露的时限是（　　）。

A.在每一会计年度结束之日起2个月内

B.在每一会计年度结束之日起3个月内

C.在每一会计年度结束之日起4个月内

D.在每一会计年度结束之日起6个月内

12.2 多项选择题

1.证券法规涉及的范围包括（　　）。

A.证券法和证券交易法　　B.公司法和银行法

C.基金法和收购法　　D.票据法和破产法

2.证券发行的法规主要涉及的内容有（　　）。

A.证券发行的分类和证券发行的参与主体

B.证券发行的方式和证券发行的监管体制

C.证券发行的价格确定和证券发行的条件

D.证券发行的程序

3.证券市场监管的原则主要有（　　）。

A.保护投资者利益原则　　B.依法管理原则

C.自觉自愿原则　　D.政府监管与自律管理相结合的原则

4.证券市场监管的手段主要有（　　）。

A.法律手段　　B.经济手段

C.财务手段　　D.行政手段

5.当今世界各国证券监管体制的主要类型有（　　）。

A.政府主导型　　B.市场主导型

C.中间型　　D.自律主导型

6.信息披露的标准主要有（　　）。

A.真实性　　B.准确性

C.完整性　　D.及时性

7.初始信息披露主要包括（　　）。

A.招股说明书　　B.上市公告书

C.年度报告　　D.重大事件公告

8.定期报告主要包括（　　）。

A.年度报告　　B.季度报告

C.半年度报告　　D.月度报告

9.证券市场的自律性组织包括（　　）。

A.证券交易所　　B.证券业协会

C.证监会　　D.上市公司

10.下列行为中要受到监管的有（　　）。

A.欺诈客户行为　　B.内幕交易行为

C.操纵市场行为　　D.关联交易行为

12.3 思考题

1.简述三种证券法规体系之间的差异。

2.简述证券法规涉及的主要内容。

3. 简述《中华人民共和国证券法》的主要内容。
4. 简述《中华人民共和国公司法》的主要内容。
5. 简述《中华人民共和国证券投资基金法》的主要内容。
6. 简述证券市场监管的意义。
7. 简述我国的证券监管体制。
8. 试论述对操纵市场行为进行监管的意义。
9. 试论述对内幕交易行为进行监管的意义。
10. 试论述为何各国均以强制方式要求信息披露。

本章参考文献

[1] 宋晓燕. 证券法律制度的经济分析 [M]. 北京：法律出版社，2009.

[2] 王建平. 证券公司监管法律法规汇编 [M]. 北京：法律出版社，2014.

[3] 吴晓求. 证券投资学 [M]. 5版. 北京：中国人民大学出版社，2020.

[4] 赵万一. 证券市场投资者利益保护法律制度研究 [M]. 北京：法律出版社，2013.

[5] 中国证券投资基金业协会. 证券投资基金 [M]. 2版. 北京：高等教育出版社，2023.

[6] 中国证券业协会. 金融市场基础知识 [M]. 北京：中国财政经济出版社，2023.

[7] 中国证券业协会. 证券市场基本法律法规 [M]. 北京：中国财政经济出版社，2023.